SCHRIFTENREIHE
DES SOPHIE DRINKER INSTITUTS

HERAUSGEGEBEN VON FREIA HOFFMANN

Band 17

D1672685

Annkatrin Babbe / Volker Timmermann (Hrsg.)

KONSERVATORIUMSAUSBILDUNG VON 1795 BIS 1945

Beiträge zur Bremer Tagung im Februar 2019

Georg Olms Verlag
Hildesheim · Zürich · New York
2021

GERDA HENKEL **STIFTUNG**

Gedruckt mit Unterstützung der Gerda Henkel Stiftung, Düsseldorf,
und der Sophie Drinker Stiftung, Bremen

Bibliografische Information der Deutschen Nationalbibliothek
Die Deutsche Nationalbibliothek verzeichnet diese
Publikation in der Deutschen Nationalbibliografie;
detaillierte bibliografische Daten sind im Internet über
http://dnb.d-nb.de abrufbar.

© Georg Olms Verlag AG, Hildesheim 2021
www.olms.de
Printed in Germany
Gedruckt auf säurefreiem und alterungsbeständigem Papier
Umschlaggestaltung: Inga Günther, Hildesheim
Satz: Satzstudio Winkens, Wegberg
Herstellung: KM|DRUCK2.0, Groß-Umstadt
ISSN 2749-3105
ISBN 978-3-487-16049-8

Inhalt

III. Knotenpunkt Konservatorium

IV. Sozialgeschichte der Konservatorien

ANNKATRIN BABBE / VOLKER TIMMERMANN

Konservatoriumsausbildung von 1795 bis 1945 – Vorwort

Im Zuge der Entfaltung bürgerlicher Musikkultur wurden in Europa zu Beginn des 19. Jahrhunderts die Rufe nach der Einrichtung musikalischer Ausbildungsinstitutionen lauter. Der Blick richtete sich nach Paris, zum 1795 gegründeten Conservatoire de Musique, das mit seinen weithin wahrnehmbaren Ausbildungserfolgen als Vorbild fungierte. Mit den Konservatorien in Prag, Wien und Leipzig folgten im deutschsprachigen Raum zunächst nur wenige Einrichtungen. Ab den 1840er Jahren aber setzte eine Gründungswelle ein und am Ende des 19. Jahrhunderts war der Unterricht in institutionalisiertem Rahmen längst zur vorherrschenden Form professioneller Musiker*innenausbildung geworden.

Nicht zuletzt durch die Angleichung von Lehrmethoden, die inhaltliche Kanonisierung und die Etablierung bzw. Hebung von Leistungsstandards versprachen die Konservatorien quantitative und qualitative Effizienz. In ihrem Umfeld bildeten sich institutionelle und überinstitutionelle Spieltraditionen und -ästhetiken heraus. Daneben sorgten die Ausbildungsinstitutionen langfristig für die Versorgung des Musikmarktes mit Nachwuchs und standen auch sonst in enger Wechselbeziehung mit den jeweiligen politischen, wirtschaftlichen und musikkulturellen Verhältnissen vor Ort – sie avancierten zu Knotenpunkten des Musiklebens.

Bis heute steht eine systematische Aufarbeitung von Konservatoriengeschichte aus. Abgesehen von Ausnahmen wie Georg Sowas Überblick der *Anfänge institutioneller Musikerziehung in Deutschland 1800–1843* (1972)[1] ist die Erforschung der Geschichte von Konservatorien bisher vornehmlich im Zuge von Einzelstudien erfolgt. Bis weit ins 20. Jahrhundert hinein überwiegt zudem die anlässlich von Jubiläen herausgegebene Festschriftliteratur, eine kritische Institutionengeschichte wird verstärkt erst seit wenigen Jahrzehnten betrieben. Zahlreiche Forschungsarbeiten zu einzelnen Konservatorien liegen vor. Der von Michael Fend und Michel Noiray herausgegebene Doppelband *Musical Education in Europe (1770–1914)* (2005)[2] versammelt Beiträge zur ausgesuchten europäischen Konservatorien im langen 19. Jahrhundert und bildet dabei die auf Einzelinstitutionen konzentrierte Forschungslandschaft der Konservatoriengeschichte ab.

---

[1] Georg Sowa, *Anfänge institutioneller Musikerziehung in Deutschland (1800–1843). Pläne, Realisierung und zeitgenössische Kritik. Mit Darstellung der Bedingungen und Beurteilung der Auswirkungen*, Regensburg 1972.

[2] Michael Fend / Michel Noiray (Hrsg.), *Musical Education in Europe (1770–1914). Compositional, Institutional and Political Challenges* (= Musical Life in Europe 1600–1900. Circulation, Institutions, Representation 3), 2 Bde., Berlin 2005.

Vor diesem Hintergrund war es erklärtes Ziel der im Februar 2019 am Sophie Drinker Institut Bremen veranstalteten Tagung *Konservatoriumsausbildung von 1795 bis 1945*, bestehende Forschungen zu bündeln, das heißt Fallstudien zusammenzuführen, darüber hinaus aber auch Überlegungen zu gemeinsamen Ansätzen eines Forschungszweiges der Geschichte institutioneller Musikausbildung, namentlich an Konservatorien, voranzutreiben. Dieses Interesse speist sich auch aus dem aktuellen Forschungsprojekt des Sophie Drinker Instituts zur *Geschichte der deutschsprachigen Konservatorien im 19. Jahrhundert*, dessen Ergebnisse zeitnah in einem Handbuch zugänglich sein werden.[3] Während hierfür die institutionellen, Gründungs-, Personal- und Lehrstrukturen von 17 ausgewählten Institutionen untersucht und vergleichbar gemacht wurden, war der Ansatz der Tagung ein breiterer: Über den deutschsprachigen Raum hinaus sollten regionale, überregionale sowie internationale Aspekte und Vernetzungen in den Blick genommen werden. Einflüsse politischer Systeme auf Organisationsstrukturen sowie die Inhalte sollten ebenso fokussiert werden wie Lehr- und Lerntraditionen. Der zeitliche Rahmen von 1795 bis 1945 öffnet dabei den Blick für Kontinuitäten und Brüche institutioneller Entwicklungen. Nicht zuletzt reichen Fragen nach Kanonisierungsprozessen, weitreichenden Lehrkontinuitäten sowie der Bildung von Schulen bis in die heutige Ausbildungslandschaft hinein und lassen damit auch den zeitaktuellen Aspekt des Themenfeldes hervortreten.

Aus verschiedenen (disziplinären) Richtungen sollte der Weitläufigkeit der Konservatoriengeschichte begegnet werden. Referent*innen aus der Musikhistoriographie, Musikpädagogik sowie der Archivarbeit waren eingeladen und warfen in fünf Sektionen verschiedene Schlaglichter auf das Forschungsfeld.

Im Zuge der S*ektion I: Ausbildungskonzeptionen* sollte anhand zentraler Fragestellungen eine Skizze des Forschungsbereiches entworfen werden. Entlang der Geschichte einzelner Institutionen wurden hier Narrative der musikalischen Bildung und Ausbildung untersucht, Zielformulierungen, Ausbildungsansprüche und programmatische Schwerpunktsetzungen analysiert sowie Beschreibungsmodelle einer Historiographik institutioneller Musikausbildung diskutiert.

Die Dynamiken struktureller Verfasstheit von Ausbildungsstätten – sowohl in Bezug auf einzelne Einrichtungen als auch mit einem weiter gefassten geografischen Fokus – wurden in der *Sektion II: Konservatoriengeschichte – Institutionelle Entwicklungen* thematisiert und hier besonderes Augenmerk auf die Organisation von Musikausbildung innerhalb verschiedener politischer Systeme gelegt. Dieser letzte Punkt schwang auch in der *Sektion III: Fallbeispiele* mit. In den detaillierteren Analysen exemplarischer Institutionengeschichten wurden verschiedene Organisationsformen ebenso beleuchtet wie der Einfluss einzelner Akteur*innen auf die Politik der Häuser oder die Herausbildung institutioneller Machtstrukturen. Gleichfalls wurde hier die Entstehung neuer Berufsbilder, namentlich jener der Musiklehrerin bzw. Musikschulleiterin nachvollzogen.

---

[3] Freia Hoffmann (Hrsg.), *Handbuch Konservatorien. Institutionelle Musikausbildung im deutschsprachigen Raum des 19. Jahrhunderts*, 3 Bde., Lilienthal 2021, i. V.

In der *Sektion IV: Knotenpunkt Konservatorium* wurden die Einrichtungen dezidiert als Teil von Netzwerkbildungen in den Blick genommen. Die enge wechselseitige Verknüpfung der Konservatorien mit dem jeweiligen urbanen Musikleben wurde ebenso erörtert wie die Herausbildung von ›Schulen‹ und die Reichweite von Spieltraditionen und -ästhetiken entlang von Notenpublikationen und personellen Netzwerken.

Sektion V: Sozialgeschichte der Konservatorien widmete sich vornehmlich der Diskussion der Professionalisierungsmöglichkeiten von Musiker*innen vor dem Hintergrund ihrer sozialen Herkunft und Geschlechtszugehörigkeit.

Institutionelle Musikausbildung – das wird nicht zuletzt an der Breite der hier vertretenen Forschungsfragen ablesbar – ist ein für die Musikgeschichte essentielles Thema, das von der Forschung bislang nicht in entsprechender Breite beachtet wurde. Zahlreiche Fäden laufen hier zusammen: Konservatoriengeschichte greift Themen der Stil- und Interpretationsgeschichte gleichermaßen auf wie etwa Professionalisierungsgeschichte, Sozialgeschichte, Geschichten von Akteur*innen und Prozessen, Geschlechtergeschichte, Sozialgeschichte sowie Organisations- und Institutionengeschichte. Ihre systematische Aufarbeitung ist ein umfangreiches Projekt, dass die intra- und interdisziplinäre Kooperation notwendig macht. Die verschiedenen Ebenen des Forschungsfeldes aufzuspüren, zentrale Fragestellungen sichtbar zu machen und zugleich gemeinsame Forschungsansätze der Konservatoriengeschichte zu diskutieren, war zentrales Anliegen der Tagung und ist es gleichsam auch für diesen Band, der sich damit als ein Impuls für die weitreichende Erschließung dieses Forschungsfeldes versteht.

Für die Unterstützung bei der Realisierung der Tagung danken wir ganz herzlich Freia Hoffmann als Leiterin des Sophie Drinker Instituts sowie den Mitarbeiterinnen Christiane Barlag, Kadja Grönke und Luisa Klaus, außerdem Maike Gotthard und Johannes C. P. Schmid. Luisa Klaus danken wir außerdem für das sorgfältige Korrekturlesen des vorliegenden Tagungsbandes. Nicht zuletzt möchten wir uns bei allen Teilnehmer*innen für die spannenden Beiträge und regen Diskussionen im Rahmen der Tagung und die freundliche Zusammenarbeit bei der Zusammenstellung dieses Bandes bedanken.

Annkatrin Babbe / Volker Timmermann
Bremen, November 2020

I.
AUSBILDUNGSKONZEPTIONEN

BERND CLAUSEN

»Es wird daher Zeit, dass die Konservatorien ihre Lehrpläne revidiren« –

Institutionshistorische Forschung musikbezogener Bildungssysteme

Konservatorien und Musikhochschulen sind aus institutionenhistorischer Perspektive in der Forschung bisher kaum berücksichtigt. Zwar gibt es eine Reihe von lokalen Einzeluntersuchungen, die nicht selten durch einen äußeren Anlass, wie z. B. eine Gedenkveranstaltung oder ein Jubiläum, initiiert wurden. Insgesamt sind jedoch Forschungsdesiderate sowohl in Hinsicht auf die Quellenanalyse und -interpretation als auch auf die Theoriebildung festzustellen. Die bisher einzige und umfangreichste Monographie von Georg Sowa fokussiert vor allem die erste Hälfte des 19. Jahrhunderts.[1] Systematische Analysen, die jenseits von chronologischer, mithin personen- oder ereignisgeschichtlicher Deskription, etwa nach dem Einfluss von bildungsphilosophischen und -politischen oder kunstästhetischen und (musik-)pädagogischen Diskursen auf Strukturen und Prozesse dieser Institutionen fragen, sind kaum zu finden.[2] Offenbar lässt ihr Sujet sie einerseits aus dem Blickwinkel der Historischen Bildungsforschung, die solide Resultate, etwa zur Schul- und Hochschulentwicklung, hervorgebracht hat, gleiten. Andererseits fühlen sich sowohl die (Historische) Musikwissenschaft als auch die Musikpädagogik dafür zuständig. Der zuletzt genannte Aspekt führt durch die in Teilen verschiedenen wissenschaftstheoretischen Zugänge auf die Quellen und die sie generierenden Fragestellungen zu unterschiedlichen Perspektiven und Darstellungen, ergänzen sich aber.

Den nachfolgenden Ausführungen liegt die These zu Grunde, dass bei den Transformationsprozessen oder Statuswechseln von Konservatorien oder Akademien zu staatlichen Musikhochschulen in den 1920er Jahren und besonders in den 1970er Jahren ähnliche Wirkkräfte zu beobachten sind. Die vor und in der Weimarer Republik stattfindenden Diskurse zur Konservatoriumskritik, zur Bildungstheorie und -philosophie, zur allgemeinen Pädagogik sowie zur Bildungspolitik, scheinen anhand der bisher ausgewerteten Dokumente in ganz ähnlicher Weise auch für die 1970er Jahre einflussreiche Größen für Veränderungsprozesse zu sein. In diesem Beitrag wird daher argumentiert, dass sowohl

---

[1] Georg Sowa, *Anfänge institutioneller Musikerziehung in Deutschland (1800–1843). Pläne, Realisierung und zeitgenössische Kritik. Mit Darstellung der Bedingungen und Beurteilung der Auswirkungen*, Regensburg 1972.

[2] Siehe dazu Bernd Clausen, *»Musik, Staat, Institution – Musikhochschule. Zum Qualitätsdiskurs als Denkstil«*, in: *Qualitätsmanagement und Lehrentwicklung*, hrsg. von Bernd Clausen u. Heinz Geuen, Münster [u. a.] 2017, S. 11–36.

Eigendynamik als auch *Bildungspolitik* in ihrem Wechselspiel zwei Erklärungskategorien für eine institutionengeschichtliche Forschung musikbezogener Bildungssysteme sind.[3] Ein Beweis der zuvor genannten These kann in diesem Rahmen vollumfänglich nicht erfolgen. Ziel ist es vielmehr, den hier gewählten Zugang aus dem bisherigen Forschungstand herzuleiten und grundsätzlich zu skizzieren.

Bildungssystementwicklung im Zeitraffer: Konservatorium und Musikhochschule

Musik als immaterielles Kulturgut hat ihren Sitz in verschiedenen gesellschaftlichen Bereichen. Als Präsentationsformat in rituellen und unterhaltenden Zusammenhängen sowie als Unterricht in formalen und nicht-formalen Lehr-/Lernsettings nimmt sie prinzipiell sowohl einen *social* als auch einen *educational space* ein.[4] Diese Räume waren in Mitteleuropa zu Anfang des 19. Jahrhunderts bedeutsamen Verschiebungen ausgesetzt, die vor allem durch politische Umgestaltungen ausgelöst wurden – etwa als Folge des Reichsdeputationshauptschlusses von 1803 – und Einfluss auf nahezu alle gesellschaftlichen Praxen von Musik hatten.[5] Dies betraf private Institutionen ebenso wie öffentliche Einrichtungen.[6] Mit den in der ersten Hälfte des 19. Jahrhunderts beginnenden Gründungen von Bildungseinrichtungen für Musik in den deutschsprachigen Territorien traten, zusätzlich zu den praktizierenden Musiker*innen und Komponist*innen, weitere Protagonist*innen mit unterschiedlichen Expertisen in Erscheinung. Nun setzten Musikjournalisten, Musikhistoriker, Musikpädagogen über ein vielfältiges Schrifttum einen Konstruktionsprozess von auf Musik bezogene Praxen in Gang, den beispielsweise David Gramit als *»Cultivating Music«*[7] beschreibt. Er schuf ganz wesentlich, nicht zuletzt durch die Rolle, die die Idee des Nationalen oder der nationalen Identität seit dem Ende des 18. Jahrhunderts

---

[3] Peter Lundgreen, *»›Bildungspolitik‹ und ›Eigendynamik‹ in den Wachstumsschüben des deutschen Bildungssystems seit dem 19. Jahrhundert«*, in: *Zeitschrift für Pädagogik* 1 (2003), S. 34–41, hier S. 34.

[4] Siehe z. B. Susanne Rode-Breymann, *»Einleitung«*, in: *Orte der Musik. Kulturelles Handeln von Frauen in der Stadt*, hrsg. von ders., Köln 2007, S. 1–7; Rosie Burt-Perkins, *»Navigating the conservatoire as an educational space: Looking through the lens of ›learning culture‹«*, in: *The Musician in Creative and Educational Spaces of the 21st Century*, hrsg. von Michael Hannan (= CEPROM XVIII: The Musician in Creative and Educational Spaces of the 21st Century [electronic resource]: Proceedings from the International Society for Music Education [ISME] 18th International Seminar of the Commission for the Education of the Professional Musician), Nedlands 2010, S. 29–33.

[5] Sowa, *Anfänge institutioneller Musikerziehung*, 1972, S. 20.

[6] Zum Begriffsverständnis siehe Bernd Clausen u. Wolfgang Lessing, *»Institutionen des Musiklernens im deutschsprachigen Raum«*, in: *Handbuch Musikpädagogik. Grundlagen – Forschung – Diskurse*, hrsg. von Michael Dartsch [u. a.], Münster [u. a.] 2018, S. 387–396.

[7] David Gramit, *Cultivating Music. The Aspirations, Interests, and Limits of German Musical Culture, 1770–1848*, Berkeley 2002.

spielte, Narrative wie z. B. »*Germans as the ›People of Music‹*«[8], die sich auch für die folgenden Jahrzehnte als prägend erwiesen. Ein frühes Beispiel dafür ist ein Beitrag von Friedrich Rochlitz, der feststellt, dass zwar zur altgriechischen Musik viel geschrieben wurde, aber »*über die Kultur der Musik etwa unter den jetzigen Deutschen und über die Ausbildung der Nation über diese Kunst*« bisher kaum etwas zu lesen sei. Und Rochlitz schreibt weiter:

> »Soll eine Geschichte der Musik und der Bildung einer Nation, z. B. der Deutschen, für diese Kunst, nicht, wie gewöhnlich, Geschichte einzelner verdienter Männer werden: so muss sie, wie mich dünkt, mit der Geschichte der Bildung einer Nation überhaupt; oder, wenn dies ja allzuweitaussehend schiene, wenigstens mit der Geschichte der Kultur aller Künste und der Nation für dieselben, fortschreiten«[9].

Damit etablierten sich spezifische Debatten zur Musik, zum Musiklehren und -lernen sowie zum Bildungsbegriff.[10] Sie entfalteten Wirkungen in soziale Systeme und fachliche Debatten bis in die Gegenwart hinein.

In diesem Prozess der um 1800 sich beschleunigenden Bildungssystementwicklung, über die preußischen Reformen und ihren jeweiligen bildungs- und gesellschaftspolitischen Intentionen des deutschen Kaiserreiches, der Weimarer Republik, des Nationalsozialismus bis zur Bundesrepublik Deutschland existierten die zahlreichen Musik-Akademien, Konservatorien und Musikhochschulen lange Zeit nebeneinander.[11] In einer weiteren Etappe wurde in der jüngeren Geschichte mit dem Beschluss der Kultusministerkonferenz vom 26. Sept. 1967 der Musikhochschule als Kunsthochschule schließlich die Gleichwertigkeit mit Wissenschaftlichen Hochschulen zugestanden: »*Die Lehre und die Fortentwicklung der Kunst durch Ausbildung künstlerischer Formen und Ausdrucksmittel sowie eine maßstabsetzende freie Kunstausübung stehen der Lehre und Forschung im geisteswissenschaftlichen und naturwissenschaftlich-technischen Bereich gleichwertig gegenüber*«[12].

Allmählich verschwanden einige Konservatorien bzw. wurden zu Ausgangspunkten für die Gründungsprozesse von staatlichen Musikhochschulen oder für andere institutionelle Umgestaltungen. Freilich existieren gegenwärtig noch einige Akademien und

---

[8] Celia Applegate u. Pamela Potter, »*Germans as the ›People of Music‹. Genealogy of an Identity*«, in: *Music and German national identity*, hrsg. von dens., Chicago 2002, S. 1–35.

[9] Friedrich Rochlitz, »*Vorschläge zu Betrachtungen über die neueste Geschichte der Musik*«, in: *AmZ* 1799, Sp. 625–629, hier Sp. 626f.

[10] Zu diesen Spezifika des Bildungsbegriffes im deutschsprachigen Raum, auch im Vergleich mit anderen europäischen Ländern siehe Georg Bollenbeck, *Bildung und Kultur. Glanz und Elend eines deutschen Deutungsmusters*, Frankfurt a. M. 1996.

[11] Die Entwicklung der Musikhochschulen in der DDR wird hier nicht weiter thematisiert, da deren Institutionengeschichte bisher kaum im Blick ist und unter anderen systemischen Bedingungen vonstatten ging als die in diesem Beitrag fokussierten. Siehe Daniel Hechler u. Peer Pasternack, *Künstlerische Hochschulen in der DDR. 25 Jahre zeithistorische Aufklärung 1990–2015: Eine Auswertung mit bibliografischer Dokumentation*, Leipzig 2015.

[12] KMK, Status der Kunsthochschulen. Beschluß der Kultusministerkonferenz vom 26.9.1967, Nr. 1618.

Konservatorien, und die Berufsfachschulen (seit 1977 vor allem in Bayern) seien als Fachschulen für Musikberufe zumindest der Vollständigkeit halber genannt. Auf Hochschulebene sind Musikhochschulen, bzw. die beiden Universitäten der Künste in Berlin und Essen, gegenwärtig der Regelfall, die wenigen, einen Bachelor-Abschluss anbietenden Konservatorien und Akademien, die Ausnahme.

Verbunden mit diesen zahlreich in der Bundesrepublik Deutschland der 1970er Jahre zu beobachtenden institutionellen Übergängen und Neugründungen war es nicht nur eine Stärkung des Ausbildungsauftrages der Musikhochschulen, sondern ebenso die staatlich sanktionierte Obliegenheit der *Pflege der Künste*, die von nun an explizit im Hochschulrahmengesetz und in den Ländergesetzen festgeschrieben wurde. Eine weitere Aufgabe wird gegenwärtig als Reaktion auf internationale Diskurse zu *artistic research* in Österreich über die Formulierung *Entwicklung und Erschließung der Künste* konturiert. Sie ist im Universitätsgesetz festgeschrieben und damit auch in staatlichen Prüfprozessen (z. B. Akkreditierung) zu berücksichtigen. In Deutschland fällt in § 26 HRG zwar der Begriff *künstlerische Entwicklungsvorhaben*, wird aber nicht weiter ausgeführt. *Künstlerische Forschung* wird gegenwärtig noch kontrovers diskutiert, findet aber unter diesem Label an vielen Musikhochschulen bereits statt.[13] Aus institutionenhistorischer Perspektive gesehen, setzt sich hier fort, was durch die Reformen in den 1970er Jahren organisationslogisch angelegt wurde: die den Universitäten gleichwertige Hochschulform Musikhochschule auch über ein spezifisches Forschungsverständnis zu konturieren.

Der Statuswechsel von Konservatorien zu staatlichen Hochschulen für Musik in den 1970er Jahren entfaltete mit Blick auf Titelführung, Alimentation, Abschlussgrade, Promotions-, in einigen Fällen Habilitationsrecht, Personal- und Curriculumentwicklung erhebliche Effekte (Studiendauer, Eignungs-/Aufnahmeprüfung, Lehr-/Lerninhaltsbalance etc.) nicht nur in die Organisationen hinein, sondern auch auf die musikbezogenen Berufsfelder. Mit dem gesetzlichen Auftrag der *Pflege* geht eine politisch und staatlich bestätigte Bewahrungs- und Repräsentationsfunktion einher, also die Wieder- und Weitergabe und Neuschaffung von Musik sowie deren Vermittlung. Dieser Sachstand ist u. a. als Antwort auf die seit über zweihundert Jahren intensiv diskutierte Frage zu verstehen, ob die Förderung und Entwicklung der Künste staatliche Aufgabe zu sein habe und wie weit diese Unterstützung reicht.[14] Sie scheint also seit einiger Zeit beantwortet zu sein: Die aus Steuermitteln finanzierten Musikhochschulen haben diese beiden Kernaufgaben autonom zu erfüllen, weisen damit ihre gesellschaftliche Relevanz aus und sind denen gegenüber, die sie tragen, rechenschaftspflichtig. Heutige Musikhochschulen nehmen diese Kernaufgaben *Ausbildung* und *Pflege der Künste* – so dehnbar diese letzte Formulierung auch ist – in der Regel recht ernst: Sie setzen durch musikbezogenes Tun über Reproduktion und Neuschaffung kulturelle Praxen fort, erhalten und gestalten sie. Hermann Rauhe sprach

---

[13] Zu den Anfangszeiten siehe Werner Heinrichs, *»Künstlerische Entwicklungsvorhaben/Künstlerische Forschung«*, in: *Die deutschen Musikhochschulen. Positionen und Dokumente*, hrsg. von der Rektorenkonferenz der deutschen Musikhochschulen, Bonn 2011, S. 111–123.

[14] Siehe Friedhelm Hufen, *Die Freiheit der Kunst in staatlichen Institutionen. Dargestellt am Beispiel der Kunst- und Musikhochschulen*, Baden-Baden 1982.

1991 von einem Kulturentwicklungsauftrag der Musikhochschule und meinte damit nicht nur ihre Verzahnung mit anderen Kulturinstitutionen wie Theater, Oper und Konzert, sondern auch mit den verschiedenen musikberuflichen Handlungsfeldern. Auf diese wiederum reagiert das Portfolio von Studienangeboten durch Veränderung und Erweiterung.[15]

Bildung und Ausbildung

Ausbildung und *Pflege* wird heute, zumindest an vielen Musikhochschulen, glücklicherweise nicht in einem einseitigen, die Musizier- und Präsentationspraxen europäischer Ausdrucksformen des 16. bis 20. Jahrhunderts petrifizierenden Sinne missverstanden. Das heißt jedoch nicht, dass die Spannung des im Zuge der Diskussionen um die gesamtgesellschaftliche Bedeutung musikalischer Bildung und Ausbildung um 1900 herum und infolge der Kestenberg-Reformen in den 1920er Jahren einsetzenden und sich verstärkenden Bewusstseinswandels von einer einseitigen *»Ausbildung der Schüler zum ausübenden Musiker«* zu einem *»universellen Künstler, insbesondere aber auch zu* [einem] *vielseitig fundierten musikalischen Pädagogen«*[16] heute überwunden ist. Es ist in diesem Zitat überdies bemerkenswert, dass Walter Braunfels den Begriff *universitas* bemüht, um Musikhochschule gegenüber Konservatorien abzugrenzen.

> »Der Begriff Musikhochschule als einer die musikpädagogische universitas umfassenden Anstalt ist neuen Datums. In der Königlichen Hochschule für Musik in Berlin, die am 1. Oktober 1869 eröffnet wurde, trat er zum ersten Male in neuzeitlicher Formung in Erscheinung. [...] Die Zahl der noch heute bedeutenden Konservatorien Europas ist groß. Fast jede Landeshauptstadt besitzt ihre größere Musiklehranstalt«[17].

Bemerkenswert ist dies deshalb, weil hier ein Ort von musikalischer Praxis restituiert wird, der seit den Anfängen der Aufklärung als verloren galt. So weist Friedhelm Hufen für den Beginn des 17. Jahrhunderts auf Folgendes hin:

> »Der ›Verwissenschaftlichung‹ akademischer Lehrinhalte folgte die ›Entwissenschaftlichung‹ der Kunstausbildung, die entweder dem religiösen Ritual verhaftet blieb oder in das höfische Ritual einbezogen wurde, im universitären Bereich aber bald nur noch als Freizeitbeschäftigung für die sich der ernsten wissenschaftlichen Arbeit widmenden Studenten oder allenfalls als eher nebensächliches Element des ›studium generale‹ vorkam«[18].

---

[15] Hermann Rauhe, *»Zum Kulturentwicklungsauftrag der Musikhochschulen. Das Beispiel Hamburg«*, in: *Musikwissenschaft als Kulturwissenschaft. Festschrift zum 65. Geburtstag von Hans-Peter Reinecke*, hrsg. von Klaus-Ernst Behne [u. a.], Regensburg 1991, S. 99–116.

[16] Walter Braunfels, *»Die Hochschule für Musik«*, in: *Handbuch der Musikerziehung*, hrsg. von Ernst Bücken, Potsdam 1931, S. 309–316, hier S. 309.

[17] Ebd.

[18] Hufen, *»Die Freiheit der Kunst«*, 1983, S. 73–74.

17

Denn eine »*musikpädagogische universitas*« nach Braunfels meint doch wohl eine institutionelle Utopie, bei der Pädagogik, (Musik-)Wissenschaft und künstlerische Praxis eine Gesamtheit bilden, die bei ihren erzieherischen Bemühungen anstelle des bloßen Musikers die Bildung eines *Künstlers* als Ziel im Blick hat. Was mit *Pädagogik* gemeint sein könnte, wäre dann allerdings noch genauer zu untersuchen.[19]

Braunfels zieht aber in seinem Beitrag zusätzlich eine Trennlinie zwischen Konservatorium und Musikhochschule. Dies ist ein Anzeichen dafür, dass um 1900 nach den zum Teil heftigen Kritiken von Hugo Riemann, Hermann Kretzschmar, Heinrich Ehrlich und anderen an der Qualität der Konservatorien eine Abgrenzung vorgenommen wurde, die sich in den folgenden Jahrzehnten noch verstärken sollte. Der Bildungsanspruch einer Universität (Hochschule) trennt sie vom Konservatorium als bloßer Ausbildungsinstitution. Dass eine solche Auffassung von musikalischer Bildung auch an ein institutionell konnotiertes Selbstverständnis gekoppelt ist, das weit über die Weimarer Zeit hinaus wirkt und zudem in einem weiteren musikbezogenen Berufsfeld Effekte zeitigt, lässt sich an den Debatten der 1970er Jahre ablesen, wo die Musiklehrendenbildung institutionell jeweils besser aufgehoben sei: an der Pädagogischen Hochschule für die Lehrämter Grund-, Haupt- und Realschule, an den Musikhochschulen für das Gymnasiale Lehramt (oft als *Künstlerisches* Lehramt bezeichnet) oder den Wissenschaftlichen Hochschulen (Universitäten). Freilich wird hier der Konflikt über die Güte und die Sachangemessenheit musikalisch-künstlerischer Praxis an den genannten Hochschulformen verhandelt und setzt zugleich das Denkmuster, Musikhochschulen seien cum grano salis als vornehmliche Orte einer gymnasialen Musiklehrendenbildung geeigneter, fort. Die Spannung zwischen der Ausbildung eines ausübenden Musikers und der eines ›universellen Künstlers‹ scheint indes der Institution Musikhochschule in den künstlerischen Studienangeboten bis heute inhärent zu sein, wie nicht zuletzt die vergangene Studienreform im Zuge des Bologna-Prozesses gezeigt hat.[20]

Nun konstruiert dieser, Einzelphänomene und Differenzierungen freilich nivellierende Galoppritt durch zwei Jahrhunderte mit Blick auf nur ein Segment des musikbezogenen Bildungssystems eine entwicklungsgeschichtliche Kausalität zwischen Konservatorien und Musikhochschulen. Aus der Perspektive von Debatten, die *über* die Konservatorien geführt werden, scheint sie vor allem durch zwei oppositive Determinanten bestimmt zu sein: privat vs. staatlich sowie Bildung vs. Ausbildung. Das heißt, die Diskurse des 19. und beginnenden 20. Jahrhunderts, in denen die Institutionen adressiert, ihre Stärken und Schwächen herausgestellt und ihre Legitimation in Frage gestellt werden, werden u. a. durch diese Dichotomie beeinflusst. Sie tritt hin und wieder nicht nur prominent in den Vordergrund, sondern hat zum Teil organisationslogische Folgen und führt zu Umgestaltungen im musikbezogenen Bildungssystem insgesamt.

---

[19] Inwieweit sich in dieser Formulierung gar Einflüsse von Eduard Sprangers Konzept der *Bildnerhochschule* niederschlagen, wäre künftig noch zu klären.

[20] Siehe dazu Bernd Clausen u. Heinz Geuen (Hrsg.), *Qualitätsmanagement und Lehrentwicklung an Musikhochschulen. Konzepte – Projekte – Perspektiven*, Münster [u. a.] 2017.

Statuswechsel wie jene von Konservatorien und Akademien zu staatlichen Musikhochschulen in der Bundesrepublik Deutschland der 1970er Jahre sind Verschiebungen in einem Teilbereich des Bildungssystems, die sich beispielsweise mit Helmut Schelsky als Ergebnis des Zusammenspiels individuell handelnder Akteurinnen und Akteure, mit Thomas Kuhn als Paradigmenwechsel, mit Ludwik Fleck als Veränderung eines Denkstils oder mit Stephan Günzel raumwissenschaftlich erklären und wissenschaftstheoretisch grundieren ließen.[21] Ist eine Kompilierung von Fakten selbstredend nach wie vor Grundlage institutionenhistorischer Forschung, so ist für den Interpretationsvorgang die Hinzuziehung eines Bezugsrahmens aber gerade dann unerlässlich, wenn sich – wie bei den hier in den Blick genommenen Transformationsprozessen – schon bei der Sammlung wiederkehrende Wirkmechanismen und -kräfte abzuzeichnen beginnen (wie z. B. über die oben genannten Dichotomien) beginnen. Um die Notwendigkeit eines Erklärungsmodells für die Darstellung des bis hierhin skizzierten Untersuchungsgegenstands zu unterstreichen, wird nachfolgend knapp auf das Fallbeispiel eingegangen, das diesen Überlegungen vorausging.

Gedanklicher Ausgangspunkt

Bei meiner Auseinandersetzung mit der Geschichte der Hochschule für Musik Würzburg und ihren Vorgängerinstitutionen im Rahmen eines Forschungsvorhabens rückte recht bald die so genannte *Erhebung* des Bayerischen Staatskonservatoriums zur Staatlichen Hochschule für Musik (1973) ins Blickfeld. Nicht nur die Präsenz von Zeitzeugen im gegenwärtigen Kollegium, die diesen Prozess entweder selbst erlebt hatten oder Aspekte desselben über Erzählungen tradierten, sondern auch die allmähliche Aufarbeitung des bis dato unsortierten und durch unachtsame Behandlung lückenhaft gewordenen hochschuleigenen Archivs offenbarte, dass die Wiedereinführung der zwischen 1947 bis 1973 nicht wieder aufgenommenen gymnasialen Lehramtsstudiengänge Musik und die Statusveränderung miteinander in Verbindung standen. Dieser durch die Quellen zu belegende Befund steht mit der bis in die Gegenwart nachzuweisenden Narration, es sei die künstlerische Qualität des Staatskonservatoriums gewesen, die diesen Statuswechsel hervorrief, im Widerspruch. Dies führt zweifellos zu einer ersten Frage: Was mögen die Beweggründe dafür sein, nach 45 Jahren die Rolle der Lehramtsstudiengänge Musik bei einem solchen bedeutenden Vorgang stillzuschweigen? Ein naheliegender Erklärungsversuch für diese Aufforderung ist, wie an anderen Standorten vermutlich auch, das in der Alltags-

---

[21] Helmut Schelsky, »*Zur soziologischen Theorie der Institution*«, in: *Zur Theorie der Institution*, hrsg. von dems., Düsseldorf 1977, S. 9–26, hier S. 26. Vgl. dazu Bernhard Schäfers, »*Helmut Schelskys Theorie der Institution – Ein vergessenes Paradigma der soziologischen Theoriebildung?*«, in: *Soziologie und Gesellschaftsentwicklung. Aufsätze 1966–1996*, hrsg. von dems., Opladen 1996, S. 145–165; Ludwik Fleck, *Entstehung und Entwicklung einer wissenschaftlichen Tatsache. Einführung in die Lehre von Denkstil u. Denkkollektiv*, Frankfurt a. M.⁹ 2012; Thomas Kuhn, *Die Struktur wissenschaftlicher Revolutionen*, Frankfurt a. M. 1976; Stephan Günzel (Hrsg.), *Raumwissenschaften*, Frankfurt a. M. 2009.

praxis vielfach beobachtbare ambivalente Verhältnis zur Schulmusik von Seiten der Majorität der Akteurinnen und Akteure an einer Musikhochschule. Die *Erhebung* des Bayerischen Staatskonservatoriums, das sich seit langer Zeit, wie beispielsweise in den Festschriften des 20. Jahrhunderts zu Tage tritt, als Orchesterschule oder -schmiede und Deutschlands älteste Musikhochschule inszeniert, zu einer Staatlichen Hochschule für Musik in einen anderen Zusammenhang als jenen einer – wie auch immer definierten – künstlerischen Exzellenz zu bringen, stellt dieses Selbstbild offenbar in Frage. Darüber hinaus versinnbildlicht die von vielen innerinstitutionellen Akteurinnen und Akteuren verwendete Diktion *Erhebung* eine Verbesserung im Kontinuum einer jahrhundertealten institutionellen Entwicklungslinie, obwohl es sich 1973 strenggenommen – auch diese Vokabeln finden Verwendung, allerdings fast ausschließlich von politischen Entscheidungsträgern – um eine *Neugründung* oder *Errichtung* handelte.

Nun soll dieses Forschungsprojekt hier nicht weiter dargestellt werden. Aber es entzünden sich an diesen verstreuten Hinweisen grundsätzliche Überlegungen zur Epistemologie einer musikbezogenen Institutionengeschichte. Zwar ist Quellenarbeit in diesem Themenbereich dringend erforderlich, das heißt, es sind Materialen zu sichten und zu kontextualisieren. Aber es stellen sich bald Fragen ein, wie erstens ein solcher Fall zu beschreiben ist, und zweitens, ob anders als eine Ereignisgeschichte zu erzählen, für eine solche Verschiebung im Bildungssystem nicht Erklärungsmodelle nötig, vor allem aber zielführend für ein über den Einzelfall hinausgehendes Verständnis der dafür verantwortlichen Wirkmechanismen sind. Ein solches Verstehen vertieft nicht nur die Auffassung eines historischen Phänomens, sondern ermöglicht bei einer Abstraktion der Fakten zugleich gegenwärtige Verhältnisse zu klären, mithin zu einem grundsätzlichen Verständnis für die systemischen Gegebenheiten dieser Hochschulform zu gelangen. Um eine mögliche Antwort auf diese Fragen zu bekommen, wird nachfolgend zunächst ein Sachstand erläutert, der sich bei der gleichzeitigen Beobachtung der auf Musik bezogenen *institutionellen* und den *bildungstheoretischen Diskurslinien* um 1900 abzeichnet.

Zusammenschau institutioneller und bildungstheoretischer Diskurslinien

Mit den Schriften von Johann Gottlieb Fichte (*»Reden an die deutsche Nation«*, 1807/08), Friedrich D. E. Schleiermacher (*»Grundzüge zur Erziehungskunst«* et al., 1813/14, 1820/21, 1826) und Wilhelm von Humboldt (*»Denkschrift über die äußere und innere Organisation der höheren wissenschaftlichen Anstalten in Berlin«*, 1808/09)[22] einerseits und den Plänen Zelters (Berlin), Wittgensteins (Köln), Fröhlichs (Würzburg) sowie zahlreicher anderer Protagonisten andererseits, setzten sich zu Beginn des 19. Jahrhunderts zwei wesentliche Auffassungen durch: Zum einen sei Bildung ein allgemein menschliches Bedürfnis und Grundrecht, das darüber hinaus systematisch aufgebaut werden muss.

---

[22] Ebenfalls dazu gehört der 1792 geschriebene, aber erst 1851 veröffentlichte Beitrag von Wilhelm von Humboldt, *Ideen zu einem Versuch, die Grenzen des Staats zu bestimmen*, Leipzig 1962.

Zum anderen habe dafür der Staat Sorge zu tragen. Der sich gleichzeitig entwickelnde Diskussionsstrang um die staatliche Kulturaufgabe, wobei hier zumindest auf den Einfluss von Franz Kugler[23] hingewiesen werden soll, wird im Weiteren nicht verfolgt. Nachfolgend steht Bildung als Erziehung und zwar bezogen auf Musik im Fokus.

Musikalische Bildung zur Hebung des Geschmacks und zur singenden Teilhabe an Musikkultur und die Auffassung, Singen übe gesundheitlich sowie charakterlich günstige und damit gesamterzieherische Wirkung auf junge Menschen aus, sind für sehr lange Zeit zwei recht wirkmächtige Argumentationsfiguren. Auch Christian Friedrich Michaelis versteht, wie viele seiner Zeitgenossen, Singen als Teil einer umfassenden Menschenbildung. Es wird mit Hören in ein dialektisches Verhältnis gesetzt, das über die Fertigkeit hinaus in einem weiten Begriffssinne zu musikalischer Bildung führt. Der in seinem Beitrag paraphrasierten Frage von Johann Friedrich Zöllner, ob die Begründungen, die für die Gesangbildung ins Feld geführt werden, nicht auch in gleicher Weise für die Instrumentalmusik geltend gemacht werden könnten, obwohl dagegen das Argument des hohen zeitlichen Aufwandes steht, entgegnet Michaelis wie folgt: *»Es wird ja nicht verlangt, lauter Sänger und Musiker von Profession zu bilden, sondern nur den Sinn und die Fähigkeit, welche für Gesang und Tonkunst in der Seele des Kindes liegen, zum ganzen Erziehungszweck nicht unbenutzt zu lassen. Verhältnisse und hervorragende Talente werden schon über die Wahl des musikalischen Berufs entscheiden«*[24].

Volksschule, Hausmusik, Konservatorium und Akademie als Institutionen mit spezifischen, durch den sozialen Status von Lehrenden und Lernenden bedingten Strukturen und erzieherischen Intentionen werden in der ersten Hälfte des 19. Jahrhunderts zwar über das Denkmuster Bildung miteinander verknüpft, unterscheiden sich aber zugleich in ihren Absichten. Die Bemühungen im Singeunterricht der Volksschule politische, nationale und religiöse Haltungen, Liedrepertoire und basale Notenkenntnisse zu etablieren, in der Hausmusik über das gemeinsame Musizieren familiären Zusammenhalt und Musikpflege zu zelebrieren, werden durch eine große Anzahl kostenpflichtiger Institutionen, einer Privatunterrichtskultur sowie durch einen fast unüberschaubaren Markt an pädagogischer und methodischer Literatur erweitert. Auf letzteren wiederum reagieren Journale, Fach- und Modezeitschriften mit Werbung, Lob und Kritik und halten damit einen vielschichtigen musikpädagogischen Diskurs im Gange.

Im Zuge dieses Aufkommens von zahllosen Akademien und Konservatorien spitzt sich gegen Ende des 19. Jahrhunderts die Kritik aus dieser Richtung an derlei Einrichtungen zu. Zwischen 1850 und 1900 bemerkt Georg Sowa[25] in der Zusammenschau dieser

---

[23] Insbesondere im dritten Band seiner Reihe *»Kleine Schriften und Studien zur Kunstgeschichte«* legt Kugler dar, welche Anstrengungen von Seiten des Staates zu unternehmen seien, um Bildende und Darstellende Kunst sowie Musik finanziell und institutionell zu unterstützen. Franz Kugler, *Ueber die Kunst als Gegenstand der Staatsverwaltung mit besondrem Bezuge auf Verhältnisse des preussischen Staates*, Stuttgart 1854.

[24] Christian Friedrich Michaelis, *»Einige Gedanken über die Vortheile der frühen musikalischen Bildung«*, in: *AmZ* 1804, Sp. 117–126, hier Sp. 126.

[25] Sowa, *Anfänge institutioneller Musikerziehung*, 1973, S. 235–242.

kritischen Stimmen sowohl fachliche als auch soziale Beweggründe, die diese Kontroversen kennzeichnen. Dabei geht es nicht allein, wie z. B. bei Adolph Bernhard Marx[26], um die Frage, in welchen Fächern Einzel- oder Gruppenunterricht besser wäre – übrigens durchaus unter dem Eindruck der Unterrichtsmethode des *l'enseignement mutuel* von Guillaume Louis Bocquillon oder Johann Bernhard Logiers (bzw. Franz Stoepels) Simultanunterricht mit einer Spielvorrichtung (*Chiroplast*)[27], wenn auch mit einiger zeitlicher Verspätung – oder um die Feststellung von der gesellschaftlichen Belanglosigkeit solcher Bildungseinrichtungen (weil die breite Öffentlichkeit sie kaum wahrnehme), sondern vor allem um die Frage nach der Qualität der Ausbildungsprogramme. Und diese schließen sowohl die künstlerische Expertise als auch die Güte musikalischer (Aus-)Bildung an den unterschiedlichen Institutionen ein.

Zeitgleich zu den Methodenlehren und der pädagogischen Literatur für den Singeunterricht an den Schulen finden sich weitere Textsorten, die für die Ausbildung an den Konservatorien die Bemühung dokumentieren, dem bloßen musizierpraktischen Unterricht Weiteres beizugeben. Hierbei sei exemplarisch auf die Arbeiten von Ernst Richter[28], die bis ins 20. Jahrhundert in Neuauflagen erschienen und auch ins Englische übersetzt wurden, ebenso hingewiesen wie auf Gustav Schillings zahlreiche Schriften. Ohne allzu tief in die Hintergründe einzusteigen, die Riemann schließlich dazu bewogen, in mehreren Aufsätzen ab 1895 die Konservatorien kräftig zu kritisieren,[29] ist festzustellen, dass er damit erstens nicht alleine stand. Zweitens war diese Kritik in bildungstheoretische und pädagogische Debatten eingebettet, die allmählich zu einer spezifischen Ausschärfung eines Verständnisses von musikalischer Bildung führten. Anhand von drei Autoren sei dies exemplarisch verdeutlicht:

Der Pianist und Musikschriftsteller Heinrich Ehrlich widmet dem Konservatorium in seinem Band »Modernes Musikleben« (1895) einen eigenen Artikel, betitelt mit »Das Musikerproletariat und die Konservatorien«. Dort geißelt er nicht nur eine *»Überproduktion«*[30]

---

[26] Adolph Bernhard Marx, *Die Musik des neunzehnten Jahrhunderts und ihre Pflege. Methodik der Musik*, Leipzig 1855.

[27] Guillaume Louis Bocquillon, *Manuel musical à l'usage des collèges, des institutions, des écoles et des cours de chant, comprenant, pour tous les modes d'enseignement, le texte et la musique en partition des tableaux de la méthode de lecture musicale et de chant élémentaire*, Paris 1839. Siehe dazu auch Bernarr Rainbow, *Four Centuries of Music Teaching Manuals, 1518–1932*, Woodbridge 2009, insbesondere S. 205–211; Johann Bernhard Logier, *Anweisung zum Unterricht im Clavierspiel und der musikalischen Composition nach seiner Methode. Ein Handbuch für Lehrer und Ältern*, Berlin 1829; Franz Stoepel, *Neues System der Harmonielehre und des Unterrichts im Pianofortespiel*, Frankfurt a. M. 1825. Siehe dazu auch ders., *»Ueber die Logiersche Musiklehrweise«*, in: *Allgemeine Schulzeitung* 1825, S. 641–645. Zur Kritik an Logier siehe auch Bernarr Rainbow, *»Johann Bernhard Logier and the Chiroplast Controversy«*, in: *The Musical Times* 131 (1990), S. 193–196.

[28] Z. B. Ernst Richter, *Lehrbuch der Harmonie. Praktische Anleitung zu den Studien in derselben, zunächst für das Conservatorium zu Leipzig*, Leipzig 1853.

[29] Clausen, *»Musik, Staat, Institution«*, 2017.

[30] Heinrich Ehrlich, *»Das Musikerproletariat und die Konservatorien«*, in: *Modernes Musikleben. Studien*, hrsg. von dems., Berlin 1895, S. 83–90, hier S. 86.

von Musikern, insbesondere aber von Musikerinnen, und sieht vor allem die Schuld bei übereifrigen Lehrern, sondern stellt auch Unterschiede zwischen den Konservatorien fest. Dabei unterscheidet er zwischen den *»verschiedenen königlichen Konservatorien, deren Existenz durch staatliche Unterstützung vollkommen gesichert ist, die also nicht auf das Einkommen durch Schülerbesuch angewiesen sind«*, den *»älteren Privat-Musiklehranstalten, deren Ruf durch Ausbildung bedeutender Künstler festgestellt ist«*, und jenen, *»die genötigt sind, die einigermaßen begabten Schüler, die von ihren Eltern für Genies gehalten werden, nach deren Wunsche zu Virtuosenstückchen abzurichten und von jeder gründlichen Bildung abzusehen«*[31]. Ehrlich bringt finanzielle Sicherheit und Ruf der Institution mit einem *»festen Gang der Lehrmethode«* oder einem klaren *»Lehrgang«* in Zusammenhang.[32]

Schließlich sei noch auf Carl Heinrich Richter hingewiesen. In seiner Aphorismen-Sammlung beginnt er unter der Überschrift *»Methode«* mit einem Wortspiel aus dem Begriff Konservatorium heraus: *»Obgleich der Musikunterricht meistens nicht von Staats wegen betrieben wird, so hat sich doch an Schulen und Konservatorien eine gewisse altherkömmliche Methode gebildet, welche bei aller konservativen Richtung sich vor der unbefangenen Kritik Verständiger doch nicht als gut konserviert bewährt, sondern anfängt zu gähren* [sic] *und in Fäulnis überzugehen«*[33]. Kritischer Tenor seines kurzen Textes ist das Fehlen von musikdidaktischer und musikalischer Innovation an den Konservatorien. Auch Hermann Kretzschmar äußerte sich zu diesem Thema, mehr noch, die Aufsätze in den *»Musikalischen Zeitfragen«* geben ein aufschlussreiches Bild über seine Vorstellungen eines musikbezogenen Bildungssystems.[34]

Mit der Verdichtung der musikbezogenen Bildungsdiskurse zu Ende des 19. und mit Beginn des 20. Jahrhunderts kündigen sich Verschiebungen in diesem Segment des Bildungssystems an. Interpretation und Darstellung dieser Beobachtung können jedoch unterschiedlich ausfallen. Das soll im Folgenden anhand von zwei Aufsätzen näher erläutert werden.

Konstruktionen: Bildung (Schering) und Akademismus (Fellerer)

»Das öffentliche Musikbildungswesen in Deutschland« (1918) ist vielleicht einer der interessantesten Beiträge zur Institutionengeschichte aus dem Anfang des 20. Jahrhunderts, weil Arnold Schering eine Art strukturgeschichtlichen Blick auf die verhandelte Thematik vornimmt. Der Bildungsbegriff spielt hier eine wichtige Rolle, und Schering sieht mit dem ausgehenden 18. Jahrhundert sein Aufkommen als entscheidende Einflussgröße für die kommenden Jahrzehnte an. Allerdings nimmt er eine Unterscheidung zwischen einer

---

[31] Ebd., S. 85.

[32] Ebd.

[33] Carl Heinrich Richter, *Gedanken über das Punctum saliens im Musikleben, -Lehren und -Schaffen. Zweite Folge*, Zürich u. Leipzig 1897, S. 19.

[34] Hermann Kretzschmar, *Musikalische Zeitfragen. Zehn Vorträge*, Leipzig 1903. Siehe auch Wilhelm u. Carrie Eylau, *Der musikalische Lehrberuf*, Leipzig 1906.

»humanistische[n]« Bildung, »die wie bisher die Musikbildung als notwendigen Teil der allgemein menschlichen Bildung auffaßt, und eine[r] akademisch-fachmäßige[n], die auf Heranziehung tüchtiger Musiker um der Musik selbst willen ausgeht«[35], vor. Für die 1830er Jahre stellt Schering heraus, dass nun der Begriff »Universalität«, der dem »Bildungsideal der Neuromantiker« entsprach, zunehmend eine Rolle spielte. »Die Musikbildung soll umfassend sein, der Unterricht kein anderes Ziel kennen als den Zögling zur höchsten möglichen Bildungsstufe hinanzuführen«[36]. Für die Institutionen stellt er schließlich folgende drei Tendenzen fest:

> »Die bestehenden Anstalten teilten sich in zwei Gruppen: in solche, die vornehmlich auf Hebung der musikalischen Dilettantenbildung ausgingen (Logier und sein Kreis), und in jene, die wie die preußischen Kircheninstitute ihre Aufgabe in der Heranziehung von Lehrern, Kantoren und Organisten erblickten. Aber noch eine dritte Gruppe war denkbar: Anstalten, die den Unterricht im gesamten Gebiet der Musik umfaßten mit dem Ziele, ihre Schüler weder nur zu Kantoren noch zu Lehrern oder zu musiktüchtigen Liebhabern, sondern zu sattelfesten, allen Aufgaben des modernen Musiklebens gewachsenen Künstlern überhaupt zu machen. Hieran fehlte es trotz guter Ansätze noch immer«[37].

Auch wenn Schering in diesem Beitrag nicht in das 20. Jahrhundert vordringt, so bleibt doch festzustellen, dass seine Gliederungselemente vom Bildungs- und Ausbildungsbegriff ausgehen. Was Schering unter musikalischer Bildung versteht, hat er u. a. in seinem Büchlein von 1911 ausgeführt.

Karl Gustav Fellerer (1976) konstruiert in seinem Beitrag aus der Perspektive künstlerischer Strömungen einige Konservatorien als Spiegelfläche der Auseinandersetzung zwischen Neudeutschen und Konservativen, Wagnerianern und Brahmsianern über den Begriff des Akademismus.[38] Er kommt zum Schluss, »an allen Stätten musikalischer Bildung in Deutschland [habe] im 19. Jahrhundert der Akademismus eine beherrschende Stellung gewonnen, während im Musikleben die progressiven Strömungen im Anschluß an R. Wagner und die Neudeutschen eine zunehmende Bedeutung erhielten«[39]. Dessen Konsequenzen

---

[35] Arnold Schering, »Das öffentliche Musikbildungswesen in Deutschland bis zur Gründung des Leipziger Konservatoriums«, in: Festschrift zum 75jährigen Bestehen des königlichen Konservatoriums der Musik zu Leipzig am 2. April 1918, hrsg. von Paul Röntsch [u. a.], Leipzig 1918, S. 61–81, hier S. 62.

[36] Ebd., S. 75.

[37] Ebd.

[38] Vgl. dazu auch die Darstellung der Verhältnisse in Weimar, wie sie Altenburg als Gegenentwurf zu Leipzig rekonstruiert. »[A]kademische Musikausbildung« und »Leipziger Konservatismus« werden im Umfeld der »institutionalisierten Ausbildung am Leipziger Konservatorium« als Beschreibungskategorien benutzt. Detlev Altenburg, »Punctus contra punctum. Das Leipziger Konservatorium und das Neue Weimar in der zweiten Hälfte des 19. Jahrhunderts«, in: Studia Musicologica Academia Scientiarum Hungaricae 1/2 (2001), S. 185–196.

[39] Karl Gustav Fellerer, Der Akademismus in der deutschen Musik des 19. Jahrhunderts (= Rheinisch-Westfälische Akademie der Wissenschaften, Geisteswissenschaften, Vorträge G, 212). Opladen 1976, hier S. 19.

zeigt der Autor, regional jeweils spezifisch ausgeprägt, u. a. an der Besetzungspolitik einzelner Konservatorien und Akademien. Der Bildungsbegriff, vor allem in seinem damaligen fachspezifischen Derivat, also dem Wort *Musikerziehung*, wird von Fellerer zwar hin und wieder im Umkreis des Akademismus bemüht, der pädagogische und methodische Diskurs liegen aber in diesem Aufsatz nicht in seinem Blickfeld. Die Institutionengeschichte der Konservatorien wird über diverse musikästhetische Praxen, kunstmusikalische Strömungen und Haltungen sowie – in erster Linie – als über Komponisten verwobene Entwicklungsgeschichte beschrieben, bei der am Ende Max Bruch als *»letzte große Gestalt des Akademismus«*[40] dargestellt wird. Die Auffassungen der Neudeutschen obsiegten und gäben *»der Musik im 20. Jahrhundert neue Grundlagen«*. Fellerer bemerkt: *»Noch behielt der Akademismus in der Musikerziehung bis nach dem 2. Weltkrieg einen Einfluß, bis eine neue Musikentwicklung auch seine letzten Reste in der Musikerziehung überwunden hat«*[41].

Ob mit dieser Einschätzung die Intentionen von Protagonistinnen und Protagonisten der zweiten musikpädagogischen Wende und jene von Leo Kestenberg tatsächlich angemessen mitbewertet werden, sei einmal dahingestellt. Fellerers Perspektive, über den Begriff Akademismus die bildungstheoretischen Verdichtungen oder die institutionellen Verschiebungen zu beschreiben und zu erklären, ist indes eine mögliche Art der Rekonstruktion und Bewertung dieser Begebenheiten.

Die beiden Analysen von Schering und Fellerer dokumentieren eine unterschiedliche Faktorenauswahl für die Beschreibung eines Bildungssystemprozesses: Hier sind es Bildungsdiskurse, dort kunstästhetische Debatten. Dabei verbleiben die Vorgänge selbst in ihrer Historizität. Scherings Beitrag erschien in der Festschrift zum 75-jährigen Bestehen des Leipziger Konservatoriums und beschreibt die Vorgeschichten bis zu seiner Gründung 1843. Fellerer schildert detailreich die Vorgänge um Brahmsianer und Wagnerianer; die Institution wird damit nur indirekt, das heißt eher als Nebenschauplatz musikästhetischer Kontroversen und weniger als *educational space* beschrieben. Auch wenn bei Schering der Begriff *akademisch* fällt, so wurzelt dieser doch in der Bildungsdebatte, während der *Akademismus*, den Fellerer betrachtet, dem musikästhetischen Diskurs entspringt. Sind diese Rekonstruktionen zweifellos gültig, so werden doch die kunstproduktiven und repräsentativen Aufgaben der Bildungsinstitutionen in den Vordergrund gerückt; das Konservatorium als pädagogischer Raum wird weitgehend ausgeblendet.

Einflussgrößen institutioneller Transformationsprozesse: Bildungspolitik

Institutionelle Transformationsprozesse im Bildungssystem sind nicht nur bei Konservatorien, Akademien und Musikhochschulen anzutreffen. Sie sind beispielsweise im 19. Jahrhundert zu beobachten, als die *»Fachschulen der 1820er Jahre (Polytechnische Schulen, Höhere Gewerbeschulen) [...] um 1870/80 zu Hochschulen* [wurden]«.

---

[40] Ebd., S. 63.
[41] Ebd.

»Diese Technischen Hochschulen (in Berlin vereinigt mit der bis dahin selbständigen Bauakademie) werden zu Wissenschaftlichen Hochschulen mit der Verleihung des Promotionsrechts (1899); sie bilden Bauingenieure und Architekten, Maschinenbauingenieure und Elektrotechniker, Chemiker und Hüttentechniker aus. [...] Die gegenläufige Tendenz setzt in den 1920er Jahren ein: Bisher selbständige Hochschulen werden als neue Fakultäten/Fächer in die beiden wichtigsten Hochschultypen integriert, in die Universität (Betriebswirtschaft, Landwirtschaft, Forstwirtschaft, Tiermedizin) und in die Technische Hochschule (Bergbau)«[42].

Das allmähliche Verschwinden von Konservatorien bzw. die Gründungen von staatlichen Hochschulen für Musik (z. B. München 1924, Köln 1925) sind seit der Weimarer Republik stets ein Prozess, bei dem oftmals in privater oder städtischer Trägerschaft bestehende Einrichtungen miteinander verbunden und unter staatliche Aufsicht gestellt wurden. Dies sind erste, zukunftsprägende bildungspolitische Einschnitte, auf die in kurzer Folge weitere Transformationen (z. B. Frankfurt a. M. 1938, Leipzig 1941) bis in die 1970er Jahre zu beobachten sind. Gerade für den zuletzt genannten Zeitabschnitt lässt sich anhand der Musiklehrerbildung die Wirkkraft des Faktors Bildungspolitik illustrieren.

In den 1970er Jahren wurden die ihrerseits zumeist aus Lehrerseminaren oder Lehrerbildungsanstalten hervorgegangenen Pädagogischen Hochschulen (mit Ausnahme in Baden-Württemberg) zu Fakultäten an Universitäten umgewandelt. Genau in diesem Umfeld der Diskussionen um Universitäten, Gesamthochschulen und Pädagogische Hochschulen macht Heinz Antholz nun mit Blick auf die Musiklehrerausbildung darauf aufmerksam, dass zusätzlich zu den damals artikulierten Warnungen vor einer »*Philologisierung‹ der Lehrerausbildung*« oder einer »*Pädagogisierung‹ der Universität*«[43] eine weitere, eine bildungspolitische Dimension zu berücksichtigen sei. Diese ließe sich, was in diesem Falle den Ort der Musiklehrerbildung in Nordrhein-Westfalen und das »*Für und Wider zu den Überleitungsformen*« angeht, durchaus parteienspezifisch identifizieren: »*Angliederung der Pädagogischen Hochschulen als eigener Fakultät (CDU) oder die Eingliederung als Fach-zu-Fach-Zuordnung (SPD, FDP), z. B. die Zusammenführung von Musikwissenschaft und Musikpädagogik*«[44].

Ein nur kursorischer Blick in die wechselhafte Beziehung zwischen Musikwissenschaft und Musik*erziehung* und seit den späten 1960er Jahren in die verstärkt als selbstbewusste und sich von der Historischen Musikwissenschaft als ausschließlicher Schwesterdisziplin allmählich emanzipierenden (Wissenschaftlichen) Musik*pädagogik* zeigt die Verschränkung zwischen (bildungs-)politischen Steuerungsabsichten und innerfachli-

---

[42]   Peter Lundgreen, »*Schule im 20. Jahrhundert. Institutionelle Differenzierung und expansive Bildungsbeteiligung*«, in: *Bildungsprozesse und Erziehungsverhältnisse im 20. Jahrhundert. Praktische Entwicklungen und Formen der Reflexion im historischen Kontext,* hrsg. von Dietrich Benner u. Heinz-Elmar Tenorth, Weinheim 2000, S. 140–165, hier S. 145.

[43]   Heinz Antholz, »*Von der Bildnerhochschule zur Wissenschaftlichen Hochschule. Zur Entwicklung der Musiklehrerausbildung in Nordrhein-Westfalen*«, in: *Musikpädagogik im Rheinland. Beiträge zu ihrer Geschichte im 20. Jahrhundert. Aktuelle Forschungsbeiträge. Bericht über die Jahrestagung 1995,* hrsg. von Günther Noll, Kassel 1996, S. 28–60, hier S. 51.

[44]   Ebd.

chen, aber auch innerinstitutionellen Diskursen. Denn eine »*Zusammenführung von Musikwissenschaft und Musikpädagogik*« als Ergebnis von Überlegungen zu institutionellen Umgestaltungen birgt Konfliktpotenzial auf Seiten beider Disziplinen. Darüber hinaus würde die bereits in der Weimarer Zeit geforderte Autonomie der Musikpädagogik und ihre durch Richard Wicke und später durch Michael Alt eingeforderte Etablierung als eigene Forschungsdisziplin ignoriert.[45] Die Debatten lassen sich dann nicht nur in den Zeitschriften wie z. B. »Musik und Unterricht«, sondern auch in den Bänden »Forschung in der Musikerziehung« und andernorts tatsächlich nachverfolgen.

Bildungspolitik als Erklärungsfaktor für den Statuswechsel von Konservatorium zu Musikhochschule scheint damit gesetzt. Doch weisen die hier veranschaulichten Sachlagen noch auf einen zweiten hin.

Einflussgrößen institutioneller Transformationsprozesse: Eigendynamik

Ohne in den sich verbreiternden Diskurs um musikalische Bildung zu Beginn des 20. Jahrhunderts tiefer einzusteigen, zeichnet sich angesichts des hier Dargestellten ab, dass für eine Institutionengeschichte der Konservatorien und Musikhochschulen nach wie vor zu gelten scheint, was Friedrich Paulsen für Bildungssysteme insgesamt bereits 1906 feststellte: »*Für die geschichtliche Betrachtung ist der herrschende Gesichtspunkt der: daß das Bildungswesen keine Eigenbewegung hat, sondern von dem großen Gang der allgemeinen Kulturbewegung bestimmt wird*«[46].

Die Frage, ob diese Feststellung auch für Konservatorien oder Musikhochschulen gilt, kann vor dem Hintergrund des hier Dargestellten, trotz zweifellos bestehender, in Teilen gar erheblicher Forschungsdesiderate, vorerst bejaht werden. Die Einflussgrößen dieser *»allgemeinen Kulturbewegung«* lassen sich außerhalb des institutionellen Ordnungsgefüges ausmachen. Sie sind, je nach eingenommener Perspektive, zum Beispiel die Diskurse um musikalische Bildung, Pädagogik und/oder die musikästhetischen Debatten um die Neudeutschen zu Ende des 19. Jahrhunderts. Eine weitere Einflussgröße, die sich mit dem obigen Verweis auf Spranger und auch mit Antholz' Ausführungen zu den Pädagogischen Akademien im Umfeld der Lehrerbildung in den 1920er Jahren und den Reformen der 1960er Jahre gemachte Andeutung auf die *Bildnerhochschule* abzeichnet, wurde hier nicht weiter untersucht, ist aber eine Fährte, der sich nachzugehen lohnen würde.[47]

---

[45] Siehe Wolfgang Martin, *Studien zur Musikpädagogik der Weimarer Republik. Ansätze einer Theorie des Musiklernens bei W. Kühn, F. Reuter, G. Schünemann und R. Wicke*, Mainz [u. a.] 1982; Richard Wicke, *»Musikerziehung als Wissenschaft«*, in: *Musik in der Schule* 4 (1955), S. 145–150; Michael Alt, *Empirische Forschung in der Musikpädagogik*, Mainz [u. a.] 1970.

[46] Friedrich Paulsen, *Das deutsche Bildungswesen in seiner geschichtlichen Entwickelung*, Leipzig 1906, hier Vorwort, NP.

[47] Siehe Eduard Spranger, *Kultur und Erziehung. Gesammelte pädagogische Aufsätze*, Leipzig⁴ 1928, insbesondere S. 165–204.

Denn Pädagogik, an den Konservatorien und Musikhochschulen vor allem als Musikpädagogik sowohl im Sinne von Schulmusik als auch von Instrumental- und Gesangpäda-
gogik, scheint eine weitere außerinstitutionelle Einflussgröße zu sein, die von der damaligen Bildungstheorie beeinflusst ist.[48] Auch sie ist im Übrigen in der Literatur deutlich
sichtbar vertreten.[49] Wie sie hochschulorganisatorisch auf die Musikhochschulen und
Konservatorien in den ersten beiden Jahrzehnten des 20. Jahrhunderts gewirkt hat, mithin
mit dem Diskurs um musikalische (Volks-)Bildung verschränkt ist, bleibt zum gegenwärtigen Zeitpunkt noch unklar.

Mit den beiden Faktoren *Bildungspolitik* und *Eigendynamik* wäre indes ein Rahmen
aufgespannt, der die beobachtbaren Entwicklungen im Umfeld von Statuswechseln zunächst kategorisiert und dann eine Inblicknahme der Wechselwirkungen ermöglicht. Mit
anderen Worten: Ein solcher Blick auf Transformationsprozesse im musikbezogenen Bildungssystem führt zu der Frage, in welchem Maße diese in der Weimarer Zeit (und dann
auch in den 1970er Jahren) bildungspolitisch begründet sind und wieviel davon sich auf
eine Eigendynamik der Konservatorien und – das wäre ggf. separat zu betrachten – der
Musikhochschulen zurückführen lassen?

Ausblick

Peter Lundgreen operationalisiert aus der Perspektive der Bildungssystemforschung die
beiden zuvor genannten Erklärungsfaktoren zunächst: *Bildungspolitik* sei erstens durch
*»Akteure (staatliche Verwaltungen, Parlament u. Ä.); zweitens [durch] Diskurse, wie sie
seitens der Interessengruppen geführt werden; drittens [durch] die jeweilige Arena, in der
ein Entscheidungsprozess im Spannungsfeld von Staat – Wirtschaft – Öffentlichkeit –
Wissenschaft ausgefochten wird«*[50], bestimmt. Was den zweiten Faktor *Eigendynamik* betrifft, unterscheidet Lundgreen zwei Möglichkeiten: *»1) ›Eigendynamik‹ als Teil von ›Bildungspolitik‹. Hier denke ich an Akteure und Diskurse, die von Interessenvertretern des
Bildungssystems dominiert werden [...]. 2) ›Eigendynamik‹ als Residualgröße. Hier
denke ich an Veränderungen im Bildungssystem, die sich nicht oder nur schlecht durch
›Bildungspolitik‹ erklären lassen«*[51].

Während die Akteursebene dieses Erklärungsfaktors sowohl Individuen als auch ver-
bandsmäßig organisierte Entitäten umfasst, die sich in der Institutionengeschichte der

---

[48] Siehe Detlef Gaus, *»Konzepte zum Bildungsauftrag der Hochschule. Zur historischen und systematischen Rekonstruktion eines Topos zwischen bildungstheoretischen Intentionen und hochschulorganisatorischen Funktionen«*, in: *›Bildung‹ jenseits pädagogischer Theoriebildung*, hrsg. von
Detlef Gaus u. Elmar Drieschner, Wiesbaden 2010, S. 323–359.

[49] Abgesehen von Publikationen, die sich auf den Musikunterricht beziehen, gibt es ebenso Beispiele, die weniger ausschließlich Schule im Blick haben. Siehe z. B. Hugo Wolf u. Anton Herget,
Pädagogik für Musiklehrer, Berlin 1929.

[50] Lundgreen, *»›Bildungspolitik‹ und ›Eigendynamik‹«*, 2003, S. 34.

[51] Ebd.

Konservatorien und Musikhochschulen gut identifizieren lassen können, ist *»Eigendynamik als Residualgröße«* schwieriger zu bestimmen. Sie scheint aber an verschiedenen Stellen durchzuschimmern:

– Wenn Konservatoriumskritik (a) den prekären Zusammenhang zwischen Beschäftigungs- und Bildungssystem adressiert, also die Überproduktion von so genannten mittelmäßigen Musikerinnen und Musikern; (b) eine allgemeine Kulturkritik artikuliert, also die zunehmende Entfremdung vom Publikum; (c) die Überbetonung des Technischen gegenüber dem Künstlerischen bemängelt, also das Fehlen einer umfassenden musikalischen Bildung bei ausübenden Musikerinnen und Musikern.
– Wenn eine Zunahme an didaktischer und methodischer Literatur zu beobachten ist.

Diese knappe Aufzählung ist sicher nicht vollständig. Eine derartige Unterteilung der Perspektive aber vermag den Blick auf institutionelle Verschiebungen insofern zu schärfen, da die Trennung bildungspolitischer von eigendynamischen Einflussgrößen Diskurse zum Vorschein bringt, die bei einer Zusammenschau nicht unbedingt sofort ins Auge fallen.[52] Zu rasch fokussiert der erste Blick bei der Interpretation der Quellen auf die Wechselbeziehungen zwischen beiden. Damit drohen kleinere, weniger offensichtliche Diskurse der Wahrnehmung zu entgleiten. Dass eine aus der Institution sich speisende Eigendynamik bei Konservatorien und Musikhochschulen in sehr engem Zusammenhang mit der kunstproduktiven Funktion dieser Einrichtung steht, ist auf den ersten Blick offensichtlich. Für den Transformationsprozess, der durch das Zusammenspiel beider Einflussgrößen bestimmt ist, ist sie aber nicht so entscheidend wie jene, die diese Eigendynamik durch die Aufnahme von Diskursen um Bildung und Pädagogik ebenfalls mitbestimmen. Eine derartige Durchleuchtung dieser systemischen Verschiebungen vermag also nicht nur Ursachen und Wirkkräfte differenzierter darzulegen, sondern löst institutionenhistorische Forschung zugleich aus einer ausschließlich ereignisgeschichtlichen Beschreibung.

Literatur

Michael Alt, *Empirische Forschung in der Musikpädagogik*, Mainz [u. a.] 1970.
Detlev Altenburg, *»Punctus contra punctum. Das Leipziger Konservatorium und das Neue Weimar in der zweiten Hälfte des 19. Jahrhunderts«*, in: *Studia Musicologica Academia Scientiarum Hungaricae* 1/2 (2001), S. 185–196.
Heinz Antholz, *»Von der Bildnerhochschule zur Wissenschaftlichen Hochschule. Zur Entwicklung der Musiklehrerausbildung in Nordrhein-Westfalen«*, in: *Musikpädagogik im*

---

52 Zum Begriff Eigendynamik siehe auch Peter Drewek u. Heinz-Elmar Tenorth, *»Das deutsche Bildungswesen im 19. und 20. Jahrhundert. Systemdynamik und Systemreflexion«*, in: *Das öffentliche Bildungswesen. Historische Entwicklung, gesellschaftliche Funktionen, pädagogischer Streit*, hrsg. von Hans-Jürgen Apel [u. a.], Bad Heilbrunn/Obb. 2001, S. 49–83.

Rheinland. Beiträge zu ihrer Geschichte im 20. Jahrhundert. Aktuelle Forschungsbeiträge. Bericht über die Jahrestagung 1995, hrsg. von Günther Noll, Kassel 1996, S. 28–60.

Celia Applegate u. Pamela Potter, *»Germans as the ›People of Music‹. Genealogy of an Identity«*, in: *Music and German national identity*, hrsg. von dens., Chicago 2002, S. 1–35.

Guillaume Louis Bocquillon, *»Manuel musical à l'usage des collèges, des institutions, des écoles et des cours de chant, comprenant, pour tous les modes d'enseignement, le texte et la musique en partition des tableaux de la méthode de lecture musicale et de chant élémentaire«*, Paris 1839.

Georg Bollenbeck, *Bildung und Kultur. Glanz und Elend eines deutschen Deutungsmusters*, Frankfurt a. M. 1996.

Walter Braunfels, *»Die Hochschule für Musik«*, in: *Handbuch der Musikerziehung*, hrsg. von Ernst Bücken, Potsdam 1931, S. 309–316.

Rosie Burt-Perkins, *»Navigating the conservatoire as an educational space: Looking through the lens of ›learning culture‹«*, in: *The Musician in Creative and Educational Spaces of the 21st Century*, hrsg. von Michael Hannan (= CEPROM XVIII: The Musician in Creative and Educational Spaces of the 21st Century [electronic resource]: Proceedings from the International Society for Music Education [ISME] 18th International Seminar of the Commission for the Education of the Professional Musician), Nedlands 2010, S. 29–33.

Bernd Clausen, *»Musik, Staat, Institution – Musikhochschule. Zum Qualitätsdiskurs als Denkstil«*, in: *Qualitätsmanagement und Lehrentwicklung*, hrsg. von Bernd Clausen u. Heinz Geuen, Münster [u. a.] 2017, S. 11–36.

Ders. u. Heinz Geuen (Hrsg.), *Qualitätsmanagement und Lehrentwicklung an Musikhochschulen. Konzepte – Projekte – Perspektiven*, Münster [u. a.] 2017.

Ders. u. Wolfgang Lessing, *»Institutionen des Musiklernens im deutschsprachigen Raum«*, in: *Handbuch Musikpädagogik. Grundlagen – Forschung – Diskurse*, hrsg. von Michael Dartsch [u. a.], Münster [u. a.] 2018, S. 387–396.

Peter Drewek u. Heinz-Elmar Tenorth, *»Das deutsche Bildungswesen im 19. und 20. Jahrhundert. Systemdynamik und Systemreflexion«*, in: *Das öffentliche Bildungswesen. Historische Entwicklung, gesellschaftliche Funktionen, pädagogischer Streit*, hrsg. von Hans-Jürgen Apel [u. a.], Bad Heilbrunn/Obb. 2001, S. 49–83.

Heinrich Ehrlich, *»Das Musikerproletariat und die Konservatorien«*, in: *Modernes Musikleben. Studien*, hrsg. von dems., Berlin 1895, S. 83–90.

Wilhelm u. Carrie Eylau, *Der musikalische Lehrberuf*, Leipzig 1906.

Karl Gustav Fellerer, *Der Akademismus in der deutschen Musik des 19. Jahrhunderts* (= Rheinisch-Westfälische Akademie der Wissenschaften, Geisteswissenschaften, Vorträge G, 212), Opladen 1976.

Ludwik Fleck, *Entstehung und Entwicklung einer wissenschaftlichen Tatsache. Einführung in die Lehre von Denkstil u. Denkkollektiv*, Frankfurt a. M.[9] 2012.

Detlef Gaus, *»Konzepte zum Bildungsauftrag der Hochschule. Zur historischen und systematischen Rekonstruktion eines Topos zwischen bildungstheoretischen Intentionen und hochschulorganisatorischen Funktionen«*, in: *›Bildung‹ jenseits pädagogischer Theoriebildung*, hrsg. von Detlef Gaus u. Elmar Drieschner, Wiesbaden 2010, S. 323–359.

David Gramit, *Cultivating Music. The Aspirations, Interests, and Limits of German Musical Culture, 1770–1848*, Berkeley 2002.

Stephan Günzel (Hrsg.), *Raumwissenschaften*, Frankfurt a. M. 2009.

Daniel Hechler u. Peer Pasternack, *Künstlerische Hochschulen in der DDR. 25 Jahre zeithistorische Aufklärung 1990–2015: Eine Auswertung mit bibliografischer Dokumentation*, Leipzig 2015.

Werner Heinrichs, *»Künstlerische Entwicklungsvorhaben/Künstlerische Forschung«*, in: *Die deutschen Musikhochschulen. Positionen und Dokumente*, hrsg. von der Rektorenkonferenz der deutschen Musikhochschulen, Bonn 2011, S. 111–123.

Friedhelm Hufen, *Die Freiheit der Kunst in staatlichen Institutionen. Dargestellt am Beispiel der Kunst- und Musikhochschulen*, Baden-Baden 1982.

Wilhelm von Humboldt, *Ideen zu einem Versuch, die Grenzen des Staats zu bestimmen* (1792), Leipzig 1962.

Hermann Kretzschmar, *Musikalische Zeitfragen. Zehn Vorträge*, Leipzig 1903.

Franz Kugler, *Ueber die Kunst als Gegenstand der Staatsverwaltung mit besondrem Bezuge auf Verhältnisse des preussischen Staates*, Stuttgart 1854.

Thomas Kuhn, *Die Struktur wissenschaftlicher Revolutionen*, Frankfurt a. M. 1976.

Kultusministerkonferenz (KMK), *Status der Kunsthochschulen. Beschluß der Kultusministerkonferenz vom 26.9.1967*, Nr. 1618.

Johann Bernhard Logier, *Anweisung zum Unterricht im Clavierspiel und der musikalischen Composition nach seiner Methode. Ein Handbuch für Lehrer und Ältern*, Berlin 1829.

Peter Lundgreen, *»›Bildungspolitik‹ und ›Eigendynamik‹ in den Wachstumsschüben des deutschen Bildungssystems seit dem 19. Jahrhundert«*, in: *Zeitschrift für Pädagogik* 1 (2003), S. 34–41.

Ders., *»Schule im 20. Jahrhundert. Institutionelle Differenzierung und expansive Bildungsbeteiligung«*, in: *Bildungsprozesse und Erziehungsverhältnisse im 20. Jahrhundert. Praktische Entwicklungen und Formen der Reflexion im historischen Kontext*, hrsg. von Dietrich Benner u. Heinz-Elmar Tenorth, Weinheim 2000, S. 140–165.

Wolfgang Martin, *Studien zur Musikpädagogik der Weimarer Republik. Ansätze einer Theorie des Musiklernens bei W. Kühn, F. Reuter, G. Schünemann und R. Wicke*, Mainz [u. a.] 1982.

Adolph Bernhard Marx, *Die Musik des neunzehnten Jahrhunderts und ihre Pflege. Methodik der Musik*, Leipzig 1855.

Christian Friedrich Michaelis, *»Einige Gedanken über die Vortheile der frühen musikalischen Bildung«*, in: *AmZ* 1804, S. 117–126.

Friedrich Paulsen, *Das deutsche Bildungswesen in seiner geschichtlichen Entwickelung*, Leipzig 1906, Vorwort, NP.

Hermann Rauhe, *»Zum Kulturentwicklungsauftrag der Musikhochschulen. Das Beispiel Hamburg«*, in: *Musikwissenschaft als Kulturwissenschaft. Festschrift zum 65. Geburtstag von Hans-Peter Reinecke*, hrsg. von Klaus-Ernst Behne [u. a.], Regensburg 1991, S. 99–116.

Bernarr Rainbow, *»Johann Bernhard Logier and the Chiroplast Controversy«*, in: *The Musical Times* 131 (1990), S. 193–196.

Ders., *Four Centuries of Music Teaching Manuals, 1518–1932*, Woodbridge 2009.

Ernst Richter, *Lehrbuch der Harmonie. Praktische Anleitung zu den Studien in derselben, zunächst für das Conservatorium zu Leipzig*, Leipzig 1853.

Carl Heinrich Richter, *Gedanken über das Punctum saliens im Musikleben, -Lehren und -Schaffen*. Zweite Folge, Zürich u. Leipzig 1897.

Friedrich Rochlitz, *»Vorschläge zu Betrachtungen über die neueste Geschichte der Musik«*, in: *AmZ* (1799), S. 625–629.

Susanne Rode-Breymann, *»Einleitung«*, in: *Orte der Musik. Kulturelles Handeln von Frauen in der Stadt*, hrsg. von ders., Köln 2007, S. 1–7.

Bernhard Schäfers, *»Helmut Schelskys Theorie der Institution – Ein vergessenes Paradigma der soziologischen Theoriebildung?«*, in: *Soziologie und Gesellschaftsentwicklung. Aufsätze 1966–1996*, hrsg. von dems., Opladen 1996, S. 145–165.

Helmut Schelsky, *»Zur soziologischen Theorie der Institution«*, in: *Zur Theorie der Institution*, hrsg. von dems., Düsseldorf 1977, S. 9–26.

Arnold Schering, *»Das öffentliche Musikbildungswesen in Deutschland bis zur Gründung des Leipziger Konservatoriums«*, in: *Festschrift zum 75jährigen Bestehen des königlichen Konservatoriums der Musik zu Leipzig am 2. April 1918*, hrsg. von Paul Röntsch [u. a.], Leipzig 1918, S. 61–81.

Georg Sowa, *Anfänge institutioneller Musikerziehung in Deutschland (1800–1843). Pläne, Realisierung und zeitgenössische Kritik. Mit Darstellung der Bedingungen und Beurteilung der Auswirkungen*, Regensburg 1972.

Eduard Spranger, *Kultur und Erziehung. Gesammelte pädagogische Aufsätze*, Leipzig⁴ 1928.

Franz Stoepel, *Neues System der Harmonielehre und des Unterrichts im Pianofortespiel*, Frankfurt 1825.

Ders., *»Ueber die Logiersche Musiklehrweise«*, in: *Allgemeine Schulzeitung* 2 (1825), S. 641–645.

Richard Wicke, *»Musikerziehung als Wissenschaft«*, in: *Musik in der Schule* 4 (1955), S. 145–150.

Hugo Wolf u. Anton Herget, *Pädagogik für Musiklehrer*, Berlin 1929.

RALF-OLIVIER SCHWARZ

Vom Museum zum Konservatorium: Musikalische Bildung und Musikleben in Frankfurt am Main in der ersten Hälfte des 19. Jahrhunderts

Zu den ›großen Erzählungen‹ der Musikgeschichte des 19. Jahrhunderts gehört die Vorstellung einer musikalischen Bildung als Vehikel bürgerlicher Emanzipation, die, so die Erzählung weiter, ihren Ausdruck im blühenden bürgerlichen Musikleben finde. Gerade das ›freie und stolze Frankfurt‹ – eine der letzten Freien Städte nach dem Untergang des Alten Reiches und die Stadt der ersten deutschen Nationalversammlung in der Paulskirche – misst seinen im 19. Jahrhundert entstandenen musikalischen Institutionen bis heute große Bedeutung zu. So verstehen sich die 1808 entstandene Museumsgesellschaft, der 1818 in Erscheinung getretene Cäcilienverein oder die 1838 begründete Mozart-Stiftung damals wie heute als bürgerliche, freie, dem Gemeinwohl verpflichtete Einrichtungen.

»Freie und lebendige Theilnahme an dem Schönen und Guten«: Das Museum

Nur wenige Monate nach dem Ende der Freien Reichsstadt Frankfurt am Main wurde im Sommer 1808 die hiesige Museumsgesellschaft gegründet.[1] Zum bis heute lebendigen Gründungsmythos des Museums gehört die Vorstellung, dass die Gesellschaft aus dem emanzipierten, stolzen Bürgertum der stets freien, nie fürstlich regierten Stadt Frankfurt entstanden sei. Tatsächlich aber spielte gerade in der Gründungsphase dieser bis heute das Frankfurter Musikleben prägenden Institution ein Fürst – mehr noch: ein Kirchenfürst – eine entscheidende Rolle. Die Rede ist von Karl Theodor von Dalberg (1744–1817).[2]

---

[1] Bis heute spielt sie eine zentrale Rolle im Musikleben der Stadt Frankfurt, zum einen als Trägergesellschaft der hiesigen Museumskonzerte und zum anderen als Namensgeberin des städtischen Orchesters, des traditionsreichen Frankfurter Opern- und Museumsorchesters. Zur Geschichte der Frankfurter Museums-Gesellschaft siehe Helene de Bary, *Museum. Geschichte der Museumsgesellschaft zu Frankfurt am Main*, Frankfurt a. M. 1938, sowie Christian Thorau [u. a.] (Hrsg.), *Musik – Bürger – Stadt. Konzertleben und musikalisches Hören im historischen Wandel. 200 Jahre Frankfurter Museums-Gesellschaft*, Regensburg 2011. Zu den Anfängen der Frankfurter Museums-Gesellschaft siehe auch Ralf-Olivier Schwarz, *»›Ein Ort der geistigen Berührung und Mittheilung in dem reichen, stolzen Frankfurt‹. Die Anfänge der Frankfurter Museumsgesellschaft«*, in: *Musikfreunde. Träger der Musikkultur in der ersten Hälfte des 19. Jahrhunderts*, hrsg. von Ingrid Fuchs, Kassel [u. a.] 2017, S. 275–292.

[2] Zu Dalberg siehe u. a. die Überblicksdarstellungen in Konrad M. Färber [u. a.] (Hrsg.), *Carl von Dalberg – Erzbischof und Staatsmann (1744–1817)*, Regensburg 1994. Zu Dalbergs Rolle bei der

Aus altem katholischen, traditionell in kurmainzischen Diensten stehenden Ministeri-aladel stammend, wuchs er in einem weltoffenen Umfeld auf und schlug dann eine geist-liche Karriere ein. Schon während seiner Zeit als kurmainzischer Statthalter in Erfurt ab 1772 verkehrte er mit Goethe, Schiller, Herder, Wieland und Wilhelm von Humboldt und machte mit aufklärerischen Schriften auf sich aufmerksam. 1802 schließlich – inmit-ten der Wirren der Französischen Revolution – wurde er in der kurmainzischen Residenz-stadt Aschaffenburg zum Erzbischof geweiht. 1805 erhielt er als Fürstprimas des Rhein-bundes das Gebiet der Freien Reichsstadt Frankfurt zugesprochen, 1810 wurde er von Napoleons Gnaden zum Großherzog von Frankfurt erhoben. Angesichts der Übermacht des napoleonischen Frankreichs konnte und wollte Dalberg machtpolitisch nicht stark auftreten und widmete sich umso mehr – letztlich auch in der Tradition der kurmain-zischen Bildungsreform – einer aufgeklärten Kulturpolitik. Er scharte eine Reihe von Reformern um sich, die in wenigen Jahren das Schulwesen und, im weiteren Sinne, das Kulturleben überhaupt grundlegend erneuerten und damit Frankfurt von den in jeder Hin-sicht beengten Verhältnissen des Alten Reichs in eine neue Zeit führten.[3] Ein beredtes Zeugnis dieses aufklärerischen Aufbruchs gibt gerade auch aus musikhistorischer Sicht ein Dokument, das die Forschung bis heute kaum rezipiert hat. Es handelt sich um das »Pro-ject von Gesetzen für das Museum«, einen vermutlich im Jahr 1807, auf jeden Fall aber vor der eigentlichen Vereinsgründung entstandenen Entwurf der späteren Statuten der Mu-seumsgesellschaft, erhalten in der Stadt- und Universitätsbibliothek Frankfurt am Main.[4]

»Zweck dieses Vereines«, so gleich der erste Paragraph, sei es, *»durch wechselseitige Mittheilung derjenigen Einseitigkeit entgegenzuarbeiten, welche von dem Geschäftsle-ben und dem gewöhnlichen gesellschaftlichen Verkehr unzertrennlich ist; dagegen aber freie und lebendige Theilnahme an dem Schönen und Guten in Kunst und Wissenschaft nach Kräften anzuregen und zu befeuern«* (§ 1). Der schon in diesem ersten Satz erho-bene allgemeine Bildungsanspruch erstreckt sich in einem umfassenden Sinn auf mög-lichst alle Künste und Wissenschaften. Diese sind innerhalb der Gesellschaft

> »nach der Verschiedenheit der Standpunkte von welchen aus jeder Einzelne zu diesem Zwecke mitzuwirken hat, und ohne Rücksicht auf einen daraus entstehenden Vorrang, in vier Klassen gesondert, von welchen die drei ersten nothwendig activ sind, und nur die vierte, oder die Klasse der Kunst- und Litteraturfreunde, von nothwendiger thätiger Theil-

---

Gründung der Museumsgesellschaft siehe Ralf-Olivier Schwarz, *»Frankfurt und Karl Theodor von Dalberg – zum Gründungskontext des Museums«*, in: *Musik – Bürger – Stadt. Konzertleben und musikalisches Hören im historischen Wandel. 200 Jahre Frankfurter Museums-Gesellschaft*, hrsg. von Christian Thorau [u. a.], Regensburg 2011, S. 19–32.

[3] Zum Schulwesen siehe Theodor Josef Scherg, *Das Schulwesen unter Karl Theodor von Dalberg besonders im Fürstentum Aschaffenburg (1803–1813) und im Großherzogtum Frankfurt (1810–1813)*, 2 Bde., München 1939.

[4] Project von Gesetzen für das Museum, Universitätsbibliothek Frankfurt am Main Johann Chris-tian Senckenberg, Signatur: Soc. Ff. Museumsgesellschaft 532. Die späteren ersten Statuten – *»Gesetze des Museums für das Jahr 1808«* – finden sich abgedruckt bei de Bary, *Museum*, 1937, S. 287–291.

nahme und Mitwirkung losgesprochen ist. Von den drei activen Klassen ist die erste der Litteratur und den Redekünsten, die zweite der bildenden Kunst, und die dritte der Tonkunst gewidmet« (§ 2).

Unabhängig von dieser Aufteilung steht augenscheinlich ein ausdrücklich allgemeiner, umfassender Bildungsbegriff im Mittelpunkt der Tätigkeiten – nicht zuletzt darf die Klasseneinteilung »*kein zu einer der vier Klassen gehöriges Mitglied verhindern in einer der andern Klasse thätig mitzuwirken, und gerade dieses vielseitigere thätige Eingreifen der Mitglieder muss als dem Zwecke des Vereines höchst entsprechend betrachtet werden*« (§ 3).

Dieses »*thätige Eingreifen der Mitglieder*«, die aktive Teilnahme am Gesellschaftsleben wird im Entwurf zu den Statuten vorausgesetzt: »*Jedes Mitglied hat das Recht und die der drei activen Klassen haben die Verpflichtung, mit eigenen Arbeiten für die Gesellschaft thätig zu seyn*« (§ 25). Diese »Arbeiten« sollen dann in den großen freitäglich veranstalteten Gesellschaftsabenden oder in den kleineren, offeneren »*freien Versammlungen und Unterhaltungen*« montags abends vorgestellt werden. Bei Letzteren sollen im Übrigen »*solche Gegenstände zur Sprache* [kommen], *welche in den größeren Versammlungen deswegen, weil sie zu abstract oder überhaupt der allgemeinen Theilnahme zu entlegen sind, nicht füglich eine Stelle finden können*« (§ 29). Man rechnete jedoch scheinbar von Anfang an mit Schwierigkeiten, diesen hier formulierten hohen inhaltlichen Ansprüchen allwöchentlich gerecht werden zu können – und skizzierte sogleich weitere Möglichkeiten der Abendunterhaltung: »*Ist nur eine kurze oder gar keine Abhandlung vorgekommen*«, so ist »*die übrige Zeit den freien Unterhaltungen und Discussionen über artistische und wissenschaftliche Gegenstände*« (§ 29) bestimmt. Zu einem solchen alternativen, offeneren Programm gehören dann auch die schönen Künste und die Musik: »*Um den Stoff der Unterhaltung mannichfaltiger* [sic] *zu beleben, bleiben nicht nur die in einer ordentlichen Versammlung ausgestellten Kunstsachen, wenn es die Eigenthümer zugeben, bis zum nächsten Montage stehen, sondern findet sich auch jedesmal ein Klavier zum Behufe musicalischer Unterhaltungen und Proben vor*« (§ 29).

Die Bedeutung der »*activen*« Teilnahme am Leben der Gesellschaft wird im Übrigen besonders gut bei der Reglementierung hinsichtlich des Zugangs von Frauen erkennbar. Zwar konnten diese »*weder als ordentliche Mitglieder an dem Museum Theil nehmen, noch überhaupt in dasselbe eingeführt werden*«, gleichwohl aber wurden Ausnahmen gemacht »*bei Künstlerinnen und solchen Frauenzimmern welche durch Mittheilung ihrer Arbeiten, oder sonst, thätig bei der Anstalt eingreiffen*« (§ 24). Darüber hinaus »*gewinnen* [diese Frauen] *durch ihre thätige Theilnahme nicht nur das Recht persönlich bei den Sitzungen zugegen zu seyn, und jedes Mal zu diesem Behufe eine Gastkarte zu verlangen, sondern können auch an Tagen, wo sie sich durch ihre Arbeiten und Mittheilungen dem Museum nützlich machen, für zwei weibliche Begleiterinnen besondere Karten begehren*« (§ 24). – Im Ergebnis dürfte diese Regelung zu einer hohen Motivation für Frauen geführt haben, sich »*activ*« zu beteiligen, und sei es eben nur, um Zutritt zu erlangen. Männer hingegen, die ohnehin bei den Museumsabenden zugegen sein durften, konnten sich wohl leichter einer »*activen*« Teilnahme am Gesellschaftsleben entziehen.

Der hiermit letztlich zusammenhängenden Gefahr eines fehlenden Engagements der – vor allem männlichen – Mitglieder scheinen sich die Gründer der Museumsgesellschaft bewusst gewesen zu sein. Vielleicht auch vor diesem Hintergrund wurde dem Austausch mit *»auswärtigen Gelehrten und gelehrten Gesellschaften«* (§ 5) von Anfang an viel Raum gegeben. Es wurden Regelungen getroffen, nicht nur, wie mit *»fremde*[n] *Personen, welche zur Theilnahme an der Gesellschaft geeignet erscheinen«* (§ 21), umzugehen ist. Ausdrücklich wurde bestimmt, dass *»durchreisende Gelehrte, Künstler oder sonst zur Gesellschaft passende Personen* […] *eine Gästekarte für eine Sitzung erhalten«* (§ 23) können. Und nicht zuletzt sollten auch verdiente *»auswärtige Gelehrte, Künstler und achtungswürdige Kunst- und Litteratur-Freunde* […] *von der Direction im Namen der Gesellschaft als Ehrenmitglieder aufgenommen werden«* (§ 22) können. Auf Augenhöhe *»mit auswärtigen Gelehrten und gelehrten Gesellschaften«* als auch *»mit den Vorständen des hiesigen Gemeinwesens und anderer* [!] *öffentlicher Anstalten«* (§ 31) verstand sich die Museumsgesellschaft mit einem über den engeren städtischen Wirkungskreis hinausgehenden, höheren Auftrag ausgestattet – was auch erklärt, dass sie Sorge dafür trug, nicht nur *»die Arbeiten ihrer Klassen in ein gemeinschaftliches Archiv zu sammeln«*, sondern vor allem auch mit *»denjenigen Kunstsachen, Aufsätzen und Büchern, welche die Gesellschaft entweder aus eigenen Mitteln anschafft, oder von Gönnern und Freunden zum Geschenke erhält«* (§ 31), gleichermaßen zu verfahren.

Matthias Tischer hat vor einigen Jahren bereits nicht nur die Bedeutung *»des eigentlichen Trägers der musikalischen Bildung* […], *des Dilettanten«*, in der ersten Hälfte des 19. Jahrhunderts hervorgehoben, sondern vor allem auch *»ein Gefälle zwischen der Idee der Bildung und den Versuchen ihrer praktischen Anwendung«*[5] im musikalischen Bereich beschrieben. Gefangen im doppelten, letztlich widersprüchlichen Anspruch von Emanzipation und Distinktion, verabschiedete sich das Gesellschaftsleben mehr und mehr von *»nothwendiger thätiger Theilnahme und Mitwirkung«*. Die in der Museumsgesellschaft versammelten *»gebildeten Stände«* sollten sich schon bald nicht mehr *»activ«* beteiligen, sondern passiv den für sie organisierten Konzerten beiwohnen. In der Mitte des 19. Jahrhunderts war die Museumsgesellschaft die reine Konzertgesellschaft, die sie noch heute ist.

»Wirklich musikalisch gebildet«: Der Cäcilienverein

Mit dem Zusammenbruch des napoleonischen Systems in Europa fand 1815 auch das kurzlebige Großherzogtum Frankfurt ein Ende, der Fürstprimas wurde abgesetzt und verbrachte seinen Lebensabend im nunmehr bayerischen Regensburg. Der Wiener Kongress

---

[5] Matthias Tischer, *»›Musikalische Bildung‹ – Aspekte einer Idee im deutschsprachigen Raum um 1800«*, in: *Musical Education in Europe (1770-1914). Compositional, Institutional and Political Challenges,* hrsg. von Michael Fend u. Michel Noiray (= Musical Life in Europe 1600–1900. Circulation, Institutions, Representation 3), 2 Bde., Bd. 2, Berlin 2005, S. 375–398, hier S. 375.

machte Frankfurt zur ›Freien Stadt‹ im Deutschen Bund – der wiederum die ehemalige kaiserliche Krönungsstadt am Main zum Sitz seiner Bundesversammlung bestimmte. So kam Frankfurt in der ersten Hälfte des 19. Jahrhunderts so etwas wie eine Hauptstadtfunktion im Deutschen Bund zu. Entsprechend wurde den bestehenden kulturellen Einrichtungen der Freien Stadt nun eine viel größere Aufmerksamkeit als bislang zuteil. Neben der Museum-sgesellschaft betraf dies vor allem die bereits 1792 als Nationaltheater entstandene Oper, deren musikalische Leitung von 1817 bis 1819 Ludwig Spohr innehatte. Es ist eine kulturelle Aufbruchsstimmung, die die Stadt erfasste. 1817 wurde das bis heute weltweit bekannte Städelsche Kunstinstitut gegründet – und ein Jahr später, 1818, trat der Cäcilienverein unter der Leitung des mit Spohr befreundeten, an der hiesigen Oper tätigen Sängers Johann Nepomuk Schelble (1789–1837) an die Öffentlichkeit.[6]

Aus dem südlichen Schwarzwald stammend, hatte Schelble zuvor hauptsächlich in Stuttgart eine bemerkenswerte Karriere gemacht. Am Kunstinstitut der Württembergischen Hauptstadt hatte er nach Pestalozzi'scher Methode unterrichtet. Vermutlich durch Spohrs Vermittlung ist er dann, nach einigen Jahren in Wien, Anfang 1817 nach Frankfurt gekommen. Hier leitete er zeitweise die Klasse der Tonkunst der Museumsgesellschaft, gleichzeitig sammelten sich offensichtlich sangesbegeisterte Herren um ihn, um Männerquartette zu singen. Am 24. Juni 1818 schließlich fand in seiner Wohnung die erste offizielle Probe des Chores statt, der sich alsbald Cäcilienverein nannte.

Dieser Cäcilienverein stieg in wenigen Jahren neben dem Theater und der Museumsgesellschaft zu einer der führenden musikalischen Institutionen in Frankfurt auf. Schelble selbst beendete Anfang 1820 seine Tätigkeit an der Frankfurter Oper und widmete sich fortan einzig dem Chor, dessen künstlerische Erfolge mit einer gewissen Exklusivität einherzugehen scheinen. Ludwig Börne, damals noch als Publizist in Frankfurt tätig, kommentiert 1821 spitzzüngig: »*Der Cäcilienverein, bedenkend, daß das allen zugängliche etwas von seiner Würde verliere, beschränkt die Zuhörer bei seinen Darstellungen auf seinen eigenen an Übung, Lust und Zahl immerfort wachsenden Kreis. Nur selten gibt er von seiner schönen Ausbildung öffentliche und überraschende Beweise*«[7]. Von den übrigen Frankfurter Kulturinstitutionen unterscheidet sich der Cäcilienverein von Anfang an in Bezug auf die Rolle, die darin den Frauen zukam. Blieb ihnen damals sonst, wie ja auch in der Museumsgesellschaft, die Mitgliedschaft in Vereinen verwehrt, so muss dies bei gemischten Chören wie dem Cäcilienverein grundsätzlich anders sein. Schon die Gründungsmitglieder des Chores waren 1818 mehrheitlich Frauen, unter ihnen so renommierte wie Marianne von Willemer; Ende 1819 sorgten auch fünf Frauen – per Garantieurkunde für Schelble – für die längerfristige wirtschaftliche Sicherung des Chores. Fast

---

6   Zur Gründungsgeschichte des Cäcilienvereins und zu Johann Nepomuk Schelble siehe Ralf-Olivier Schwarz, »*Der Cäcilien-Verein und sein Gründer Johann Nepomuk Schelble*«, in: »*Die Leute singen mit so viel Feuer ...*«. *Der Cäcilienchor Frankfurt am Main 1818 bis 2018*, hrsg. von Daniela Philippi u. Ralf-Olivier Schwarz, Frankfurt a. M. 2018, S. 15–37.

7   Ludwig Börne, »*Brief aus Frankfurt vom 4.1.1821*«, in: *Morgenblatt für gebildete Stände* 27. Jan. 1821, S. 95f., zit. nach Ludwig Börne, *Briefe aus Frankfurt 1820–1821*, hrsg. von Frank Estermann, Frankfurt a. M. 1986, S. 55.

alle weiblichen Mitglieder stammten im Übrigen aus in der Stadt respektierten Bankiers-und Kaufmannsfamilien, ein nicht unerheblicher Teil im Übrigen auch aus jüdischen Familien. Hier im Cäcilienverein konnten sie, anders als etwa in der Museumsgesellschaft, auf Augenhöhe mit den Männern an musikalischer Bildung teilhaben. Ausdrücklich notiert Felix Mendelssohn Bartholdy nach einem Besuch beim Cäcilienverein in Frankfurt 1832: *»Die Frauen sind auch hier […] die eifrigsten. Bei den Männern fehlt es ein Biß-chen, sie haben Geschäfte im Kopf. Ich glaube sogar, es ist überall so; am Ende haben die Frauen bei uns mehr Gemeingeist als die Männer«.* – Und einige Zeilen weiter bemerkt er, *»mit welcher Freude und wie gut dort die Dilettantinnen das wohltemperierte Klavier, die Inventionen, den ganzen Beethoven spielen, wie sie Alles auswendig wissen, jede falsche Note kontrollieren, wie sie wirklich musikalisch gebildet sind«*[8].

DIE NEUE DISPUTA.

Abb. 1 *Die Neue Disputa*, Bleistiftzeichnung von
Moritz August Bethmann-Hollweg, um 1828

---

[8]   Brief von Mendelssohn an Carl Friedrich Zelter, Paris, 15. Febr. 1832, zit. nach: Friedrich Stich-tenoth, *Der Frankfurter Cäcilien-Verein 1818–1968: Blätter zur Erinnerung an seine 150jährige Geschichte*, Frankfurt a. M. 1968, S. 38.

Wie sehr sich musikalische Bildung im Cäcilienverein auch als eine musikhistorische ar-
tikulierte, kann man nicht nur erkennen, wenn Mendelssohn diejenigen Dilettantinnen, die
»*das wohltemperierte Klavier, die Inventionen, den ganzen Beethoven spielen*«, als »*wirklich musikalisch gebildet*« bezeichnet. Geradezu abgebildet wird diese Vorstellung von
musikhistorisch zu definierender musikalischer Bildung in dem kürzlich wiederaufgefun-
denen Bild *Die Neue Disputa*, das der Chorsänger Moritz August Bethmann-Hollweg im
Umfeld des jungen Cäcilienvereins zeichnete[9]. Der bemerkenswerte Titel des Werks verweist auf die ›alte‹ *Disputa del Sacramento* von Raffael in den Stanzen des Vatikans, die
augenscheinlich als Modell diente. Wurde dort 1510 ein theologisches Programm expli-
ziert, so war es um 1828 ein musikästhetisches. Die heilige Cäcilia schwebt ›im Himmel‹,
flankiert von musizierenden Engeln, in der Mitte des Bildes. Der Cäcilienchor unter der
Leitung Schelbles befindet sich zu ihren Füßen ›auf der Erde‹, im Hintergrund ist Frankfurt mitsamt einer allegorischen Frankofurtia erkennbar. Vor allem aber ist die Schutzpa-
tronin der Musik auf ihrer Wolke umgeben von Komponisten, die allesamt gestorben sind,
deren Musik aber um die Entstehungszeit des Bildes – vermutlich dem Jahr 1828 – im
Cäcilienchor gepflegt wurde, so etwa Händel, Beethoven, Mozart oder Haydn. Ganz im
Sinne einer musikalischen ›Kunstreligion‹ stellt sich der junge Chor nicht nur unter den
Schutz der heiligen Cäcilia, sondern auch unter den Schutz der mit ihr verbundenen, im
wörtlichen wie auch im übertragenen Sinne ›kanonischen‹ Komponisten.

Bemerkenswert ist, dass in der *Neuen Disputa* ein Komponist nicht erscheint, der dem
Cäcilienverein seine ›Renaissance‹ im 19. Jahrhundert mitverdankt: Johann Sebastian
Bach. Seinen Kompositionen maß man hier »*nicht nur qualitativ, sondern auch quantita-
tiv einen besonderen Stellenwert* [im] *Repertoire zu*«[10]. Vor allem in den frühen 1830er-
Jahren galt die Frankfurter Bach-Pflege des Cäcilienvereins als geradezu musterhaft.
Schon kurz nach der Entstehung des Chores wurden Bachs Werke hier intensiv geprobt. So
brachte Schelble schon am 10. März 1828, knapp zwei Monate früher als die Singakademie in Berlin, das Credo aus der *h-Moll-Messe* zur Aufführung. Unter den Besuchern des
Konzerts befand sich damals auch der junge Mendelssohn, dessen Rolle später für die Rezeption von Bachs Schaffen ja als entscheidend zu bezeichnen sein dürfte.[11] Ein Jahr später schließlich, am 29. Mai 1829, führte der Cäcilienverein die *Matthäus-Passion* auf, nur
wenige Wochen nach der legendären Erstaufführung durch die Singakademie in Berlin.
Schon in der Mitte des 19. Jahrhunderts gehörten die *Matthäus-Passion*, die *h-Moll-Messe*
zumindest teilweise, das *Magnificat* und verschiedene Motetten, später auch das *Weih-
nachtsoratorium* und die *Johannes-Passion* zum festen Repertoire des Cäcilienvereins.

---

9   *Die Neue Disputa*, Bleistiftzeichnung von Moritz August Bethmann-Hollweg, um 1828, Histori-
     sches Museum Frankfurt am Main, Sign. C 5797.
10   Susanne Oschmann, »*Die Bach-Pflege der Singakademien*«, in: *Bach und die Nachwelt*, hrsg. von
     Michael Heinemann u. Hans-Joachim Hinrichsen, 4 Bde., Bd. 1, Laaber 1997, S. 305–347, hier
     S. 316.
11   Brief Felix Mendelssohn Bartholdys an Adolf Frederik Lindblad in Stockholm, Berlin, 22. Apr.
     1828, in: *Felix Mendelssohn Bartholdy. Sämtliche Briefe,* hrsg. von Juliette Appold u. Regina
     Back, 12 Bde., Bd. 1, Kassel [u. a.] 2008, S. 240–244, hier S. 244.

Johann Heinrich Pestalozzi, Hans Georg Nägeli und Franz Xaver Schnyder von Wartensee

Anders als etwa in Berlin beruhte die Bach-Pflege in der ersten Hälfte des 19. Jahrhunderts in Frankfurt am Main keineswegs auf einer spezifischen lokalen Tradition. Vielmehr scheint Schelbles Interesse an Bach vom Züricher Musikpublizisten, Musikpädagogen und Komponisten Hans Georg Nägeli (1773–1836) geweckt worden zu sein, der sich seit etwa 1800 intensiv mit dem kompositorischen Schaffen des Thomaskantors befasste.[12] Als einer der ersten Musikverleger veröffentlichte er dessen Werke, etwa das *Wohltemperierte Klavier*, die *Matthäus-Passion* oder die *h-Moll-Messe*. Darüber hinaus hatte Nägeli 1805 das Zürcher Singinstitut und 1810 einen dazugehörigen Männergesangverein gegründet und engagierte sich kulturpolitisch in Zürich. Vor allem aber war er musikpädagogisch hervorgetreten, als er ab 1810 gemeinsam mit dem ebenfalls in der Schweiz tätigen Lehrer Michael Traugott Pfeiffer die mehrbändige *Gesangbildungslehre nach Pestalozzischen Grundsätzen*[13] veröffentlichte. Es ist durchaus plausibel anzunehmen, dass Schelble schon in seiner Stuttgarter Zeit – er unterrichtete dort »*nach Pestalozzischen Grundsätzen*« – Nägelis Schriften gekannt haben dürfte.

Beide, Hans Georg Nägeli wie auch vor allem Johann Heinrich Pestalozzi (1746–1827), waren in den 1820er Jahren in Frankfurt am Main beileibe keine Unbekannten, Anfang des 19. Jahrhunderts konnte die ehemalige Krönungsstadt geradezu als ›Pestalozzistadt‹[14] gelten. In der Tat gaben nicht nur bedeutende Familien wie die Willemer, Holzhausen oder de Bary ihre Kinder in die erzieherische Obhut Johann Heinrich Pestalozzis in dessen Anstalt im schweizerischen Yverdon. Flankiert von einer reformorientierten Schulpolitik des Fürstprimas Dalberg setzten auch ab 1803 die Musterschule und ab 1813 die Weißfrauenschule pädagogische Neuerungen im Geiste Pestalozzis durch und strahlten weit über die Grenzen der Stadt hinaus. Nicht zuletzt hatten auch einige in Frankfurt tätige Personen – wie etwa Friedrich Fröbel – einige Zeit bei Pestalozzi verbracht und verbreiteten seine Lehren. Zu diesen Schülern Pestalozzis gehörte auch »*der bedeutendste Schweizer Komponist in der Zeit des Übergangs zwischen Klassik und Romantik*«[15]: Franz Xaver Schnyder von Wartensee (1786–1868).

Aus einer Luzerner Patrizierfamilie stammend, hatte dieser seine musikalische Ausbildung vor allem in Zürich eben bei Nägeli erhalten, später war er zur weiteren musikali-

---

[12] Zu Nägeli siehe Martin Staehelin, Art. »*Nägeli, Hans Georg*«, in: *MGG 2*, Personenteil, Bd. 12, Kassel [u. a.] 2004, Sp. 890–894.

[13] Michael Traugott Pfeiffer u. Hans Georg Nägeli, *Gesangbildungslehre nach Pestalozzischen Grundsätzen. Erste Hauptabtheilung der vollständigen und ausführlichen Gesangschule mit drey Beylagen ein-, zwey- und dreystimmiger Gesänge*, Zürich 1810.

[14] Wilhelm Nicolay u. Arthur Richel, *Aus der Pestalozzistadt Frankfurt am Main*, Frankfurt a. M. 1929; zu Pestalozzi und Frankfurt siehe auch Arbeitsausschuß für die Pestalozzifeier 1927 (Hrsg.), *Pestalozzi und Frankfurt am Main. Ein Gedenkbuch zum hundertsten Todestag Johann Heinrich Pestalozzis*, Frankfurt a. M. 1927.

[15] Beate A. Föllmi, Art. »*Schnyder von Wartensee, Franz Xaver Joseph Peter*«, in: *MGG 2*, Personenteil, Bd. 14, Kassel [u. a.] 2005, Sp. 1547–1550.

schen Ausbildung nach Wien gegangen. 1816 nahm Schnyder, vielleicht durch Nägelis Vermittlung, eine Tätigkeit als Musiklehrer in Pestalozzis Erziehungsanstalt in Yverdon auf. Ein Angebot Pestalozzis, dauerhaft bei ihm tätig zu werden, lehnte Schnyder allerdings ab – Hintergrund dürften zu diesem Zeitpunkt heftige Konflikte zwischen verschiedenen damals bei Pestalozzi tätigen Lehrern gewesen sein. Kurz nach diesem ausgeschlagenen Angebot jedenfalls übersiedelte Schnyder 1817 nach Frankfurt, wo er alsbald als Komponist etwa in der Museumsgesellschaft hervortrat. Vor allem aber wurde Schnyder bald bekannt als *»ein geschätzter Musiklehrer, dessen Ruf über Deutschland und die Schweiz hinausging«*[16].

Auch in Frankfurt hielt Schnyder weiterhin engen Kontakt zu seinem ehemaligen Lehrer Nägeli. Dieser sah sich in der Schweiz, trotz seiner musikpädagogischen und musikverlegerischen Erfolge, zunehmend mit Schwierigkeiten nicht zuletzt wirtschaftlicher Art konfrontiert. Frustriert erwog er daher Anfang der 1820er Jahre ernsthaft *»einen Wegzug aus dem, wie er glaubte, seinen Aktivitäten gegenüber verständnislosen Zürich nach Deutschland«*[17]. Um sich dort einen Namen zu machen, entwarf Nägeli seine – aus fachhistorischer Sicht bis heute bedeutenden – *Vorlesungen über Musik mit Berücksichtigung der Dilettanten*[18], die er Anfang 1824 auf einer mehrmonatigen Vortragsreise in verschiedenen süddeutschen Städten hielt. Obgleich er auch ›theoretische‹ Themen besprach, so verfolgte Nägeli doch seinem eigenen Bekunden nach primär einen historischen Ansatz. Den Verleger Cotta bat er deshalb, *»den Lesern des Morgenblatts [zu] notificiren: a) daß der Inhalt meiner Vorlesungen hauptsächlich ein historischer ist; b) daß ich darin auf historischen Wegen unsere musikalische Zeit-Cultur als eine unerkannt große und herrliche darstelle«*[19].

Viel Platz räumte Nägeli in seinen Vorlesungen im Übrigen genau den Komponisten ein, deren Musik in den 1820er- und 1830er Jahren im Cäcilienverein gepflegt wurde — besonders auch Johann Sebastian Bach, dessen Werke er ja verlegte. Als sich Nägelis Auswanderungspläne um 1824 konkretisierten, bot Schnyder seinem alten Lehrer seine Unterstützung an, und so bewarb sich Nägeli in Frankfurt am Main um Niederlassung und Bürgerrecht. Doch das Verfahren stockte und 1826 verhängte der Frankfurter Senat angesichts der Börsenkrise im Jahr zuvor einen Einwanderungsstopp für Auswärtige.[20] Damit zerschlugen sich Nägelis Auswanderungspläne. Seine letzten Lebensjahre verbrachte er in Zürich, wo er wenige Jahre vor seinem Tod noch 1831 zum Erziehungsrat

---

16   Ebd., Sp. 1549. Zu Franz Xaver Schnyder von Wartensee als Musikpädagoge siehe auch Ralf-Olivier Schwarz, *»Musikpädagogisches Denken und Handeln im bürgerlichen Musikleben. Franz Xaver Schnyder von Wartensee, Musiklehrer und Komponist im Frankfurt des 19. Jahrhunderts«*, in: *Lehrer als Künstler*, hrsg. von Jan-Peter Koch u. Katharina Schilling-Sandvoß (= Musikpädagogik im Diskurs 2), Aachen 2017, S. 49–63.

17   Martin Staehelin, *»Vorwort«*, in: Hans Georg Nägeli, *Vorlesungen über Musik mit Berücksichtigung der Dilettanten*, Stuttgart u. Tübingen 1826 [Nachdruck Darmstadt 1983], S. V–VI.

18   Ebd.

19   Zit. nach Staehelin, *»Vorwort«*, [1983], S. VII.

20   Siehe [Franz] Xaver Schnyder von Wartensee u. Hans Georg Nägeli, *Briefe aus den Jahren 1822 bis 1835*, Zürich 1962 (= Neujahrsblatt der Allgemeinen Musikgesellschaft Zürich auf das Jahr 1962), S. 24–25.

gewählt wurde. Festzuhalten bleibt zum einen, dass die bemerkenswert frühe und intensive Bach-Pflege im Umfeld des Frankfurter Cäcilienvereins dem Einfluss Nägelis zu verdanken sein dürfte. Zum anderen dürfte sich, im Gefolge von Pestalozzis Lehren, auch Nägelis Einfluss im Frankfurter Musikleben entfaltet haben – so dass in der ›Pestalozzistadt‹ Frankfurt am Main Nägelis musikpädagogisches Wirken stärker als andernorts rezipiert werden musste.

Dass dies so ist, zeigt eine in der Frankfurter Musikgeschichte weitestgehend vergessene Initiative, die 1827, im Todesjahr Pestalozzis, von Schnyder ausging. Die in Offenbach erscheinende *Allgemeine Musikzeitung zur Beförderung der theoretischen und praktischen Tonkunst, für Musiker und für Freunde der Musik überhaupt* informiert ihre Leser am 11. Aug. 1827 über die Errichtung einer »neue[n] *Gesang-Bildungs-Anstalt*«[21] unter der Leitung Franz Xaver Schnyder von Wartensees. Der eigentlichen Ankündigung ist ein programmatisches Vorwort vorangestellt, in der Schnyder den offensichtlich an Nägeli angelehnten musikpädagogischen Hintergrund seines Vorhabens erläuterte. Angesichts der Feststellung, dass Musizieren derzeit nicht nur eine Modeerscheinung, sondern vor allem auch »inneres Herzensbedürfnis« sei, habe, so Schnyder, die Pädagogik »die wichtige Aufgabe, diese himmlische Kunst, besonders die Vokalmusik, immer mehr zu Sache des Volkes zu machen, um dieses durch ihren Einfluß zu veredeln«. Wenn man also »ernstlich dazu beitragen [wolle], wahre musikalische Bildung zu verbreiten«, so müssten drei Voraussetzungen erfüllt sein:

»1. Aller Musik-Unterricht muss eigentlich mit Gesang beginnen. [...] Will man dafür wirken, dass eine echte musikalischen [sic] Bildung immer allgemeiner werde, so beginne man den Musikunterricht immer mit dem Gesange, wie die Natur es uns vorschreibt. Der Unterricht auf Instrumenten darf erst später eintreten.
2. Nur in der Jugend kann in der Regel eine eigentliche musikalische Bildung erworben werden. [...] Es gibt nur sehr wenige, welche, wenn auch nur ein einfach gesetztes Liedchen, vom Blatte lesen, oder mit andern Worten, die Noten treffen können, den allermeisten Chorsängern und Chorsängerinnen muss das, was sie singen sollen, auf das mühseligste so lange eingetrichtert werden, bis sie es nur erträglich, also immer unsicher, singen können. [...]
3. Der Gesangunterricht muss nicht mit einzelnen Kindern, sondern mit mehreren zusammen getrieben werden.«

Aus diesen Prämissen leitete Schnyder ein pädagogisches Konzept ab, das eine fortschreitende Organisation der Lehre in drei Abteilungen vorsah. Die erste für Kinder von 8 bis 14 Jahren »fängt bei den ersten Elementen an und bringt die Kinder dahin, daß sie im Stande seyn werden, zweckmäßige Chöre und selbst leichtere fugirte Sachen vom Blatte zu singen«. Die zweite Abteilung sei »für die reifere Jugend bestimmt«, hier würde

---

[21] Franz Xaver Schnyder von Wartensee, »*Eine neue Gesang-Bildungs-Anstalt zu Frankfurt am Main*«, in: *Allgemeine Musikzeitung* [Offenbach] 1827, Sp. 89–95. Alle weiteren Zitate hier stammen aus diesem unpaginierten Dokument.

»besonders auf die Bildung der Stimme, und auf die Künste des Vortrages« geachtet. Die dritte Abteilung schließlich *»vereinigt erwachsene Freunde des Gesanges, die sich an der herrlichen Vokalkunst erfreuen wollen«.* Bei letzterer sei das Ziel *»nicht, wie in den vorigen Abtheilungen, das Lernen, sondern das Ausführen von Kunstwerken, deren ästhetischer Werth sie würdig macht, daß man ihnen Zeit und Kräfte opfert. Nichts ist hier ausgeschlossen, als das Unklassische, und keine andere Einseitigkeit soll die Wahl der Tonstücke bestimmen, als die, stets nur das Gute zu wollen«.*

Schnyders Plan offenbart gewisse Brüche. Methodisch orientiert an Pestalozzis bzw. Nägelis Vorstellung einer (musikalischen) Elementarlehre, deren *»pulverisierte Ästhetik«* schon Carl Friedrich Zelter schmähte[22], zielt Schnyder auf das große Ganze. Ausgerechnet mit einem Curriculum, in dem jahrelang bestenfalls *»zweckmäßige Chöre und selbst leichtere fugirte Sachen«* geübt werden, sollte das Ziel erreicht werden, Kunstwerke auszuführen, *»deren ästhetischer Werth sie würdig macht, daß man ihnen Zeit und Kräfte opfert«.* Schnyders Vorhaben war denn auch kein Erfolg vergönnt – was genau die Gründe für das Scheitern sind, muss angesichts fehlender Quellen Spekulation bleiben. Nach dem emphatischen Gründungsaufruf jedenfalls taucht Schnyders *»Gesang-Bildungs-Anstalt«* nie mehr in den Quellen auf.

»Ein Musikconservatorium für alle Lande deutscher Zunge«: Die Mozart-Stiftung

1828 trat Schnyder noch einmal als einer der Gründer des Frankfurter Liederkranzes[23] in Erscheinung, in den folgenden Jahren dann scheint er sich allerdings auf seine Tätigkeit als Komponist und Privatmusiklehrer zurückgezogen zu haben. Es wird aber genau dieser Liederkranz sein, mit dessen tatkräftiger Unterstützung dann das im Frankfurter Vormärz wohl bemerkenswerte musikpädagogische Vorhaben angestoßen wurde: das Erste Deutsche Sängerfest im Jahr 1838 und die daraus hervorgehende Frankfurter Mozart-Stiftung.[24]

Als am 14. Aug. 1837 in Mainz das heute noch bekannte Gutenberg-Denkmal mit einem feierlichen Festakt enthüllt wurde, ging es aus Sicht der Zeitgenossen durchaus darum, einen Revolutionären zu ehren – hatte der Mainzer Johannes Gutenberg doch mit seiner Erfindung der Druckerpresse drei Jahrhunderte zuvor dafür gesorgt, dass sich Gedanken wie Freiheit, Gleichheit, Brüderlichkeit in Windeseile verbreiten konnten. Am

---

22 Siehe Karl Heinrich Ehrenforth, *Geschichte der musikalischen Bildung. Eine Kultur-, Sozial- und Ideengeschichte in 40 Stationen. Von den antiken Hochkulturen bis zur Gegenwart*, Mainz [u. a.] 2005, S. 335.

23 Zum Frankfurter Liederkranz siehe Wilhelm Fluhrer, *Der Frankfurter Liederkranz 1828 bis 1928. Ein Ausschnitt aus der Frankfurter und der deutschen Kulturgeschichte*, Frankfurt a. M. 1928, sowie [Anonym], *Der Frankfurter Liederkranz. Ein Cultur- und Lebensbild. Festschrift zur Feier seines Fünfzigsten Stiftungsfestes am 15. Februar 1878*, Frankfurt a. M. 1878.

24 Zur Geschichte der Mozart-Stiftung siehe Ulrike Kienzle, *»Neue Töne braucht das Land.« Die Frankfurter Mozart-Stiftung im Wandel der Geschichte (1838–2013)* (= Mäzene, Stifter, Stadtkultur 10), Frankfurt a. M. 2013, v. a. S. 17–58.

Festakt beteiligt waren auch die Herren des oben genannten Frankfurter Liederkranzes. Die gemeinsamen Erlebnisse in Mainz scheinen unter den Frankfurter Sängern eine so gewaltige Begeisterung ausgelöst zu haben, dass sie sich schon kurz nach den Gutenberg-Feierlichkeiten entschieden, genau ein Vierteljahrhundert nach der Völkerschlacht zu Leipzig 1813, nun in der ehemaligen kaiserlichen Krönungsstadt am Main ein ›allgemeines deutsches‹ Sängerfest auszurichten:

> »Schon in der nächsten berathenden Sitzung des Liederkranzes wurde der Plan vor den zahlreich versammelten Mitgliedern entwickelt und, wenn auch hier und da ein Zaghafter Bedenken trug vor den Schwierigkeiten und besorgt den Blick auf die [Bundesversammlung des Deutschen Bundes in der] Eschersheimer Gasse und ihre Späher richtete: die große Mehrzahl sprach sich freudig für die Sache aus«[25].

Es gab in den 1830er Jahren in der Tat genug Anlass, *»besorgt den Blick auf die Eschersheimer Gasse und ihre Späher«* zu richten, ging im Vormärz doch von der damals ganz Deutschland erfassenden Sängerbewegung eine große politische Sprengkraft aus. Gerade in der weltoffenen Freien Stadt Frankfurt am Main, Sitz des Deutschen Bundes, traf liberales und nationales Gedankengut auf offene Sympathien; die Erinnerung sowohl an das Hambacher Fest wie auch an den Frankfurter Wachensturm waren 1838 noch sehr lebendig.

Schnell wurde ein Festausschuss von 44 respektablen Frankfurter Bürgern gegründet, dessen Leitung Franz Xaver Schnyder von Wartensee übernahm. Unterstützt wurde er vom Bankier und Komponisten Wilhelm Speyer (1792–1868), der wohl auch die Idee zum Sängerfest als erster konkretisiert hatte.[26] Nach etlichen organisatorischen Vorarbeiten verschickte man Anfang Febr. 1838 die *»Einladung an Deutschlands Sängervereine zum großen Sängerfeste in Frankfurt a. M.«*[27]. Wenn man in Mainz ein Denkmal errichtet hatte, so ging es auch jetzt in Frankfurt darum, etwas Bleibendes zu schaffen – und dies sollte unter dem Schutz eines Musikers stehen, hinter dem sich alle wiederfinden können: Wolfgang Amadeus Mozart.[28]

---

[25] Heinrich Weismann, *Blätter der Erinnerung an das erste deutsche Sängerfest in Frankfurt a. M. 28. bis 30. Juli 1838 und an die Gründung der Mozartstiftung*, Frankfurt a. M. 1863, S. 7, zit. nach Kienzle, *»Neue Töne«*, 2013, S. 25–26.

[26] Zu Wilhelm Speyer siehe Edward Speyer, *Wilhelm Speyer, der Liederkomponist*, München 1925, sowie zu Speyers bemerkenswerter Rolle in der Vorgeschichte der Mozart-Stiftung Ralf-Olivier Schwarz, *»Wilhelm Speyers Italienreise 1818. Ein Beitrag zur Vorgeschichte der Frankfurter Mozart-Stiftung«*, in: *Fluchtpunkt Italien. Festschrift für Peter Ackermann*, hrsg. von Johannes Volker Schmidt u. Ralf-Olivier Schwarz, Hildesheim [u. a.] 2015, S. 189–204.

[27] »Einladung an Deutschlands Sängervereine zum großen Sängerfeste in Frankfurt a. M.«, zit. nach Weismann, *Blätter der Erinnerung*, 1838, S. 17.

[28] Dass die Wahl auf Mozart fiel, lag sicherlich auch am Ruf als ›Mozartstadt‹, den Frankfurt – genauer: Offenbach – damals genoss. In der Tat befand sich damals hier, im Hause des Musikverlegers J. A. André, der musikalische Nachlass des Komponisten, den der Verleger Constanze Mozart abgekauft hatte. Seinen Weg nach Salzburg fand der Nachlass erst 1854, nach der Errichtung des Mozarteums Salzburg. Zu Mozart und Frankfurt bzw. Offenbach siehe Ulrike Kienzle, *Drei Generationen Mozart in Frankfurt am Main. Ein Stadtführer. Begleitheft zur Ausstellung der Frankfur-*

»Von dem Ertrag der Concerte sind wir nämlich gesonnen den Grund zu legen zu einer Stiftung für deutsche musikalische Talente. [...] Die Stiftung soll Mozart-Stiftung genannt werden. Mozart ist der Stolz Deutschlands, das reichste Genie der neuen Zeit. Seine Werke haben in Tausenden von Künstlern den wahren Geist der Musik hervorgerufen; sein Geist hat Tausende großgezogen und ganz Europa hat mit Entzücken die Schöpfungen seines Genie's [sic] aufgenommen. In seinem Namen wollen wir die Stiftung gründen und ihn, der die Martern drückender Verhältnisse oft genug empfunden, zum Patrone unserer musikalischen Talente machen«[29].

Das Sängerfest und die daraus entstehende Stiftung sollten letztlich dazu dienen, ein Konservatorium zu gründen, dem ausdrücklich ein nationaler Auftrag eingeschrieben ist:

»Allein an unser Unternehmen knüpft sich noch ein höherer, dauernder Zweck; wir wollen den Grundstein legen zu einem Musikconservatorium für alle Lande deutscher Zunge, welches hier bestehen soll und einst gewiß nicht minder blühen wird, als die von dem seltenen Menschenfreunde Städel gestiftete Schwesteranstalt. Mozart soll, als schönstes Vorbild der Nacheiferung, der ewig leuchtende Leitstern unseres Strebens seyn und unserer Stiftung seinen Namen leihen«[30].

Der – offensichtlich ausschließlich an Männerchöre gerichtete – Aufruf aus Frankfurt stieß auf eine starke Resonanz. Hunderte von Gästen reisten an, viele aus der näheren Umgebung, einige jedoch auch aus Stuttgart, Landau, Schweinfurt, ja selbst aus Zürich und Amsterdam:

»Die Stadt geriet in volle Begeisterung, und die Ankunft der Sänger war herzlich und prangend, zumal an den mit Tausenden bedeckten Ufern des Mains. Bis in die Dachluken waren die Häuser mit Menschen besetzt mit wehenden Taschentüchern und hellen Jubelrufen. Unter Böllerschüssen, umgeben von geschmückten Kähnen mit Musik, kamen zu Schiff die Mainzer, die Hanauer, die Offenbacher, durch alle Tore zogen sie ein. [...] Es war ein mächtig ergreifender Anblick, das künstlerische Interesse ward Nebensache, aber das nationale trat mächtig an uns heran; ich will nicht leugnen, daß mir die hellen Tränen über die Wangen liefen«[31].

So erinnerte sich in späteren Jahren Heinrich Hoffmann, der mit Franz Xaver Schnyder von Wartensee und Wilhelm Speyer befreundete Arzt und Autor des berühmten *Stru-*

---

ter Bürgerstiftung im Holzhausenschlösschen zum Mozartjahr 2006*, Frankfurt a. M. 2005, sowie Jürgen Eichenauer, *Johann Anton André (1775–1842) und der Mozart-Nachlass: ein Notenschatz in Offenbach am Main* [Katalog zur Ausstellung: 29.01.–28.05.2006 im Haus der Stadtgeschichte], Offenbach a. M. 2006.

[29] »Einladung an Deutschlands Sängervereine zum großen Sängerfeste in Frankfurt a. M.«, zit. nach Weismann, *Blätter der Erinnerung*, 1838, S. 17.

[30] Frankfurter Ober-Postamts-Zeitung 25. Juni 1838, NP.

[31] Heinrich Hoffmann, *Lebenserinnerungen. »Struwwelpeter-Hoffmann« erzählt aus seinem Leben*, hrsg. von Eduard Hessenberg, Frankfurt a. M. 1926, S. 81.

wwelpeters. Drei Tage lang, vom 28. bis 30. Juli, wurde begeistert gesungen und gefeiert. Höhepunkt sollten zwei Konzerte sein: ein geistliches mit oratorischen Werken von Spohr und Schnyder von Wartensee in der Katharinenkirche und ein weltliches im Stadtwald mit Mozarts Bundeslied und vaterländischen Gesängen, etwa Speyers Vertonung von Arndts »Was ist des Deutschen Vaterland?«.

Abb. 2 Illustration von Karl Ballenberg [1838]

Die Bedeutung, die dem ›Nationalen‹ beigemessen wurde, zeigte sich im Übrigen nicht nur im musikalischen Programm, sondern auch in den das Fest begleitenden bildlichen Darstellungen. So enthält die »Fest-Gabe«, die der Liederkranz für die Sänger drucken ließ, gleich auf der ersten Seite eine Zeichnung von Karl Ballenberg, deren programmatische Aussage damals nicht unerkannt bleiben konnte. Am Fuß einer bildbeherrschenden Eiche sitzt ein an seiner Laute und am Lorbeerkranz als Sänger erkennbarer junger Mann, gehüllt in ein langes Gewand und den Blick melancholisch nach rechts gewandt. Während in der Krone des Baumes Engel musizieren, ist der Hintergrund des Bildes als mittelalterlich anmutende Landschaft, rechts mit einer Burg und links mit einer Kirche oberhalb eines Flusses gestaltet. Mit diesem Bild verweist Ballenberg eindeutig auf ein anderes, kurz zuvor entstandenes Bild, das seit 1836 an prominenter Stelle im ebenfalls noch jungen Städelschen Kunstinstitut hängt: Philipp Veits *Germania* aus dem Triptychon *Die Einführung der Künste in Deutschland durch das Christentum*[32]. Aufbau und Motivik der beiden Bilder gleichen sich, so dass Ballenberg wohl bewusst die eindeutig politische Aussage von Veits *Germania* – die Sehnsucht nach der nationalen Einheit – im Kontext des Sängerfestes evoziert sehen wollte. Auch wenn – worauf Friedhelm Brusniak zu Recht hinweist – die deutschen Sängerfeste tatsächlich erst 1845 ihren Aufschwung nahmen,[33] so ist doch 1838 bereits die Aussage eindeutig politisch: Sängerfest, Stiftung und Konservatorium als nationale Denkmäler der Einheit.

Zwar fanden sich bald berühmte Freunde und Förderer wie beispielsweise Giacomo Meyerbeer, Louis Spohr oder auch Franz Liszt, die den finanziellen Grundstock eines künftigen ›nationalen‹ Konservatoriums aufbauen halfen, und doch gelang es nicht, in den nächsten Jahren eine ausreichende Basis zu schaffen – man beließ es bei den Stipendien für junge, in der Ausbildung befindliche Komponisten, die noch heute von der Frankfurter Mozart-Stiftung vergeben werden. Gleichwohl war ein ideeller Grundstein gelegt. Sowohl Felix Mendelssohn Bartholdy, der eng mit Schelble befreundet war, nach dessen Tod den Cäcilienverein einige Monate lang leitete und hier seine künftige Frau kennenlernte[34], als auch Ferdinand Hiller, der aus Frankfurt stammte und nach Mendelssohn den Cäcilienverein leitete, dürften die Entwicklungen in Frankfurt aufmerksam verfolgt haben. Nur wenige Jahre später sollten sie mit der Gründung der Konservatorien in Leipzig und Köln den Schlussstein zu den Frankfurter Plänen setzen.

Literatur

[Anonym], *Der Frankfurter Liederkranz. Ein Cultur- und Lebensbild. Festschrift zur Feier seines Fünfzigsten Stiftungsfestes am 15. Februar 1878*, Frankfurt a. M. 1878.
Arbeitsausschuß für die Pestalozzifeier 1927 (Hrsg.), *Pestalozzi und Frankfurt am Main. Ein Gedenkbuch zum hundertsten Todestag Johann Heinrich Pestalozzis*, Frankfurt a. M. 1927.

---

[32] Philipp Veit, *Germania*, Wandmalerei auf Leinwand, 1834–1836, Städel Museum Frankfurt am Main, Inv. Nr. 1116. Veits Bild von 1836 trägt eine eindeutig politische Aussage – etwa durch den unfertigen Kölner Dom in der linken Bildhälfte als Sinnbild der unvollendeten deutschen Einheit, durch die beherrschende Motivik der ›deutschen‹ Eiche und nicht zuletzt auch durch die in den Reichskleinodien und den Wappen der einstigen Kurfürsten erkennbare Sehnsucht nach dem Alten Reich. Nicht zu verwechseln ist es mit Veits heute ungleich berühmterer *Germania*, die er 1848 für die Paulskirche malte – die jedoch als eine Weiterentwicklung seiner älteren Auseinandersetzung mit der Motivik zu betrachten ist.

[33] Friedhelm Brusniak, »*Die Entwicklung des deutschsprachigen Laienchorwesens vom Ersten Deutschen Sängerfest 1838 bis zum 11. Deutschen Sängerbundfest 1932*«, in: *Cäcilienchor*, hrsg. von Philippi u. Schwarz, 2018, S. 73–85, hier S. 75.

[34] Mendelssohn war im Übrigen auch der Neffe des Malers der *Germania*, Philipp Veit.

Helene de Bary, *Museum. Geschichte der Museumsgesellschaft zu Frankfurt am Main*, Frankfurt a. M. 1938.

Ludwig Börne, *Briefe aus Frankfurt 1820–1821*, hrsg. von Frank Estermann, Frankfurt a. M. 1986.

Karl Heinrich Ehrenforth, *Geschichte der musikalischen Bildung. Eine Kultur-, Sozial- und Ideengeschichte in 40 Stationen. Von den antiken Hochkulturen bis zur Gegenwart*, Mainz [u. a.] 2005.

Jürgen Eichenauer, *Johann Anton André (1775–1842) und der Mozart-Nachlass: ein Notenschatz in Offenbach am Main* [Katalog zur Ausstellung: 29.1.–28.5.2006 im Haus der Stadtgeschichte], Offenbach a. M. 2006.

Konrad M. Färber [u a.] (Hrsg.), *Carl von Dalberg – Erzbischof und Staatsmann (1744–1817)*, Regensburg 1994.

Wilhelm Fluhrer, *Der Frankfurter Liederkranz 1828 bis 1928. Ein Ausschnitt aus der Frankfurter und der deutschen Kulturgeschichte*, Frankfurt a. M. 1928.

Beat A. Föllmi, Art. *»Schnyder von Wartensee, Franz Xaver Joseph Peter«*, in: *MGG 2*, Personenteil, Bd. 14, Kassel [u. a.] 2005, Sp. 1547–1550.

[Frankfurter Liederkranz], *Erinnerung an das erste Sängerfest der Mozartstiftung gehalten zu Frankfurt am Main 29. u. 30. July 1838*, [Frankfurt am Main 1838].

Frankfurter Ober-Postamts-Zeitung 25. Juni 1838, NP.

Heinrich Hoffmann, *Lebenserinnerungen. »Struwwelpeter-Hoffmann« erzählt aus seinem Leben*, hrsg. von Eduard Hessenberg, Frankfurt a. M. 1926.

Ulrike Kienzle, *Drei Generationen Mozart in Frankfurt am Main. Ein Stadtführer. Begleitheft zur Ausstellung der Frankfurter Bürgerstiftung im Holzhausenschlösschen zum Mozartjahr 2006*, Frankfurt a. M. 2005.

Dies., *»Neue Töne braucht das Land.« Die Frankfurter Mozart-Stiftung im Wandel der Geschichte (1838-2013)* (= Mäzene, Stifter, Stadtkultur 10), Frankfurt a. M. 2013.

Felix Mendelssohn Bartholdy, *Sämtliche Briefe,* hrsg. von Juliette Appold u. Regina Back, 12 Bde., Bd. 1, Kassel [u. a.] 2008.

Hans Georg Nägeli, *Vorlesungen über Musik mit Berücksichtigung der Dilettanten*, Stuttgart u. Tübingen 1826 [Nachdruck Darmstadt 1983].

Wilhelm Nicolay u. Arthur Richel, *Aus der Pestalozzistadt Frankfurt am Main*, Frankfurt a. M. 1929.

Susanne Oschmann, *»Die Bach-Pflege der Singakademien«*, in: *Bach und die Nachwelt*, hrsg. von Michael Heinemann u. Hans-Joachim Hinrichsen, 4 Bde., Bd. 1, Laaber 1997, S. 305–347.

Michael Traugott Pfeiffer u. Hans Georg Nägeli, *Gesangbildungslehre nach Pestalozzischen Grundsätzen. Erste Hauptabtheilung der vollständigen und ausführlichen Gesangschule mit drey Beylagen ein-, zwey- und dreystimmiger Gesänge*, Zürich 1810.

Project von Gesetzen für das Museum, Universitätsbibliothek Frankfurt am Main Johann Christian Senckenberg, Soc. Ff. Museumgesellschaft 532.

Theodor Josef Scherg, *Das Schulwesen unter Karl Theodor von Dalberg besonders im Fürstentum Aschaffenburg (1803 –1813) und im Großherzogtum Frankfurt (1810–1813)*, 2 Bde., München 1939.

Franz Xaver Schnyder von Wartensee, *»Eine neue Gesang-Bildungs-Anstalt zu Frankfurt am Main«*, in: *Allgemeine Musikzeitung* [Offenbach] 1827, Sp. 89–95.

Ders. u. Hans Georg Nägeli, *Briefe aus den Jahren 1822 bis 1835* (Neujahrsblatt der Allgemeinen Musikgesellschaft Zürich auf das Jahr 1962), Zürich 1962.

Ralf-Olivier Schwarz, *»Wilhelm Speyers Italienreise 1818. Ein Beitrag zur Vorgeschichte der Frankfurter Mozart-Stiftung«*, in: *Fluchtpunkt Italien. Festschrift für Peter Ackermann*, hrsg. von Johannes Volker Schmidt u. Ralf-Olivier Schwarz, Hildesheim [u. a.] 2015.

Ders., *»›Ein Ort der geistigen Berührung und Mittheilung in dem reichen, stolzen Frankfurt‹. Die Anfänge der Frankfurter Museumsgesellschaft«*, in: *Musikfreunde. Träger der Musikkultur in der ersten Hälfte des 19. Jahrhunderts*, hrsg. von Ingrid Fuchs, Kassel [u. a.] 2017, S. 275–292.

Ders., *»Musikpädagogisches Denken und Handeln im bürgerlichen Musikleben. Franz Xaver Schnyder von Wartensee, Musiklehrer und Komponist im Frankfurt des 19. Jahrhunderts«*, in: *Lehrer als Künstler*, hrsg. von Jan-Peter Koch u. Katharina Schilling-Sandvoß (= Musikpädagogik im Diskurs 2), Aachen 2017, S. 49–63.

Ders., *»Der Cäcilien-Verein und sein Gründer Johann Nepomuk Schelble«*, in: *»Die Leute singen mit so viel Feuer ...«. Der Cäcilienchor Frankfurt am Main 1818 bis 2018*, hrsg. von Daniela Philippi u. Ralf-Olivier Schwarz, Frankfurt a. M. 2018, S. 15–37.

Edward Speyer, *Wilhelm Speyer, der Liederkomponist*, München 1925.

Martin Staehelin, Art. *»Nägeli, Hans Georg«*, in: *MGG 2*, Personenteil, Bd. 12, Kassel [u. a.] 2004, Sp. 890–894.

Friedrich Stichtenoth, *Der Frankfurter Cäcilien-Verein 1818–1968: Blätter zur Erinnerung an seine 150jährige Geschichte*, Frankfurt a. M. 1968.

Matthias Tischer, *»›Musikalische Bildung‹ – Aspekte einer Idee im deutschsprachigen Raum um 1800«*, in: *Musical Education in Europe (1770-1914). Compositional, Institutional ans Political Challenges*, hrsg. von Michael Fend u. Michel Noiray, 2 Bde., Bd. 2, Berlin 2005, S. 375-398.

Christian Thorau, Andreas Odenkirchen u. Peter Ackermann (Hrsg.), *Musik – Bürger – Stadt. Konzertleben und musikalisches Hören im historischen Wandel. 200 Jahre Frankfurter Museums-Gesellschaft*, Regensburg 2011.

Philipp Veit, *Germania*, Wandmalerei auf Leinwand, 1834–1836, Städel Museum Frankfurt am Main, Inv. Nr. 1116.

Abbildungen

Abb. 1   *Die Neue Disputa*, Bleistiftzeichnung von Moritz August Bethmann-Hollweg, um 1828, Historisches Museum Frankfurt am Main, Sign. C 5797.

Abb. 2   Illustration von Karl Ballenberg, in: [Frankfurter Liederkranz (Hrsg.)], *Erinnerung an das erste Saengerfest der Mozartstiftung gehalten zu Frankfurt a. Main 29. u. 30. July 1838. Fest-Gabe. Den Saengern gewidmet vom Lieder-Kranz*, [Frankfurt a. M. 1838], NP.

SEVERIN MATIASOVITS / ERWIN STROUHAL

Von ›tüchtigen Orchester-Mitgliedern‹ und Meister*innen: Wiener Ausbildungskonzepte im Wandel

Diskussionen um Fragen der Ausbildung stellen nahezu eine Konstante in der Geschichte der mdw – Universität für Musik und darstellende Kunst Wien dar. Bereits zu Zeiten ihrer Vorgängerinstitution, des Konservatoriums der Gesellschaft der Musikfreunde, gehörten Auseinandersetzungen über die Ausbildungsziele, die zentralen Aufgaben des Hauses und die auszubildenden Personen zur Tagesordnung. Anlässlich der Tagung sind wir der Frage nach der generellen Ausrichtung der Ausbildung an der mdw in der ersten Hälfte des 20. Jahrhunderts nachgegangen, welchen Prämissen das Unterrichtsangebot folgte und wie sich das Haus in der Bildungslandschaft positioniert hat.

Die im Titel erwähnten ›tüchtigen Orchester-Mitglieder‹ sind eine Anleihe aus der *Instruction* des Konservatoriums von 1832. Darin wird der (Ausbildungs-)Zweck der 15 Jahre zuvor zunächst als Singschule gegründeten Institution »*im weiteren Sinne*« dahingehend definiert, »*dem Musiktalente durch systematischen Unterricht und bewährte Lehrmethoden die Mittel zur Entwicklung und Vervollkommnung zu verschaffen*« und »*im engeren Sinne* […] *tüchtige Chor- und Orchester-Mitglieder zu bilden*«[1].

Diesem Ideal aus den frühen Jahren der Institution steht das Konzept der Ausbildung von Meister*innen gegenüber – ein Anspruch, der 1901 mit der Einrichtung einer Meisterschule deutlich erhoben wurde, und in deren Statut die »*höchste Stufe künstlerischer Vollendung*«[2] zu erreichen als Ziel festgeschrieben wurde. Damit wurde die bestehende, solide Vorbereitung auf Laufbahnen in Ensembles explizit um die Ausbildung für eine solistische Karriere erweitert.[3]

Die in der Instruction von 1852 gewählte Formulierung »*Der Zweck dieser Anstalt ist, musikalischen Talenten durch systematischen Unterricht und bewährte Lehrmethode* [...] *die geeigneten Mittel zu verschaffen, damit wahre Künstlerschaft, so weit sie durch tüchtige theoretische, so wie praktische Unterweisung in allen Zweigen der Musik gefördert werden kann, erzielt werde*«[4], kann als Entwicklungsstufe von dem einen zu dem anderen Ausbildungsziel interpretiert werden.

---

[1]   Gesellschaft der Muskfreunde (Hrsg.), *Instruction für das, von der Gesellschaft der Musikfreunde des österreichischen Kaiserstaates, zu Wien gestiftete Conservatorium*, zit. nach Eusebius Mandyczewski, *Zusatz-Band zur Geschichte der k. k. Gesellschaft der Musikfreunde in Wien. Sammlungen und Statuten*, Wien 1912, S. 226.

[2]   Gesellschaft der Musikfreunde (Hrsg.), *Statut der Meisterschule für Klavierspiel am Konservatorium der Gesellschaft der Musikfreunde in Wien*, Wien 1905, S. 3.

[3]   Ebd., S. 1.

[4]   Gesellschaft der Musikfreunde des österreichischen Kaiserstaates (Hrsg.), *Instruction für das von der Gesellschaft der Musikfreunde des österreichischen Kaiserstaates zu Wien gestiftete Conservatorium*, Wien 1852, S. 3.

Wie sich die Institution zu entwickeln hätte und welchen Ansprüchen der jeweiligen Zeit entsprechend auszubilden sei, war nicht nur intern, sondern auch von externer Seite immer wieder Anlass von Diskussionen. Als Beispiel dafür soll ein Zeitungsartikel des Musikwissenschaftlers Guido Adler aus dem Jahr 1882 dienen.[5] Adler schlug darin zahlreiche organisatorische Änderungen und Neueinrichtungen vor: die Einführung von »*Meisterschulen für die musikalische Composition*«[6] ebenso wie »*Meisterschulen für Clavier*«[7], zudem forderte er eine »*Fachabtheilung für Kirchenmusik*«[8] und ein »*Musiklehrer-Seminar*«[9], er wollte »*einzelne Fächer der Musik als Kunst und Wissenschaft gründlicher gelehrt*«[10] wissen und sprach sich für den »*Charakter der staatlichen Hochschule*«[11] aus. Es ist fast schon erstaunlich, dass nahezu alle der von ihm geäußerten Ideen umgesetzt wurden, jedoch – wie in der Aufstellung zu sehen ist – zu sehr unterschiedlichen Zeiten.

Vorschläge Guido Adlers 1882	Umsetzung	Realisierung
Meisterschulen für die musikalische Composition	Meisterschule für Komposition	1931
Meisterschulen für Clavier	Meisterschule für Klavier	1901
Fachabtheilung für Kirchenmusik	Abteilung für Kirchenmusik	1910
Musiklehrer-Seminar	Musikpädagogisches Seminar	1928
einzelne Fächer der Musik als Kunst und Wissenschaft gründlicher gelehrt	Hochschulseminare/Fachhochschule	1923–1931
	Gründung wissenschaftlicher Seminare/Institute	1950er Jahre
Charakter der staatlichen Hochschule	Verstaatlichung	1909

Angesichts der teils beträchtlich langen Zeitspannen, die zwischen der Formulierung der Ideen und deren Verwirklichung im 20. Jahrhundert liegen, ist festzustellen, dass für eine Umsetzung neben dem Willen zur Veränderung oder der empfundenen Notwendigkeit einer Weiterentwicklung der Zeitpunkt einer Durchsetzung entscheidend war. Die Gunst der Stunde musste gegeben sein, sei es aus ideeller, finanzieller oder politischer Sicht. Blickt man auf die Geschichte der mdw im 20. Jahrhundert, ergeben sich im Zusammenspiel dieser Faktoren Zeitfenster, gleichsam *windows of opportunity*, durch die Veränderungen der Ausbildung verdichtet bzw. ermöglicht oder beschleunigt wurden. Anhand von Fallbeispielen wird im Folgenden – basierend auf dem Vergleich zeitgenössischer

---

5   Guido Adler, *»Zur Reform unserer Musikpädagogik«*, in: *Die Presse* 11. Apr. 1882, S. 1–2.
6   Ebd., S. 1.
7   Ebd., S. 2.
8   Ebd., S. 1.
9   Ebd.
10 Ebd.
11 Ebd., S. 2.

Dokumente wie Statuten, archivalischen Quellen ebenso wie Zeitungsartikeln – der Wandel der Ausbildungskonzepte skizziert.

Das Klavier zwischen ›Massenfach‹ und Meisterschule

»Es geht uns wieder einmal gut in Wien – wir haben etwas, worüber wir uns erbittert streiten können, […] wir haben die vergnügliche Erwartung der neuen Meisterschule im Konservatorium«[12].

Mit diesen Worten leitete die musikaffine Baronesse Falke[13] ihren Beitrag zu *»Emil Sauer in Wien«* in der Zeitschrift »Die Musik« ein. Was war geschehen? Das Direktorium der Gesellschaft der Musikfreunde in Wien hatte im Oktober 1901 die Einrichtung einer *»Clavier-Meisterschule«* beschlossen.[14] Dem war die Arbeit einer Kommission zur Neuorganisation des Klavierunterrichts am Konservatorium vorangegangen. Im Zuge dieser Beratungen soll Karl (Ritter von) Wiener den Vorschlag zur Errichtung einer Klaviermeisterschule eingebracht haben, und zwar mit dem Ziel, eine *»überragende meisterliche Ausbildung bis zur Vollendung durch Künstler von Weltruf«*[15] zu ermöglichen. In der Folge wurde also ein hervorragender und allseits berühmter Virtuose gesucht und in der Person des Pianisten Emil Sauer gefunden.

Abb. 1 Emil Sauer, Programmheft Mai 1899

---

[12] Baronesse Falke, *»Emil Sauer in Wien«*, in: *Die Musik* 3 (1902), S. 1667–1672, hier S. 1667.
[13] Es handelt sich hierbei wohl um Amalie Freiin Falke von Lilienstein. Siehe Elisabeth Friedrichs, *Die deutschsprachigen Schriftstellerinnen des 18. und 19. Jahrhunderts. Ein Lexikon* (= Repertorien zur Deutschen Literaturgeschichte 9), Stuttgart 1981, S. 78.
[14] Helga Scholz-Michelitsch, *»Emil von Sauer und die Wiener Musikhochschule«*, in: *Studien zur Musikwissenschaft. Beihefte der Denkmäler der Tonkunst in Österreich* 46 (1998), S. 175–237, hier S. 175.
[15] Richard von Perger u. Robert Hirschfeld, *Geschichte der k.k. Gesellschaft der Musikfreunde in Wien, 2. Abt: 1870 – 1912*, Wien 1912, S. 237.

Der damals knapp 40-jährige gebürtige Hamburger hatte seine Ausbildung bei Nikolai Rubinstein und Franz Liszt genossen, weswegen er als einer der letzten Vertreter der Lisztschen Klaviertradition galt, und konnte überdies auf eine über 15 Jahre andauernde Weltkarriere als Virtuose blicken – kurz gesagt: Emil Sauer war zweifelsohne ein großer Name! Keine zwei Wochen später wurde die Freude über den prominenten Neuzugang erheblich getrübt, als die Klavierprofessoren Anton Door, Julius Epstein und Robert Fischhof – langgediente Lehrende am Haus – um ihre Entlassung ansuchten. Die in ihrem Rang und ihrer Ehre gekränkten Professoren beteuerten, keinerlei Einwände gegen Sauer als Kollegen zu haben, jedoch müsse der Eindruck entstehen, dass ihr Unterricht »*nur einen Präparandencurs bilden solle, dem erst die letzte höhere Vollendung durch einen anderen Meister folge*«[16]. Die Affäre um die Bestellung Sauers rief in der Wiener Presse rege Diskussionen hervor, so brachte die satirische Wochenzeitung »Der Floh« folgendes Gedicht:

»Den Epstein, Fischhof und den Door	Sie sind entrüßtet, geben auch
Erfaßt ein linder Schauer;	Dem Unmuth böse Worte:
Es schmeckt die ›neue Meisterschul'«	Daß man piano das gethan,
Den Herren etwas – Sauer.	Das finden sie sehr forte. [...]«[17]

und veröffentlichte unter dem Titel »*In der Jagdsaison*« folgende Karikatur:

Abb. 2 Karikatur anlässlich der Bestellung Sauers als Klaviermeisterlehrer, 1901

---

[16] Neue Freie Presse 13. Aug. 1901.
[17] Der Floh 18. Aug. 1901.

Der als verschreckter Hase karikierte Sauer wird dabei von den drei genannten Lehrenden sowie von Joseph Hellmesberger d. J., Arnold Rosé und August Stoll, die sich aus Solidarität dem Protest ihrer Kollegen angeschlossen hatten, gejagt.

Door, Epstein und Fischof fühlten sich nicht nur wegen des außerordentlich hohen Gehalts von 14.000 Kronen[18] für Sauer in ihrer Ehre gekränkt, sie argumentierten, dass ein *»Meister übrigens aus einer Schule nie unmittelbar hervorgehen«* würde, denn *»Meisterschaft könne erst spätere Zukunft gewähren«*[19]. Die von ihnen aufgebrachte Frage nach der meisterhaften Vollendung, aber auch den vermeintlichen bzw. tatsächlichen Mangel an virtuosen Abgänger*innen aus der Klavierschule des Wiener Konservatoriums thematisierte Baronesse Falke mit spitzer Feder in ihrem bereits zitierten Beitrag:

> »Das Konservatorium hatte gewiss eine sehr gute Klavierschule, in welcher tüchtige Leute herangebildet wurden. Die Absolventen waren durchschnittlich sehr gute Klavierspieler, nur dass sie alle zu dem gleichen, seelenlosen Bravouranschlag gedrillt waren, der den Eindruck hervorrief, in der Form erstarrt zu sein, während der Geist sich verflüchtigt hatte. […] Thatsache ist, dass sehr gute Klavierspieler aus dem Konservatorium hervorgingen – und dass nie ein grosser Virtuose unter ihnen war. Wer in Wien daran denken konnte, jemals zu den Auserwählten gezählt zu werden, der pilgerte zu jener Stätte, zu der die Wallfahrten der Pianojünger aus allen Weltteilen nie aussetzten – zu Leschetitzky – und war unter den Absolventen des Konservatoriums einer oder eine, die sich zu höherem Flug befähigt glaubten, dann holten diese sich eben die Schwungkraft noch nachher bei dem grossen Alten in Währing[20]. So war es ja auch ganz gut, und da Wien den grössten Meister des Klavieres besass, so brauchte es sich nicht darüber aufregen, ob derjenige nun am Karlsplatz[21] wirkte oder im Cottage[22]. Aber im Laufe der Jahre war Theodor Leschetitzky ein alter Mann geworden und schliesslich ein sehr alter Mann. […] Mit seltener Einhelligkeit wurde ferner von allen Gegnern der Meisterschule ins Treffen geführt, dass man doch gar nicht wisse, ob dieser Herr Sauer denn überhaupt imstande sei, zu lehren, ob er bei aller eigener Virtuosität imstande sei, Virtuosen heranzubilden. Das ist unleugbar richtig – das weiss man nicht. Dass aber die Herren Epstein, Schenner etc. es nicht können – das weiss man«[23].

Unter Sauer entwickelte sich die Wiener Klaviermeisterschule zu einem gedeihlichen Unternehmen, er war mit einigen, teils mehrjährigen Unterbrechungen bis 1942 am Haus tätig. Er gab Gruppenunterricht, sodass immer die ganze Klasse vom jeweiligen Spiel der anderen lernen konnte. Darüber hinaus verpflichtete sich Sauer vertraglich, keine Privatstunden zu geben,[24] womit das Haus die Exklusivität des berühmten Lehrers für sich be-

---

[18] Neue Freie Presse 11. Sept. 1901.
[19] Ebd. 13. Aug. 1901.
[20] Der Wiener Gemeindebezirk, in dem Leschetitzky in der Carl Ludwigstraße 42 (heute: Weimarer Straße 60) lebte.
[21] Der Standort des Konservatoriums der Gesellschaft der Musikfreunde.
[22] Ein Villenviertel, das etwa zur Hälfte im Wiener Bezirk Währing liegt.
[23] Falke, *»Sauer«*, 1902, S. 1668f.
[24] Neue Freie Presse 16. Okt. 1901.

anspruchen konnte. Beachtenswert ist hierbei, dass nach der Kritik an der Klavierausbildung und der Unzufriedenheit mit derselben, auch aus den Reihen des Konservatoriums, keine Reform durchgeführt wurde, sondern die Ausbildung – immerhin sechs Jahre dauernd – mit der Meisterschule um eine zusätzliche Stufe erweitert wurde.

Exkurs: Klavier – ein weibliches ›Massenfach‹?

Eine mögliche Erklärung für die Reformunfreudigkeit könnte in der Sonderrolle liegen, die das Fach Klavier am Haus einnahm.

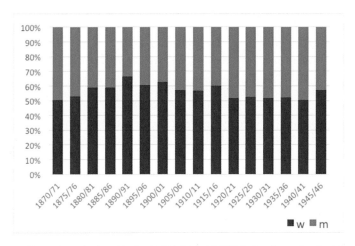

Studierende nach Geschlecht 1870/71 bis 1945/46, Quelle: mdw-Archiv

Wie der Statistik zu entnehmen ist, machte der Anteil aller weiblichen Studierenden zum Zeitpunkt der Einrichtung von Sauers Meisterschule 1901 über 60 % aus.

Links: Klavier – Anteil an der Gesamtstudierendenzahl;
rechts: Klavier – Studierende nach Geschlecht, Quelle: mdw-Archiv

Knapp 43 % aller Schülerinnen und Schüler des Konservatoriums studierten zu diesem Zeitpunkt Klavier und das Fach selbst war mit beinahe 92 % überwiegend weiblich besetzt. Dieses eklatante Ungleichgewicht im Geschlechterverhältnis und der außerordentlich hohe Anteil von Klavierstudierenden an der Gesamtzahl blieb auch den Zeitgenoss*innen nicht verborgen. Wie stand also die Leitung des Hauses diesem weiblichen ›Massenfach‹ Klavier gegenüber? Aufschlussreiches findet sich bei zahlreichen Kommentatoren, so berichtete etwa Jacob Fischer, Lehrender am Haus[25] und von der Konservatoriumsleitung für eine Statutenänderung als Berater hinzugezogen, in seinem 1906 formulierten Reformvorschlag:

> »Als ich eines Tages in das Klassenzimmer kam, saßen an den zwei nebeneinanderstehenden Klavieren zwei Schülerinnen, beide spielten mit Bravour und großer Kraftentfaltung (selbstverständlich mit Pedal) gleichzeitig 2 verschiedene Stücke in verschiedenen Tonarten. Ein Kollege, welchem ich nachher diese barbarische Tatsache mitteilen wollte, unterbrach mich lächelnd mit den Worten: ›Ich werde Ihnen erzählen, wie's weiter ging‹ und er ergänzte meine Erzählung bis in's Kleinste. ›Das können Sie am Konservatorium täglich erleben,‹ so schloß er. Man sollte doch nicht für möglich halten, daß sich dergleichen an einer Stätte ereignen könne, an welcher Kunsterkenntnis verbreitet wird«[26].

Ausgehend von dieser Beobachtung kam Fischer zu folgendem Schluss:

> »Heute, so scheint mir's, besteht eine der Hauptaufgaben für die Konservatorien darin, möglichst auf die musikalische Bildung der großen, breiten Massen einzuwirken, also für jene zahlreichen Eleven zu sorgen, welche ›berufen‹, aber nicht ›auserwählt‹, bloß eine bescheidenere Durchschnitts-Veranlagung mitbringen, der zufolge sie immerhin – eine sorgfältige Erziehung vorausgesetzt – zu ernster Betätigung und intensivem Genießen in der Musik gelangen können. Diese Eleven füllen hauptsächlich die Klavierklassen. […] Die meisten Abiturienten der Klavierklassen verlassen das Konservatorium in einem Zustande unzulänglicher musikalischer Erziehung«[27].

So war die Quintessenz dieser Fehlentwicklung für Fischer schlussendlich: *»Die Konservatorien hörten auf, ausschließlich Pflegestätten für die Ausbildung von Berufsmusikern zu sein; sie wurden zu Musikschulen der breiten bürgerlichen Schichten«*[28].

Etwas klarere Worte fand der Musikkritiker und Musikästhetiker Eduard Hanslick indem er gar von einer *»unbarmherzige[n] moderne[n] Stadtplage«*, von einer *»Clavierseuche«* sprach, die ihm den Schlaf und die Ruhe rauben würde.[29] Als Opfer betrachtete er nicht nur sich selbst und seine zwangsbeschallten Mitmenschen, sondern *»vor Allem die zahllosen jungen Mädchen, welche ihre Nerven abnützen und so viel kostbare Zeit verlie-*

---

[25] 1901 bis 1930.

[26] Jacob Fischer, *Die musikalische Bildung der Klavier-Eleven und die Lehrerbildungskurse am Wr. Konservatorium. Ein Memorandum nebst Reformvorschlägen der hochgeehrten Direktion der Gesellschaft der Musikfreunde in Wien ergebenst überreicht von Jacob Fischer*, Wien 1906, S. 15f.

[27] Ebd., S. 4f.

[28] Ebd., S. 12.

[29] Eduard Hanslick, *»Ein Brief über die ›Clavierseuche‹«*, in: *Die Gartenlaube* 35 (1884), S. 572–575, hier S. 572.

ren, um doch so selten gute Pianistinnen zu werden«[30]. Er plädierte überdies dafür, die Konservatorien zu verpflichten, »*dem Andrange von Clavierschülern entgegenzuwirken, aber gerade sie befördern im Gegentheil die massenhafte Drillung von Pianisten und dadurch das Anwachsen eines bedauernswerten musikalischen Proletariats*«[31]. Hanslick stellte resümierend fest: »*Die Musikconservatorien haben den Beruf, für die Ausbildung und den Nachwuchs von Orchestermusikern zu sorgen*«[32].

Während der Orgelprofessor Rudolf Dittrich beim 1. Österreichischen Musikpädagogischen Kongress 1911 den finanziellen Aspekt ins Spiel brachte und demzufolge »*reichliche Subventionen*« forderte, »*damit der Fang von oft ganz minderwertigen, aber voll zahlenden Schülern aufhöre*«[33], zog Guido Adler 1935 den folgenden Schluss: »*Die Klavierklassen waren überfüllt, wegen der materiellen Not, die gewachsen war; […] Aus der Not wurde eine ›Tugend‹. Die vornehme Direktion der Gesellschaft meinte, sich nicht anders helfen zu können, als aus dem Klavierunterricht ein ausgiebiges Einkommen zu erzielen*«[34]. Damit brachte es Adler vereinfacht gesagt auf den Punkt: Die ›weibliche‹ Klavierschule finanzierte die ›männlich‹ dominierten Orchesterinstrumente, oder anders: Die vermutlich tendenziell wohlhabenderen Bürgerstöchter trugen in erheblichem Maße zur Finanzierung des Hauses bei.

Eine mögliche Annäherung an diese Frage ist die Untersuchung der Stiftungsplätze bzw. der vom Schulgeld vollständig, halb und teilweise befreiten Schülerinnen und Schülern.

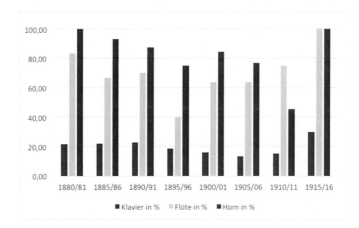

Anteil an Stiftungsplätzen und Schulgeldbefreiungen pro Fach, Quelle: mdw-Archiv

---

[30] Ebd., S. 574.

[31] Ebd.

[32] Ebd.

[33] Rudolf Dittrich, »*Unterrichts- und Fortbildungswesen*«, in: *Bericht über den I. Österreichischen Musikpädagogischen Kongreß. Unter dem Protektorate Sr. Exzellenz des k. k. Ministers für Kultus und Unterricht Karl Grafen Stürgkh. Wien, 20.-23. April 1911,* hrsg. von Gustav Mayer, Wien 1911, S. 56–62, hier S. 60.

[34] Guido Adler, *Wollen und Wirken. Aus dem Leben eines Musikhistorikers,* Wien 1935, S. 96.

Die Unterschiede treten in der Statistik klar zu Tage, der Anteil der finanziell geförderten bzw. gänzlich befreiten Plätze erreichte im Fach Klavier zu keinem Zeitpunkt auch nur annähernd die sehr hohen, teils absoluten Werte der beiden Blasinstrumente. Dies lässt den Rückschluss zu, dass in bestimmten Orchesterinstrumenten ein Mangel herrschte, dem man durch gezielte Förderung – ganz im Sinne des ursprünglichen Zieles der Institution, Orchesternachwuchs auszubilden – beizukommen versuchte.

Da Frauen bis zur Verstaatlichung des Konservatoriums 1909 in diesen Fächern gar nicht zugelassen waren und die Klassen auch in den Folgejahren männlich dominiert blieben, betrafen die Förderungen hauptsächlich männliche Auszubildende. Ein Abgleichen der sozialen Herkunft der Studierenden verteilt nach Fächern kann an dieser Stelle nur als Desiderat genannt werden.

Vorsichtige Modernisierung

Eine der bereits erwähnten 1882 formulierten Forderungen Guido Adlers war, das Konservatorium zu verstaatlichen. Diese Idee war bereits damals nicht neu: Sie bestand schon Mitte des 19. Jahrhunderts, doch war eine frühere Umsetzung bisher am Willen des Staates gescheitert. So wurde z. B. 1849 »*die Gründung eines Conservatoriums der Musik in Wien als Staatsanstalt nicht zu bewilligen befunden*« und darauf verwiesen, »*daß zur Gründung und Leitung gerade solcher Institute der Gemeinsinn und die freie Thätigkeit der Staatsbürger vorzugsweise geeignet und berufen seien, und daß die politische Freiheit vielmehr dazu führen soll, diesen Gemeinsinn zu beleben, als die Sorge für alle Interessen der Regierung aufzulasten*«[35].

Ein nicht zu unterschätzender Faktor für den um die Wende zum 20. Jahrhundert vollzogenen Sinneswandel ist der sich seit der Mitte des 19. Jahrhunderts verfestigende Topos der ›Musikstadt Wien‹.[36] Diesen griff zu Beginn des 20. Jahrhunderts die Politik in ihrer Argumentation für die Verstaatlichung auf.

> »Ich glaube, der Landtag wird mit mir übereinstimmen, wenn ich sage, wir wollen nur die Hebung der Tonkunst in Wien herbeiführen, weil […] Wien eine Musikstadt ist. […] Mit Rücksicht darauf erlaube ich mir dem hohen Landtage folgende Resolution vorzulegen:

---

[35] Bescheid des Ministeriums für Cultus und Unterricht vom 25.09.1849, zit. nach C[arl] F[erdinand] Pohl, *Die Gesellschaft der Musikfreunde des österreichischen Kaiserstaates und ihr Conservatorium*, Wien 1871, S. 25.

[36] Siehe hierzu Siehe Severin Matiasovits u. Erwin Strouhal, »*Innen(an)sichten – Außenwirkungen*«, in: »Be/Spiegelungen«. *Die Universität für Musik und darstellende Kunst Wien als kulturvermittelnde bzw. –schaffende Institution im Kontext der Sozial- und Kulturgeschichte*, hrsg. von Cornelia Szabó-Knotik u. Anita Mayer-Hirzberger (= Anklaenge. Wiener Jahrbuch für Musikwissenschaft 2017), Wien 2018, S. 9–59.

›Der hohe Landtag wolle beschließen:

›Die Regierung wird aufgefordert, das Wiener Konservatorium zu verstaatlichen – wenn dies undurchführbar – ungesäumt an die Errichtung einer Hochschule für Musik und darstellende Kunst in Wien zu schreiten.‹‹‹‹[37]

Der Wille der Gesellschaft zur Übergabe des Konservatoriums in die staatliche Verwaltung war wohl auch ein Wille aus der Not heraus, denn das als Lieblings-, aber auch als Sorgenkind[38] bezeichnete Konservatorium war teuer im Unterhalt. Durch die in den vergangenen Jahrzehnten gestiegene Subvention und die Bestellung eines Direktoriumsmitglieds durch das Unterrichtsministerium war bereits eine Einflussnahme des Staates vorhanden und der Weg in diese Richtung schon entsprechend geebnet.

Anlässlich der Verstaatlichung hatte es die Überlegung gegeben, die Ausbildung auf »eine relativ geringere Anzahl von reiferen Studierenden«[39] zu beschränken, auch kam immer wieder die Errichtung einer Hochschule zur Sprache, doch man entschied sich, die Türen nicht zu schließen »vor denen, die, ohne das Adelszeichen der unverkennbar ausgeprägten Begabung auf der Stirne zu tragen, doch Einlaß begehren zu den Räumen, die der musikalischen Erziehung geweiht sind«[40].

Man beließ den »Charakter der Anstalt als einer großen umfassenden Musik- und Theaterschule«, unterzog die Statuten »einer zweckmäßigen, modernisierenden Umarbeitung«[41] und sprach sich für eine strengere Regelung der Aufnahmeprüfung aus.

Mit Initiativen wie der Einrichtung der Kapellmeisterschule (1909), der Gründung der Abteilung für Kirchenmusik (1910) oder der Einführung des Nebenfachs Rhythmische Gymnastik (1914) ebenso wie einem Ausbau des Nebenfachunterrichts und der Steigerung der Zahl theoretischer bzw. wissenschaftlicher Vorträge wurde das Ausbildungsangebot erweitert. Mit der Verlängerung der Studiendauer in einzelnen Fächern und der Erhöhung der wöchentlichen Vorspielzeit – also jener Zeit, die den Schülerinnen und Schülern in ihren Ausbildungsklassen einzeln gewidmet war – von 45 Minuten auf mindestens eine Stunde ist auch eine Intensivierung des Unterrichts festzustellen.

Eine einschneidende personelle Maßnahme, die um 1911 sowohl intern wie extern einiges Aufsehen erregte, wäre noch zu erwähnen: In zwei Kompositionsklassen sollte durch die Anstellung neuer Lehrender statt der als ebenso methodisch rückschrittlich wie erfolglos erachteten Professoren frischer Wind gebracht werden. Die geplante, fixe Anstellung Arnold Schönbergs – er hielt nur probeweise einen Kurs ab – kam aufgrund sei-

---

[37] Rede Leopold Steiners, in: Stenographische Protokolle des Niederösterreichischen Landtages, 9. Gesetzgebungsperiode, 31. Sitzung der 5. Session, 2. Abschnitt, am 10. Okt. 1907, S. 884.

[38] Siehe Perger u. Hirschfeld, *Geschichte der k.k. Gesellschaft der Musikfreunde*, 1912, S. 256, aus dem Direktionsbericht 1909: »*Das Konservatorium, unser Sorgen- aber auch unser Lieblingskind ist nicht mehr unser*«.

[39] Wilhelm Bopp, »*Offener Brief an die Redaktion der ›Musik‹*«, in: *Die Musik* 23 (1909/10), S. 294–295, hier S. 294.

[40] Ebd.

[41] Ebd.

nes Weggangs nach Berlin nicht zustande, stattdessen erhielt zwei Jahre darauf Josef Marx diese Stelle und auch die Berufung Franz Schrekers gelang.

Es muss betont werden, dass Schönberg nicht aufgrund – wohl eher trotz – seines kompositorischen Schaffens, sondern aufgrund seines pädagogischen Talents vom Haus gewünscht wurde; Gleiches galt für Schreker.

Der Musikkritiker Julius Korngold fasste in einem Rückblick zur Verstaatlichung zusammen:

> »Mit dem Worte ›modern‹ ist überhaupt ein bedeutsamer Entwicklungspunkt der Schule berührt. Sie modulierte in die moderne Tonart, während es vormals zu den Glaubenssätzen wie aller Konservatorien auch des Wiener Konservatoriums gehört hatte, eben konservieren, im Geiste jener Kunst lehren zu müssen, welche die der durchgesetzten Perioden ist. Es wurden moderne Musiker als Kompositionslehrer bestellt, einmal sogar nach Schönberg, dem Schrecklichen, die Hand ausgestreckt«[42].

Auffallend ist die Dichte der Veränderungen, die in den ersten Jahren nach der Verstaatlichung durchgeführt wurden und die sich wohl auch aus der finanziellen Schubkraft, die die Verstaatlichung mit sich brachte, ergaben. Entsprechend bremsend wirkte sich der Ausbruch des Ersten Weltkriegs auf weitere Neuerungen aus.

Kaum eine der im Zuge der Verstaatlichung vorgenommenen Änderungen – wie die beschriebene Verlängerung, inhaltliche Ausweitung bzw. Intensivierung des Unterrichts – stellte ein besonderes Novum innerhalb der Bildungslandschaft der Konservatorien und Musikhochschulen dar. Man folgte allerdings modernen Strömungen, neuen Entwicklungen in der künstlerischen Ausbildung – war zwar nicht Trendsetter, doch am Puls der Zeit.

Kunst und Wissenschaft

Im Zusammenhang mit dem Ende des Ersten Weltkriegs öffnete sich das nächste *window of opportunity*, denn als die Demokratisierung des Landes nach dem Ende der Habsburgermonarchie auch die Akademie erfasste, forderten die Lehrenden die Errichtung einer Hochschule:

> »[D]ie Einreihung dieser Künstler und Pädagogen von Weltruf in Mittelschulkategorie – bekanntlich gibt es wohl berühmte Kunstlehrer, aber nicht berühmte Mittelschullehrer – wirkt geradezu deprimierend beim Vergleiche mit anderen Hochschulen […]. 2. finden wir in allen Nachfolgestaaten die Tendenz zur Musikhochschule, wie z.Bsp. in Budapest und Prag, während Deutschland in Berlin und München längst solche besitzt, sowie in Dresden und Leipzig eben errichten will. Soll Wien auf musikpädagogischem Gebiete konkurrenzfähig bleiben, so muss es eine Musikhochschule erhalten, sonst läuft man Gefahr, dass

---

[42]   Julius Korngold, »*Musik*«, in: *Neue Freie Presse* 5. Juni 1919 (Morgenausgabe), S. 1–3, hier S. 3.

die Schüler im Hinblicke auf ein Hochschul-Abgangszeugnis lieber nach Berlin, München oder anderswohin gehen als nach Wien«[43].

Dies ist einer 1920 verfassten Denkschrift an das Staatsamt für Unterricht zu entnehmen, an der Josef Marx federführend beteiligt war.

1924 wurde der Wunsch des Lehrkörpers schließlich Wirklichkeit und eine Fachhochschule von der Akademie abgespalten. Im Prinzip fasste man damit die letzten zwei Ausbildungsjahrgänge sowie die Kompositions- und Kapellmeisterausbildung in einer parallel geführten Institution zusammen. Die Unterschiede in den Ausbildungszielen wurden folgendermaßen definiert:

»Die Akademie für Musik und darstellende Kunst […] hat die Aufgabe, ihren Schülern eine abschließende, künstlerisch praktische Ausbildung auf dem Gesamtgebiete der Musik und der darstellenden Kunst (Oper und Schauspiel), einschließlich des künstlerischen Tanzes zu vermitteln. Zur Vertiefung der allgemeinen Bildung der Schüler ist die Unterrichtserteilung in den einschlägigen Hilfsfächern und Hilfswissenschaften vorgesehen«[44].

»Die Fachhochschule für Musik und darstellende Kunst in Wien hat die Aufgabe, ihren Hörern die höchste künstlerische Ausbildung auf dem Gebiete der Musik und darstellenden Kunst zu erteilen«[45].

Die an der Fachhochschule gebotene ›höchste künstlerische Ausbildung‹ dauerte – abhängig vom Fach – vier bis sechs Semester, in denen neben dem Hauptfach wissenschaftliche Fächer zu besuchen waren. Beim Klavierstudium wurden theoretische Fächer teilweise sogar als Haupt- und nicht als Nebenfach bezeichnet.

Wurden zunächst die dem rechtlichen Status nach einem Gymnasium gleichgestellte Akademie und anschließend die im Rang höherstehende Fachhochschule besucht, ergab sich für die Instrumentalausbildung eine Dauer von bis zu acht bzw. neun Jahren im Gegensatz zu bisher sechs bis maximal sieben Jahren.

Als kleine Randnotiz zur Fachhochschule: Die Frage, ob es für die Studierenden eine Rolle gespielt habe, ob man an der Akademie oder der Fachhochschule studierte, beantwortete ein ehemaliger Student der Kapellmeisterschule in einem Interview mit »Nein. Gar keine«, und bestätigte auf Nachfrage, dass damit für die Studierenden kein »Prestigegewinn« verbunden gewesen wäre.[46] Auch wenn es sich dabei um die Ansicht eines Einzelnen handelt, war für die Studierenden wohl mehr die Qualität der Ausbildung bzw.

---

[43] Denkschrift an das Staatsamt für Unterricht bezüglich Ausgestaltung der Staatsakademie für Musik und darstellende Kunst zur Hochschule vom 15. April 1920, mdw-Archiv, 105/D/1920.

[44] Statut der Akademie für Musik und darstellende Kunst in Wien, I. Teil, Wien 1927, § 1.

[45] Statut der Fachhochschule für Musik und darstellende Kunst (= Verordnung des Bundesministeriums für Unterricht vom 26. Juni 1924, B.G.Bl. Nr. 403).

[46] Lynne Heller, »Gespräch mit Prof. Ludovit Rajter (unter Mitwirkung von Carmen Ottner)«, in: Franz Schmidt und Preßburg, hrsg. von Carmen Ottner (= Studien zu Franz Schmidt XII), Wien 1999, S. 123–140, hier S. 132.

der oder die jeweilige Hauptfachlehrende eher von Bedeutung als der Status der Institution.

Es gibt viele Gründe, warum die Fachhochschule nur kurze Zeit bestand: Allen voran sind organisatorische Schwächen, interne Querelen ebenso wie politische Einflussnahme auf ein in mehrfacher Hinsicht gespaltenes Haus verantwortlich zu machen. Ihr Ende markiert den Beginn unseres nächsten Fallbeispiels.

Institutionalisierung des Meisterhaften

Nach den offen ausgetragenen Konflikten in bzw. rund um Akademie und Fachhochschule griff das Unterrichtsministerium durch, löste die Hochschule 1931 auf und setzte Karl Wiener als Leiter ein. Wiener war mit dem Haus vertraut, er war als Mitglied des Direktoriums der Gesellschaft der Musikfreunde sowohl an der Einrichtung von Sauers Meisterschule sowie an der Verstaatlichung 1909 maßgeblich beteiligt und bis 1919 Präsident der Akademie gewesen. Wiener ging sofort daran, jene Fehlentwicklungen zu korrigieren, die das Haus seiner Meinung nach seit seiner unfreiwilligen Pensionierung genommen hatte.

Wiener strebte eine Neuausrichtung der Institution an, er forderte Meisterschaft und stellte sich gegen eine Verwissenschaftlichung der künstlerischen Fächer und gegen einen theoretischen Unterbau; das virtuose Beherrschen des Instruments stand für ihn im Vordergrund. Er begründete dies unter anderem mit den gravierenden Veränderungen am Berufsmarkt, die er unter Nennung von Radio, Schallplatten, Grammophon und Tonfilm unter »*Mechanisierung der Musik*«[47] subsumierte.

Abb. 3 Karl Wiener, o. D.

---

[47] Schreiben an das Präsidium des Bundesministeriums für Unterricht vom 4. März 1931, S. 4, mdw-Archiv, 1/Res/1931.

Diese technischen Neuerungen wirkten sich in erheblichem Maße auf die Berufswelt von Künstler*innen aus und führten zu hoher Arbeitslosigkeit in dieser politisch, wirtschaftlich und sozial problembeladenen Zeit. Es ist hierbei ergänzend zu bemerken, dass es besonders Frauen durch den Ausschluss aus den meisten Ensembles ohnehin schon erschwert war, beruflich Fuß zu fassen.

Wiener setzte die Kürzung der Studiendauer und die Reduktion der Studierendenzahl durch, denn – so meinte er – es sei »*nicht Sache des Staates, ein Musiker- oder Schauspieler-Proletariat heranzubilden*«[48]. Er war überzeugt, dass »*nur besonders qualifizierte, auf einem höheren künstlerischen Niveau stehende Absolventen der verschiedenen Lehranstalten in Zukunft Aussicht auf ein entsprechendes Fortkommen haben* [werden]«[49].

Abb. 4 Plakat zur Errichtung der Meisterschulen und Spezialklassen, 1931

Gemäß dieser Stoßrichtung führte Wiener erneut Meisterschulen ein, die bei der Demokratisierung des Hauses 1919 aufgelassen worden waren; die einzige Ausnahme war dabei die Klaviermeisterschule von Sauer gewesen, die *ad personam* weiterbestanden hatte. Nach der Vorlage eines Meisterschulen-Konzepts entwickelte sich ein handfester Streit zwischen Ministerium und Wiener. Die Verhandlungen mit den Künstlerinnen und Künstlern zogen sich in die Länge, es gab Absagen, exorbitante Honorarforderungen und der für die Meisterschule Dirigieren vorgesehene Franz Schalk starb in der Zwischenzeit. Letztlich bekam Wiener – zwar mit gravierenden Abstrichen – einen Teil der Meisterklassen bewilligt, doch der in der Folge entstandene und in der Öffentlichkeit ausgetragene Konflikt zwischen der mdw und dem Ministerium eskalierte, beschädigte den Ruf des Hauses nachhaltig und kostete Wiener zwei Jahre später den Posten.[50]

---

[48] Ebd., S. 7.

[49] Ebd., S. 6.

[50] Siehe Severin Matiasovits, »*Dissonanzen in den Beziehungen? Die mdw – Universität für Musik und darstellende Kunst Wien und die sogenannte ›Prüger-Affäre‹*«, in: *Zwischen den Brüchen. Die*

Kritik übte der Präsident auch an der Vielzahl an Nebenfächern, diese waren für ihn nur unnötiges Beiwerk. Dies war symptomatisch für jene Zeit, zugrunde lagen selten sachliche Argumente. Ein Vergleich der Statuten ergab, dass zwischen Wieners erster (1909–1919) und zweiter (1931–1932) Leitungsphase in Bezug auf die Nebenfächer kaum Unterschiede auszumachen sind.[51]

Wieners Reform, die auch nach seiner Abberufung Bestand hatte bzw. sogar ausgeweitet wurde – so existierten im Studienjahr 1936/37 20 Meisterschulen und Spezialklassen –, bedeutete das Ende einer theoretisch-reflexiven Ausrichtung der Ausbildung an der mdw und gleichsam die Institutionalisierung des spieltechnisch Meisterhaften.

»Rücksichtslose Vernichtung aller Unfähigkeit«[52]

Sofort nach dem ›Anschluss‹ 1938 wurde der Musikwissenschaftler und Jurist Alfred Orel als kommissarischer Leiter an der mdw eingesetzt, obwohl dieser weder am Haus beheimatet war noch ein besonderes Engagement um die NS-Bewegung vorweisen konnte.[53] Nach seinem Antritt legte Orel ein umfassendes Organisationskonzept vor, in dem er die »Hebung der Staatsakademie auf den Stand der deutschen Musikhochschulen« und die »Ausgestaltung der bisher nur rudimentär vorhandenen Meister- und Spezialklassen zu vollständigen Hochschullehrgängen«[54] forderte. Für Orel lag es im Sinne der von ihm angestrebten Hochschule auf der Hand, »den Hörer zum Besuch bestimmter Nebenfächer zu verpflichten, die eben der Weitung und der Vertiefung seines künstlerischen Blickes und Verständnisses dienen«[55]. Denn – so der kommissarische Leiter weiter – »gerade durch den weiteren geistigen Horizont, durch die tiefere Erfassung des Wesens der Kunst

mdw – Universität für Musik und darstellende Kunst Wien in der Zwischenkriegszeit, hrsg. von Lynne Heller [u. a.] (= Studien zur Geschichte der mdw – Universität für Musik und darstellende Kunst Wien 1), Wien 2018, S. 53–96.

51 Erwin Strouhal, »Ausbildung in Zeiten der Veränderung. Die mdw – Universität für Musik und darstellende Kunst Wien und ihre Studierenden in der Zwischenkriegszeit«, in: Zwischen den Brüchen. Die mdw – Universität für Musik und darstellende Kunst Wien in der Zwischenkriegszeit, hrsg. von Lynne Heller [u. a.] (= Studien zur Geschichte der mdw – Universität für Musik und darstellende Kunst Wien 1), Wien 2018, S. 97–140, hier S. 125.

52 Staatsakademie für Musik und darstellende Kunst (Hrsg.), Studien-Übersicht für das Studienjahr 1940/41, Wien 1940.

53 Erwin Strouhal u. Clemens Zoidl, »1938 – Die Stunde der Konjunkturritter. Alfred Orel und die Reorganisation der Staatsakademie für Musik und darstellende Kunst in Wien«, in: Österreichische Hochschulen im 20. Jahrhundert: Austrofaschismus, Nationalsozialismus und die Folgen, hrsg. von der Österreichischen HochschülerInnenschaft, Wien 2013, S. 348–360, hier S. 349f.

54 Zur Neuorganisation der Staatsakademie für Musik und darstellende Kunst (STAK), S. 1, mdw-Archiv, 98/Res/1938. Vgl. dazu: Lynne Heller, »Die Staatsakademie bzw. Reichshochschule für Musik in Wien 1938 – 1945«, in: Eine Institution zwischen Repräsentation und Macht. Die Universität für Musik und darstellende Kunst Wien im Kulturleben des Nationalsozialismus, hrsg. von Juri Giannini [u. a.] (= Musikkontext 7), Wien 2014, S. 13–56, hier S. 31.

55 Ebd., S. 2.

unterscheidet sich ja der instrumentale Künstler vom instrumentalen Handwerker, der der Orchestermusiker bis zu einem gewissen Grade immer sein wird[56].

Er verlangte eine Aufwertung der Schulmusik und legte *»besonderes Gewicht […] auf die Ausbildung von Volksmusiklehrern«*[57]. So ambitioniert Orels Vorschläge zur Neuorganisation auch waren, sie kamen nie zur Umsetzung. Nach nur wenigen Monaten wurde er seines Amtes enthoben, an seiner statt übernahm der Organist und langjährige Angehörige des Lehrkörpers Franz Schütz die Leitung.

Abb. 5 Franz Schütz, ca. 1940

Dieser legte die Ausrichtung der Institution gänzlich anders an. In einem Beitrag für die Zeitschrift »Die Pause« stellte Schütz 1940 dem Haus vor seinem Antritt als kommissarischer Leiter kein gutes Zeugnis aus: *»Diese einst hochberühmte Schule befand sich im März 1938 in einem wenig erfreulichen Zustand, da es ein unlauteres System fertigbrachte, seine Schützlinge – mediokre Gesellen – auf gut bezahlte Stellen zu setzen; durch eine übel angebrachte Protektionswirtschaft wurde, gestützt durch eine oft schwache oder unfähige Leistung, die Akademie um den letzten Rest ihres Ansehens gebracht«*[58].

---

56 Ebd.
57 Ebd., S. 5.
58 Franz Schütz, *»Staatsakademie für Musik und darstellende Kunst«*, in: *Die Pause* 5/6 [1940], S. 18–23, hier S. 20.

Für ihn stand zweifellos die höchste fachliche Qualität im Vordergrund, dafür war er auch durchaus bereit, in ideologischen und sogenannten ›rassischen‹ Fragen wie bei ›Mischehen‹ ein Auge zuzudrücken, wie dies etwa bei Emil Sauer der Fall war, den Schütz am Haus halten konnte, obwohl dieser mit einer Jüdin verheiratet war.[59] Schütz fasste seine Herangehensweise folgendermaßen zusammen:

> »Im Dienste der Deutschen Kunst. Die große Tradition der Musikstadt Wien verpflichtet und berechtigt gleichermaßen; diesen Aufgaben gerecht zu werden, muß unsere vornehmste Pflicht sein.

> Das Volk und der Boden der Ostmark sind eine vielverheißende Grundlage, um allen Anforderungen, die die Welt an uns zu stellen vermag, restlos zu entsprechen. Daher rücksichtslose Vernichtung aller Unfähigkeit, wo immer sie angetroffen wird. Steigerung der Leistungen bis zur Grenze des Möglichen! Und erst dann, wenn dies geschehen ist, dürfen wir sagen, daß wir unsere Pflicht erfüllt haben. Früher nicht!«[60]

Er wollte eine auf Virtuosität hin orientierte und auf wirkliche Talente beschränkte Institution, eine »*Elitetruppe*«[61], frei von politischer Einflussnahme. Im Zentrum seiner Kritik stand jedoch die Musikpädagogik, der er grundsätzlich jegliches künstlerische Niveau absprach. Dazu nochmals Schütz zur Situation in den 1930er Jahren:

> »Schließlich ging man noch daran, Unterabteilungen ins Leben zu rufen, in denen eine buchstäblich vom Teufel zusammengewürfelte Gesellschaft von gelehrten Unholden und notorischen Nichtskönnern ihr Unwesen trieb. Da gab es ein ›Lehrerseminar‹, welches allen Minderbegabten der Instrumental- und Gesangklassen ein gar gastlich Asyl bot, dieselben zu ›Pädagogen‹ heranbildete, die man wieder ausgerüstet mit vielerlei Zeugnissen auf eine ahnungslose Jugend losließ. Da gab es eine ›Abteilung für Kirchenmusik‹ in welcher, bestens beschirmt und beschützt unter dem Deckmantel frommer Denkungsart und unter schändlichem Mißbrauch großer Namen, die ›Nachfolger‹ Anton Bruckners herangezogen werden sollten, da gab es einen gänzlich verjudeten Theaterbetrieb usw.«[62].

Deswegen war es für Schütz nur folgerichtig, die Pädagogik aus dem Haus auszugliedern, was in klarem Gegensatz zur NS-Linie stand. Während etwa das Mozarteum Salzburg dreiteilig umstrukturiert wurde und zwar in eine Musikschule für Jugend und Volk, eine Fach- sowie eine Hochschule, womit besonders der Volksmusik und der musikalischen Bildung breiter Bevölkerungsgruppen eine hohe Bedeutung beigemessen wurde,[63] nahm

---

[59] Schreiben von Franz Schütz an das Ministerium für innere und kulturelle Angelegenheiten vom 5.10.1938, mdw-Archiv, 183/Res/1938.

[60] Staatsakademie für Musik und darstellende Kunst (Hrsg.), *Studien-Übersicht für das Studienjahr 1940/41*, Wien 1940.

[61] Schütz, *»Staatsakademie«*, 1940, S. 22.

[62] Ebd., S. 21.

[63] Katharina Scharf, *»›Das Mozarteum ist die Herzkammer des Salzburger Musiklebens‹. Das Mo-*

Schütz die Neugründung der Musikschule der Stadt Wien 1938 freudig zum Anlass und lagerte die Musikpädagogik der Akademie an diese aus; die Ausbildung im Bereich der Volksmusik ignorierte Schütz gänzlich. Es überrascht demnach auch nicht, dass er sich gegen eine Vielzahl von Nebenfächern aussprach.

Analyse

Betrachten wir – unter Einbeziehung der Zeitspanne davor – die ab der Einrichtung der Meisterschule für Klavier einsetzende Entwicklung der Institution, markiert der in den Statuten der Meisterschule formulierte Anspruch der »höchste[n] *Stufe künstlerischer Vollendung*«[64] einen bedeutenden Schritt. Dass diese höchste Stufe in der Anfangszeit des Konservatoriums nicht angestrebt wurde, ist unter anderem aus der zwei Jahre nach Gründung der Violinschule verfassten Instruktion von 1821 ersichtlich:

> »Der Zweck der Violinschule ist nicht, Virtuosen, sondern feste Violinspieler von reinem Ton, richtigem und gleichförmigem Vortrage zu bilden. Wen[n] jedoch der eine oder andere Zögling vorzügliches Talent zum Virtuosen zeigt, so wird ihm das Conservatorium zu seiner vollständigen Ausbildung an die Hand zu gehen suchen, ohne sich jedoch hierzu zu verpflichten«[65].

Die das 19. Jahrhundert hindurch parallel zur Entwicklung der Institution einhergehende Professionalisierung des Musiklebens, die selbst nicht zuletzt durch das Wirken des Hauses mit in Gang gesetzt bzw. verstärkt wurde, brachte wiederum neue Anforderungen für die Ausbildung mit sich. Die Entwicklung hin zu »*hochleistungsorientierte*[n] *Instrumentalspezialisten*«[66] machte es ab der Mitte des 20. Jahrhunderts »*undenkbar*«, dass z.B. »*ein Orchestermusiker von der Klarinette zur Geige wechseln konnte*«[67].

Seit etwa der Mitte des 19. Jahrhunderts ist ein langsamer Wandel der Schwerpunktsetzung in der Ausbildung von Solidität zu Virtuosität festzustellen, der das Spannungsfeld und den Diskurs rund um die Ausbildungsziele bestimmte.

Die Meisterschule war ein offenes Bekenntnis zur höchsten, zur virtuosen Ausbildung, bereits ganz im Sinne des Niveaus einer Hochschule. Das erzeugte jedoch ein soziales Spannungsfeld innerhalb des Hauses, denn mit der Einführung der Meisterschule fühlten

---

zarteum Salzburg während der NS-Herrschaft«, in: *Eine Institution zwischen Repräsentation und Macht. Die Universität für Musik und darstellende Kunst Wien im Kulturleben des Nationalsozialismus*, hrsg. von Juri Giannini [u. a.] (= Musikkontext 7), Wien 2014, S. 123–144, hier S. 127.

[64] Statut der Meisterschule für Klavierspiel am Konservatorium der Gesellschaft der Musikfreunde in Wien, Wien 1905, S. 3.

[65] Instruktion von 1821, § 19, zit. nach Beate Hennenberg, *Das Konservatorium der Gesellschaft der Musikfreunde in Wien. Konzepte zur musikalischen Bildung in der ersten Hälfte des 19. Jahrhunderts*, Wien 2013, S. 170.

[66] Ernst Kobau, *Die Wiener Symphoniker. Eine sozialgeschichtliche Studie*, Wien [u. a.] 1991, S. 228.

[67] Ebd.

sich die anderen Lehrenden in ihrem Rang herabgesetzt. In dem durch die Gliederung des Unterrichts in Vor- und Ausbildungsklassen ohnehin hierarchisierten Lehrkörper kam damit eine weitere Ebene hinzu.

Der zutiefst menschliche Aspekt der internen Unzufriedenheit ist als eine der Triebfedern für spätere Entwicklungen festzustellen. Zusätzlich sind Konkurrenzdenken und die Verortung innerhalb der europäischen Bildungslandschaft weitere bestimmende Komponenten, die sich auf die Grundausrichtung der Ausbildung auswirkten; zu nennen sind immer wieder ins Treffen geführte Verweise auf vergleichbare Institutionen, die den Rang einer Hochschule hatten und bzw. oder sich stärkerer staatlicher Unterstützung erfreuten.

Ein wichtiges, die Entwicklung der Konservatorien insgesamt begleitendes Schlagwort wurde von einer Zeitung in einem Bericht zur Verstaatlichung aufgenommen. Die anlässlich der Neuausrichtung gesteckten Ziele wurden mit »*Höhere Lehrziele. – Neue Spezialkurse. – Keine Proletarierzuchtanstalt*«[68] zusammengefasst.

Das Schreckgespenst eines musikalischen Proletariats (auch »*Kunstproletariats*«[69] oder »*Musikerproletariats*«[70]) geisterte etwa seit der Mitte des 19. Jahrhunderts durch die um die Aufgaben der Konservatorien geführten Debatten. Wie in einer der Diskussionen der Tagung zutage trat, wurde zu unterschiedlichen Zeiten bzw. Orten teilweise Verschiedenes unter diesem Begriff verstanden.[71] Gemeinsamkeiten in der Verwendung dürften in einer vom Berufsstand als Gefahr verstandenen Menge ausgebildeter Musiker*innen sowie in schlechter bis mittelmäßiger musikalischer Schulung zu finden sein – beides auch in Kombination miteinander. Betroffen waren sowohl Orchesterinstrumente als auch Klavier.

Mit der Verstaatlichung wurde jedoch die Entscheidung getroffen, nicht nur für die höchste künstlerische Ausbildung zu sorgen, sondern das Haus auch weiterhin breiterem Publikum offen zu halten, zumindest mit der Einschränkung, keine ›Proletarierzuchtanstalt‹ sein zu wollen. Dennoch erfüllte das Haus weiterhin – wie der damalige Direktor Wilhelm Bopp formulierte – eine »*Doppelaufgabe, die ungefähr der Bestimmung der Gymnasien und der Universität entspricht*«[72].

---

[68] Neues Wiener Journal 29. Mai 1909, S. 9.

[69] Selmar Bagge, »*Ueber die Aufgabe eines Conservatoriums (Januar 1855)*«, in: ders., *Gedanken und Ansichten über Musik und Musikzustände in einer Reihe gesammelter Aufsätze*, Wien 1860, S. 1–5, hier S. 4 (»*Die Anzahl der Zöglinge darf keine sehr große sein, weil sonst eo ipso der Talentlosigkeit Thür und Angel geöffnet, und durch Heranziehung eines Kunstproletariats die künstlerischen Hoffnungen vernichtet werden*«).

[70] Z. B. Heinrich Ehrlich, »*Das Musikerproletariat und die Konservatorien*«, in: Heinrich Ehrlich, *Modernes Musikleben. Studien*, Berlin² 1895, S. 83–90.

[71] Eduard Hanslick sieht in dem oben bereits zitierten »*Ein Brief über die ›Klavierseuche‹*« (in: *Die Gartenlaube* 35 [1884]) z. B. durch »*die massenhafte Drillung von Pianisten*« eine Ursache für »*das Anwachsen eines bedauernswerten musikalischen Proletariats*«.

[72] Wilhelm Bopp, »*Ueber die Aufgaben und Ziele der Musikakademien und Konservatorien*«, in: *Jahresbericht der k.k. Akademie für Musik und darstellende Kunst über das Schuljahr 1908–1909*, Wien 1909, S. 8.

Diese Doppelaufgabe bestand – das belegen die lebhaft geführten Auseinandersetzungen mit der Thematik – schon die längste Zeit, und so wäre die Verstaatlichung ein Anlass gewesen, die Gewichtung deutlicher zu verändern.

Angesichts des reichen Bildungsangebots, bei dem sich teilweise große Unterschiede in den Anforderungen an die Auszubildenden der einzelnen Disziplinen ergaben, ebenso wie angesichts der unterschiedlichen Erwartungen seitens der Auszubildenden an die Institution, die zwischen konkreter Berufsausbildung und Liebhaberei liegen konnten, kann von einer großen Heterogenität des Hauses gesprochen werden.

Mit der 1909 neugeschaffenen Akademie, die mit ihrem »*Doppelantlitz*«[73] weiterhin mehrere Aufgaben parallel zu erfüllen hatte, wurde eine ›Anstalt sui generis‹, eine Institution eigenen Geschlechts errichtet und damit das bereits im 19. Jahrhundert entstandene ›Gender-Dilemma‹ fortgesetzt. Die eigene Identität, gleichsam das soziale Geschlecht innerhalb der Bildungslandschaft, wurde von verschiedenen Stellen – Lehrenden, Studierenden sowie der Musikkritik – teils sehr unterschiedlich wahrgenommen. Die Breite der gebotenen Ausbildung bot für Letztere eine entsprechend große Angriffsfläche.

Das konsequente Ausleben dieser Identitätsproblematik gipfelte in der Spaltung in Akademie und Fachhochschule und bildete einen Höhepunkt hinsichtlich der Gewichtung des theoretischen Anteils an der künstlerischen Ausbildung. Seit der Verstaatlichung war dem Nebenfach, der allgemeinen Bildung und der wissenschaftlichen Ergänzung des künstlerischen Unterrichts eine stets wachsende Bedeutung beigemessen worden.

Die Auflassung der Fachhochschule markiert einen Wendepunkt hin zu einer Reduktion des theoretisch-reflexiven Teils der Ausbildung. In frappierender Deckungsgleichheit zum allgemeinen, autoritärer werdenden politischen Klima im Land – und durch das Wirken einer starken Führungsperson an der Institution – trat die Diskussion rund um die Ausrichtung bzw. Identität des Hauses in den Hintergrund.

Eine gegenüber den theoretischen Fächern kritische Linie wurde auch im Nationalsozialismus fortgesetzt, wenngleich noch martialischer und radikaler definiert. Ganz gelang das Streben nach einer rein künstlerischen Elite jedoch nicht. Trotz unversöhnlicher Ablehnung der pädagogischen Ausbildung kam die Musikerziehung wieder an die Institution zurück, damit diese den Status einer Reichshochschule erlangen konnte. Damit wurde statt der Konzentration auf das Ideal des Virtuosentums das Ausbildungsangebot letztlich wieder verbreitert.

Abschließend sei noch zu bemerken, dass wir bei unseren Forschungen ein großes Feld geöffnet haben, dessen intensive Bearbeitung wir als eine unserer zukünftigen Aufgaben betrachten. So wird noch im Detail zu untersuchen sein, inwieweit die formulierten Ausbildungsansprüche im Alltag umgesetzt wurden – denn im Zuge der Untersuchungen hat sich bereits gezeigt, dass die praktische Umsetzung nicht immer den hehren theoretischen Ansprüchen gerecht wurde.

---

[73] Ebd.

Literatur

Guido Adler, »*Zur Reform unserer Musikpädagogik*«, in: *Die Presse* 11. Apr. 1882, S. 1–2.

Ders., *Wollen und Wirken. Aus dem Leben eines Musikhistorikers*, Wien 1935.

Selmar Bagge, »*Ueber die Aufgabe eines Conservatoriums (Januar 1855)*«, in: ders., *Gedanken und Ansichten über Musik und Musikzustände in einer Reihe gesammelter Aufsätze*, Wien 1860, S. 1–5.

Wilhelm Bopp, »*Offener Brief an die Redaktion der ›Musik‹*«, in: *Die Musik* 23 (1909/10), S. 294–295.

Ders., »*Ueber die Aufgaben und Ziele der Musikakademien und Konservatorien*«, in: *Jahresbericht der k.k. Akademie für Musik und darstellende Kunst über das Schuljahr 1908–1909*, Wien 1909.

Denkschrift an das Staatsamt für Unterricht bezüglich Ausgestaltung der Staatsakademie für Musik und darstellende Kunst zur Hochschule vom 15. April 1920, mdw-Archiv, 105/D/1920.

Rudolf Dittrich, »*Unterrichts- und Fortbildungswesen*«, in: *Bericht über den I. Österreichischen Musikpädagogischen Kongreß. Unter dem Protektorate Sr. Exzellenz des k. k. Ministers für Kultus und Unterricht Karl Grafen Stügck. Wien, 20.-23. April 1911*, hrsg. von Gustav Mayer, Wien 1911, S. 56–62.

Heinrich Ehrlich, »*Das Musikerproletariat und die Konservatorien*«, in: ders, *Modernes Musikleben. Studien*, Berlin[2] 1895, S. 83–90.

Baronesse Falke, »*Emil Sauer in Wien*«, in: *Die Musik* 1/3 (1902), S. 1667–1672.

Jacob Fischer, *Die musikalische Bildung der Klavier-Eleven und die Lehrerbildungskurse am Wr. Konservatorium. Ein Memorandum nebst Reformvorschlägen der hochgeehrten Direktion der Gesellschaft der Musikfreunde in Wien ergebenst überreicht von Jacob Fischer*, Wien 1906.

Der Floh 18. Aug. 1901.

Elisabeth Friedrichs, *Die deutschsprachigen Schriftstellerinnen des 18. und 19. Jahrhunderts. Ein Lexikon* (= Repertorien zur Deutschen Literaturgeschichte 9), Stuttgart 1981.

Eduard Hanslick, »*Ein Brief über die ›Clavierseuche‹*«, in: *Die Gartenlaube* 35 (1884), S. 572–575.

Gesellschaft der Musikfreunde des österreichischen Kaiserstaates (Hrsg.), *Instruction für das von der Gesellschaft der Musikfreunde des österreichischen Kaiserstaates zu Wien gestiftete Conservatorium*, Wien 1852.

Dies. (Hrsg.), *Instruction für das, von der Gesellschaft der Musikfreunde des österreichischen Kaiserstaates, zu Wien gestiftete Conservatorium*, zit. nach Eusebius Mandyczewski, *Zusatz-Band zur Geschichte der k. k. Gesellschaft der Musikfreunde in Wien. Sammlungen und Statuten*, Wien 1912.

Lynne Heller, »*Die Staatsakademie bzw. Reichshochschule für Musik in Wien 1938–1945*«, in: *Eine Institution zwischen Repräsentation und Macht. Die Universität für Musik und darstellende Kunst Wien im Kulturleben des Nationalsozialismus*, hrsg. von Juri Giannini [u. a.] (= Musikkontext 7), Wien 2014, S. 13–56.

Dies., »*Gespräch mit Prof. Ludovit Rajter (unter Mitwirkung von Carmen Ottner«)*, in: *Franz*

Schmidt und Preßburg, hrsg. von Carmen Ottner (= Studien zu Franz Schmidt XII), Wien 1999, S. 123–140.

Beate Hennenberg, *Das Konservatorium der Gesellschaft der Musikfreunde in Wien. Konzepte zur musikalischen Bildung in der ersten Hälfte des 19. Jahrhunderts*, Wien 2013.

Ernst Kobau, *Die Wiener Symphoniker. Eine sozialgeschichtliche Studie*, Wien [u. a.] 1991.

Julius Korngold, »*Musik*«, in: *Neue Freie Presse* 5. Juni 1919 (Morgenausgabe), S. 1–3.

Severin Matiasovits, »*Dissonanzen in den Beziehungen? Die mdw – Universität für Musik und darstellende Kunst Wien und die sogenannte ›Prüger-Affäre‹*«, in: *Zwischen den Brüchen. Die mdw – Universität für Musik und darstellende Kunst Wien in der Zwischenkriegszeit*, hrsg. von Lynne Heller [u. a.] (= Studien zur Geschichte der mdw – Universität für Musik und darstellende Kunst Wien 1), Wien 2018, S. 53–96.

Neue Freie Presse 1901, 13. Aug.; 11. Sept.; 16. Okt. (Abendblatt).

Neues Wiener Journal 29. Mai 1909.

Richard von Perger u. Robert Hirschfeld, *Geschichte der k.k. Gesellschaft der Musikfreunde in Wien, 2. Abt: 1870 – 1912*, Wien 1912.

C[arl] F[erdinand] Pohl, *Die Gesellschaft der Musikfreunde des österreichischen Kaiserstaates und ihr Conservatorium*, Wien 1871.

Reorganisationsbericht Alfred Orels an das Ministerium für innere und kulturelle Angelegenheiten vom 28. Juli 1938, mdw-Archiv 98/Res/1938.

Katharina Scharf, »*›Das Mozarteum ist die Herzkammer des Salzburger Musiklebens‹. Das Mozarteum Salzburg während der NS-Herrschaft*«, in: *Eine Institution zwischen Repräsentation und Macht. Die Universität für Musik und darstellende Kunst Wien im Kulturleben des Nationalsozialismus*, hrsg. von Juri Giannini [u. a.] (= Musikkontext 7), Wien 2014, S. 123–144.

Helga Scholz-Michelitsch, »*Emil von Sauer und die Wiener Musikhochschule*«, in: *Studien zur Musikwissenschaft. Beihefte der Denkmäler der Tonkunst in Österreich* 46 (1998), S. 175–237.

Schreiben an das Präsidium des Bundesministeriums für Unterricht vom 4. März 1931, mdw-Archiv, 1/Res/1931.

Schreiben Franz Schütz' an das Ministerium für innere und kulturelle Angelegenheiten betreffend die Bestellung Emil Sauers vom 5. Oktober 1938, mdw-Archiv, 183/Res/1938.

Franz Schütz, »*Staatsakademie für Musik und darstellende Kunst*«, in: *Die Pause* 5/6 [1940], S. 18–23.

Staatsakademie für Musik und darstellende Kunst (Hrsg.), *Studien-Übersicht für das Studienjahr 1940/41*, Wien 1940.

Statut der Akademie für Musik und darstellende Kunst in Wien, I. Teil, Wien 1927.

Statut der Fachhochschule für Musik und darstellende Kunst (= Verordnung des Bundesministeriums für Unterricht vom 26. Juni 1924, B.G.Bl. Nr. 403).

Statut der Meisterschule für Klavierspiel am Konservatorium der Gesellschaft der Musikfreunde in Wien, Wien 1905.

Stenographische Protokolle des Niederösterreichischen Landtages, 9. Gesetzgebungsperiode, 31. Sitzung der 5. Session, 2. Abschnitt, am 10. Okt. 1907.

Erwin Strouhal u. Clemens Zoidl, »*1938 – Die Stunde der Konjunkturritter. Alfred Orel und die Reorganisation der Staatsakademie für Musik und darstellende Kunst in Wien*«, in:

Österreichische Hochschulen im 20. Jahrhundert: Austrofaschismus, Nationalsozialismus und die Folgen, hrsg. von der Österreichischen HochschülerInnenschaft, Wien 2013, S. 348–360.

Erwin Strouhal, »*Ausbildung in Zeiten der Veränderung. Die mdw – Universität für Musik und darstellende Kunst Wien und ihre Studierenden in der Zwischenkriegszeit*«, in: *Zwischen den Brüchen. Die mdw – Universität für Musik und darstellende Kunst Wien in der Zwischenkriegszeit*, hrsg. von Lynne Heller [u. a.] (= Studien zur Geschichte der mdw – Universität für Musik und darstellende Kunst Wien 1), Wien 2018, S. 97–140.

1. Umorganisationsbericht Alfred Orels vom 5. April 1938, mdw-Archiv, 92/Res/1938.

Abbildungen

Abb. 1   Europe's Favorite Pianist, mdw-Archiv, Nachlass Sauer, Album 1898–1907.

Abb. 2   Karikatur Jagdsaison, Der Floh 1. Sept. 1901, S. 12.

Abb. 3   Wiener, Karl Ritter, Bildarchiv Austria/Österreichische Nationalbibliothek.

Abb. 4   mdw-Archiv, Foto: Erwin Strouhal

Abb. 5   Die Pause 5/6 ([1940]), S. 18.

MARION GERARDS

»Und Lieder wüßte sie zu singen eine bunte Fülle« – Ästhetische Praxis an der Sozialen Frauenschule Aachen (1918–1933)

Es mag auf den ersten Blick verwundern, dass in einem Tagungsband zur Konservatoriumsausbildung auch ein Aufsatz über die ästhetische Praxis an einer Sozialen Frauenfachschule aufzufinden ist. Aber nicht nur an Konservatorien fand (und findet) musikalische (Aus-)Bildung statt, sondern mit der Gründung der Sozialen Frauenfachschulen zu Beginn des 20. Jahrhunderts gab es weitere Ausbildungsstätten, die Frauen zwar nicht zu Musikerinnen, sondern zu Fürsorgerinnen und Wohlfahrtspflegerinnen ausbildeten, wobei Musik als eines der sogenannten ›musischen Fächer‹ mehr oder weniger umfangreich Teil der Lehrpläne war. Dieser Beitrag[1] möchte am Beispiel der Sozialen Frauenschule in Aachen der Frage nachgehen, wie die ästhetisch-künstlerische Praxis und im Besonderen die musikalische Bildung in den Lehrplänen verankert war und in welchen Begründungszusammenhängen dies geschah. Ausgangspunkt der Beschäftigung mit diesem Thema war die Durchsicht des Aachener Archivs der Katholischen Hochschule NRW anlässlich des hundertjährigen Jubiläums der Aachener Abteilung im Jahr 2018. Dabei fanden sich zahlreiche Fotografien aus den 1920er und dem Anfang der 1930er Jahren, die tanzende, singende, musizierende und theaterspielende Frauen zeigen (vgl. Abb. 1 und 2). Ebenso verweisen etliche Fest- und Veranstaltungsprogramme auf intensive künstlerische Aktivitäten in der Schule.[2] Eine Absolventin der Schule, Elisabeth Richstätter, Examensjahrgang 1933, spricht in ihren Erinnerungen sogar von einem *»Spezifikum der Aachener Schule gegenüber anderen Sozialschulen«* und meint damit *»die besondere Pflege von Gesang – Volkstanz – Laienspiel – Werken«*[3]. Der Beitrag begibt sich daher auf eine Spurensuche zum Verhältnis von ästhetischer Bildung bzw. Praxis und Sozialer Arbeit. Dafür werden nach einem kurzen Überblick über den zeit-

---

[1] Bei diesem Aufsatz handelt es sich um die gekürzte und leicht überarbeitete Version des Aufsatzes *»Ästhetische Bildung und Praxis als* Spezifikum *der Sozialen Frauenschule Aachen in ihren Anfangsjahren«*, der in der Festschrift *Aachens Hochschule für Soziale Arbeit. 100 Jahre Tradition – Reflexion – Innovation*, hrsg. von Marion Gerards [u. a.] (= Schriften der KatHO NRW 31), Opladen [u. a.] 2018, S. 79–101 erschienen ist. Ich danke dem Budrich-Verlag für die freundliche Genehmigung.

[2] Siehe hierzu ausführlicher Norbert Jers, *»Feste und Feiern in der Ära Maria Offenberg«*, in: *Aachens Hochschule für Soziale Arbeit. 100 Jahre Tradition – Reflexion – Innovation*, hrsg. von Marion Gerards [u. a.] (= Schriften der KatHO NRW 31), Opladen [u. a.] 2018, S. 53–78.

[3] Elisabeth Richstätter, *»Bericht über den Zeitraum 1930 bis 1940«*, in: *1918–1978. 60 Jahre katholische Ausbildungsstätte für Sozialarbeit in Aachen*, hrsg. von der Pressestelle der Katholischen Fachhochschule Nordrhein-Westfalen, Köln 1978, S. 13–16, KatHO-Archiv AC 5.1.5, hier S. 14.

geschichtlichen Kontext Lehrpläne aus den Anfängen der Schule und Schriften der für die Aachener Schule bedeutsamen Direktorin und Pädagogin Maria Offenberg herangezogen.

Abb. 1 Musikkapelle, undatiert, 1920er Jahre

Abb. 2 Sommerfest 1924

Zeitgeschichtlicher Kontext

Es waren vor allem die von namhaften Persönlichkeiten wie Helene Weber, Hedwig Dransfeld und Gerta Krabbel getragenen Bestrebungen der katholischen Frauenbewegung, die 1916 zur Gründung der Sozialen Frauenschule des Katholischen Deutschen Frauenbunds (KDF) geführt haben. Für die Ausrichtung der musischen Fächer können daneben die Bestrebungen der Jugendbewegung als prägend angesehen werden. Daher sollen diese beiden Bewegungen sowie die von Alice Salomon, der bedeutenden Pionierin der Sozialen Arbeit, formulierten und für unsere Fragestellung relevanten Prinzipien der Volksbildung und sozialen Frauenbildung kurz umrissen werden.

Katholische Frauenbewegung

Die Soziale Frauenschule startete am 8. Nov. 1916 in Köln ihren Lehrbetrieb und zog am 6. Mai 1918 nach Aachen um. Träger der Schule war der Katholische Deutsche Frauenbund (KDF), der im Jahr 1903 gegründet wurde – ebenfalls in Köln. Als Dachverband hatte er es sich zum Ziel gesetzt, Teile der Forderungen der um die Jahrhundertwende erstarkenden bürgerlichen Frauenbewegung gemäß den Anschauungen der katholischen Kirche zu unterstützen und dabei die Interessen der Katholikinnen zu vertreten.[4] Die katholische Frauenbewegung verstand sich in besonderem Maße als eine Bildungsbewegung, die die Frauen auf ihre Aufgaben in Familie und Gesellschaft vorbereiten wollte. »*Bei der Frauenbildung stand das Leitbild der Mütterlichkeit obenan. Auch die unverheiratete Frau sollte diesem Ideal nachstreben. Sie war das Wesensmerkmal der Frau im Unterschied zum Mann*«[5]. Das zugrundeliegende Geschlechterkonzept ging von einer grundsätzlichen Wesensverschiedenheit der Geschlechter aus und verband damit geschlechtsspezifische Aufgaben. Frauen sollten gemäß ihrer ›natürlichen‹ Geschlechtseigenschaften fürsorgend und sozial tätig sein und entsprechend dem Prinzip der ›geistigen Mütterlichkeit‹ wissenschaftlich und ästhetisch gebildet werden.[6] In diesem Kontext rief Helene Weber 1912 im Kölner Zweig des KDF eine Kommission für soziale Fragen und Bestrebungen ins Leben, die Kurse und Vorträge für Heimarbeiterinnen, Bildungsabende über Familienpflege, Literatur und Kunst und gemeinsame Wanderungen durchführte. Während des Ersten Weltkriegs entwickelte sich der KDF innerhalb des katholischen

---

4 Siehe Alfred Kall, *Katholische Frauenbewegung in Deutschland. Eine Untersuchung zur Gründung katholischer Frauenvereine im 19. Jahrhundert* (= Beiträge zur Katholizismusforschung. Reihe B: Abhandlungen), Paderborn [u. a.] 1983 und Brunhilde Greshake, »*Frauenbewegung und die Entstehung der Ausbildung für die soziale Arbeit*«, in: *Soziale Arbeit gestern und morgen. Festschrift zum 75jährigen Bestehen der katholischen Ausbildungsstätte für Sozialarbeit und Sozialpädagogik in Aachen*, hrsg. von Norbert Jers, Aachen 1991, S. 9–50.

5 Greshake, *Frauenbewegung*, 1991, S. 27.

6 Vgl. Birgit Sack, *Zwischen religiöser Bindung und moderner Gesellschaft. Katholische Frauenbewegung und politische Kultur in der Weimarer Republik (1918/19–1933)* (= Internationale Hochschulschriften 266), Münster [u. a.] 1998, S. 27.

Frauenvereinswesens »*zur zentralen Koordinations- und Vermittlungsinstanz der sozialen Kriegsarbeit*«[7]. Der Bedarf an wohlfahrtspflegerisch geschulten Kräften stieg. Letztlich waren die Auswirkungen des Weltkriegs mitentscheidend für die Professionalisierung der Sozialen Arbeit. Den Frauen eröffneten sich neue berufliche Handlungsfelder, gleichzeitig wurde der dringende Bedarf an professioneller Ausbildung gesehen, sodass man trotz der unsicheren Kriegszeiten im Nov. 1916 die Soziale Frauenschule in den Räumen der KDF-Zentrale in Köln eröffnete. Erste Direktorin war Helene Weber.[8]

Die Schule verstand sich als »*eine Stätte wesenhafter Frauenbildung*«, in der die Frau »zu ihrer sozialen Funktion im allgemeinsten Sinne des Wortes« erweckt, der »*Nachwuchs ehrenamtlicher und beruflicher Kräfte für den Frauenbund*« geformt und »*tüchtige Berufsvertreterinnen für Staat und Gemeinde*«[9] ausgebildet werden sollten. Der gesellschaftliche Bedarf nach sozialen Berufsarbeiterinnen kam, wie Alice Salomon formuliert hat, dem Anliegen jener Frauen entgegen, »*die nach neuen Möglichkeiten suchten, ihre Liebeskraft und ihre Mütterlichkeit in der Welt auszuwirken […]. Denn die fürsorgende, pflegende, erziehende Arbeit […] entspricht den besonderen weiblichen Anlagen und Neigungen stärker als den Kräften des Mannes*«[10]. Damit orientierte sich die Ausbildung zur Fürsorgerin oder Wohlfahrtspflegerin an den konservativ-liberalen Idealen einer geistigen Mütterlichkeit, die sowohl an der konfessionell gebundenen Sozialen Frauenschule des KDF als auch an nicht-konfessionellen Schulen wie der 1908 von Alice Salomon gegründeten Sozialen Frauenschule in Berlin als grundlegend für die Ausbildung angesehen werden kann.[11]

Jugendbewegung

Zeitlich parallel zum Aufkommen der Frauenbewegung in Deutschland und den damit verbundenen Gründungen von Ausbildungsstätten der Sozialen Arbeit fand um die Jahrhundertwende ein Aufbruch der Jugendgeneration statt, der sich in zahlreichen Jugendverbänden, allen voran in der Wandervogel-Bewegung, manifestierte. Dieses als Jugendbewegung bezeichnete Phänomen bezog sich auf »*alle Jugend in Deutschland, die in irgendeiner Art sich auf ihren Selbsterziehungswillen und auf ihre jugendlichen Gestaltungskräfte beruft und zurückzieht*«[12], und beeinflusste Kunst, Literatur, Schule, Ausbil-

---

[7] Sack, *Zwischen religiöser Bindung und moderner Gesellschaft*, 1998, S. 39.

[8] Siehe ebd., S. 40.

[9] [Maria Offenberg], *Chronik der Sozialen Frauenschule 1916–1956. Aus Anlaß ihres 40jährigen Bestehens am 8. November 1956*, [Aachen] 1956, KatHO-Archiv AC 1.15, S. 4.

[10] Alice Salomon, *Leitfaden der Wohlfahrtspflege*, Leipzig u. Berlin 1921, S. 156.

[11] Siehe hierzu ausführlicher Christoph Sachße, *Mütterlichkeit als Beruf. Sozialarbeit, Sozialreform und Frauenbewegung 1871 bis 1929* (= Kasseler Studien zur Sozialpolitik und Sozialpädagogik 1), Weinheim [u. a.] 2003 und Petra Ganß, »*Die Geschlechtersegregation in der Sozialen Arbeit. Ein kurzer Blick auf eine lange Geschichte*«, in: *Aachens Hochschule für Soziale Arbeit. 100 Jahre Tradition – Reflexion – Innovation*, hrsg. von Marion Gerards [u. a.] (= Schriften der KatHO NRW 31), Opladen [u. a.] 2018, S. 315–333.

[12] Erich Weniger, »*Die Jugendbewegung und ihre kulturelle Auswirkung*«, in: *Die deutsche Jugend-*

dung (Singbewegung, Reformpädagogik, Kunsterziehungsbewegung) sowie die sich etablierende Soziale Arbeit, hier vor allem den Bereich der Jugendwohlfahrtspflege.[13] Man suchte nach neuen, naturnahen Erfahrungen in selbstorganisierten Gruppen- und Freizeitangeboten, die – so könnte man heute formulieren – in einem erlebnispädagogischen Sinn Selbstwirksamkeitserfahrungen ermöglichen sollten. Dies geschah vielfach unter Hinwendung zu volksbezogenen und nationalen Ideen:[14] Man besann sich auf die kulturellen Schätze des deutschen Volkes, sang deutsche Volkslieder, musizierte in laienmäßigen Spielmusikensembles und zelebrierte einfache Formen der Geselligkeit. Die Zielsetzungen der zahlreichen Jugendvereine fasste Alice Salomon als ein Bemühen auf, »*die Jugendlichen in ihrer freien Zeit zu sammeln, sie anzuregen, fortzubilden, zu unterhalten, eine edle Geselligkeit zu pflegen, einen sittlichen Anhalt zu bieten*«[15].

Das gemeinsame Singen avancierte geradezu zum Bindemittel der neuen Gemeinschaften und Gruppierungen. Die studentischen Kommersbücher dienten als erste Liederbücher und wurden dann vom Zupfgeigenhansl (1909), dem Wandervogel-Liederbuch (1912) und anderen abgelöst. Mit diesen Liederbüchern »*entstand auch eine neue Ideologie der Volksliedpflege. Der äußeren Flucht in die Wälder entsprach der Rückzug in eine wildromantisch verklärte Vergangenheit mit der Sehnsucht nach dem Echten, Wahren und Ursprünglichen, das man im Volkslied gefunden zu haben glaubte*«[16]. Als ideologische Wurzeln der Jugendbewegung lassen sich ein auf das Volk bezogener Gemeinschaftsgedanke und die Sehnsucht nach einem unverfälscht ›natürlichen‹ Menschentum erkennen, während darüber hinaus die katholische Jugendbewegung, hier v. a. der Quickborn, die »*Gemeinschaft im Horizont eines natürlichen und auf Jesus Christus bezogenen Lebens*«[17] fokussierte.

Alice Salomon: Soziale Frauenbildung – Volksbildung

In diesen zeitgeschichtlichen Rahmen eingebettet formulierte Alice Salomon bereits 1908 Prinzipien einer sozialen Frauenbildung, als deren Ziel sie es ansah, dass sowohl »*die intellektuelle Grundlage für das soziale Pflichtgefühl*« gelegt, als auch Wissen vermittelt wird,

---

musikbewegung in Dokumenten ihrer Zeit von den Anfängen bis 1933*, hrsg. vom Archiv der Jugendmusikbewegung, Wolfenbüttel u. Zürich 1980, S. 1–8 [OA in: *Geist der Gegenwart*, Stuttgart 1928], hier S. 2.

[13] Siehe Franz-Michael Konrad u. Elisabeth Meyer, »*Jugendbewegung und Sozialpädagogik. Befunde und Desiderate*«, in: *Zeitschrift für Sozialpädagogik* 4 (2013), S. 341–365.

[14] Siehe Christian Niemeyer, *Mythos Jugendbewegung. Ein Aufklärungsversuch*, Weinheim u. Basel 2015 und ders., »*Über den Zusammenhang von Jugendbewegung und Sozialpädagogik am Beispiel einer These Hermann Nohls*«, in: *Zeitschrift für Sozialpädagogik* 3 (2009), S. 284–306.

[15] Salomon, *Leitfaden der Wohlfahrtspflege*, 1921, S. 124.

[16] Wilfried Gruhn, *Geschichte der Musikerziehung. Eine Kultur- und Sozialgeschichte vom Gesangsunterricht der Aufklärungspädagogik zu ästhetisch-kultureller Bildung*, Hofheim 1993, S. 166.

[17] Werner Tzscheetzsch, Art. »*Katholische Jugendbewegung*«, in: *Religion in Geschichte und Gegenwart. Handwörterbuch für Theologie und Religionswissenschaft*, hrsg. von Hans Dieter Betz [u. a.], 8 Bde., Bd. 4, Tübingen 2001, S. 663–664, hier S. 663.

»aus dem ein lebendiges Gefühl sozialer Verantwortung hervorgeht«[18]. In der zweijährigen Ausbildung zur Fürsorgerin und Wohlfahrtspflegerin standen Fächer wie Volkswirtschafts- und Staatslehre, Bürgerkunde, Weltanschauungsfragen, Sozialethik und Sozialpädagogik auf dem Lehrplan. Anstelle eines abstrakten, rein schöngeistigen Bildungsideals, das bisher für die Ausbildung der ›höheren Töchter‹ galt, ging es Salomon um ein weit aufgespanntes Fächerspektrum, das die ästhetischen Fächer zwar nicht unterschätzte, aber an die ›richtige Stelle‹ rückte, denn *»sie sollen auch für die Frauen die Krone der Bildung sein, nicht ihre Basis«*[19]. Und so wundert es nicht, dass Fächer wie Singen, Malen, Handarbeit oder Tanz von Salomon nicht weiter aufgeführt werden. Dennoch ist bekannt, dass Salomon ästhetische Praktiken für die Soziale Arbeit nutzbar machte, indem sie beispielsweise zu Beginn ihres sozialen Engagements in der Vereinigung für soziale Hilfsarbeit in sogenannten Arbeiterinnen-Clubs mit Fabrikarbeiterinnen Theaterstücke einstudierte und aufführte.[20]

Salomon wollte den Schülerinnen profundes Wissen aus diversen Fachdisziplinen vermitteln und sie auf eine professionelle Tätigkeit als Fürsorgerin und Wohlfahrtspflegerin vorbereiten. Damit ging sie über die üblichen Themengebiete einer höheren Mädchenbildung ihrer Zeit weit hinaus, und folgerichtig traten die ästhetischen Fächer wie Literatur, Kunst, Handarbeit oder Musik, die ansonsten in der Mädchenbildung zur Vorbereitung auf eine spätere Tätigkeit als Hausfrau, Mutter oder Gouvernante bzw. Lehrerin eine Rolle gespielt haben,[21] in den Hintergrund. Die Vermittlung kultureller Bildung blieb jedoch als eine Aufgabe der Wohlfahrtspflege bestehen. Im Rahmen der Fachausbildung an der Berliner Sozialen Frauenschule konnten sich die Schülerinnen der Oberstufe im dritten Arbeitsfeld dieser Aufgabe widmen, die auf Volksbildung, Volksgesundheit und Arbeiterwohlfahrt ausgerichtet war.[22]

Dreizehn Jahre später präzisierte Salomon im »Leitfaden der Wohlfahrtspflege« (1921) ihre Ideen zur Volksbildung. Das freie Volksbildungswesen beschrieb sie wie folgt: *»Sieht man den letzten, tiefsten Sinn aller Volksbildungsarbeit in der Gestaltung, der Bildung eines Volkes zu einer geistigen Einheit, so muß man den Bildungsfähigen mit individualisierender Methode ein lebendiges Verhältnis zur nationalen Kultur vermitteln«*[23]. Die von Salomon formulierten Bildungsziele lassen ein Humboldt'sches Bildungsideal erkennen, wenn es heißt, *»daß es für das freie Volksbildungswesen keine andere Aufgabe gibt, als jedem einzelnen zu voller Entfaltung der ihm von der Natur verliehenen Anlagen zu verhelfen; daß der einzelne Mensch nur dann eine persönliche geistige Form zu entwickeln vermag, wenn er auf dem Grund seiner besonderen Veranlagung in ein lebendiges inneres Verhältnis zu den Kulturwerken gebracht wird, die ihm*

---

[18]   Alice Salomon, *Soziale Frauenbildung*, Leipzig u. Berlin 1908, S. 28.
[19]   Ebd., S. 32.
[20]   Siehe Alice Salomon, *Lebenserinnerungen. Jugendjahre, Sozialreform, Frauenbewegung, Exil*, hrsg. von der Alice Salomon Hochschule Berlin, Frankfurt a. M. 2008, S. 53–55.
[21]   Siehe Juliane Jacobi, *Mädchen- und Frauenbildung in Europa. Von 1500 bis zur Gegenwart*, Frankfurt a. M. 2013, S. 235–347.
[22]   Salomon, *Soziale Frauenbildung*, 1908, S. 81.
[23]   Salomon, *Leitfaden der Wohlfahrtspflege*, 1921, S. 126.

gemäß sind«[24]. Dieses innere Verhältnis zu Kunst und Kultur könne sich jedoch nicht in einem rein rezeptiven Vorgehen entwickeln, sondern es müsse *»in einer inneren Auseinandersetzung erobert und als geistiger Besitz erworben werden«*[25]. Und nur wenn es gelänge, dass breite Volksschichten am kulturellen Leben in diesem aktiven Sinn beteiligt werden, sei der Fortbestand der deutschen Kultur gesichert.[26]

Der emanzipatorische Ansatz einer anspruchsvollen sozialen Frauenbildung, wie er sich im breiten Fächerspektrum der Ausbildung und der wissenschaftlich-theoretischen Fundierung ausdrückt, griff die Forderungen der zeitgenössischen Frauenbewegung nach dem Recht auf Bildung und Berufstätigkeit auf und rekurrierte dabei auf ein traditionell-konservatives Konzept von Weiblichkeit, das von den ›natürlichen‹ Geschlechtseigenschaften der sozial-empathischen und mütterlich-fürsorgenden Frau ausgeht. Zwar traten dabei die ästhetisch-künstlerischen Fächer während der Ausbildung in den Hintergrund, zugleich gewannen im Kontext der Jugendbewegung und im Rahmen der Volksbildung ästhetisch-künstlerische Praktiken an Bedeutung – und zwar in einem eher traditionellen Rückgriff auf Volkskultur und Volksliedpflege und zuweilen mit einem deutschnationalen Unterton, wenn es um das Bewahren deutscher Kultur mittels Volksbildung ging.

Kunst, Kultur und ästhetische Praxis an der Sozialen Frauenschule des KDF

Im Rahmen der zuvor geschilderten Entwicklungen der 1910er und 1920er Jahre ist es nun interessant zu sehen, wie die Lehrpläne in Bezug auf ästhetische Praxis und Bildung an der Sozialen Frauenschule des KDF in Aachen gestaltet und in welche Begründungszusammenhänge sie gestellt waren.

Lehrpläne der Sozialen Frauenschulde des KDF

Im Archiv der KatHO NRW, Abteilung Aachen (KatHO-Archiv AC), gibt es eine Broschüre unter der Signatur 5.1.1, die zwar nicht datiert ist und die Überschrift *»Die Soziale Frauenschule des Kathol. Frauenbundes Deutschlands Köln a. Rh., Roonstraße 36«* trägt. Aufgrund der Geschichte der Frauenschule ist davon auszugehen, dass das Dokument aus den Jahren 1916 bis 1918 stammt, da sich in diesen Jahren die Schule an der oben genannten Adresse in Köln befand. In den Aufzeichnungen werden keine ästhetischen Fächer genannt, wenngleich im Lehrplan der Oberstufe unter *»Jugendbewegung und Jugendpflege. Sozialpädagogik. Aufgaben der Volksbildung«* musisch-künstlerische Themen implizit möglich sind. Dies gilt ebenfalls für das dort aufgeführte Fortbildungsjahr, das in einem geschlossenen Kurs auch *»Aufgaben der Volksbildung«* umfasst.

---

[24] Ebd., S. 128.
[25] Ebd., S. 129.
[26] Siehe ebd., S. 128.

Für die Zeit nach dem Umzug der Schule nach Aachen finden sich im Archiv weitere Lehrpläne – leider ohne exakte Datierung –, die aber nach 1918 entstanden sein müssen. Es handelt sich zum einen um einen *»Lehrplan der Wohlfahrtsschule Aachen. Soziale Frauenschule des Katholischen Deutschen Frauenbundes. Aachen, Bergdriesch 44«* (KatHO-Archiv AC 5.1.2) und um ein Dokument mit dem Titel *»Allgemeiner Lehrplan der Sozialen Frauenschule des Katholischen Frauenbundes Deutschlands, Aachen, Bergdriesch 44«*, dessen Deckblatt mit der handschriftlichen Jahresangabe *»[1922/23?]«* versehen ist (KatHO-Archiv AC 5.1.2). Im *»Allgemeinen Lehrplan«* sind für die Unterstufe im Lehrgebiet *»Kindergarten und Hortkunde«* kunstbezogene Inhalte denkbar, wenn es um *»Hortbücherei usw. – Feste, Elternabende – […] – volkserzieherische Aufgaben des Hortes«* geht. In den Themen der Oberstufe werden dann im Lehrgebiet *»Wohlfahrtspflege«* unter III. *»Kultur und Volkspflege: a) Hebung der allgemeinen Bildung«* genannt, das Lehrgebiet *»Jugendpflege und Jugendbewegung«* lässt ebenfalls künstlerisch-ästhetische Themen vermuten.

Im Vergleich dazu ist der *»Lehrplan der Wohlfahrtsschule«* ausführlicher. Er nennt neben den Lehrgebieten und den dort zu vermittelnden Themen und Inhalten auch die verantwortlichen Lehrpersonen. In diesem konkret ausgeführten Lehrplan finden sich mehrere Stellen, die auf ästhetische und kulturelle Inhalte und Praktiken verweisen:

– In Psychologie und Erziehungslehre, gelehrt von Dr. Maria Offenberg, wird das Thema *»Kind und Kunst«* aufgegriffen.
– Soziale Ethik, ebenfalls gelehrt von Dr. Maria Offenberg, beschäftigt sich u. a. mit Fragen der Bildung und Kreativität: *»Der gebildete Mensch. – Der romantische Mensch. – Der schöpferische Mensch. – Der geniale Mensch.«*
– Eine Veranstaltung zum Thema Kulturgeschichte findet Eingang in die Lehrgebiete und wird von Dr. Gerta Krabbel gelehrt.
– Am Ende der aufgezählten Lehrgebiete – nach Verwaltungskunde, Bürotechnik, Stenographie und Maschinenschreiben – werden explizit ein einstündiger Volksliedkurs (erteilt von einer nicht namentlich genannten Gesanglehrerin) und ein zweistündiger Turn- und Reigenkurs aufgeführt, der von *»Frl. Turnlehrerin Zacharias«* gegeben wird.

In der Oberstufe finden sich dann weitere kunstbezogene Themen, die in den folgenden Lehrgebieten vermittelt werden:

– Psychologie und Erziehungslehre, auch in der Oberstufe von Offenberg unterrichtet, beschäftigen sich mit *»Jugendbewegung und Jugendkultur«*; *»Wirtschaftliche, geistige, künstlerische, sittliche, religiöse Aufgaben der Volkserziehung«* stehen ebenfalls auf dem Programm.
– Neu ist hier das Lehrgebiet *»Volksbildungsfragen«*, ebenfalls von Offenberg gelehrt, das allgemeine Probleme des Volksbildungswesens thematisiert, wozu neben der Deutschen Volkskultur auch Bildungsbestrebungen der Neuzeit sowie Volksbildung in

außerdeutschen Ländern gehören. Darüber hinaus werden Einzelfragen der Volksbildung behandelt. Neben dem Buchwesen geht es um *»Volksmusik und Rhythmus. Sport«*, aber auch um Theater, Volksspiel, Puppenspiel, Filmkunst sowie Haus- und Heimkunst.

– Und auch in der Oberstufe werden der Volksliedkurs (einstündig) sowie der Turn- und Reigenkurs (zweistündig) fortgeführt.

– Die Schülerinnen, die ihren Schwerpunkt auf das Arbeitsgebiet der Jugendwohlfahrtspflege legen, erhalten dann in Seminargruppen, wiederum von Maria Offenberg, einen zweistündigen Unterricht sowohl zur Kleinkinder- und Schulkinderfürsorge, mit dem Unterthema *»Kinderliteratur«*, als auch zu Jugendbewegung und Jugendpflege mit der thematischen Ausrichtung auf *»Ausgestaltung der Jugendpflege, Sport, Jugendfeste, Jugendbildung, Jugendliteratur«*.

In ihrem Jahresbericht 1922/23, publiziert in der Zeitschrift »Die christliche Frau«, beschreibt Offenberg die Aktivitäten an ihrer Schule, deren Leitung sie seit 1921 innehatte. Für das Sommersemester 1922 berichtet sie von einem fortlaufenden Lehrgang über deutsche Volkslieder und von einem Kursus für Volkstanz und -reigen. Im Berichtszeitraum wurden Vorträge über die Ideen der Jugendbewegung gehalten und ein Puppentheater besichtigt. Im Juli 1922 veranstaltete man ein Volksfest im mittelalterlichen Stil mit Festspiel, Volksreigen und einem Jahrmarkt, zum Weihnachtsfest wurde ein Adventsspiel aufgeführt. Im Sinne einer praktischen Wohlfahrtspflege fertigte man Kleidungsstücke und Spielsachen an und überreichte diese den städtischen Fürsorgerinnen zur Weitergabe an verarmte Familien.[27]

Nach dem Umzug im Jahr 1926 vom Bergdriesch 44 in die Wilhelmstr. 84 arbeitete man an der Schule mit einem neuen Lehrplan (KatHO-Archiv AC 5.1.2). Dieser zeigt eine verstärkte Beschäftigung mit Bildungsfragen und explizit künstlerisch-ästhetischen Themen. So geht es in der Unterstufe um Staat und Kultur im Lehrgebiet Bürgerkunde, um Kinderspiel und *»Kind und Kunst«* in der Psychologie; auch der Volksliedkurs und der Turn- und Reigenkurs finden weiterhin sowohl in der Unter- als auch in der Oberstufe statt. In der Oberstufe werden dann im Lehrgebiet Psychologie Volkserziehungsfragen aufgegriffen und wirtschaftliche, geistige, künstlerische, sittliche, religiöse Aufgaben der Volkserziehung thematisiert; das Lehrgebiet Volksbildungsfragen, das von Offenberg mit einer Wochenstunde unterrichtet wird, beschäftigt sich mit Wesen und Bedeutung der Volksbildung, mit deutscher Volkskultur und mit Volksbildung in außerdeutschen Ländern. Es werden auch Einzelfragen der Volksbildung bearbeitet, womit verschiedene künstlerische Bereiche wie Buchwesen, Volksmusik und Volkstanz, Sport, Theater, Volks- und Laienspiel, Puppenspiel, Filmkunst sowie Haus- und Heimkunst gemeint sind. Des Weiteren werden Bildungsstätten, Volksbildungseinrichtungen und Volksbildungskreise sowie die *»Frau und die Volksbildung«* thematisiert. In den speziellen Seminarübungen

---

27 Maria Offenberg, »*Von Frauenbildungsstätten. Soziale Frauenschule des katholischen Deutschen Frauenbundes Aachen. Jahresbericht 1922/23*«, in: *Die christliche Frau* 21 (1923), S. 59–60.

der Gruppe II, die ihren Studienschwerpunkt auf Jugendwohlfahrtsarbeit legt, werden in der Kleinkinder- und Schulkinderfürsorge neben Erziehungsaufgaben im Kinderheim auch »*Praktische Übungen im Märchenerzählen. – Veranstaltung von Kinderfesten, Vorführung von Kinderliedern und Kinderspielen*« genannt, während es in der Jugendpflege um Jugendliteratur und die Veranstaltung von Jugendfesten geht.

Betrachtet man die Lehrpläne aus den 1920er Jahren, so durchziehen Bildungs- und Kulturthemen die oben genannten Lehrgebiete. Hierzu gehören Aspekte der kulturellen Bildung inklusive einer konkreten künstlerisch-ästhetischen Praxis, die in den speziellen Seminarübungen der Gruppe II (Jugendwohlfahrtspflege) und dem zweijährigen Angebot der Volkslied- und Turn- bzw. Reigenkurse zum Ausdruck kommen. Deutlich wird auch, dass diese Kurse nicht der Freizeitbeschäftigung der Schülerinnen oder der ausschließlichen Vorbereitung der zahlreichen Feste und Feiern gedient haben, sondern dass es dazu korrespondierende Lehrveranstaltungen gab, in denen theoretische Grundlagen vermittelt wurden – und zwar sowohl in der Unter- als auch in der Oberstufe und von Offenberg selbst.

Aber nicht nur in der Ausbildung ihrer Schülerinnen setzte Offenberg Akzente in Bezug auf kulturelle Themen und ästhetisch-künstlerische Praxis, sondern auch in Lehrgängen, die während der Schulferien angeboten wurden. Im Archiv der Hochschule ist der Plan eines Jugendpflegelehrgangs (KatHO-Archiv AC 1.6) erhalten, der von Juli bis Sept. 1930 im neu bezogenen Haus auf der Siegelhöhe durchgeführt wurde. Der Lehrgang umfasste neben Arbeitswochen auch »*eine Volkstanzwoche unter Otto Ihnbrecht, eine Singewoche unter Johannes Hatzfeld,* [...] *eine Woche kunstgewerblichen Schaffens, eine literarische Arbeitswoche mit Kreisen über Rundfunk, Bücherei und Puppenspiel,* [...] *eine Laienspielwoche mit Dr. Ignaz Gentges*«[28]. Auch im September 1931 wurde wieder »*ein Kursus über Laienspiel von Dr. Gentges*«[29] durchgeführt.

Die Unterrichtstätigkeit von Maria Offenberg in den auf Bildungsfragen bezogenen Lehrgebieten mit einer künstlerisch-ästhetischen Schwerpunktsetzung legt die Vermutung nahe, dass diese Themen für sie im Rahmen der Ausbildung zur Wohlfahrtspflegerin oder Fürsorgerin besondere Relevanz besaßen, oder anders formuliert: »*Besonderes Anliegen war ihr das ›musische Tun‹, das sich innerhalb der Schule auf den vielfältigen Schulfesten entfaltete. Die gemeinsam gestalteten Feste und Laienspielaufführungen wurden bald zum Mittelpunkt des Gemeinschaftslebens an der Schule*«[30]. Die Lehrpläne aus den 1920er Jahren lassen deutlich erkennen, dass das ›musische Tun‹ einen besonderen Stellenwert an der Aachener Wohlfahrtsschule besaß und dass dies noch bis in die 1930er Jahre galt. Es ist zu vermuten, dass dieses »*Spezifikum der Aachener Schule*«[31] mit

[28] [Maria Offenberg], *Chronik der Sozialen Frauenschule 1916–1956. Aus Anlaß ihres 40jährigen Bestehens am 8. November 1956*, [Aachen] 1956, KatHO-Archiv AC 1.15, S. 39.

[29] Ebd.

[30] Paul Gaspar u. Mirjam Zapp, »*Die Geschichte der Sozialen Frauenschule in Aachen*«, in: *Soziale Arbeit gestern und morgen. Festschrift zum 75jährigen Bestehen der katholischen Ausbildungsstätte für Sozialarbeit und Sozialpädagogik in Aachen*, hrsg. von Norbert Jers, Aachen 1991, S. 51–95, hier S. 62f.

[31] Richstätter, *Bericht über den Zeitraum 1930 bis 1940*, 1978, S. 14.

einem gesteigerten Engagement der Direktorin zusammenhing. Ein Blick in ihre Schriften aus dieser Zeit soll nun klären, wie dies von Offenberg pädagogisch und konzeptionell begründet wurde.

Schriften von Maria Offenberg

Geboren in Konitz/Westpreußen wuchs Maria Offenberg (1888–1972) (s. Abb. 3) in einer christlichen und weltoffenen Familie mit niederrheinischen Wurzeln in Düsseldorf auf, wo sie mit ihrer Familie regelmäßig Theater, Oper und Abendgesellschaften besuchte. Offenberg genoss eine für die damalige Zeit umfangreiche Bildung: Nach Abschluss der Düsseldorfer Marienschule ging sie für mehr als zwei Jahre in das Convent of the Visitation »Roselands« in Walmer (England), um sich auf ein Universitätsstudium vorzubereiten. Ihr Abitur legte sie 1914 als eine der ersten Frauen in Düsseldorf ab, studierte anschließend in München Volkswirtschaft, wechselte nach Münster, Berlin und wieder München, um dann im Sommersemester 1917 nach Freiburg zu gehen und dort bei Edmund Husserl, Josef Geyser und Edith Stein, der damaligen Assistentin von Husserl, Philosophie, Psychologie und Geschichte zu studieren. 1920 promovierte sie bei Geyser mit einer Arbeit über »Die Scientia bei Augustinus«. Bereits im Nov. desselben Jahres trat auf Veranlassung von Helene Weber der KDF an Offenberg heran und bot ihr die Leitung der Sozialen Frauenschule in Aachen an. Im Alter von 32 Jahren übernahm Offenberg im April 1921 die Stelle als Direktorin, die sie dann mit Unterbrechung (1941–1946) bis zum Jahr 1957 innehatte.[32]

Abb. 3 Dr. Maria Offenberg (1888–1972), Direktorin der Sozialen Frauenschule, Aachen, von 1921–1957 mit Unterbrechung von 1941–1946

---

[32] Siehe Saskia Reichel, »*Maria Offenberg (1888–1972)*«, in: *Anruf und Antwort. Bedeutende Frauen aus dem Raum der Euregio Maas-Rhein. Lebensbilder in drei Bänden*, Bd. 3, hrsg. von Elisabeth Fischer-Holz, Aachen 1991, S. 91–110, hier S. 91–101.

Maria Offenberg hat umfangreich zu pädagogischen, theologischen und sozialarbeiterischen Themen publiziert, ihre Bibliographie weist insgesamt 354 Schriften auf.[33] In unserem Zusammenhang interessieren die Publikationen aus den 1920er Jahren und aus dem Beginn der 1930er Jahre, die über ihre Sicht auf die ästhetische Praxis und Bildung in der Sozialen Arbeit Auskunft geben. Die Auseinandersetzung mit ihren Schriften passiert unter drei thematischen Schwerpunkten: Zunächst geht es um Fragen der Einbindung von ästhetischer Bildung und Praxis in die allgemeine Mädchen- und Frauenbildung, dann um das konzeptionelle Verständnis der Wohlfahrtsschule als Lebensgemeinschaft und anschließend um das Verhältnis von Wohlfahrtsschule und Volkstum.

Mädchen- und Frauenbildung an der Wohlfahrtsschule

Für die Schülerinnen an der Wohlfahrtsschule *»bedeutet die Ausbildungszeit [...] eine Umstellung und Umformung, ein Heraustreten aus vielfacher, durch Geburt und Stand gebildeter Enge in die breite Sicht des Volkstums, aus der Geschlossenheit der Kleinarbeit in das komplizierte Gefüge des öffentlichen Lebens«*.[34] Offenberg macht hier deutlich, dass zum einen die Vielfalt der Unterrichtsthemen sowie die Beschäftigung mit den großen sozialpolitischen und kulturellen Fragen über die bisherigen Themen der Mädchenbildung hinausgehen und dass zum anderen die späteren Sozialarbeiterinnen aus dem üblicherweise den Frauen zugewiesenen Tätigkeitsfeld des Hauses und der Familie hinaus- und in das öffentliche Berufsleben eintreten werden. Auf der Basis dieses durchaus als emanzipatorisch zu verstehenden Bildungsanspruchs verknüpft Offenberg die ästhetische Bildung und Praxis mit den Idealen von Mütterlichkeit und Volksverbundenheit. Ausgehend von einer kulturpessimistisch geprägten gesellschaftlichen Analyse übt Offenberg Zivilisationskritik, wenn sie schreibt: *»Gähnende Leere der Volks- und Jugendbildung tut sich auf, Großstadtkultur, die immer mehr versandet, untergehende Kleinstadtkultur und schwindende, oft schon erstorbene Landkultur«*.[35] In dieser Situation sei das deutsche Frauentum gefordert: *»Es ruft einfach alles nach helfender, aufopfernder Frauenkraft: das Kranke und Sterbende, das Bedrohte und Gefährdete, das Gesunde und Wachstumsfähige«*. Die jungen Frauen an der Fachschule, die sich *»für den Dienst am Volke vorbereiten«*[36], könnten sich jedoch nicht auf die Vermittlung der deutschen Geschichte, Klassik und Romantik, der deutschen Sprache und der deutschen Lieder als Triebkräfte für einen idealen deutschen Sinn beschränken, sondern sie müssten diese Vermittlung im Sinne eines weiten Kulturbegriffs in Volkstum und Volksgemein-

---

[33] Siehe Barbara Graab, *»Bibliographie Dr. Maria Offenberg«*, in: *Geschichte im Bistum Aachen*, hrsg. vom Geschichtsverein für das Bistum Aachen, Neustadt a. d. Aisch 2005, S. 207–245.

[34] Maria Offenberg, *»Aus dem Leben einer Wohlfahrtsschule«*, in: *Die christliche Frau* 22 (1924), S. 53–56, hier S. 54.

[35] Maria Offenberg, *»Wohlfahrtsschule und Mädchenbildung«*, in: *Mädchenbildung auf christlicher Grundlage* 21 (1925), S. 645–653, hier S. 645–646.

[36] Ebd., S. 646.

schaft einbinden. Darunter versteht Offenberg »*das gesamte schaffende, werktätige, um sein Leben ringende und in Not vielfach erliegende deutsche Volk*«[37].

Im Anschluss daran entwirft Offenberg das Bild einer idealen Absolventin einer Mädchenschule, die sich in diesen Dienst stellen und eine Ausbildung an der Wohlfahrtsschule beginnen möchte. Neben Volksverbundenheit, Kenntnissen über die Heimat und Geschichte ihres Landes sowie Alltagswissen sollte sie über eine ausgeprägte »*Gestaltungskraft* [in] *der Haus- und Heimkultur*« verfügen. Dazu zählt sie eine Reihe an kunstbezogenen Kompetenzen, nämlich: Puppentheater spielen, einen Guckkasten bauen, ein Bilderbuch oder Anschauungsbilder kreieren und Bilder deuten können.

> »Und Lieder wüßte sie zu singen eine bunte Fülle und Kinderreigen zu lehren, und in Haus und Heim wüßte sie anzuregen, daß die Hausmusik wieder entstände und die alten schönen Instrumente, die Fiedel und die Flöte und die Laute wieder gebraucht würden. Kultur des Hauses und Kultur der Schule können und dürfen nicht zwei getrennte Sphären sein. [...] denn die Schülerin der Mädchenschule ist die Trägerin der zukünftigen Haus- und Heimkultur [...]. Das gilt auch in Bezug auf die Pflege edler Geselligkeit und geistvoll angeregter Zusammenkünfte«[38].

Hier wird deutlich, dass die Schülerinnen die beispielsweise in der Familienfürsorge zu entwickelnde Haus- und Heimkultur in der »*Kultur der Schule*« erfahren und einüben müssen, dass die Schule quasi als Modell und Lernumfeld auf die späteren Aufgaben vorbereitet – und dies auf dem Fundament einer »*Seelenhaltung und Gesinnung derjenigen, die in ihr Volk hineinwachsen will*«[39]. Die Basis für die Bewältigung der Herausforderungen des zukünftigen Berufes sieht Offenberg in der christlichen Liebe und religiösen Besinnung der Schülerinnen, und sie ruft auf zu den »*Aufgaben der Gegenwart: zum religiösen Wiederaufbau der Familienkultur, zur liebevollen Eroberung des irregeleiteten Volkes, das in Not untergeht, zur Versöhnung der Klassen und der Stände, zur Aufrichtung des Friedens unter den Parteien und des Friedens unter den Völkern*«[40].

Es sind dies große und pathetische Worte, die ein auf das leidende Volk bezogenes schwärmerisches Sendungsbewusstsein zeigen, mit dem Offenberg jedoch im Diskurs um die großen Menschheitsaufgaben der Sozialen Arbeit nicht allein stand.[41] Das Volk sollte durch die mütterlich-fürsorgenden Kräfte der (deutschen und christlichen) Frauen bzw. der Wohlfahrtpflegerinnen auf der mikrosoziologischen Ebene der Familienkultur auch durch die Vermittlung relevanter volkskultureller Praktiken erneuert und auf der meso- bzw. makrosoziologischen Ebene der Klassen, Stände, Parteien und Völker befriedet werden. Die Ideen der geistigen Mütterlichkeit sind bei Offenberg ebenso vertreten

---

[37] Ebd., S. 648.
[38] Ebd., S. 652.
[39] Ebd.
[40] Ebd., S. 652f.
[41] Siehe *Susanne Zeller, Volksmütter. Frauen im Wohlfahrtswesen der zwanziger Jahre* (= Geschichtsdidaktik. Studien, Materialien 47), Düsseldorf 1987.

wie ein auf christlicher Basis verstandener Auftrag der Volksbildung unter Rückgriff auf die kulturellen Schätze des deutschen Volkes, die in der Haus- und Heimkultur wieder neu gepflegt werden müssen.

Es mutet aus heutiger Sicht fast anmaßend an, der gerade sich entwickelnden Profession der Sozialen Arbeit die großen Menschheitsaufgaben von Versöhnung und Frieden der Völker aufzubürden. Auch ist weniger ein politisch-strukturelles oder gar kapitalismuskritisches Verständnis von Sozialer Arbeit erkennbar, wenn die fürsorgend-mütterlichen Tätigkeiten der Wohlfahrtspflegerinnen als Lösung für die gesellschaftlichen Probleme gesehen werden. Eher führt die Überhöhung empathisch-helfender Weiblichkeit zu einer Überforderungssituation als zu einer Veränderung der bestehenden Verhältnisse, die für die Not und Armut breiter Bevölkerungsschichten verantwortlich sind. Aber Offenberg ist von den großen Aufgaben des neuen Berufsstandes der Frauen überzeugt, sodass sie folgerichtig großen Wert darauf legt, an ihrer Schule den jungen Frauen das für die Bewältigung dieser immensen Aufgaben erforderliche Wissen und Können zu vermitteln. Dafür entwickelt sie ein pädagogisches Konzept, das die Wohlfahrtsschule nicht als reine Lernanstalt, sondern als eine prägende Lebensgemeinschaft von Schülerinnen versteht, in der ästhetische Praxis und Bildung einen besonderen Platz zugewiesen bekommen.

Wohlfahrtsschule als Lebensgemeinschaft

Um das große pädagogische Ziel, nämlich die »*Lösung der Geister aus der Enge, die Vermittlung der großen Schau von Welt und Kultur* […], *die Umkehr aus der ich-beschränkten Geistesrichtung in die große Sicht des Volkstums*«[42], zu erreichen, ist die Wohlfahrtsschule in besonderem Maße gefordert. Offenberg entwickelt ein Verständnis von Schule als einer Lebensgemeinschaft, in der die jungen Frauen sowohl das erforderliche Wissen erlernen als auch personale Kompetenzen erwerben sollen.

Für Offenberg stellt die Entwicklung der Klassengemeinschaft eine zentrale alltagspraktische Aufgabe seelischer Erziehung dar, durch die gruppendynamische Lern- und Selbsterfahrungsprozesse ermöglicht und soziale Kompetenzen erworben werden. Es geht darum, die »*Kraft der Selbstbehauptung zu vereinen mit der Achtung vor dem überlegenen Geist der charaktergroßen Seele, der man sich freiwillig beugt*«[43]. Hier schimmert das auch aus der Jugendbewegung bekannte problematische Verständnis einer Gruppenpädagogik durch, die von einem ›natürlichen‹ Führertum ausgeht und weniger auf Demokratieerziehung setzt.

Nach dem Umzug im Jahr 1930 bot das neue Haus auf der Siegelhöhe durch das architektonische Konzept des Rudolf Schwarz Baus[44] hervorragende Möglichkeiten der

---

[42] Maria Offenberg, »*Die Wohlfahrtsschule als Lebensgemeinschaft*«, in: *Grundsätzliche Fragen zur Ausgestaltung der staatlich anerkannten Wohlfahrtsschulen. Eine Sammlung von Vorträgen*, hrsg. vom Preußischen Ministerium für Volkswohlfahrt, Berlin 1926, S. 95–104, hier S. 96.

[43] Ebd., S. 98.

[44] Siehe Ute Antonia Lammel, »*Lebensraum Hochschule: Der Baumeister Rudolf Schwarz und seine*

Umsetzung. Das angegliederte Internat und die im Haus untergebrachte Jugendherberge förderten genau diese Lern- und Erfahrungsprozesse. In einer Doppelstrategie strebt Offenberg an, die Schule im täglichen Miteinander zu einem soziokulturellen Lern- und Erfahrungsort zu machen und die *»schöne Seite des Gemeinschaftslebens in das rechte Verhältnis zu der theoretischen und praktischen Schulung«*[45] zu setzen.

Offenberg berücksichtigt in ihrem schulischen Konzept auch die körperlichen und geistig-kulturellen Bedürfnisse der Schülerinnen. Regelmäßige körperliche Bewegung und Übungen dienen der *»Aufrechterhaltung eines frischen gesunden Zuges in der Anstalt«*. Es gilt, den Lebenshunger der Schülerinnen, ihr *»Sehnen nach letzten tiefen Werten der Kultur und der Religion«* zu befriedigen. *»Es gibt wohl keine Wohlfahrtsschule, in der nicht Gelegenheit zu schlichten Feiern, musikalischen Freuden und Spielen gegeben ist. Auch dies dient dem Leben und dem Beruf. Man weiß nicht, wozu man diese Erinnerungen freudig-feierlichen Erlebens noch einmal brauchen kann«*[46]. Offenberg zeigt hier, dass sie die verschiedenen Bedürfnisebenen ihrer Schülerinnen durchaus im Blick hat. Beim Musizieren, Tanzen oder Theaterspielen geht es ihr demnach nicht nur um die Vermittlung von Fähigkeiten und Fertigkeiten für die spätere Berufstätigkeit als Wohlfahrtspflegerin, sondern auch um religiöse und kulturelle Bildung, bei der ihr das eigene künstlerische Tun der Schülerinnen wichtig ist – und dies durchaus in einem präventiven Ansatz mit dem Ziel einer sinnvollen Freizeit- und Lebensgestaltung (wir würden heute vielleicht von einer guten Work-Life-Balance sprechen). Es mutet überaus modern an, wenn auf körperliche Fitness, eigene künstlerische Aktivität oder auf gemeinsames Feiern und Spiel im Sinne einer guten ›Personalfürsorge‹ geachtet wird.

Außerdem legt Offenberg großen Wert darauf, dass die Ausbildung *»einmünden [soll] in die Leiden und Freuden der Volksgemeinschaft«*[47]. Der Vorzug einer Wohlfahrtsschule sei ihre Volks- und Lebensnähe, die mit abstrakten Universitätsstudien nicht zu erreichen wären. Volksnähe könne in der Schule ermöglicht werden, indem beispielsweise Kreise und Zirkel mit Arbeiterinnen gebildet, Wanderungen mit berufstätigen Frauen oder gemeinsame Feiern veranstaltet werden. In der Lebensgemeinschaft der Schule vollzieht sich auch die Gestaltung des Alltags; hier kann mit einfachen Mitteln die Haus- und Heimkultur entwickelt, geübt, erfahren und reflektiert werden. Die so erworbenen Kenntnisse können dann von der späteren Fürsorgerin in die Familien getragen werden. Und Offenberg sieht auch hier wieder das Große und Ganze:

> »Wenn die Gesundung unseres Volkes von der Familie abhängt, so muß die Fürsorgerin verstehen, neben den an erster Stelle wichtigen gesundheitlichen und wirtschaftlichen Maßnahmen die Seele und Kultur der Familie mit einzubeziehen in ihre Arbeit. Dies kann

---

Leitgedanken«, in: *Aachens Hochschule für Soziale Arbeit. 100 Jahre Tradition – Reflexion – Innovation*, hrsg. von Marion Gerards [u. a.] (= Schriften der KatHO NRW 31), Opladen [u. a.] 2018, S. 43–52.

[45] Offenberg, *»Die Wohlfahrtsschule als Lebensgemeinschaft«*, 1926, S. 101.

[46] Ebd., S. 100f.

[47] Ebd., S. 101.

[…] durch kleinste Winke geschehen, die […] Ausdruck eines in Liebe schöpferisch ge-
wordenen Herzens sind, durch einen Blumenstrauß, durch ein Bild, […] durch ein altes
Wiegenlied, der Mutter ins Gedächtnis zurückgerufen, durch ein Märchen, das man der
Großmutter für die Enkel in die Seele senkt, durch ein neues Entdecken der Heimat in
Sage und Geschichte, […] durch ein Verstehen ehrwürdiger Bräuche, Werte, die in der
Lebensgemeinschaft der Schule gepflegt und angeregt werden müssen, wenn glückliche
Veranlagung und Familienkultur sie nicht von vornherein in die Herzen dieser jungen
Frauen gelegt haben«[48].

Beim gemeinsamen Singen, Tanzen, Spielen, Malen und Basteln werden in der Lebensgemeinschaft der Schule Fähigkeiten und Fertigkeiten einer Heim- und Hauskultur für
die spätere Familienfürsorgerin erfahrbar gemacht und vermittelt. Daneben kann die
Schulgemeinschaft durch Einbindung bestimmter Personengruppen aus dem Volk oder
bei Festen, zu denen Menschen aus dem Stadtteil oder aus sozialen Institutionen eingeladen werden, eine Nähe zum Volk entwickeln, die es den Schülerinnen letztlich möglich
machen soll, in ihr Volk hineinzuwachsen.[49] In der so gestalteten Lebensgemeinschaft
und Atmosphäre der Schule erleben die Schülerinnen die Zugehörigkeit zum Volk, denn
»*die Wohlfahrtsschule wurzelt im Leben des Volkes*«[50].

Aber Offenberg hat auch einen Blick für die unterschiedlichen Persönlichkeiten ihrer
Schülerinnen. Die Schulgemeinschaft setzt sich aus Frauen zusammen, die sowohl im Internat leben als auch in Aachen und Umgebung wohnend den Unterricht besuchen. Sie
kommen aus unterschiedlichen Schichten und Milieus, mit unterschiedlicher Vorbildung
und Lebenserfahrung. Offenberg (1924) rekurriert deutlich auf die soziale Herkunft ihrer
Schülerinnen, indem sie drei Typen von Schülerinnen an ihrer Wohlfahrtsschule ausmacht
und diese einem der beruflichen Schwerpunkte zuordnet.[51] Bei den Gesundheitsfürsorge-
rinnen sieht Offenberg eher den sachlichen, wirklichkeitsnahen Menschentyp, dessen All-
gemeinbildung und Menschlichkeit im Laufe der Ausbildung zu heben sei, und bei den
Wirtschaftsfürsorgerinnen zumeist Frauen mit Organisationssinn und technischer Ge-
schicklichkeit, die eher nüchtern, phantasielos und künstlerisch unerfahren seien. Bei den
Jugendwohlfahrtspflegerinnen erkennt Offenberg eine ausgeprägte »*Geistes- und Herzens-
struktur* […][.] *Sie bringen dem für unser deutsches Volkstum bedeutungsvollen Fach der
Volksbildungsfragen das meiste Wissen, die besten Ideen und die größte Begabung nach
der künstlerischen Seite entgegen.* […] *[Sie] greifen die konkrete Ausgestaltung von Volksspiel und Volkstanz, Sport, Volkslied, Märchen und Legende, Heimkultur und Volksfest mit
wahrem Feuereifer auf*«[52]. Doch diese Gruppe müsse sich als stärkendes Gegengewicht mit
den Schattenseiten der menschlichen Existenz wie Gefährdetenfürsorge, Prostitution oder
medizinischen sowie volkswirtschaftlichen Themen beschäftigen, »*damit die Hand nicht*

---

[48] Ebd., S. 102.
[49] Siehe Offenberg, »*Wohlfahrtsschule und Mädchenbildung*«, 1925, S. 652.
[50] Offenberg, »*Die Wohlfahrtsschule als Lebensgemeinschaft*«, 1926, S. 103.
[51] Siehe Offenberg, »*Aus dem Leben einer Wohlfahrtsschule*«, 1924.
[52] Ebd., S. 54f.

allzu weich wird und die großen Kräfte der Überwindung mit der opfernden Selbstlosigkeit nicht ermatten«[53]. Für die Aufgaben der Volksbildung, der Haus- und Heimkultur erkennt Offenberg in dieser Schülerinnengruppe die besten Voraussetzungen, da sie zum einen über künstlerische Fertigkeiten (z. B. Instrumentalspiel) und eine ästhetische Vorbildung verfügt, an die im Rahmen der Ausbildung gut angeknüpft werden kann. Aber Offenberg sieht es als Aufgabe der Wohlfahrtsschule an, die Bildungs- und Kulturkenntnisse *aller* Schülerinnen zu fördern, ihre Kreativität zu entwickeln oder sie mit der sozialen Wirklichkeit und ihren Problemlagen zu konfrontieren und soziale Kompetenzen zu vermitteln.

Wohlfahrtsschule und deutsches Volkstum

Wie in zahlreichen anderen Publikationen der 1920er Jahre[54] verknüpft auch Offenberg in ihren Schriften immer wieder Fürsorge und Wohlfahrtpflege mit Volk, Volkstum und Volkskultur. Sie versteht Volkstum »*als Boden, der unsere Nation trägt, als Naturkraft, aus der wir leben, als Träger von Generationen blühenden Lebens*«[55]. Und weiter führt sie aus: »*Der Volksbildungsunterricht wird die originale Volksdichtung und Volkskunst, die uns die Volksseele am unmittelbarsten verrät, zur Grundlage ihrer Betrachtungen machen müssen*«[56]. Diese Zitate zeigen eine starke nationale Ausrichtung auf eine deutsche Volkskultur, die mit einer Sehnsucht nach dem Ursprünglichen, Originalen in Kunst und Kultur verbunden ist und die man – wie in der Jugendbewegung – in eben genau dieser deutschen Volkskultur meint gefunden zu haben. Es ist dies ein traditionell-konservatives Kunst- und Kulturverständnis, das zeitgenössische moderne Kunstformen in Musik, Theater, Literatur, Malerei usw. nicht in den Blick nimmt oder gar abwertet. Werden beispielsweise bei Aufführungen und Festen neben volksmusikalischen und religiösen Werken noch Werke der Klassik und Romantik gespielt[57], so sind zeitgenössische Avantgarde und Neue Musik eben so wenig präsent wie populär-musikalische Genres, z. B. Schlager oder Jazz. Damit lässt sich Offenberg im katholischen Milieu ihrer Zeit verorten, das der zeitgenössischen Massenkultur ablehnend gegenüberstand, aber »*oftmals das Mittelalter als Glanzzeit katholischer Kultur glorifiziert*[e]« und über den »*Charakter und das Wesen einer deutschen Nationalkultur*«[58] debattierte.

So kann beispielsweise das Engagement des konservativen Theologen, Priesters und Musikers Johannes Hatzfeld als Referent für eine Singewoche im Rahmen eines Jugend-

---

[53] Ebd., S. 55.

[54] Siehe Zeller, *Volksmütter*, 1987.

[55] Maria Offenberg, »*Wohlfahrtsschule und deutsches Volkstum*«, in: *Richtlinien für die Lehrpläne der Wohlfahrtsschulen*, hrsg. vom Preußischen Ministerium für Volkswohlfahrt, Berlin 1930, S. 90–96, hier S. 90.

[56] Ebd., S. 93.

[57] Siehe Jers, »*Feste und Feiern in der Ära Maria Offenberg*«, 2018.

[58] Siegfried Schmidt, »*Katholiken in Deutschland und die Massenkultur der Gegenwart*«, in: *Analecta Coloniensia. Jahrbuch der Diözesan- und Dombibliothek* 7/8 (2009), S. 345–368, hier S. 348.

pflegelehrgangs im Jahr 1930 als Ausdruck dieses Milieus verstanden werden. Hatzfeld war Herausgeber eines vielfach aufgelegten Liederbuchs namens »Tandaradei. Ein Buch deutscher Lieder mit ihren Weisen aus acht Jahrhunderten«, das 1917 erstmalig erschien und 1930 bereits in vierter Auflage vorlag. Der Titel des Liederbuchs zitiert eine Zeile aus einem mittelalterlichen Gedicht (»Under der linden«) von Walther von der Vogelweide. Im Vorwort schreibt Hatzfeld: »*Das Buch gehört der deutschen Jugend und dem deutschen Hause. […] Wo man es nimmt und braucht, da wird es still und heimlich den Sinn aufschließen für alles Große des deutschen Wesens. […] Der deutschen Heimat sei in ihm ihren besten Gaben eine in Dankbarkeit zurückgegeben*«[59]. Schon der Titel des Liederbuchs macht eine Rückwärtsgewandtheit deutlich, die sich in einer Bezugnahme auf das Mittelalter artikuliert, auch dies wie die starke nationale Ausrichtung im Vorwort ein Merkmal des katholischen Milieus und mit einem erkennbaren Bezug zur (katholischen) Jugendbewegung. Man kann sicher annehmen, dass zahlreiche Lieder aus dem Liederbuch während der Singewoche erklungen sind. Und auch die erhaltenen Programme von Festen und Feiern der Schule zeigen eine klare Ausrichtung auf Volkslied und Mittelalterthematik.[60] War der starke Bezug zu deutschem Volkstum in den Schriften von Offenberg bereits in den 1920er Jahren ausgeprägt, so intensiviert sich dieser Bezug in den 1930er Jahren deutlich.[61]

Ästhetische Praxis und Bildung fanden in einer starken Ausrichtung auf das deutsche Volk statt, dessen man in den traditionellen Formen von Volkstanz, Volksliedern usw. aus vergangenen Epochen meinte gewahr werden zu können. Offenberg sah das Volk als Aufgabe der Ausbildung: »*Alles im Lehrplan einer Schule für Volkspflege ist ausgerichtet auf den Grundton: Gemeinschaft, Volksgesundheit, Volkswohlfahrt, Volksseelenkunde, Volksbildung*«[62]. Offenberg spricht in ihrer starken Ausrichtung auf Volk und Volkstum von einer Schule für Volkspflege – in den Jahren 1941 bis 1945 wurde die Schule von den Nationalsozialisten in »Frauenschule für Volkspflege des Provinzialverbandes der Rheinprovinz« umbenannt. Die von Offenberg formulierten volksbezogenen Ideen sind mit den Ideen von Volk und Volkstum der NS-Ideologie durchaus kompatibel. Beispielsweise spricht sie vom Bild des an Leib und Seele gesunden Volkes, das mittels der Erziehungsarbeit der Schulen zu formen und aufzubauen sei. Und weiter heißt es: »*Alle Formung: das Pflegen, das Kochen, das Basteln, Singen, Spielen, Tanzen ist sinnvoll eingegliedert in das schaffende Tagewerk und zielt darauf hin, eine angriffsfrohe Dienstbereitschaft, eine gelöste Seel und Schlichtheit des Seins und des Tuns in den jungen Frauen zu erwecken*«[63].

---

[59] Johannes Hatzfeld (Hrsg.), *Tandaradei. Ein Buch deutscher Lieder mit ihren Weisen aus acht Jahrhunderten*, Augsburg³ 1930 [1. Aufl. 1917], NP.

[60] Siehe Jers, »*Feste und Feiern in der Ära Maria Offenberg*«, 2018.

[61] Siehe hierzu ausführlicher Susanne Bücken, »*Katholische Frauenbewegung und deutsches Volkstum – Die Soziale Frauenschule Aachen in ambivalenten Verhältnissen zum Nationalsozialismus*«, in: *Aachens Hochschule für Soziale Arbeit. 100 Jahre Tradition – Reflexion – Innovation*, hrsg. von Marion Gerards [u. a.] (= Schriften der KatHO NRW 31), Opladen [u. a.] 2018, S. 103–134.

[62] Maria Offenberg, *Die Schule in der Landschaft*, Sonderdruck der *Christlichen Frau* 8/9 (1935), S. 3.

[63] Ebd.

In Offenbergs Verständnis bildet die Soziale Frauenschule Fürsorgerinnen und Wohlfahrtspflegerinnen aus, die sich in den Dienst des Volkes stellen und bereit sind, die (Soziale) Arbeit ›in Angriff zu nehmen‹. Die ästhetisch-künstlerischen und auch alltagsästhe-
tischen Praktiken im Konzept der Schule bereiten nicht nur auf diese Tätigkeiten vor,
sondern sie leisten auch einer Haltung Vorschub, die weniger auf Kritik- oder Reflexions-
kompetenz zielt – so zumindest lassen sich die Begriffe »gelöste Seel und Schlichtheit des
Seins und des Tuns« im Zusammenhang mit einer »angriffsfrohen Dienstbereitschaft« interpretieren. Hier werden ästhetische Praktiken funktionalisiert. Dass dies später auch die
NSDAP für ihre menschenverachtenden Zwecke getan hat, konnte Anne Niessen zeigen,
die sich mit der Funktionalisierung musikbezogener Erfahrungen von Mädchen im Nationalsozialismus befasst. Das Zitat einer von Niessen interviewten Zeitzeugin, das zugleich titelgebend für ihre Studie war, macht den Zusammenhang deutlich: »Die Lieder
waren die eigentlichen Verführer!«[64]

In der konzeptionellen Ausrichtung der ästhetischen Praxis und Bildung und in ihrer
deutschnationalen Ausrichtung auf Volkskultur und Volkstum ab den 1930er Jahren deutet sich eine Nähe zu nationalsozialistischen Ideen an, die zwar nicht verhindern konnte,
dass Offenberg von 1941 bis 1945 ihre Position als Direktorin der Schule aufgeben
musste, die aber gleichwohl in anderen Schriften aufscheint, so beispielsweise bereits
1929 in einem Artikel über die sozialpädagogische Bedeutung der Familie: »Die heutige
rassenhygienische Forschung erweist die kraftvolle Wirkung, die eine normale Familie
auf die Gemeinschaft ausübt, indem sie aufzeigt, daß ein körperliches und geistig hoch-
wertiges Geschlecht nur aus dem Gehorsam und der Treue gegenüber den Lebensgeset-
zen, in der von der Natur gewollten Einehe emporblühen kann«[65]. Es kann an dieser
Stelle nicht abschließend über die Anschauungen von Offenberg und ihre Einbindung in
die politischen und kulturellen Entwicklungen der 1920er und 1930er Jahre, der nationalsozialistischen Herrschaft und der Jahrzehnte des Wiederaufbaus nach dem 2. Weltkrieg
diskutiert werden. Eine ausführliche Analyse der Schriften von Offenberg, deren Nachlass sich im Diözesanarchiv Aachen befindet, steht noch aus.

Resümee

Die Ausführungen über die Einbindung ästhetischer Praxis und Bildung im Rahmen der
Ausbildung zur Fürsorgerin und Wohlfahrtspflegerin haben am Beispiel der Aachener
Frauenschule gezeigt, dass man für die 1920er und den Beginn der 1930er Jahre durch-
aus von einem ›Spezifikum‹ sprechen kann; dies zeigen sowohl die zahlreichen Fotos und

---

[64] Anne Niessen, »Die Lieder waren die eigentlichen Verführer!« Musikbezogene Erfahrungen von
Mädchen im Nationalsozialismus, Mainz 1999.

[65] Maria Offenberg, »Die sozialpädagogische Bedeutung der Familie und die Familienfürsorge«, in:
Handbuch der Pädagogik, 5 Bde., Bd. 5: Sozialpädagogik, hrsg. von Hermann Nohl u. Ludwig
Pallat, Langensalza [u. a.] 1929, Faksimiledruck der Originalausgabe, Weinheim u. Basel 1981,
S. 27–38, hier S. 36.

Veranstaltungsprogramme als auch die Lehrpläne der Schule sowie die Schriften von Maria Offenberg. Singen, Tanzen, Musizieren, Werken, Spielen usw. wurden dabei nicht als reine Freizeitbeschäftigungen der Schülerinnen gesehen, sondern sie waren integraler Bestandteil der Ausbildung und wurden theoretisch fundiert gelehrt. Diese Einbettung war wie die Professionsentwicklung der Sozialen Arbeit insgesamt mit den politischen, pädagogischen und soziokulturellen Bewegungen der Zeit verschränkt. In den Schriften von Offenberg konkretisiert sich dies in einem von der katholischen Frauenbewegung und ihren Zielen beeinflussten Frauenbild, das basierend auf dem Konzept der geistigen Mütterlichkeit eine besondere Verantwortung der Fürsorgerinnen und Wohlfahrtspflegerinnen für die Heim- und Hauskultur als Keimzelle eines ›gesunden deutschen Volkes‹ postulierte. In Anknüpfung an die Ideen der Jugendbewegung orientierte man sich in einem konservativ-traditionellen Sinn, der dem katholischen Milieu der Zeit entsprach, an den Werken vergangener Zeiten (Mittelalter, Klassik, Romantik) und grenzte sich von modernen Entwicklungen strikt ab. In Volksliedern und -tänzen, in Volkssagen und Märchen oder in mittelalterlicher Kunst meinte man, den von den negativen Entwicklungen der Industrialisierung und der Verstädterung unberührten ›natürlichen Menschen‹ zu finden. Damit einher ging eine deutschnationale Betonung von Volk, Volkstum und Volksgemeinschaft. Das notleidende deutsche Volk sollte mittels der durch die Fürsorgerinnen und Wohlfahrtspflegerinnen in die Familien getragenen Haus- und Heimkultur gerettet werden. Die Fürsorgerinnen dienten dabei als Vorbild, indem sie die ›alten‹, sprich ›richtigen‹ Lieder, Tänze, Märchen, Gebete oder Rituale vermitteln oder für bestimmte Gruppen (z. B. Arbeiterinnen) volksbildnerische Angebote entwickeln.

Der ästhetischen Bildung und Praxis wurde in diesem Kontext ein besonderer Stellenwert beigemessen, weil man davon ausging, dass die zu erhaltenden oder wieder zu entwickelnden Werte in den Werken und kulturellen Praktiken erfahrbar werden. Die dafür erforderlichen Kompetenzen sollten die Schülerinnen während der Ausbildung durch eigene künstlerisch-ästhetische Praxis und durch wissenschaftliche Vertiefung erwerben. Aber auch durch das von Offenberg formulierte Konzept einer Schule als Lebensgemeinschaft sollten ästhetische Prozesse und volksgemeinschaftliche Verbundenheit modellhaft beim gemeinschaftlichen Singen, Tanzen, Spielen und Feiern erfahrbar werden. Dafür sollten diejenigen Schülerinnen, die bisher im Laufe ihrer Biographie wenig Gelegenheit zur Begegnung mit Kunst und Kultur hatten, ästhetisch ›nachgebildet‹ werden, während die Schülerinnen, die ästhetische Kompetenzen mitbrachten, diese für die Haus- und Heimkultur einsetzen sollten. Das sozialarbeiterische Handeln richtete sich auf das deutsche Volk und sein gesundes Volkstum – auch mittels der ›richtigen‹ ästhetischen Praktiken. Dass es dabei ebenfalls darum ging, die Schülerinnen durch ästhetische Praktiken auf ihre Dienstbereitschaft am Volk einzustimmen, konnte exemplarisch gezeigt werden. Offenbergs besonderes Engagement für die ›musischen Fächer‹ kann in dieser Hinsicht durchaus kritisch gesehen werden, weist es doch Aspekte auf, die bereits Adorno in seiner »Kritik der Jugendmusik« für die Jugendbewegung verurteilt hat.[66]

---

[66] Siehe Theodor W. Adorno, »*Kritik der Jugendmusik*«, in: *Deutsche Jugend* 12 (1956), S. 555–560.

Schaut man abschließend noch einmal konkret auf die musikalische Bildung von Frauen während der Ausbildung zur Fürsorgerin oder Wohlfahrtspflegerin, so ist festzuhalten, dass diese in einem zweijährigen Volksliedkurs bestand, der durch gemeinschaftliches Musizieren und Präsentationen bei Festen ergänzt sowie durch Seminare theoretisch flankiert wurde. Es ist anzunehmen, dass das Liedrepertoire vor allem aus Volksliedern und aus religiösen sowie eher klassischen Stücken bestand. Wie genau damals unterrichtet wurde, welche musikbezogenen Themen in den Seminaren unterrichtet wurden, kann (noch) nicht gesagt werden – hier stehen weitere Forschungen aus, genauso wie grundsätzlich festzustellen ist, dass die Geschichte der Musik in der Sozialen Arbeit noch geschrieben werden muss. Es sollte jedoch deutlich geworden sein, dass diese Geschichte eng mit den politischen und soziokulturellen Entwicklungen der jeweiligen Zeit verwoben ist.

Literatur

Allgemeiner Lehrplan der Sozialen Frauenschule des Katholischen Frauenbundes Deutschlands, Aachen, Bergdriesch 44, KatHO-Archiv AC 5.1.2

Theodor W. Adorno, »*Kritik der Jugendmusik*«, in: *Deutsche Jugend* 12 (1956), S. 555–560.

Susanne Bücken, »*Katholische Frauenbewegung und deutsches Volkstum – Die Soziale Frauenschule Aachen in ambivalenten Verhältnissen zum Nationalsozialismus*«, in: *Aachens Hochschule für Soziale Arbeit. 100 Jahre Tradition – Reflexion – Innovation*, hrsg. von Marion Gerards [u. a.] (= Schriften der KatHO NRW 31), Opladen [u. a.] 2018, S. 103–134.

Petra Ganß, »*Die Geschlechtersegregation in der Sozialen Arbeit. Ein kurzer Blick auf eine lange Geschichte*«, in: *Aachens Hochschule für Soziale Arbeit. 100 Jahre Tradition – Reflexion – Innovation*, hrsg. von Marion Gerards [u. a.] (= Schriften der KatHO NRW 31), Opladen [u. a.] 2018, S. 315–333.

Paul Gaspar u. Mirjam Zapp, »*Die Geschichte der Sozialen Frauenschule in Aachen*«, in: *Soziale Arbeit gestern und morgen. Festschrift zum 75jährigen Bestehen der katholischen Ausbildungsstätte für Sozialarbeit und Sozialpädagogik in Aachen*, hrsg. von Norbert Jers, Aachen 1991, S. 51–95.

Barbara Graab, »*Bibliographie Dr. Maria Offenberg*«, in: *Geschichte im Bistum Aachen*, hrsg. vom Geschichtsverein für das Bistum Aachen, Neustadt a. d. Aisch 2005, S. 207–245.

Brunhilde Greshake, »*Frauenbewegung und die Entstehung der Ausbildung für die soziale Arbeit*«, in: *Soziale Arbeit gestern und morgen. Festschrift zum 75jährigen Bestehen der katholischen Ausbildungsstätte für Sozialarbeit und Sozialpädagogik in Aachen*, hrsg. von Norbert Jers, Aachen 1991, S. 9–50.

Wilfried Gruhn, *Geschichte der Musikerziehung. Eine Kultur- und Sozialgeschichte vom Gesangsunterricht der Aufklärungspädagogik zu ästhetisch-kultureller Bildung*, Hofheim 1993.

Johannes Hatzfeld (Hrsg.), *Tandaradei. Ein Buch deutscher Lieder mit ihren Weisen aus acht Jahrhunderten*, Augsburg[3] 1930 [1. Aufl. 1917].

Juliane Jacobi, *Mädchen- und Frauenbildung in Europa. Von 1500 bis zur Gegenwart*, Frankfurt a. M. 2013.

Norbert Jers, »*Feste und Feiern in der Ära Maria Offenberg*«, in: *Aachens Hochschule für Soziale Arbeit. 100 Jahre Tradition – Reflexion – Innovation*, hrsg. von Marion Gerards [u. a] (= Schriften der KatHO NRW 31), Opladen [u. a.] 2018, S. 53–78.

Jugendpflegelehrgang, KatHO-Archiv AC 1.6.

Alfred Kall, *Katholische Frauenbewegung in Deutschland. Eine Untersuchung zur Gründung katholischer Frauenvereine im 19. Jahrhundert* (= Beiträge zur Katholizismusforschung, Reihe B: Abhandlungen), Paderborn [u. a.] 1983.

Franz-Michael Konrad u. Elisabeth Meyer, »*Jugendbewegung und Sozialpädagogik. Befunde und Desiderate*«, in: *Zeitschrift für Sozialpädagogik* 4 (2013), S. 341–365.

Ute Antonia Lammel, »*Lebensraum Hochschule: Der Baumeister Rudolf Schwarz und seine Leitgedanken*«, in: *Aachens Hochschule für Soziale Arbeit. 100 Jahre Tradition – Reflexion – Innovation*, hrsg. von Marion Gerards [u. a.] (= Schriften der KatHO NRW 31), Opladen [u. a.] 2018, S. 43–52.

Lehrplan der Wohlfahrtsschule Aachen. Soziale Frauenschule des Katholischen Deutschen Frauenbundes. Aachen, Bergdriesch 44, KatHO-Archiv AC 5.1.2

Lehrplan 1926, KatHO-Archiv AC 5.1.2

Christian Niemeyer, »*Über den Zusammenhang von Jugendbewegung und Sozialpädagogik am Beispiel einer These Hermann Nohls*«, in: *Zeitschrift für Sozialpädagogik* 3 (2009), S. 284–306.

Dies., *Mythos Jugendbewegung. Ein Aufklärungsversuch*, Weinheim u. Basel 2015.

Anne Niessen, »*Die Lieder waren die eigentlichen Verführer!*« *Musikbezogene Erfahrungen von Mädchen im Nationalsozialismus*, Mainz 1999.

Maria Offenberg, »*Von Frauenbildungsstätten. Soziale Frauenschule des katholischen Deutschen Frauenbundes Aachen. Jahresbericht 1922/23*«, in: *Die christliche Frau* 21 (1923), S. 59–60.

Dies., »*Aus dem Leben einer Wohlfahrtsschule*«, in: *Die christliche Frau* 22 (1924), S. 53–56.

Dies., »*Wohlfahrtsschule und Mädchenbildung*«, in: *Mädchenbildung auf christlicher Grundlage* 21 (1925), S. 645–653.

Dies., »*Die Wohlfahrtsschule als Lebensgemeinschaft*«, in: *Grundsätzliche Fragen zur Ausgestaltung der staatlich anerkannten Wohlfahrtsschulen. Eine Sammlung von Vorträgen*, hrsg. vom Preußischen Ministerium für Volkswohlfahrt, Berlin 1926, S. 95–104.

Dies., »*Die sozialpädagogische Bedeutung der Familie und die Familienfürsorge*«, in: *Handbuch der Pädagogik,* 5 Bde., Bd. 5: *Sozialpädagogik*, hrsg. von Hermann Nohl u. Ludwig Pallat, Langensalza [u. a.] 1929, Faksimiledruck der Originalausgabe, Weinheim u. Basel 1981, S. 27–38.

Dies., »*Wohlfahrtsschule und deutsches Volkstum*«, in: *Richtlinien für die Lehrpläne der Wohlfahrtsschulen*, hrsg. vom Preußischen Ministerium für Volkswohlfahrt, Berlin 1930, S. 90–96.

Dies., *Die Schule in der Landschaft*, Sonderdruck der *Christlichen Frau* 8/9 (1935).

Dies. u. Maria Held, Festschrift der Sozialen Frauenschule Aachen, Düsseldorf 1930, KatHO-Archiv AC 5.1.5

[Dies.,] Chronik der Sozialen Frauenschule 1916–1956. Aus Anlaß ihres 40jährigen Bestehens am 8. November 1956, [Aachen] 1956, KatHO-Archiv AC 1.15.

Saskia Reichel, »*Maria Offenberg (1888–1972)*«, in: *Anruf und Antwort. Bedeutende Frauen aus dem Raum der Euregio Maas-Rhein. Lebensbilder in drei Bänden*, Bd. 3, hrsg. von Elisabeth Fischer-Holz, Aachen 1991, S. 91–110.

Elisabeth Richstätter, »*Bericht über den Zeitraum 1930 bis 1940*«, in: *1918–1978. 60 Jahre katholische Ausbildungsstätte für Sozialarbeit in Aachen*, hrsg. von der Pressestelle der Katholischen Fachhochschule Nordrhein-Westfalen, Köln 1978, S. 13–16, KatHO-Archiv AC 5.1.5.

Christoph Sachße, *Mütterlichkeit als Beruf. Sozialarbeit, Sozialreform und Frauenbewegung 1871 bis 1929* (= Kasseler Studien zur Sozialpolitik und Sozialpädagogik 1), Weinheim [u. a.] 2003.

Birgit Sack, *Zwischen religiöser Bindung und moderner Gesellschaft. Katholische Frauenbewegung und politische Kultur in der Weimarer Republik (1918/19–1933)* (= Internationale Hochschulschriften 266), Münster [u. a.] 1998.

Alice Salomon, *Soziale Frauenbildung*, Leipzig u. Berlin 1908.

Dies., *Leitfaden der Wohlfahrtspflege*, Leipzig u. Berlin 1921.

Dies., *Lebenserinnerungen. Jugendjahre, Sozialreform, Frauenbewegung, Exil*, hrsg. von der Alice Salomon Hochschule Berlin, Frankfurt a. M. 2008.

Siegfried Schmidt, »*Katholiken in Deutschland und die Massenkultur der Gegenwart*«, in: *Analecta Coloniensia. Jahrbuch der Diözesan- und Dombibliothek*, Bd. 7/8, hrsg. von Heinz Finger, Köln 2009, S. 345–368.

Die Soziale Frauenschule des Kathol. Frauenbundes Deutschlands Köln a. Rh., Roonstraße 36, KatHO-Archiv AC 5.1.1

Werner Tzscheetzsch, Art. »*Katholische Jugendbewegung*«, in: *Religion in Geschichte und Gegenwart. Handwörterbuch für Theologie und Religionswissenschaft*, hrsg. von Hans Dieter Betz [u. a.], 8 Bde., Bd. 4, Tübingen 2001, S. 663–664.

Erich Weniger, »*Die Jugendbewegung und ihre kulturelle Auswirkung*«, in: *Die deutsche Jugendmusikbewegung in Dokumenten ihrer Zeit von den Anfängen bis 1933*, hrsg. vom Archiv der Jugendmusikbewegung, Wolfenbüttel u. Zürich 1980, S. 1–8 [OA in: *Geist der Gegenwart*, Stuttgart 1928].

Susanne Zeller, *Volksmütter. Frauen im Wohlfahrtswesen der zwanziger Jahre* (= Geschichtsdidaktik. Studien, Materialien 7), Düsseldorf 1987.

Abbildungen

Abb. 1 Musikkapelle, undatiert, 1920er Jahre, KatHO-Archiv AC

Abb. 2 Sommerfest 1924, KatHO-Archiv AC

Abb. 3 Dr. Maria Offenberg (1888–1972), Direktorin der Sozialen Frauenschule, Aachen, von 1921–1957 mit Unterbrechung von 1941–1946, KatHO-Archiv AC.

II.
KONSERVATORIENGESCHICHTE
INSTITUTIONELLE ENTWICKLUNGEN UND FALLBEISPIELE

DIETMAR SCHENK

Die Berliner Hochschule für Musik, 1869–1932/33 – Facetten einer Institution

Als die historisch gewordenen Akten der Berliner Hochschule für Musik[1] in den 1990er Jahren aus der Obhut der Verwaltung ins damals aufzubauende Universitätsarchiv gelangten, waren sie, wie der Staub bewies, der an ihnen haftete, ja regelrecht klebte, lange Zeit über nicht berührt worden. Nachdem sie ihren administrativen Zweck verloren hatten, blieben sie – allenfalls für gelegentliche ›Altanfragen‹ herangezogen – weitgehend unbeachtet. Dem Verfasser dieses Beitrags fiel als jungem Archivar die dankbare Aufgabe zu, die administrativen Dokumente, die nun zu Archivalien wurden, erstmals vollständig durchzusehen. Je besser ich die Geschichte kennenlernte, die sich in ihnen verbarg, umso stärker befestigte sich der Gedanke, anhand dieser Unterlagen selbst Geschichtsforschung zu betreiben. Die zunächst eher seltenen, aber interessanten Fälle wissenschaftlicher Nutzung, die ich zu betreuen hatte, brachten mir die Hochschule zusätzlich nahe. 2004 konnte ich eine Monographie vorlegen, die sich mit den Jahren von 1869 bis 1932/33 befasst.[2] Es handelt sich um die Zeit, in der die Berliner Hochschule eine Einrichtung des preußischen Staates war; zweifellos sind dies bedeutende Jahrzehnte in ihrer bis 1975 reichenden Geschichte.

Im Folgenden komme ich auf das Thema des Buches zurück. Zunächst werden Quellenlage und Forschungsstand behandelt; dann wird die Hochschulentwicklung in ihren verschiedenen Phasen skizziert, und schließlich folgt eine zusammenfassende Analyse struktureller Gegebenheiten. Die Sichtweise auf Preußens Konservatorium weicht nicht grundlegend von der früheren, viel ausführlicheren Darstellung ab. In einem knappen Überblick kommt manches allerdings pointierter zum Ausdruck, als es in einem Buch der Fall ist. In vielen Einzelheiten haben sich aber auch durch jüngere Forschungen neue Einsichten ergeben, und außerdem habe ich mich, teils in Form von Projekten, teils im Alltag der archivarischen Arbeit mit den Quellen weiter auseinandergesetzt und viel dazugelernt. Alles das fließt in die nachfolgende Darstellung ein.

---

[1] Um einem häufigen Missverständnis vorzubeugen, sei erwähnt, dass in diesem Beitrag die ›alte‹ Berliner Hochschule für Musik gemeint ist, nicht die heutige Hochschule für Musik ›Hanns Eisler‹, die 1950, zu Zeiten der DDR, gegründet wurde.

[2] Dietmar Schenk, *Die Hochschule für Musik zu Berlin. Preußens Konservatorium vom romantischen Klassizismus bis zur Neuen Musik*, Stuttgart 2004. Einzelheiten aus der Geschichte der Hochschule für Musik, die in diesem Buch dargestellt und dort leicht zu finden sind, werden im Folgenden nicht mit Belegen versehen.

Dietmar Schenk

Quellenlage und Forschungsstand

Die archivarische Sichtung führte dazu, dass ein zuverlässiger Überblick der Quellen zur Geschichte der Berliner Hochschule für Musik überhaupt erst möglich wurde. Das Findbuch, das Anfang der 1990er Jahre entstand, enthält nicht weniger als 5.445 Archiveinheiten für das Dreivierteljahrhundert von der Gründung im Jahr 1869 bis 1945.[3] Den Kern des Bestandes machen die oft voluminösen fadengehefteten Akten aus, die in der Registratur der Hochschule nach Sachbetreffen gemäß einem Aktenplan gebildet worden sind; die Titel lauten etwa »Organisation des Unterrichts«, »Programme zu den Aufführungen« oder »Die persönlichen Angelegenheiten der Eleven und Elevinnen«[4]. Daneben gibt es aber auch schmale Konvolute, zum Beispiel Protokolle von Aufnahmeprüfungen oder Einzelakten der Studierenden, letztere allerdings erst von den 1930er Jahren an. Die Unterlagen aus der Hochschulverwaltung werden durch einen Teilnachlass Joseph Joachims ergänzt, der die Gründung der Hochschule betrifft.[5] Eine Serie von Jahresberichten, die für die Jahre von 1875 bis 1941 im Druck erschienen, können Interessenten als Einstieg für vertiefende Forschungen nehmen. Insgesamt handelt es sich um eine recht umfangreiche Überlieferung, deren Wert auch darin besteht, dass ihr die ebenso umständliche wie akribische Schriftlichkeit einer preußischen Behörde zugrunde liegt. Den Bombenkrieg in Berlin hat dieses Archiv glücklicherweise, ohne durch Auslagerung geschützt worden zu sein, unbeeinträchtigt überdauert. Es sind kaum Lücken durch Verluste entstanden.[6] Die Quellenlage ist also günstig. Seit ein Inventar des Bestandes vorlag, gab es Spielraum für Forschungen.

Konservatoriumsgeschichte ist oft Hausgeschichtsschreibung. Die hauseigene Literatur setzt in diesem Fall, abgesehen von ersten Untersuchungen zur Hochschulgründung[7], die Georg Schünemann, der stellvertretende Direktor, um 1930 vorlegte, mit einer kleinen, 1964 erschienenen Übersicht aus der Feder von Siegfried Borris ein. Auch er war

---

[3]   Universität der Künste Berlin, Universitätsarchiv (im Folgenden: UdK-Archiv), Bestand 1: Akademische Hochschule für Musik. Die Verzeichnung wird in Kürze innerhalb der Archivdatenbank der Universität der Künste Berlin online gestellt und auch im Archivportal D zugänglich gemacht. Siehe www.archiv.udk-berlin.de, Zugriff am 12. Okt. 2020. Weitere einschlägige Akten befinden sich im Geheimen Staatsarchiv Preußischer Kulturbesitz (Bestände des preußischen Kultus- und Finanzministeriums, I. HA. Rep. 76 und Rep. 151).

[4]   Die Registraturbezeichnungen lauten: Cap.I Tit.II No.1, Cap.I Tit.III No.16 und Cap.II Tit.V.

[5]   UdK-Archiv, Bestand 102.

[6]   Der Unterschied zur Überlieferungssituation bei den privaten Konservatorien Berlins, insbesondere dem Stern'schen Konservatorium der Musik und dem Konservatorium Klindworth-Scharwenka, ist eklatant. Lediglich ein kleiner Teil der Akten ist von der amerikanischen militärischen Besatzung requiriert, aber nicht vernichtet worden; einige Personalia gelangten ins Berlin Document Center (BDC), das ans Bundesarchiv, Berlin-Lichterfelde, übergegangen ist und heute dort eingesehen werden kann.

[7]   Georg Schünemann, »Die Gründung der Staatlichen Hochschule für Musik«, in: Jahresbericht der Staatlichen akademischen Hochschule für Musik 51 (1930), S. 9–15, und ders., »Beiträge zur Geschichte der Hochschule. Die Organisation der Hochschule in den Jahren 1869 bis 1874«, in: Jahresbericht der Staatlichen akademischen Hochschule für Musik 52 (1931), S. 14–21.

an der Hochschule als Professor tätig.[8] Der hundertste Jahrestag der Gründung 1969 war von studentischen Protesten begleitet; größere historische Anstrengungen aufgrund des Jubiläumsanlasses fehlen. Im Jahr 1975 ging die damalige Hochschule für Musik und darstellende Kunst dann – übrigens gegen ihren Willen – in der Hochschule der Künste, der heutigen Universität der Künste[9], auf. Nun war es überfällig und entsprach dem hochschulpolitischen Neuansatz, die Verstrickungen im ›Dritten Reich‹ zu thematisieren. In einer Darstellung zur NS-Zeit figuriert die Hochschule für Musik 1988 als eine unter mehreren Kunst- und Musikhochschulen, die der Hochschule der Künste vorausgingen.[10]

Inspirierender als diese Literatur waren für mich persönliche Begegnungen. In meiner Rolle als Archivar kam ich immer wieder ins Gespräch mit Besucherinnen und Besuchern, die Einblick in die Bestände nehmen wollten, und erhielt im Übrigen Briefe mit Anfragen aus fast aller Welt: zum einen aus den Destinationen des NS-bedingten Exils, insbesondere aus den USA und Israel, zum anderen aus den Herkunftsländern ehemaliger Studierender, nicht zuletzt aus Nord-, Ost- und Südosteuropa, aber etwa auch aus Japan und Südafrika. Bedeutung und Eigenart der Hochschule wurden mir, vermittelt durch die Nachfahren und Schüler von Emigrantinnen und Emigranten sowie andere ausländische Gäste, nahegebracht. Das 125-jährige Jubiläum 1994 war der Anstoß und Startpunkt eigener historischer Erkundungen.[11]

Im wissenschaftlichen Rahmen war die Geschichte der Hochschule für Musik trotz ihrer Vielfalt damals noch kaum beachtet. Das gilt sowohl für die Musik- als auch für die Geschichtswissenschaft. Die Musikwissenschaft befasste sich mit der Konservatoriumsausbildung kaum, und auch die Berliner Musikgeschichte, für deren Erforschung nach dem Fall der Mauer die archivalischen Quellen endlich zugänglich geworden waren, lag in wichtigen Partien brach;[12] Initiativen aus der Spätzeit der DDR, diesen spannenden Gegenstand aufzugreifen, fanden letztlich keine Fortführung.[13] Und in der deutschen Geschichtswissenschaft war die Geschichte des Musiklebens damals sowieso kein Thema. Die Preußen-Forschung wandte sich später dem Kulturstaat Preußen zu,[14] Preußens Konservatorium wurde aber nicht berücksichtigt.

---

[8] Siegfried Borris, *Hochschule für Musik* (= Gestalt und Geist 3), Berlin 1964.

[9] Damals (bis 2001): Hochschule der Künste Berlin.

[10] Christine Fischer-Defoy, *Kunst – Macht – Politik. Die Nazifizierung der Kunst- und Musikhochschulen in Berlin*, Berlin 1988.

[11] Siehe Dietmar Schenk, »*Von Joachim bis Schreker. Ein Rückblick auf die Berliner Akademische Musikhochschule aus Anlass des 125. Jahrestags ihrer Gründung im Jahre 1869*«, in: Neue Berlinische Musikzeitung 2 (1994), S. 3–12.

[12] Ein Gesprächskreis zur Berliner Musikgeschichte traf sich mehrmals ergebnislos. Siehe allerdings den lesenswerten Überblick von Ingeborg Allihn, *Musikstädte der Welt: Berlin*, Berlin 1991.

[13] Siehe u. a. Wolfgang Goldhahn u. Horst Seeger, *Studien zur Berliner Musikgeschichte. Eine Bestandsaufnahme*, Berlin 1988.

[14] So der Titel eines abgeschlossenen Vorhabens der Berlin-Brandenburgischen Akademie der Wissenschaften. Siehe etwa Gisela Mettele u. Andreas Schulz (Hrsg.), *Preußen als Kulturstaat im 19. Jahrhundert*, Paderborn 2015.

In der angelsächsischen Musikforschung sah die Lage anders aus. Musik- und allgemeine Geschichte miteinander zu verbinden, ist in den USA üblicher als in Deutschland; die Forschungen des Sozialhistorikers David Schoenbaum, der Archivalien der Berliner Hochschule für Musik intensiv auswertete, sind dafür ein profiliertes Beispiel.[15] Wichtiger als Beiträge zur Geschichte der Konservatorien, die dann freilich auf europäischer Ebene aufgegriffen wurden,[16] waren mit Blick auf die Berliner Hochschule für Musik Einzelstudien, die sich mit prägenden Persönlichkeiten befassten: Joseph Joachim, Franz Schreker und Georg Schünemann.[17]

Das Thema hat mich auch nach Fertigstellung der Monographie weiter begleitet. Im Anschluss an das Buch und teils schon parallel zu seiner Entstehung ergaben sich Wege, einzelne Aspekte der Hochschulgeschichte in Zusammenarbeit mit der Fakultät Musik der Universität der Künste vertiefend zu behandeln – von der Berliner Streichertradition[18] bis zur äußerst vielseitigen Szene des Klavierspiels und der Klavierausbildung in Berlin[19], und von den Kompositionsklassen Friedrich Kiels[20] und Franz Schrekers[21] bis zur Musikpolitik Leo Kestenbergs[22] und der Geschichte des – der Hochschule angegliederten – Staats- und Domchors[23]. Das Universitätsarchiv konnte wichtige Bestände von privater Seite übernehmen, nicht zuletzt den Nachlass des Geigers und Violinpädagogen Max Rostal[24].

---

[15] Siehe David Schoenbaum, *The Violin. A Social History of the World's Most Versatile Instrument*, New York 2012.

[16] Siehe Michael Fend u. Michel Noiray (Hrsg.), *Musical Education in Europe (1770–1914). Compositional, Institutional, and Political Challenges* (= Musical Life in Europe 1600–1900. Circulation, Institutions, Representation 3), 2 Bde., Berlin 2005. In dem Band behandle ich die Konkurrenz der Hochschule für Musik innerhalb Berlins. Siehe Dietmar Schenk, *»Das Stern'sche Konservatorium der Musik – ein Privatkonservatorium in Berlin, 1850–1915«*, in: ebd., Bd. 1, S. 275–297.

[17] Siehe Christopher Hailey, *Franz Schreker, 1878–1934. A Cultural Biography*, Cambridge 1993; Heike Elftmann, *Georg Schünemann (1884–1945). Musiker, Pädagoge, Wissenschaftler und Organisator des Musiklebens*, Sinzig 2001, und Beatrix Borchard, *Stimme und Geige. Amalie und Joseph Joachim* (= Wiener Veröffentlichungen zur Musikgeschichte 5), Wien [u. a.] 2005. Wichtig ist auch die Tagung zu Franz Schreker, die 1978 an der Hochschule der Künste stattfand. Elmar Budde u. Rudolph Stephan (Hrsg.), *Franz-Schreker-Symposium*, Berlin 1980.

[18] Siehe Wolfgang Rathert u. Dietmar Schenk (Hrsg.), *Carl Flesch und Max Rostal. Aspekte der Berliner Streichertradition* (= Schriften aus dem Archiv der Universität der Künste Berlin 4), Berlin 2002.

[19] Wolfgang Rathert u. Dietmar Schenk, *Pianisten in Berlin. Klavierspiel und Klavierausbildung seit dem 19. Jahrhundert* (= HdK-Archiv 3), Berlin 1999.

[20] Peter Pfeil u. Dietmar Schenk (Hrsg.), *Friedrich-Kiel-Forschungen*, 4 Bde., Sinzig 2008–2014.

[21] Markus Böggemann u. Dietmar Schenk (Hrsg.), *»Wohin geht der Flug? Zur Jugend«. Franz Schreker und seine Schüler in Berlin*, Hildesheim [u. a.] 2009.

[22] Susanne Fontaine [u. a.] (Hrsg.), *Leo Kestenberg. Musikpädagoge und Musikpolitiker in Berlin, Prag und Tel Aviv* (= Rombach-Wissenschaften. Reihe Litterae 144), Freiburg i. Br. 2008; Leo Kestenberg, *Briefwechsel*, 2 Teile, hrsg. von Dietmar Schenk (= Gesammelte Schriften 3.1 u. 3.2), Freiburg i. Br. 2010 u. 2012.

[23] Kai-Uwe Jirka u. Dietmar Schenk (Hrsg.), *Berliner Jungs singen – seit 550 Jahren. Von den fünf Singeknaben in der »Dhumkerke« bis zum Staats- und Domchor Berlin, 1465–2015*, Beeskow 2015.

[24] Max Rostal, *Violin-Schlüssel-Erlebnisse. Erinnerungen. Mit einem autobiografischen Text von Leo Rostal*, hrsg. von Dietmar Schenk u. Antje Kalcher, Berlin 2007.

Aber worum geht es im Einzelnen in der Geschichte der Berliner Hochschule für Musik? Um was für eine Institution handelt es sich?

Von Joachim zu Schreker – Epochen, Personen, Ereignisse

Die Berliner Hochschule für Musik war auf fundamentale Weise einer kunstpolitischen Idee verpflichtet: Der Anspruch, mit den Mitteln des Staates die musikalische Bildung der ›Nation‹, das heißt der Gesellschaft, zu befördern, zieht sich als Leitmotiv durch ihre Geschichte hindurch. Das Schicksal der Bemühungen, ihm gerecht zu werden, kann als ein Auf und Ab im Laufe der Zeit oder vielleicht sogar als Drama von Aufstieg und Fall aufgefasst werden. Profaner ausgedrückt ging es darum, die preußische Residenzstadt Berlin, die zur Hauptstadt des Deutschen Reiches geworden war, kulturell auszustatten, wobei allerdings bemerkenswert ist, dass zu diesem Zweck ausgerechnet eine Hochschule dienen sollte.[25]

Die Ära Joseph Joachim

Die Berliner Hochschule für Musik wurde nicht zufällig 1869, mitten in den Jahren der Reichsgründung, eingerichtet. Preußen hatte seinen österreichisch-ungarischen Rivalen, die Habsburger-Monarchie, im Krieg von 1866 geschlagen; der Geiger Joseph Joachim, ein Schüler Mendelssohns und Freund Brahms', war in Berlin ansässig geworden. Nun erteilte ihm der preußische Staat den Auftrag, am Aufbau einer Schule für ›ausübende Tonkunst‹ maßgeblich teilzunehmen. Aus der anfangs noch kleinen Musikschule, die im Herbst 1869 ihre Tore öffnete und Unterricht für Geiger, Cellisten und Pianisten anbot, entstand die Königliche akademische Hochschule für Musik. So gering die Zahl der ersten Studierenden war, die im Palais Raczynski – genau dort, wo heute der Reichstag steht – unterrichtet wurden: Schon in der ältesten Liste der Studierenden finden sich Namen, die Erwähnung verdienen, so Eugenie Schumann, eine Tochter Clara Schumanns, der Cellist Robert Hausmann und Gustav Hollaender, nachmaliger Direktor des Stern'schen Konservatoriums der Musik.

Mit Joseph Joachim wurde ein in Ungarn geborener, protestantisch getaufter Jude die prägende Persönlichkeit eines preußischen Staatsinstituts. Der Ruhm des Virtuosen, der nun zu einer Amtsperson wurde, verband sich mit dem Ansehen, das einer Königlichen Hochschule institutionell zufiel. In den Anfängen der Hochschule ereignete sich ein konstitutiver Konflikt, in dem die künftige Stellung des Künstler-Direktors zur vorgesetzten Behörde ein für alle Mal definiert wurde: Joseph Joachim bat mitten im Deutsch Franzö

---

[25] In meiner Monographie ist deshalb der sukzessiven Darstellung der einzelnen Ausbildungszweige, Ensembles, Sammlungen und sonstigen Einrichtungen ein erzählender Teil vorangestellt (»Die Hochschule für Musik und die preußische Kunstpolitik«). Siehe Schenk, *Hochschule für Musik*, 2004, S. 31–102.

sischen Krieg aufgrund einer Personal-Querele um Rücktritt, der ihm verwehrt wurde. Dennoch lenkte der König ein und schuf damit letztlich den Zustand, der als eine Art ungeschrie-bener Verfassung bis zu Joachims Tod 1907 Bestand haben sollte: Die Verantwortung für die Hochschule war dem ›großen Geiger‹ Joachim gewissermaßen treuhänderisch übertragen.[26]

Fortan konnte Joseph Joachim ohne Einschränkung ihm genehme Personalwünsche durchsetzen und stieß mit seinen Vorschlägen in aller Regel auf Wohlwollen – was übrigens auf die Dauer zur Erstarrung des Instituts führte. Joachim war es auch, der die Übergabe des Nachlasses von Felix Mendelssohn Bartholdy an die Königliche Bibliothek in Berlin einfädelte.[27] Er erreichte, dass als Gegenleistung der Mendelssohn-Preis als staatliches Stipendium für junge Musiker geschaffen wurde. Ernst Rudorff leitete die Klavierabteilung und Heinrich Barth wuchs zu einem wichtigen Klavierpädagogen heran; gerade auch mit seinem Einfluss nach Russland gilt er als eine wichtige Lehrerpersönlichkeit.[28] Die Gesangsabteilung, die wohl weniger profiliert war, leitete Adolf Schulze aus Hamburg, während Joseph Joachim für das Gebiet der Orchesterinstrumente zuständig war. Zu den Lehrern gehörten auch Mitglieder des Joachim-Quartetts wie Heinrich de Ahna, Emanuel Wirth oder Robert Hausmann.

Die Hochschule war in die Berliner Akademie der Künste eingegliedert, die seit 1833, dem Jahr nach Karl Friedrich Zelters Tod, eine Musikabteilung unterhielt. Als das Verhältnis zwischen Akademie und Hochschule zu klären war, ging es hauptsächlich um die Fachgebiete der Komposition und der Musiktheorie, in denen August Grell, Direktor der Sing-Akademie und Mitglied der Akademie der Künste, über das Ideal des A-cappella-Gesangs wachte. Zwischen der Kompositionsabteilung der Hochschule und einem der drei Vorsteher von Meisterklassen für Komposition an der Akademie wurde eine Personalunion geschaffen. Bis zu seinem Tod 1885 war Friedrich Kiel, als Komponist eine eigenständige Persönlichkeit mit internationalem Schülerkreis, der erste Kompositionslehrer der Hochschule.[29] Ihm folgten Heinrich von Herzogenberg und Max Bruch. 1888 wurde der Hochschule eine ›Sammlung älterer Musik-Instrumente‹, der Grundstock des heutigen Musikinstrumenten-Museums[30], angegliedert, um deren Erwerb sich Philipp

---

[26] Siehe Dietmar Schenk, »*Aus einer Gründerzeit. Joseph Joachim, die Berliner Hochschule für Musik und der deutsch-französische Krieg*«, in: *Die Tonkunst* 1 (2007), S. 232–246.

[27] Siehe Rudolf Elvers, »*Zur Geschichte der Felix-Mendelssohn-Bartholdy-Stiftung*«, in: *Felix-Mendelssohn-Bartholdy-Preis. Geschichte, Satzung, Wettbewerbsrichtlinien, Preisträger, Stipendiaten*, hrsg. von der Stiftung Preußischer Kulturbesitz, Berlin 2001, S. 11–34.

[28] Siehe Linde Großmann, »*Berlins Beitrag zur Entwicklung des Klavierspiels und der Klaviermethodik*«, in: *Pianisten in Berlin. Klavierspiel und Klavierausbildung seit dem 19. Jahrhundert*, hrsg. von Wolfgang Rathert u. Dietmar Schenk (= HdK-Archiv 3), Berlin 1999, S. 13–22.

[29] Siehe Dietmar Schenk, »*Nicht ganz Romantiker. Ein Porträt des Komponisten und Kompositionslehrers Friedrich Kiel (1821–1885)*«, in: *Haupt- und Nebenwege der Romantik. EPTA- Dokumentation 2009–2010. Beiträge des Kongresses in Düsseldorf 2009 und des Seminars in Frankfurt am Main 2010*, Düsseldorf 2011, hrsg. von der European Piano Teachers Association, Sektion Bundesrepublik Deutschland, S. 156–166.

[30] Musikinstrumenten-Museum SIMPK der Staatlichen Museen zu Berlin.

Spitta bemüht hatte. Der Bach-Biograph führte bis zu seinem Tod 1894 als Sekretär der Akademie der Künste zugleich die Geschäfte der Hochschule.

Die Gründung der Hochschule für Musik war mit dem Ziel verbunden, ein erstklassiges Symphonie-Orchester in Berlin zu schaffen; dadurch ist ihre Geschichte mit dem Berliner Philharmonischen Orchester verknüpft, das sich 1882 zusammenfand. Anders als in Leipzig sollte in Berlin, jedenfalls äußerte sich Joseph Joachim in diesem Sinne, ein erstklassiges Orchester aus der Schule hervorgehen. An diesem Anspruch musste sich die Hochschule messen lassen, und letztlich scheiterte sie an ihm. Mit den Quartett-Soiréen des Joachim-Quartetts in der Sing-Akademie wirkte Joachim aber in das Musikleben Berlins hinein; zwar hatten die Quartettabende formell mit der Hochschule nichts zu tun – die Akten schweigen sich über sie aus –, dank der Persönlichkeit Joachims wurden sie jedoch als Sache der Hochschule wahrgenommen. Adolf Weissmann, der zeitgenössische Historiker der Musikstadt Berlin, spricht 1911 in Bezug auf sie vom »Geist der Hochschule«[31], der gerade in den 1870er Jahren das Musikleben der Stadt geprägt habe.

Als sich die Berliner Philharmoniker zu einer Orchester-Gemeinschaft zusammenschlossen und sich etablieren mussten, waren Joachim und die Hochschule unterstützend beteiligt. Freilich reüssierte das Orchester erst durch die erfolgreiche Zusammenarbeit mit dem Konzertagenten Hermann Wolff und nicht zuletzt mit der Verpflichtung Hans von Bülows als Dirigent.[32] Hier wird sichtbar, dass sich das Berliner Musikleben im Laufe der Kaiserzeit aus der Sphäre von Hof und Staat und damit auch aus der Einflusszone der Königlichen Hochschule löste.

Mit dem Wohlstand der Kaiserzeit konsolidierte sich die Hochschule in materieller Hinsicht. 1902 bezog sie einen Neubau in Charlottenburg, Fasanenstraße 1, und verfügte damit über ein großzügiges eigenes Unterrichtsgebäude, einen Konzert- und einen Kammermusiksaal. Die Joachim-Ära hatte bereits ihren Zenit überschritten, als die Künstlerjubiläen des Meisters 1889 und 1899 opulent gefeiert wurden. Als Joachim 1907 starb, ging eine Ära zu Ende.

Die Reformen der Weimarer Republik

Nach Joachims Tod setzte der kommissarische Direktor Hermann Kretzschmar zaghafte Reformen um. Wichtige Lehrende waren Engelbert Humperdinck als Leiter der Kompositionsabteilung, Henri Marteau als Joachim-Nachfolger in der Violinklasse sowie – als

---

[31] Adolf Weissmann, *Berlin als Musikstadt. Geschichte der Oper und des Konzerts von 1740 bis 1911*, Berlin u. Leipzig 1911.

[32] Siehe Sayuri Hatano, *»Der intellectuelle Urheber bin doch ich!« Der Konzertagent Hermann Wolff als Wegweiser des Berliner Musiklebens 1880 bis 1902*, Dissertation Universität der Künste Berlin 2018, https://www.researchgate.net/publication/341932115_Der_intellectuelle_Urheber_bin_doch_ich_Der_Konzertagent_Hermann_Wolff_als_Wegweiser_des_Berliner_Konzertlebens_1880_bis_1902, Zugriff am 30. Juli 2020.

Pianist angestellt – der ungarische Komponist Ernst (Ernö) von Dohnányi und die polnische, in Frankreich geprägte Cembalistin Wanda Landowska. Noch 1918, kurz vor dem Ende der Monarchie, wurde der Geiger Adolf Busch berufen.

Infolge der Novemberrevolution von 1918 kam es zu einem weiterreichenden Neuansatz. Die Hochschule öffnete sich im Zuge energischer und weitgreifender Reformen für neue Trends. Ästhetisch wandte sie sich – vielleicht ein wenig pauschal formuliert – vom romantischen Klassizismus abrupt der Neuen Musik zu, nahezu unter Auslassung des auch für die Berliner Musikkultur so bedeutsamen *Wagnérisme*. Innovative Strömungen auf dem Gebiet der Musikerziehung konnten an ihr Fuß fassen. Zugleich bestand das überkommene Prestige des akademischen Instituts trotz des revolutionären Bruchs von 1918 und veränderter Mentalitäten infolge von Krieg, Revolution und Wirtschaftskrise zunächst fort.

Diese Kontinuität war eine wesentliche Voraussetzung dafür, dass in den 1920er Jahren eine ganze Reihe von Angliederungen möglich wurde. Die – im Grundstock bereits 1888 erworbene – Musikinstrumenten-Sammlung leitete nun der bedeutende Instrumentenkundler Curt Sachs. Neben den schon erwähnten Einrichtungen kamen auch die erste staatliche Schauspielschule in Deutschland, ein Seminar für Musikerziehung (beide 1925/1926 eingerichtet) und eine Orchesterschule hinzu. Die derart beträchtlich vergrößerte Hochschule platzte gleichsam aus allen Nähten; ein Neubau neben dem Schloss Charlottenburg befand sich bereits in der Planung. So war die Hochschule 1927 in den »*Mittelpunkt der staatlichen Musikpflege*«[33] gerückt, wie der Musikreferent im preußischen Kultusministerium, Leo Kestenberg, programmatisch formulierte. Die Reformen der Weimarer Zeit knüpften an die Bestrebungen an, die schon mit der Gründung der Hochschule verfolgt worden waren. Die Jahre der Weimarer Republik waren aber schnelllebig; die Höhenflüge der frühen und mittleren Jahre, in denen die Hochschule expandierte, endeten in der Weltwirtschaftskrise ab 1929. Es folgten Sparmaßnahmen und Schließungen.

Nach dem Ende der Monarchie hieß das Institut, das nun de facto – und ab 1931 formell – von der Akademie der Künste getrennt war, Staatliche akademische Hochschule für Musik. Der Staat Preußen, der die Hochschule unterhielt, war weiterhin der bei weitem größte Einzelstaat innerhalb des Deutschen Reiches und prägte die deutsche Kunstpolitik stärker als das Reich, insbesondere in der Hauptstadt. Bis 1932 stand die preußische Regierung mit ihrem Ministerpräsidenten Otto Braun (SPD) politisch eher ein wenig links vom Reich, auch wenn die Koalitionen, die gebildet werden mussten, eine große politische Bandbreite aufwiesen. Ein sozialistischer Musikreferent, Leo Kestenberg, nutzte jedoch die Chance, die Hochschule grundlegend zu erneuern, wobei ihm ein enges persönliches Verhältnis zum stellvertretenden Direktor, Georg Schünemann, half.

Direktor war nun der Komponist Franz Schreker, einer der vielen Wiener im Berlin der 1920er Jahre, der im Jahrzehnt zuvor, seit 1912, zum zeitweilig erfolgreichsten zeit-

---

[33] Leo Kestenberg, Brief an Georg Schünemann vom 13. Jan. 1927, in: Kestenberg, *Briefwechsel*, Teil 1, 2010, S. 193–201, hier S. 194.

genössischen Opernkomponisten aufgestiegen war. 1927 wurde Paul Hindemith, der als der führende Komponist der jungen Generation galt, im Alter von 31 Jahren berufen. Ferruccio Busoni und, nach dessen Tod 1924, Arnold Schönberg übernahmen eine Meisterklasse für Komposition an der Akademie der Künste – in der unmittelbaren institutionellen Nachbarschaft der Hochschule.

An ihr lehrten in den Klassen für Streichinstrumente neben den Schülern Joachims der Geiger Carl Flesch, der sich seinerseits in die Nachfolge Joachims stellte,[34] und etwa auch Josef Wolfsthal und Georg Kulenkampff, Emil Bohnke für das Fach Bratsche und die Cellisten Emanuel Feuermann und Enrico Mainardi. Unter den Pianisten, die ein Lehramt bekleideten, waren Leonid Kreutzer, Egon Petri, Artur Schnabel und Edwin Fischer. Ferner wirkten der Chorleiter und Begründer des Philharmonischen Chors Siegfried Ochs sowie der Musikethnologe Erich Moritz von Hornbostel, der Leiter des Phonogramm-Archivs, an der Hochschule. Leopold Jessner, Intendant am Staatlichen Schauspielhaus am Gendarmenmarkt, führte die Schauspielschule; der Arzt, Chorleiter und Musikkritiker Kurt Singer, ein Pionier der Musikermedizin und später Vorsitzender des Jüdischen Kulturbunds, betrieb eine medizinische Beratungsstelle.

Gemessen an gängigen Preußen-Klischees, ist die ästhetisch moderne Ausrichtung der Hochschule für Musik überraschend. Eine 1928 eröffnete Rundfunkversuchsstelle setzte sich mit den neuen technischen Medien des Grammophons, des Rundfunks und des Tonfilms experimentell auseinander; im Dachgeschoss des Hochschulgebäudes wurde ein frühes elektronisches Musikinstrument, das Trautonium, entwickelt.[35] Das Seminar für Musikerziehung war eine sozialpolitisch engagierte Einrichtung, in der Kinder aus den ärmsten Schichten der Bevölkerung elementaren Musikunterricht genießen konnten; dort waren Musikpädagoginnen wie Frieda Loebenstein und Lotte Schlesinger tätig, die erst heute die ihnen gebührende Aufmerksamkeit erfahren.[36]

1930 wurden mit der »Neuen Musik Berlin« die Donaueschinger und Baden-Badener Musikfeste, ein Forum der Neuen Musik der 1920er Jahre, an die Berliner Hochschule geholt. Wichtige junge Komponisten der 1920er Jahre, unter ihnen Kurt Weill, Student bei Engelbert Humperdinck, sowie Ernst Krenek, Alois Hába, der tschechische Pionier der Vierteltonmusik, Berthold Goldschmidt und andere Schüler Schrekers, gingen aus ihr hervor.[37]

---

[34] Siehe Kathinka Rebling, »Schicksale, Bekenntnisse, Um-Wege«, in: Carl Flesch und Max Rostal. Aspekte der Berliner Streichertradition, hrsg. von Dietmar Schenk u. Wolfgang Rathert (= Schriften aus dem Archiv der Universität der Künste Berlin 4), Berlin 2002, S. 13–31.

[35] Siehe Dietmar Schenk, »Paul Hindemith und die Rundfunkversuchsstelle der Berliner Musikhochschule«, in: Hindemith-Jahrbuch/Annales Hindemith 25 (1996), S. 179–194.

[36] Siehe Anna-Christine Rhode-Jüchtern, Schrekers ungleiche Töchter. Grete von Zieritz und Charlotte Schlesinger in NS-Zeit und Exil, Sinzig 2008; Eva Erben, »Den Himmel berühren«. Die Musikpädagogin Frieda Loebenstein (1888–1969), Augsburg 2021.

[37] Dietmar Schenk [u. a.], Franz Schrekers Schüler in Berlin. Biographische Beiträge und Dokumente (= Schriften aus dem Archiv der Universität der Künste Berlin 8), Berlin 2005.

Das Ende

Der reformerische Elan war bereits in der tiefen Wirtschaftskrise um 1930 merklich gebremst; allenthalben war eine Rückbesinnung auf traditionelle Werte zu beobachten. Die Feierlichkeiten zu Joseph Joachims 100. Geburtstag 1931 sind hierfür ein Indiz. Bereits im Jahr darauf wurde Franz Schreker im Zuge des politischen Rechtsrucks als Direktor aus dem Amt gedrängt; mit Georg Schünemann als Nachfolger, dessen Berufung noch der sozialdemokratische Kultusminister Adolf Grimme vornahm, schien aber eine moderate Fortführung der bisherigen Linie möglich zu sein. Die nationalsozialistische ›Machtergreifung‹ führte jedoch wenige Monate später einen entscheidenden Bruch herbei. Schünemann verlor sein Amt, und mit der Entlassung zahlreicher jüdischer und politisch missliebiger Lehrender fand ein Exodus statt.[38]

Zugleich verlor die Hochschule die meisten der ihr angeschlossenen Einrichtungen. Die Schauspielschule war bereits 1931 geschlossen worden, die Rundfunkversuchsstelle wurde auf Geheiß des – von Goebbels geleiteten – Ministeriums für Volksaufklärung und Propaganda abgewickelt. Das Phonogramm-Archiv fiel an das Völkerkunde-Museum, und die Musikinstrumenten-Sammlung wurde dem neugegründeten Staatlichen Institut für deutsche Musikforschung zugeordnet. Der Philharmonische Chor wurde losgelöst von der Hochschule fortgeführt. Diese wurde nun – auch die zu beobachtenden Tendenzen der bürokratischen Reglementierung passen dazu – auf das Maß einer ›normalen‹ Musikhochschule gestutzt.

Nach der geistigen wie materiellen Zerstörung infolge von Gewaltherrschaft und Krieg und nach dem Ende des ›Dritten Reiches‹ führten die Stadt beziehungsweise das Land Berlin(-West) die Hochschule fort. Die Staatliche Hochschule für Musik und darstellende Kunst, wie sie zuletzt hieß, ging 1975 in der neugegründeten Hochschule der Künste, der heutigen Universität der Künste, auf. Direktor war von 1953 bis 1970 der in China geborene Komponist Boris Blacher.

Preußens Konservatorium – Verfassung und Strukturen

Die Berliner Hochschule für Musik war auf fundamentale Weise einer kunstpolitischen Idee verpflichtet: Der Anspruch, mit den Mitteln des Staates die musikalische Bildung der ›Nation‹, das heißt der Gesellschaft, zu befördern, zieht sich als Leitmotiv durch ihre Geschichte hindurch. Für die Jahrzehnte von der Gründung 1869 bis in die Anfänge der 1930er ist kennzeichnend, dass diese ›ganzheitlichen‹ Vorstellungen in der institutionellen Entwicklung ganz unmittelbar, etwa durch die Überzeugungen, Erwartungen und Enttäuschungen maßgeblicher Akteure und – soweit in einer stark männlich dominierten

---

[38] Siehe Albrecht Dümling, »*Auf dem Weg zur ›Volksgemeinschaft‹. Die Gleichschaltung der Berliner Musikhochschule ab 1933*«, in: *Musik in der Emigration 1933–1945. Verfolgung, Vertreibung, Rückwirkung*, hrsg. von Horst Weber, Stuttgart u. Weimar 1994, S. 69–107.

Welt bereits vorhanden – der Akteurinnen wirksam sind. Mit Hilfe der Hochschule sollte auf dem Weg der Ausbildung von Musikerinnen und Musikern insbesondere auf das Musikleben Berlins Einfluss genommen werden. Und die preußisch-deutsche Hauptstadt sollte das ›Land der Musik‹, als das Deutschland sich verstand, repräsentieren.

Die Berliner Hochschule entstand als eine aus dem preußischen Ministerium der geistlichen, Unterrichts- und Medizinalangelegenheiten ressortierende Einrichtung. In der Weimarer Republik firmierte das Kultusministerium als Ministerium für Wissenschaft, Kunst und Volksbildung. Abgesehen von den Studiengebühren, die allerdings einen nicht geringen Teil der Ausgaben deckten, wurde die Hochschule aus dem Etat des preußischen Staates vollständig finanziert. Die öffentliche Aufgabe, Kunst und Bildung zu fördern, zu deren Erfüllung die Hochschule beitragen sollte, fiel innerhalb des Deutschen Reiches – dem deutschen Kulturföderalismus entsprechend – den einzelnen Staaten, darunter Preußen, zu; die heutige Kulturhoheit der Länder ist ein Erbstück dieser Verhältnisse. Die kommunale Ebene ist in Berlin wenig präsent. Die Stadt Berlin begann erst in der Zeit der Weimarer Republik, das Musikleben stärker zu unterstützen. Die Verbindungen zur Hochschule, die sie nun suchte, waren nur punktuell: Im Anschluss an das Beethoven-Jubiläum 1927 wurde ein Stipendium eingerichtet.[39]

Der Stellenwert der Berliner Hochschule für Musik im Rahmen der preußischen Musikpolitik zeigt sich bei einem Blick auf den Haushalt des Kultusministeriums: Für die Hochschule waren 1928 656.200 M veranschlagt; die Akademie für Kirchen- und Schulmusik in Berlin erhielt 175.860 M, die Hochschule für Musik in Köln einen Zuschuss von 50.000 M und die Meisterschulen für musikalische Komposition an der Akademie der Künste kosteten den preußischen Staat 46.000 M. Zwar betrugen die Aufwendungen für die preußischen Staatstheater in Berlin, Kassel und Wiesbaden – sowohl Oper als auch Schauspiel – ungefähr das Zehnfache der Zuwendungen für die Hochschule; deren Vorrang im Verhältnis zu den anderen Ausbildungsstätten ist jedoch deutlich.[40]

Die Hochschulentwicklung fügte sich unter diesen Vorzeichen in die preußische Kunstpolitik ein und wurde von dieser entscheidend geprägt. Das Ende der Hochschule in ihrer Eigenschaft als Konservatorium Preußens fällt mit dem Ende Preußens zusammen. Im Juli 1932 wurde die preußische Regierung infolge des sogenannten ›Preußenschlags‹, einer Art von Putsch, von der damaligen Präsidialregierung des Reiches übernommen. Für die Hochschule für Musik war künftig, also im ›Dritten Reich‹, das Reichserziehungsministerium zuständig.

Auf spezifisch preußische, allerdings auf ganz Deutschland ausstrahlende Verhältnisse verweist auch der Name ›Hochschule für Musik‹, der die Ausbildungsstätte ausdrücklich dem Hochschulwesen zuordnete. Die übliche Bezeichnung für ein Institut höherer musikalischer Berufsbildung lautete im 19. Jahrhundert bekanntlich ›Konservatorium‹, orien-

---

[39] Siehe UdK-Archiv, Bestand 1, Nr. 375 und 379 (Akten »Ludwig van Beethoven-Stipendium der Stadt Berlin«).

[40] Jahrbuch der deutschen Musikorganisation 1931, S. 120 (»Staatshaushalt«, im Kapitel »Staatliche Musikpflege, Freistaat Preußen«).

tiert am Pariser Conservatoire. Dass in Berlin von Anbeginn an von einer ›Hochschule‹ gesprochen wurde, hängt mit dem Prestige und der Leistungsstärke der Hochschulen in Preußen zusammen, an deren Spitze die 1810 durch Wilhelm von Humboldt gegründete Berliner Universität stand. Die Bezeichnung ›Hochschule‹ war lange ein Alleinstellungsmerkmal: Mir begegnete bei amerikanischen Besuchern, dass sie von ›the Hochschule‹ sprachen; damit meinten sie ganz selbstverständlich die *Berliner* Hochschule – das ist heute eine Reminiszenz weit zurückliegender Verhältnisse, die ›vor Ort‹ in Berlin längst in Vergessenheit geraten sind. Als andere Konservatorien in den 1920er und 1930er Jahren die Bezeichnung ›Hochschule für Musik‹ adaptierten, neigte sich die große Zeit der Berliner Hochschule bereits ihrem Ende entgegen.

Auch gehört die Hochschule für Musik in das Gefüge des Schulstaats Preußen; sie ist in die spezifisch preußische Verknüpfung von Bildungs- und Militärverfassung eingegliedert: Die Studierenden der Hochschule für Musik gelangten auf Antrag in den Vorzug des einjährig-freiwilligen Militärdienstes. Preußen ist ja, einem pointierten Bonmot zufolge, das Land der Schulen und Kasernen. Sehen wir – trotz vorhandener Militärmusik-Abteilung – einmal von Letzteren ab, so bleibt die besondere Stellung der Schulen, gerade auch im Zusammenhang nachholender Entwicklung. Die erwähnten Ambitionen der Hochschule für Musik, im Musikleben erzieherisch zu wirken, können womöglich mit diesem Aspekt preußischer Geschichte in Verbindung gebracht werden.

Die Verfassung der Hochschule für Musik unterschied sich dennoch stark von derjenigen der wissenschaftlichen Universitäten, denn die Rechte universitärer Autonomie fehlten ihr gänzlich. Die Hochschule gehörte zwar zur Akademie der Künste, einer kollegial verfassten Künstler-Sozietät, deren Beratungen von staatlichen Weisungen unabhängig waren.[41] Diese Selbständigkeit schlug aber auf die Hochschulentwicklung nicht durch, schon weil deren Personal vom Staat unmittelbar angestellt wurde – schaut man in die Akten, so ist man immer wieder überrascht, wie kleinteilig das Ministerium seine Aufsichtsfunktion wahrnahm.[42] Der Staat konnte sich hier einmischen und, wenn man so will, ›durchregieren‹.

In der Joachim-Ära lag es, wie erläutert, an der persönlichen Wertschätzung, die der ›große Geiger‹ erfuhr, dass er die Hochschule weitgehend unbehelligt von einer Einflussnahme der preußischen Bürokratie dominieren konnte. Als der Kaiser verfügte, dass das von Melchior Lechter, dem Buchkünstler des George-Kreises, entworfene Glasgemälde-Tryptichon für das Vestibül des – 1902 fertiggestellten – Neubaus des Unterrichtsgebäudes in Charlottenburg nicht ausgeführt werden durfte, musste er sich aber fügen. Spä-

---

[41] Zur Geschichte der Akademie der Künste einschließlich ihrer Musik-Sektion und der angeschlossenen »Unterrichtsanstalten« siehe Akademie der Künste u. Hochschule der Künste Berlin (Hrsg.), *»Die Kunst hat nie ein Mensch allein besessen«. Dreihundert Jahre Akademie der Künste und Hochschule der Künste.* Katalog zur Ausstellung in der Akademie der Künste, Berlin 1996.

[42] Zu sehen ist dies zum Beispiel in den zahlreichen Personalakten der Lehrenden im Archiv der Hochschule für Musik (UdK-Archiv, Bestand 1, vor allem Nr. 1 bis 230), in denen die Entscheidungsprozesse über Einstellungen, Veränderungen des Beschäftigungsverhältnisses und anderes mehr dokumentiert sind.

ter, während der Weimarer Republik, zog der Staat dagegen die Belange der Hochschule wieder stärker an sich; im Wunsch nach einem ›starken Staat‹ traf sich die Sozialdemokratie mit ihren bürgerlichen Koalitionspartnern, der eher liberalen DDP und der nationalliberalen DVP, der Partei Gustav Stresemanns. Der Einfluss eines Musikers im Ministerium, eben Kestenbergs, machte sich geltend und führte zu einer Reform ›von oben‹, die an den Universitäten in ähnlicher Weise nicht hätte durchgesetzt werden können.[43] Dass die Hochschule für Musik ein Laboratorium sozialdemokratischer Musikpolitik wurde – und dadurch den Machthabern im ›Dritten Reich‹ als ›jüdische, internationale Hochschule‹ verhasst war –, hängt mit dieser Konstellation zusammen.

In den kunstpolitischen Angelegenheiten, in denen die verschiedenen Instanzen des preußischen Staates, insbesondere das Kultusministerium, tätig sind, tritt der Kaiser, seit 1888 Wilhelm II., trotz gelegentlicher Interventionen nicht sonderlich hervor; es ist auch nicht primär die Welt des Hofes der Hohenzollern, die Einfluss ausübte. In der Kaiserzeit zeigte sich ein gewisser Konsens zwischen Ministerialverwaltung und Hochschule: Auf der Basis einer im weitesten Sinne nationalliberalen Haltung wurde Preußen als Machtstaat geschätzt, der die nationale Einheit Deutschlands herbeigeführt hatte; er sollte aber, dieser Auffassung zufolge, auch als Kulturstaat Verpflichtungen übernehmen. Die Verbundenheit der Hochschule mit dem Berliner Bürgertum kam vielfach zum Ausdruck, etwa in der Initiative zur Errichtung eines Joachim-Denkmals im Foyer des Konzertsaals, das 1913 eingeweiht werden konnte, oder in Konzerten, die, so die stets wiederholte Ankündigung, »[a]uf Anordnung des Herrn Ministers«[44] anberaumt wurden und zahlreiche Ehrengäste hatte. Eine gewisse Distanz der bürgerlich geprägten Hochschule gegenüber dem Hof ist daran erkennbar, dass sie gegenüber der Hofoper und ihren ästhetischen Präferenzen Abstand wahrte.

In der Weimarer Republik bildete sich dann, politisch gesehen, jenes Preußen aus, dem der Historiker Hagen Schulze eine »demokratische Sendung«[45] zugesprochen hat. Eine sozialdemokratisch geführte Regierung nahm sich der bürgerlichen Ideale der Liebe zur Kunst und der Kunstförderung durch den Staat an und machte sie sich zu eigen. Mit ihren Koalitionspartnern traf sich die preußische SPD in der Betonung der Rolle des Staates, auch auf dem Gebiet von Schule, Erziehung und Kunst. Die Hochschule für Musik erlebte eine Blütezeit.

Zusammengefasst lässt sich festhalten: Die 1869 gegründete Hochschule für Musik zu Berlin verkörpert in der Gegensätzlichkeit der eher bewahrenden, romantisch-klassizisti-

---

[43] Hier liegt der Vergleich mit der Universitätspolitik von Carl Heinrich Becker nahe, dem durch die Autonomie der Universitäten in mancher Hinsicht die Hände gebunden waren. Becker war als Staatssekretär und Minister von 1921 bis 1930 auch für die Musikpolitik zuständig. Vgl. zu ihm Béatrice Bonniot, *Homme de culture et républicain de raison. Carl Heinrich Becker, serviteur de l'Etat sous la République de Weimar 1918–1933* (= Schriften zur Kultur der Weimarer Republik 15), Frankfurt a. M. 2012.

[44] Z. B. Jahresbericht der Staatlichen akademischen Hochschule für Musik, 1924, S. 23.

[45] Hagen Schulze, *Otto Braun oder Preußens demokratische Sendung. Eine Biographie*, Frankfurt a. M. 1981.

schen Orientierung ›unter‹ ihrem Gründungsdirektor Joseph Joachim und der dezidiert modernen ästhetischen Ausrichtung in den 1920er Jahren eine ganz besondere, bemerkenswerte Facette Preußens.

Literatur

Ingeborg Allihn, *Musikstädte der Welt: Berlin*, Berlin 1991.

Markus Böggemann u. Dietmar Schenk (Hrsg.), *»Wohin geht der Flug? Zur Jugend«. Franz Schreker und seine Schüler in Berlin*, Hildesheim [u. a.] 2009.

Béatrice Bonniot, *Homme de culture et républicain de raison. Carl Heinrich Becker, serviteur de l'Etat sous la République de Weimar 1918–1933* (= Schriften zur Kultur der Weimarer Republik 15), Frankfurt a. M. 2012.

Beatrix Borchard, *Stimme und Geige. Amalie und Joseph Joachim* (= Wiener Veröffentlichungen zur Musikgeschichte 5), Wien [u. a.] 2005.

Elmar Budde u. Rudolph Stephan (Hrsg.), *Franz-Schreker-Symposium*, Berlin 1980.

Albrecht Dümling, *»Auf dem Weg zur ›Volksgemeinschaft‹. Die Gleichschaltung der Berliner Musikhochschule ab 1933«*, in: *Musik in der Emigration 1933–1945. Verfolgung, Vertreibung, Rückwirkung*, hrsg. von Horst Weber, Stuttgart u. Weimar 1994, S. 69–107.

Heike Elftmann, *Georg Schünemann (1884–1945). Musiker, Pädagoge, Wissenschaftler und Organisator des Musiklebens*, Sinzig 2001.

Rudolf Elvers, *»Zur Geschichte der Felix-Mendelssohn-Bartholdy-Stiftung«*, in: *Felix-Mendelssohn-Bartholdy-Preis. Geschichte, Satzung, Wettbewerbsrichtlinien, Preisträger, Stipendiaten*, hrsg. von der Stiftung Preußischer Kulturbesitz, Berlin 2001, S. 11–34.

Eva Erben, *»Den Himmel berühren«. Die Musikpädagogin Frieda Loebenstein (1888–1969)*, Augsburg 2021.

Michael Fend u. Michel Noiray (Hrsg.), *Musical Education in Europe (1770–1914). Compositional, Institutional, and Political Challenges* (= Musical Life in Europe 1600–1900. Circulation, Institutions, Representation 3), 2 Bde., Berlin 2005.

Susanne Fontaine [u. a.] (Hrsg.), *Leo Kestenberg. Musikpädagoge und Musikpolitiker in Berlin, Prag und Tel Aviv* (= Rombach-Wissenschaften. Reihe Litterae 144), Freiburg i. Br. 2008.

Wolfgang Goldhahn u. Horst Seeger, *Studien zur Berliner Musikgeschichte. Eine Bestandsaufnahme*, Berlin 1988.

Linde Großmann, *»Berlins Beitrag zur Entwicklung des Klavierspiels und der Klaviermethodik«*, in: *Pianisten in Berlin. Klavierspiel und Klavierausbildung seit dem 19. Jahrhundert*, hrsg. von Wolfgang Rathert u. Dietmar Schenk (= HdK-Archiv 3), Berlin 1999, S. 13–22.

Christopher Hailey, *Franz Schreker, 1878–1934. A Cultural Biography*, Cambridge 1993.

Sayuri Hatano, *»Der intellectuelle Urheber bin doch ich!« Der Konzertagent Hermann Wolff als Wegweiser des Berliner Musiklebens 1880 bis 1902*, Dissertation Universität der Künste Berlin 2018, http://researchgate.net/publication/341932115_Der_intellectuelle_Urheber_bin_doch_ich_DerKonzertagent_Hermann_Wolff_als_Wegweiser_des_Berliner_Konzertlebens_1880_bis_1902, Zugriff am 30. Juli 2020.

Kai-Uwe Jirka u. Dietmar Schenk (Hrsg.), *Berliner Jungs singen – seit 550 Jahren. Von den fünf Singeknaben in der »Dhumkerke« bis zum Staats- und Domchor Berlin, 1465–2015*, Beeskow 2015.

Leo Kestenberg, *Briefwechsel*, 2 Teile, hrsg. von Dietmar Schenk (= Gesammelte Schriften 3.1 u. 3.2), Freiburg i. Br. 2010 u. 2012.

Gisela Mettele u. Andreas Schulz (Hrsg.), *Preußen als Kulturstaat im 19. Jahrhundert*, Paderborn 2015.

Peter Pfeil u. Dietmar Schenk, (Hrsg.), *Friedrich-Kiel-Forschungen*, 4 Bde., Sinzig 2008–2014.

Wolfgang Rathert u. Dietmar Schenk (Hrsg.), *Carl Flesch und Max Rostal. Aspekte der Berliner Streichertradition* (= Schriften aus dem Archiv der Universität der Künste Berlin 4), Berlin 2002.

Wolfgang Rathert u. Dietmar Schenk, *Pianisten in Berlin. Klavierspiel und Klavierausbildung seit dem 19. Jahrhundert* (= HdK-Archiv 3), Berlin 1999.

Kathinka Rebling, *»Schicksale, Bekenntnisse, Um-Wege«*, in: *Carl Flesch und Max Rostal. Aspekte der Berliner Streichertradition*, hrsg. von Dietmar Schenk u. Wolfgang Rathert (= Schriften aus dem Archiv der Universität der Künste Berlin 4), Berlin 2002, S. 13–31.

Anna-Christine Rhode-Jüchtern, *Schrekers ungleiche Töchter. Grete von Zieritz und Charlotte Schlesinger in NS-Zeit und Exil*, Sinzig 2008.

Max Rostal, *Violin-Schlüssel-Erlebnisse. Erinnerungen. Mit einem autobiografischen Text von Leo Rostal*, hrsg. von Dietmar Schenk u. Antje Kalcher, Berlin 2007.

Dietmar Schenk, *»Aus einer Gründerzeit. Joseph Joachim, die Berliner Hochschule für Musik und der deutsch-französische Krieg«*, in: *Die Tonkunst* 1 (2007), S. 232–246.

Ders., *»Das Stern'sche Konservatorium der Musik – ein Privatkonservatorium in Berlin, 1850–1915«*, in: *Musical Education in Europe (1770–1914). Compositional, Institutional, and Political Challenges*, hrsg. von Michael Fend u. Michel Noiray (= Musical Life in Europe 1600–1900. Circulation, Institutions, Representation 3), 2 Bde., Bd. 1, Berlin 2005, S. 275–297.

Ders., *Die Hochschule für Musik zu Berlin. Preußens Konservatorium vom romantischen Klassizismus bis zur Neuen Musik*, Stuttgart 2004.

Ders. [u. a.], *Franz Schrekers Schüler in Berlin. Biographische Beiträge und Dokumente* (= Schriften aus dem Archiv der Universität der Künste Berlin 8), Berlin 2005.

Ders., *»Nicht ganz Romantiker. Ein Porträt des Komponisten und Kompositionslehrers Friedrich Kiel (1821–1885)«*, in: *Haupt- und Nebenwege der Romantik. EPTA- Dokumentation 2009–2010. Beiträge des Kongresses in Düsseldorf 2009 und des Seminars in Frankfurt am Main 2010*, Düsseldorf 2011, hrsg. von der European Piano Teachers Association, Sektion Bundesrepublik Deutschland, S. 156–166.

Ders., *»Paul Hindemith und die Rundfunkversuchsstelle der Berliner Musikhochschule«*, in: *Hindemith-Jahrbuch/Annales Hindemith* 25 (1996), S. 179–194.

Ders., *»Von Joachim bis Schreker. Ein Rückblick auf die Berliner Akademische Musikhochschule aus Anlass des 125. Jahrestags ihrer Gründung im Jahre 1869«*, in: *Neue Berlinische Musikzeitung* 2 (1994), S. 3–12.

David Schoenbaum, *The Violin. A Social History of the World's Most Versatile Instrument*, New York 2012.

Georg Schünemann, »Beiträge zur Geschichte der Hochschule. Die Organisation der Hochschule in den Jahren 1869 bis 1874«, in: Jahresbericht der Staatlichen akademischen Hochschule für Musik 52 (1931), S. 14–21.

Ders., »Die Gründung der Staatlichen Hochschule für Musik«, in: Jahresbericht der Staatlichen akademischen Hochschule für Musik 51 (1930), S. 9–15.

Hagen Schulze, Otto Braun oder Preußens demokratische Sendung. Eine Biographie, Frankfurt a. M. 1981.

Adolf Weissmann, Berlin als Musikstadt. Geschichte der Oper und des Konzerts von 1740 bis 1911, Berlin u. Leipzig 1911.

MATTHIAS GOEBEL

»Im Schatten Clara Schumanns« –
Zur Geschichte der Musikschule Frankfurt

Der Name Clara Schumann ist in Frankfurt eng mit dem Hoch'schen Konservatorium verbunden, an dem die berühmte Pianistin von 1878 bis 1892 als Lehrerin tätig war. Bis heute hat ihr Wirken eine identitätsstiftende Funktion für das Konservatorium und darüber hinaus für das gesamte Musikleben der Stadt Frankfurt. So halten die Benennung eines der beiden Konzertsäle des Konservatoriums und eine Bronzebüste im Foyer des Hauses die Erinnerung an Clara Schumanns Lehrtätigkeit wach und noch im Prospekt einer aktuellen Clara Schumann-Ausstellung des Frankfurter Stadtarchivs ist zu lesen, dass sie das gesamte Musikleben der Stadt prägte, indem sie beispielsweise Künstler wie Johannes Brahms und Franz Liszt in die Stadt führte.[1] Ihr hiesiges Wirken ist Gegenstand zahlreicher Publikationen. In den grundlegenden Studien zur Geschichte des Frankfurter Musiklebens von Albert Richard Mohr[2] und Peter Cahn[3] wird ein Bild Clara Schumanns als bedeutende, wenn nicht gar überragende Persönlichkeit des Frankfurter Musiklebens im ausgehenden 19. Jahrhundert gezeichnet. Neuere Publikationen knüpfen zum Teil an diese Darstellung an,[4] andere hinterfragen sie kritisch.[5] Festzuhalten ist freilich, dass durch die Fokussierung auf Clara Schumann und ihr Wirken die weiteren Entwicklungen dieser Zeit im musikalischen Leben der Stadt ein wenig ›in den Schatten‹ gestellt werden.[6]

---

[1] Siehe Prospekt zur Ausstellung *Clara Schumann. Eine moderne Frau im Frankfurt des 19. Jahrhunderts,* hrsg. vom Institut für Stadtgeschichte Frankfurt, Frankfurt a. M. 2019, https://www.stadtgeschichte-ffm.de/download.php?itemID=153, Zugriff am 20. Apr. 2019.

[2] Albert-Richard Mohr, *Musikleben in Frankfurt am Main,* Frankfurt a. M. 1976. Zu nennen ist vor allem der Abschnitt *»Das Vermächtnis von Robert und Clara Schumann«* (S. 194–204) und die Beschreibung Clara Schumanns als *»wunderhafte Erscheinung«* des *»pulsierenden«* Frankfurter Musiklebens (ebd. S. 204).

[3] Peter Cahn, *»Zur Vorgeschichte und Frühzeit des Hoch'schen Konservatoriums«,* in: *Joseph Hoch zum 100. Todestag,* hrsg. von der Stiftung Dr. Hoch's Konservatorium, Frankfurt a. M. 1974, S. 37–53 und ders., *Das Hoch'sche Konservatorium 1878–1978,* Frankfurt a. M. 1979.

[4] Siehe Evelyn Johannsen, *»Clara Schumann. Berühmte Frankfurterin und Pianistin«,* in: *Musik in Frankfurt am Main,* hrsg. von Evelyn Brockhoff (= Archiv für Frankfurts Geschichte und Kunst 71), Frankfurt a. M. 2008, S. 67–72 und Ulrike Kienzle, *Robert und Clara Schumann in Frankfurt* (= Mäzene, Stifter, Stadtkultur. Schriften der Ernst Max von Grunelius-Stiftung 8), Frankfurt a. M. 2010, v. a. S. 131–170.

[5] Siehe bspw. Janina Klassen, *Clara Schumann. Musik und Öffentlichkeit* (= Europäische Komponistinnen 3), Köln 2009.

[6] Die Fokussierung auf Clara Schumann kann als Heroengeschichtsschreibung gedeutet werden, die sich vor allem auf das Renommee der Person stützt und dabei andere Entwicklungen der Zeit

Der vorliegende Beitrag möchte sich diesem ›Schattenbereich‹ zuwenden und beschäftigt sich mit der Geschichte der bis heute bestehenden Frankfurter Musikschule, die 1860 gegründet wurde und damit das älteste größere musikalische Ausbildungsinstitut der Stadt ist.[7] Für die Musikschule hat das Bild des ›Im-Schatten-Stehens‹ eine doppelte Bedeutung: Zum einen fehlen aus den oben genannten Gründen Berichte zu weiteren Frankfurter Ausbildungsstätten der Zeit neben dem Hoch'schen Konservatorium – folglich ist die Musikschule als Objekt historischer Betrachtung bisher kaum beachtet worden. Andererseits stand die Musikschule Frankfurt um 1880 tatsächlich ›im Schatten‹ des Hoch'schen Konservatoriums, da sie in wirtschaftlicher und künstlerischer Hinsicht nicht mit dem neugegründeten Institut mithalten konnte. Dadurch wurde und wird die Musikschule jedoch keineswegs unbedeutend, da sie in der Reaktion auf diese Konkurrenzsituation ein neues Profil und einige bemerkenswerte musikpädagogische Innovationen entwickelte. Die Musikschule Frankfurt bereicherte auf diesem Weg das städtische Ausbildungswesen und trug zur Ausdifferenzierung desselben bei. Es ist aus diesen Gründen lohnenswert, ihre Geschichte ›ans Licht‹ zu holen.

Über die Musikschule Frankfurt ist nur wenig bekannt: Peter Cahn weist in der Festschrift zum 100. Todestag Joseph Hochs kurz auf ihre Gründung im Jahr 1860 hin und schreibt, sie habe »in bescheidenem Rahmen verdienstliche Arbeit« geleistet und später »stark im Schatten des Hoch'schen Konservatoriums«[8] gestanden. Dem Titel seines Aufsatzes folgend sieht Cahn die Gründung und das Wirken der Musikschule als Teil der »Vorgeschichte und Frühzeit des Hoch‹schen Konservatoriums«. Ähnliches findet man bei Albert Richard Mohr.[9] Eine etwas ausführlichere Beschreibung der Musikschule bietet Hans-Otto Schembs[10], der die Schule als eigenständiges Institut nach dem Vorbild der Konservatorien und Musikschulen von Leipzig, Stuttgart, Berlin und Köln beschreibt. Die Schule habe einen »lebhaften Aufschwung«[11] genommen und das städtische Musikleben bis in die Jahre des Zweiten Weltkriegs hinein bereichert. Damit weicht Schembs von Cahns Beschreibung der Musikschule als allenfalls bescheidene Facette der Vor- und

---

ausklammert. Es ist im Sinne einer »symmetrischen Musikgeschichtsschreibung«, ebensolche dominanten Tradierungsprozesse und Erzählstränge zu identifizieren und die bisher »»stimmlosen‹ Handelnden« und »unsichtbaren Handlungsfelder« zu berücksichtigen, siehe Annette Kreutziger-Herr u. Melanie Unseld, »Vorwort«, in: Lexikon Musik und Gender, hrsg. von dens., Kassel [u. a.] 2010, S. 9–14 und Annette Kreutziger-Herr, »Musikgeschichtsschreibung, symmetrische«, in: ebd., S. 255–256.

7 Die heute bestehende Musikschule Frankfurt sieht sich in der Tradition der 1860 gegründeten ersten Musikschule Frankfurts. Entsprechend feierte sie 2010 ihr 150jähriges Jubiläum. Freilich bestand die erste Musikschule nur von 1860 bis 1944. Die heute noch bestehende Musikschule wurde 1959 neu gegründet, siehe »150 Jahre Musikschule Frankfurt«, https://www.musikschule-frankfurt.de/index.php?article_id=12, Zugriff am 27. Apr. 2019.

8 Cahn, »Zur Vorgeschichte und Frühzeit des Hoch'schen Konservatoriums«, 1974, S. 47.

9 Siehe Mohr, Musikleben in Frankfurt, 1976, S. 306.

10 Siehe Hans-Otto Schembs, Vom Saalbau zu den Bürgerhäusern. Die Geschichte der Saalbau Aktiengesellschaft und der Saalbau GmbH Frankfurt am Main, Frankfurt a. M. 1989, S. 202–204.

11 Ebd., S. 202.

Frühgeschichte des Hoch'schen Konservatoriums ab. Eine mögliche überregionale Bedeutung der Musikschule lässt sich bei Georg Sowa erahnen.[12] Ohne näher auf die Gründung und Entwicklung der Schule einzugehen, stellt er sie in eine Reihe mit anderen renommierten und zum Teil bis heute bestehenden Musikschulen und Konservatorien Deutschlands, die ab ca. 1850 gegründet wurden. Sowa nennt hier neben der Musikschule Frankfurt u. a. das 1850 gegründete Stern'sche Konservatorium in Berlin, das von Ferdinand Hiller ebenfalls 1850 als Rheinische Musikschule gegründete spätere Konservatorium in Köln (die heutige HfMT Köln) und die 1857 gegründete Musikschule Stuttgart (die heutige HMDK Stuttgart).

Gründung der Musikschule Frankfurt (1860)

Die Musikschule Frankfurt wurde von Heinrich Henkel (1822–1899), Hermann Hilliger (1813–1865), Johann Christian Hauff (1811–1891) und Wigand Oppel (1812–1886) gegründet. Im Oktober 1860 startete der Ausbildungsbetrieb. Bei den Gründern handelte es sich um vier sehr verschiedene Personen – verschieden in dem Sinn, dass sie aus jeweils unterschiedlichen musikalischen Bereichen stammten und entsprechend in jeweils anderen Netzwerken aktiv waren. Diese Netzwerke wurden in der Musikschule Frankfurt zusammengeführt.

Heinrich Henkel stammte aus einer katholischen Kirchenmusikerfamilie aus Fulda. Seine Ausbildung erhielt er zunächst bei seinem Vater und sodann von 1839 bis 1842 in Offenbach und Frankfurt u. a. beim Komponisten und Mozart-Verleger Johann Anton André (1775–1842) und beim in Frankfurt durchaus bekannten Pianisten Aloys Schmitt (1788–1866).[13] In dieser Zeit ordnete und katalogisierte Henkel die Mozart-Autographen, die im Besitz des Offenbacher Verlegers waren, und leistete damit – nach Axel Beer – einen nicht zu unterschätzenden Beitrag zur *»Entwicklung der Mozartphilologie«*[14]. Seine Studien vollendete Henkel in den 1840er Jahren bei Ignaz Moscheles in Leipzig. In dieser Zeit dürfte er das 1843 gegründete Leipziger Konservatorium kennengelernt haben, an dem Moscheles ab 1846 unterrichtete. Henkel kehrte 1849 nach Frankfurt zurück und arbeitete hier bis zu seinem Tod als Musikpädagoge. Neben seiner Tätigkeit an der

---

[12] Siehe Georg Sowa, *Anfänge institutioneller Musikerziehung in Deutschland*, Regensburg 1973, S. 246f.

[13] Siehe Axel Beer, Art. *»Henkel, Familie«*, in: *MGG 2*, Personenteil, Bd. 8, Kassel [u. a.] 2002, Sp. 1297. Aloys Schmitt unterhielt in der ersten Hälfte des 19. Jahrhunderts ein *»musicalisches Institut«* und bot in Frankfurt Klavierunterricht an. Außerdem gründete er in den 1830er Jahren einen *»Instrumentalverein«*, der v. a. mit Aufführungen von Mozart- und Haydn-Sinfonien und -Klavierkonzerten an die Öffentlichkeit trat, siehe Cahn, *»Zur Vorgeschichte und Frühzeit des Hoch'schen Konservatoriums«*, 1974, S. 44. In den 1860er Jahren unterrichtete Aloys Schmitt kurzzeitig an der Musikschule Frankfurt, siehe [Sophie Henkel], Manuskript der Festrede zum 50jährigen Jubiläum der Musikschule Frankfurt, gehalten wahrscheinlich am 2. Okt. 1910, UB Frankfurt, Nachlass Sophie Henkel, S. 40.

[14] Beer, *»Henkel, Familie«*, 2002, Sp. 1297.

Musikschule wirkte er vor allem im Bereich der katholischen Kirchenmusik. So gründete er 1858 einen »Verein für katholischen Kirchengesang«[15].

Wigand Oppel stammte aus einer Frankfurter Bürgerfamilie.[16] Er dürfte der Mehrheit aller Frankfurter Protestanten gut bekannt gewesen sein, war er doch ab 1846/47 nacheinander an drei der sechs großen Frankfurter evangelischen Kirchen als Organist tätig (zunächst an der Alten Nikolaikirche, ab 1855 an der Peterskirche, ab spätestens 1860 an der Katharinenkirche).[17] Außerdem hatte Oppel gute Kontakte zu zwei großen Konzertchören Frankfurts dieser Zeit, zum Cäcilienverein und zum Rühl'schen Gesangverein, und wirkte ab ca. 1850 in vielen Konzerten dieser Chöre als Begleiter mit.[18]

Johann Christian Hauff machte vor allem als Musiktheoretiker von sich reden. Sein Schaffen gipfelte in einer fünfbändigen »Theorie der Tonsetzkunst«, die er zwischen 1863 und 1883 veröffentlichte.[19]

Hermann Hilliger war der Sohn eines Pastors und stammte aus dem Schweriner Raum.[20] Aus ungeklärten Gründen zog er in den 1830er Jahren nach Frankfurt und ließ sich, wie Henkel, beim Pianisten Aloys Schmitt und bei Johann André ausbilden.[21] In dieser Zeit dürfte er Heinrich Henkel kennengelernt haben – Henkel berichtete in den 1880er Jahren von einer langen Freundschaft zu ihm. Hilliger arbeitete sodann als Privatmusiklehrer im Frankfurter Raum.

Es ergibt sich folgendes Bild: Henkel und Oppel waren Vertreter der Kirchenmusik. Dieser Bereich war seit jeher eng mit dem Musikunterricht verknüpft.[22] Mit Johann Christian Hauff gehörte dem Gründerquartett ein Musiktheoretiker und Komponist an,

---

[15] Sabine Hock, Art. »Henkel, Heinrich«, in: Frankfurter Biographie. Erster Band, hrsg. von Wolfgang Klötzer, 2 Bde., Bd. 1, Frankfurt a. M. 1994, S. 317.

[16] Siehe Werner Klötzer (Hrsg.): Frankfurter Biographie, 2 Bde., Bd. 2, Frankfurt a. M. 1996, S. 109.

[17] Siehe zur Tätigkeit Oppels an der Alten Nikolaikirche und an der Peterskirche Werner Becher, »Die Nikolaikirche von der Reformationszeit bis zum Jahr 1949«, in: Die Alte Nikolaikirche am Römerberg. Studien zur Stadt- und Kirchengeschichte, hrsg. von dems. u. Roman Fischer (= Studien zur Frankfurter Geschichte 32), Frankfurt a. M. 1992, S. 207. Dass er 1860 an der Katharinenkirche tätig war, ergibt sich aus den Quellen zur Musikschule.

[18] Davon zeugen die Berichte bspw. über Aufführungen des Deutschen Requiems von Brahms und des Lobgesangs von Mendelssohn (NZfM 1874, S. 507), der h-Moll-Messe von Bach (Neue Berliner Musikzeitung 1877, S. 119), der Händel-Oratorien Messias und Samson (siehe »Chronologisches Verzeichnis der Aufführungen«, in: Aufführungen von Händels Oratorien im deutschsprachigen Raum (1800–1900), hrsg. von Dominik Höink u. Rebekka Sandmeier, Göttingen 2014, S. 372 u. 500), u. a. m.

[19] Hauffs fünfbändiges Werk erhielt immer wieder lobende Rezensionen in Fachzeitschriften. Der Frankfurter Komponist Benedikt Widman nannte den dritten Band 1870 »vortrefflich« und brachte die Hoffnung zum Ausdruck, dass dieser »von den Kunstjüngern recht fleißig zu ihrer Durchbildung studirt« (Euterpe 1870, S. 206) werde.

[20] Siehe Wilhelm Baur, Lebenserinnerungen, Darmstadt 1911, S. 308.

[21] Siehe Sabine Hock, Art. »Hilliger, Hermann«, in: Frankfurter Biographie, hrsg. von Wolfgang Klötzer, 2 Bde., Bd. 1, Frankfurt a. M. 1994, S. 333 sowie den Nachruf auf Hermann Hilliger: »Ein Frankfurter Künstler«, in: Recensionen und Mittheilungen über Theater und Musik 1865, S. 685–686.

[22] Siehe Michael Roske, Sozialgeschichte des privaten Musiklehrers vom 17. zum 19. Jahrhundert (= Musikpädagogik. Forschung und Lehre 22), Mainz 1985, S. 124.

der in den entsprechenden Fachkreisen bekannt war und geschätzt wurde. Für einen weiteren Bereich stand Hermann Hilliger, der als versierter Pianist ein typischer Privatmusiklehrer für bürgerliche Kreise gewesen sein dürfte und mit den Problemen und Sorgen dieses Berufsstands sicherlich gut vertraut war.[23] Das Gründerquartett bestand also aus qualifizierten, regional bekannten und gut vernetzten Persönlichkeiten. Dies waren günstige Voraussetzungen für die Gründung einer Musikschule, die so zu einem ›Knotenpunkt‹ werden konnte, an dem sich verschiedene Bereiche des musikalischen Lebens der Stadt miteinander verbanden. Die Aussichten auf Erfolg schienen nicht schlecht zu stehen. So ist in den »Frankfurter Nachrichten« vom 1. Juni 1860 zu lesen: »*Die Erlaubniß zur Gründung einer solchen* [Musik-]*Schule ist von dem Senate den Herren J C Hauff, Heinrich Henkel, Herm Hilliger und W Oppel erteilt worden. Der Ruf, den diese Namen in unserer Stadt genißen bürgt dafür, daß das Institut, welches sie in's Leben rufen werden, seinem Zwecke entspricht*«[24].

Ausrichtung der Musikschule Frankfurt in den Anfangsjahren (1860 bis ca. 1880)

Der eben zitierte Satz leitet unmittelbar zur Frage über, welchem »*Zwecke*« die Musikschule entsprechen sollte. Welche Ziele verfolgten die Gründer und welche Ausrichtung sollte die Musikschule erhalten? Ein Ziel bzw. eine Absicht wird in dem eben bereits zitierten Zeitungsartikel genannt. Dort steht weiter oben geschrieben:

> »In den jüngsten Jahren hat Frankfurt alle Anstrengungen gemacht, durch Gründung künstlerischer, wissenschaftlicher und gemeinnütziger Institute hinter den größten deutschen und Welt-Städten nicht zurückzubleiben [...]. An einer Musikschule fehlte es bis jetzt noch [...]. Uns genügt der eine Grund: wir haben noch keine Musikschule und stehen in dieser Beziehung hinter anderen größeren Städten zurück, vollkommen, daß wir den Plan eine solche zu gründen, mit Freuden begrüßen«[25].

---

[23] Für diese Annahme spricht ein Bericht über einen Gerichtsprozess Anfang der 1840er Jahre gegen den in Frankfurt wohnhaften preußischen Bürger Friedrich von Fabeck. Diesem wurde Misshandlung seiner Tochter und Ehefrau vorgeworfen. Hilliger, welcher der Tochter Klavierstunden erteilte, musste als Zeuge aussagen. Seine Aussage illustriert ganz gut, in welchem Spannungs- und Abhängigkeitsverhältnis Hilliger als Musiklehrer stand. Er musste sich den Anweisungen von Fabecks beugen, obwohl diese ihm offenkundig zuwiderliefen. Von Fabeck forderte größte Strenge der Tochter gegenüber, die Hilliger unangemessen erschien (siehe Friedrich von Fabeck, *Ausgeübter Kinderraub gegen einen Preußischen Unterthan unterm Schutze der Gerichte der freien Stadt Frankfurt*, Charlottenburg 1844, S. 161f.). Zur Problematik der sozialen Abhängigkeit von Musiklehrern des 18. und 19. Jahrhunderts siehe Roske, *Sozialgeschichte des privaten Musiklehrers*, 1985, S. 158.

[24] Frankfurter Nachrichten. Extrabeilage zum Intelligenz-Blatt der freien Stadt Frankfurt [Frankfurt a. M.] 1. Jun. 1860.

[25] Ebd.

Frankfurt sollte also nachziehen. Es war sicherlich ein kluger Schachzug der Gründer, sich diese kulturpolitische Begründung ihres Anliegens zu eigen zu machen, durfte man auf diese Weise doch auf die Förderung durch das Frankfurter Bürgertum hoffen. Dieses hatte sich immer wieder spendabel gezeigt, wenn es um kulturelle oder wissenschaftliche Projekte ging. Man denke an die Errichtung des physikalischen Vereins 1824, der Stadtbibliothek 1825, des Zoos 1858 und vor allem des Frankfurter Saalbaus – Frankfurts erstem großen Konzertsaal –, der zwischen 1859 und 1861 erbaut wurde und in dem die Musikschule ab Mitte der 1860er Jahre ihr Schullokal fand. Die Errichtung des Saalbaus erfolgte auf Grund einer »*ganz von Bürgern getragene*[n] *Initiative zum Bau eines Konzertsaals, der allerhöchsten Ansprüchen genügen sollte*«[26].

Neben dieser kulturpolitischen Absicht formulierten die Gründer weitere Ziele, die stärker auf das musikalische Ausbildungswesen in Frankfurt Bezug nahmen. So blickte Heinrich Henkel bei der Festveranstaltung zum 25-jährigen Jubiläum der Musikschule 1885 auf die ursprünglichen Motive des Instituts zurück und äußerte, man habe der schlechten Situation entgegenwirken wollen, dass »*der Musikunterricht noch keiner prüfenden Controle unterworfen*« sei und dieser deshalb »*in den Händen so Mancher*« liege, »*denen die nötigen Eigenschaften zum Lehrberuf*«[27] fehlten. Damit waren die zum Teil schlechten Verhältnisse im Bereich des Privatmusikunterrichts gemeint. Tatsächlich wurden in der zweiten Hälfte des 19. Jahrhunderts immer stärker Möglichkeiten diskutiert, die Qualität des Unterrichts zu heben.[28] Dies wollten die Gründer in Frankfurt erreichen, indem erstens nur wirklich qualifizierte Lehrkräfte angestellt werden sollten, und zweitens durch das Prinzip eines umfassenden Ausbildungsgangs. Schüler*innen der Musikschule Frankfurt erhielten Unterricht von verschiedenen Lehrkräften in mehreren Fächern. Damit folgte die Musikschule »*dem Trend zu immer größeren Anstalten mit Fachabteilungen*«[29]. Als großes Vorbild hierfür dürfte das Leipziger Konservatorium gedient haben, das Henkel, wie oben erwähnt, wahrscheinlich bekannt war.

Finanzierung

Der erste Schritt war die Gründung der Musikschule, der zweite Schritt die langfristige Finanzierung. Die Musikschule Frankfurt war weder eine Vereinsmusikschule noch eine städtische Anstalt und verfügte entsprechend über keine finanziellen Sicherheiten. Sie war

---

26   Ralf Roth, »*Musikstadt Frankfurt – Bürgerliche Musikkultur im 18. und 19. Jahrhundert*«, in: »*Die Leute singen mit so viel Feuer...*«. *Der Cäcilienchor Frankfurt am Main 1818 bis 2018*, hrsg. von Daniela Philippi u. Ralf-Olivier Schwarz, Frankfurt a. M. 2018, S. 53–71, hier S. 68. Zur Finanzierung und Errichtung des Saalbaus siehe außerdem ebd., S. 63–64.

27   [Heinrich Henkel], Die Entwickelung der Frankfurter Musikschule von deren Gründung bis zur Gegenwart. Festvortrag zum 25jährigen Jubiläum der Musikschule, gehalten am 4. Okt. 1885, UB Frankfurt, Nachlass Sophie Henkel, S. 8.

28   Bspw. forderte Adolph Bernhard Marx bereits 1848 eine regelmäßige Kontrolle des Privatmusikunterrichts, siehe Roske, *Sozialgeschichte des privaten Musiklehrers*, 1985, S. 191.

29   Siehe Sowa, *Anfänge institutioneller Musikerziehung*, 1973, S. 244.

ein privates Unternehmen und auf Spenden angewiesen. Und tatsächlich wurden solche auch gewährt. Die ersten fünf Jahre waren schwierig – der Unterricht fand zunächst im Privathaus Hermann Hilligers in der Frankfurter Ulmenstraße statt[30] und die Gründer verzichteten auf ein Gehalt[31]. Nachdem allerdings nach bereits wenigen Jahren die Zahlen der Schüler*innen stiegen[32] und damit auch die Bekanntheit der Schule in der Stadt wuchs, floss zunehmend Geld. Die Stadt subventionierte die Musikschule ab 1866 mit 700 Gulden jährlich und ermöglichte ihr die Nutzung des oberen Stockwerks des 1861 eröffneten Frankfurter Saalbaus.[33] Nachdem die Stadt 1870 die Förderung kurzzeitig einstellte, sprang die Stadtgesellschaft ein. Zu den privaten Förderern gehörten u. a. die Bankiers Benedikt Goldschmidt, Siegmund und Rudolf Sulzbach, Philipp Speyer, Theodor Stern und Zacharias Königswarter.[34] Es fällt auf, dass unter den Förderern der Musikschule viele jüdische Bankiers und Kaufleute zu finden sind. Dies mag folgenden Hintergrund haben: Seit ca. 1850 vollzog sich ein Aufstieg des jüdischen Bürgertums in die wirtschaftliche und zunehmend auch politische und bürgerliche Oberschicht Frankfurts.[35] Viele Juden genossen in Frankfurt, wie überall in Deutschland, einen gesellschaftlich zunächst weniger geachteten Rang und hatten ein Interesse daran, ihr Ansehen zu heben. Dies wurde häufig durch ein ausgeprägtes Mäzenatentum und Stiftungswesen angestrebt, so auch in Frankfurt. Man denke hier vor allem an die Gründung der Universität im Jahr 1914, die ohne die Förderung aus der jüdischen Stadtbevölkerung, bspw. durch die Familien Rothschild, Speyer oder Stern – die beiden letztgenannten Familien finden sich auch unter den Förderern der Musikschule –, kaum möglich gewesen wäre.[36] Dass die Musikschule um 1870 Gelder aus ebenjenen Kreisen erhielt, zeigt, dass sie als ›förderungswürdig‹ erachtet wurde. Sie musste um 1870 als ein hoffnungsvolles Institut mit einer guten Zukunft gelten, sodass all jene, die sie unterstützten, auf Anerkennung und Ansehen hoffen durften.

---

[30] Siehe Anita Strecker, »*Eine, die kein Stück das Leben verpasste*« [Portrait über Eleonore Hilliger, Urenkelin Hermann Hilligers], in: *Frankfurter Rundschau* [Frankfurt a. M.] 7. Juni 2010, https://www.fr.de/rhein-main/ludwig-van-beethoven-per37733/eine-kein-stueck-leben-verpasste-11636988.html, Zugriff am 4. Jan. 2019.

[31] Siehe Henkel, *Die Entwickelung der Frankfurter Musikschule*, 1885, S. 11.

[32] Im Gründungssemester 1860/61 besuchten sieben Schüler*innen die Musikschule. Zwei Jahre später waren es bereits 30. Siehe Henkel, *Die Entwickelung der Frankfurter Musikschule*, 1885, S. 11–13.

[33] Die Magistratsbeschlüsse über die Subventionierung der Musikschule Frankfurt aus den Jahren 1866 bis 1879 sind im Institut für Stadtgeschichte Frankfurt einsehbar (IfS Bestand S4C, Signatur 341). Zur Anmietung des Saalbaus siehe Schembs, *Vom Saalbau zu den Bürgerhäusern*, 1989, S. 202.

[34] [Anonym], Liste mit Unterstützern der Musikschule Frankfurt vom 15. Apr. 1871, Institut für Stadtgeschichte Frankfurt, Bestand S4C, Signatur 341.

[35] Siehe zum Aufstieg des jüdischen Bürgertums in Frankfurt: Ralf Roth, *Stadt und Bürgertum in Frankfurt am Main. Ein besonderer Weg von der ständischen zur modernen Bürgergesellschaft 1760–1914* (= Stadt und Bürgertum 7), München 1996, S. 515–529 und S. 578.

[36] Siehe zum Mäzenatentum in Frankfurt ab den 1870er Jahren »*Die Millionäre und ihr Engagement in Kunst, Kultur und Wissenschaft*«, in: Roth, *Stadt und Bürgertum in Frankfurt am Main*, 1996, S. 573–589.

Ab 1873 übernahm wieder die Stadt Frankfurt die Förderung. Von 1873 bis 1875 erhielt die Musikschule jährlich erneut 700 Gulden[37], von 1876 bis 1879 – inzwischen war die Währungsangleichung im Zuge der Gründung des Deutschen Reiches auch in Frankfurt angekommen – 1200 Mark[38]. 1879 versiegte der öffentliche Geldfluss endgültig, da die Stadt Frankfurt und der Communalverband Wiesbaden alle Mittel zum Bau einer Corrigendenanstalt[39] benötigten. Um 1880 war die Zahl der Schüler*innen bereits auf ca. 180 angewachsen[40], sodass die Musikschule Frankfurt den Wegfall der Subventionen offenbar verkraften bzw. über das eingenommene Schulgeld ausgleichen konnte.

Betrachtet man die Zahl der Schüler*innen in den ersten 15 bis 20 Jahren seines Bestehens, so kann man auf eine recht positive Entwicklung des Instituts schließen. Um 1880 besuchten 180 Schüler*innen die Musikschule. Damit lag sie zahlenmäßig gleichauf bspw. mit dem 1850 gegründeten Kölner Konservatorium[41] oder der 1846 entstandenen Königlich Bayerischen Musikschule in München[42]. Die Einrichtung genoss Ansehen in der Stadt und darüber hinaus, die Finanzierung war zwar nicht üppig, aber gesichert – die Zukunft musste rosig erscheinen. So sah es wohl auch Julius Stern, Mitgründer des Berliner Konservatorium, der in einem Dankschreiben vom Nov. 1875 an das Frankfurter Direktorium – eine Abordnung hatte am 25-jährigen Jubiläum des Berliner Instituts teilgenommen – seine Hoffnung zum Ausdruck brachte, dass es *»auch uns vergönnt sein* [möge]*, an einer dereinstigen Jubelfeier ihres berühmten Institutes theilnehmen zu können«*[43].

Neuausrichtung nach der Gründung des Hoch'schen Konservatoriums

1874 starb der Frankfurter Bürger Joseph Hoch. Testamentarisch verfügte er, dass sein Vermögen in Höhe von knapp 1 Million Goldmark zum Aufbau eines Konservatoriums bestimmt sei.[44] Kurz nach seinem Tod setzten die Planungen ein und das blieb auch innerhalb

---

37 Protokollauszug des Magistrats der Stadt Frankfurt Nr. 468 vom 25. März 1873, Institut für Stadtgeschichte Frankfurt, Bestand S4C, Signatur 341.

38 Protokollauszug des Magistrats der Stadt Frankfurt Nr. 69 vom 18. Jan. 1876, Institut für Stadtgeschichte Frankfurt, Bestand S4C, Signatur 341.

39 Eine Corrigendenanstalt ist eine Art Gefängnis, das in erster Linie der Besserung und Wiedereingliederung und weniger der Bestrafung dienen sollte, siehe Der Vorsitzende des kreisständischen Verwaltungs-Ausschusses und Polizeipräsidenten [Name unbekannt] an das Direktorium der Musikschule, Schreiben vom 7. Mai 1879, Institut für Stadtgeschichte Frankfurt, Bestand S4C, Signatur 341.

40 Siehe Henkel, *Die Entwickelung der Frankfurter Musikschule*, 1885, S. 14.

41 Das Kölner Konservatorium besuchten im Schuljahr 1879/80 142 Schüler*innen, siehe *Bericht des Vorstandes des Conservatoriums der Musik in Köln vom 12. December 1880*, Köln 1880, S. 1.

42 Die Königlich bayerische Musikschule München besuchten im Schuljahr 1879/80 157 Schüler*innen, siehe *Sechster Jahresbericht der K. Musikschule in München. Veröffentlicht am Schlusse des Schuljahres 1879/80*, München 1880, S. 5, 8.

43 Julius Stern an den hochlöbl. Vorstand der Musikschule zu Frankfurt a. M., Schreiben vom 7. Nov. 1875, Institut für Stadtgeschichte Frankfurt, Bestand S4C, Signatur 341.

44 Siehe Cahn, *Das Hoch'sche Konservatorium*, 1979, S. 15ff.

der Musikschule nicht verborgen. Im jährlichen Bittschreiben des Direktoriums der Musikschule um Subventionen an den Magistrat der Stadt Frankfurt ist im Dez. 1875 – also gut zwei Jahre vor der Eröffnung des Hoch'schen Konservatoriums – Folgendes zu lesen:

>>Schließlich sind wir uns wohl bewußt, daß sobald die durch einen verstorbenen hiesigen Bürger angeordnete Gründung einer musikalischen Academie erfolgt sein wird, unser Unternehmen und die Frage insbesondere, ob dasselbe städtischer Seits zu unterstützen sei, einer neuen Prüfung unterworfen werden muß. Es ist jedoch, wie verlautet, die Eröffnung jener Academie nicht in nächster Zeit zu erwarten und wir glauben somit jenen Erwägungen nicht vorzugreifen wenn wir ersuchen die städtischen Behörden möchten uns die Subvention von fl. 700 auch für die Jahre 1876 & 1877 bewilligen<<[45].

Diese Sätze zeigen: Das Direktorium um Heinrich Henkel fürchtete die Konkurrenz einer neuen Ausbildungsstätte und blickte kritisch auf entsprechende Pläne zur Eröffnung. Eine kurze Notiz in der Zeitschrift >>Der Klavier-Lehrer<< vom Apr. 1878 macht deutlich, wie verständlich solche Sorgen waren:

>>Die zu Ostern beabsichtigte Eröffnung des neuen Musik-Konservatoriums, dessen Direktion bekanntlich Herr J. Raff übernommen, soll, dem Vernehmen nach, bis zum Herbst verschoben sein, da die nöthigen Baulichkeiten noch nicht vollendet werden konnten. Unter den engagirten Lehrkräften nennt man auch Frau Clara Schumann, die ihren Wohnsitz hierher verlegen will. Die seit dem Jahre 1860 dahier mit Erfolg wirkende Musikschule – für Dilettanten und Künstler – wird neben obigem Institut selbständig fortbestehen. N.S. Soeben erfahren wir, dass Prof. Stockhausen, der Dirigent des Stern'schen Gesangvereins in Berlin von J. Raff für die Leitung der Gesangsklassen gegen ein jährliches Honorar von 12,000 M gewonnen worden ist<<[46].

Bei der Gründung des Hoch'schen Konservatoriums konnten offenbar andere Maßstäbe angesetzt werden konnten: Clara Schumann, Joachim Raff und Julius Stockhausen waren deutschland- wenn nicht gar europaweit bekannte Künstler*innen. Das Honorar für Julius Stockhausen in Höhe von 12.000 Mark übertraf die jährlichen Subventionen seitens der Stadt an die Musikschule um das Zehnfache. Ein eigenes Gebäude, von dem in dem Artikel gesprochen wird, konnte die Musikschule nie beziehen.[47] Sie teilte sich den Saalbau u. a. mit dem Museumsverein und anderen – auch außermusikalischen – Gruppierungen und Einrichtungen, darunter bspw. einem Möbelgeschäft[48].

---

[45] Direktorium der Musikschule Frankfurt an den Magistrat der Stadt Frankfurt, Schreiben vom Dez. 1875, Institut für Stadtgeschichte Frankfurt, Bestand S4C, Signatur 341.

[46] Der Klavier-Lehrer 1878, S. 87.

[47] Freilich dauerte es noch bis 1888, bis das Hoch'sche Konservatorium ein wirklich eigenes Gebäude neu bauen und beziehen konnte. In den ersten zehn Jahren des Bestehens residierte das Hoch'sche Konservatorium im direkt am Mainufer gelegenen Saalhof, siehe Cahn, *Das Hoch'sche Konservatorium*, 1979, S. 36.

[48] Von 1879 bis 1936/37 befand sich im Saalbau der *»Möbel-Bazar Friedrich Ruttmann«*, siehe Schembs, *Vom Saalbau zu den Bürgerhäusern*, 1989, S. 204–206.

Tatsächlich konnte die Musikschule nicht mit den finanziellen Möglichkeiten des Konservatoriums und dem künstlerischen Rang der dortigen Lehrkräfte mithalten. Hinzu kam, dass das Ausbildungsangebot des neuen Instituts umfangreicher war als das der Musikschule.[49] Entsprechend ging an Letzterer die Zahl der Schüler*innen zurück[50] und halbierte sich annähernd bis 1899 auf nur noch 106[51]. Auch aus dem Kollegium wechselten Musiker*innen ans Konservatorium, zwischen 1878 und 1882 waren es bereits fünf Lehrkräfte.[52] Das entsprach in etwa einem Viertel des vormaligen Kollegiums der Musikschule. Diese Zahlen deuten darauf hin, dass die Eröffnung des Hoch'schen Konservatoriums mit durchaus erheblichen Auswirkungen auf den weiteren Betrieb der Musikschule einherging.

Blickt man auf die weitere Entwicklung der Musikschule Frankfurt ab ca. 1880, fällt eine allmählich stattfindende Neuausrichtung auf, die in der Öffentlichkeit als Reaktion auf die Eröffnung des neuen Konservatoriums gedeutet wurde. In der Frankfurter »Kleinen Presse« erschien am 26. Sept. 1910 ein Artikel anlässlich des 50-jährigen Bestehens der Musikschule. Dort heißt es, »daß die Errichtung der beiden hiesigen Konservatorien die günstige Entwickelung der Verhältnisse der Musikschule nicht wesentlich beeinflussen oder aufhalten konnte«. Allerdings hätten sich »in dem Maße, in welchem sich die berufshalber Musik studierenden Kunstbeflissenen den neu gegründeten akademischen Instituten zuwendeten, die ursprünglichen Zwecke der Musikschule insofern etwas verschoben, als bei dieser der Nachdruck auf die Erziehung zur Pflege der Hausmusik gelegt wurde«[53]. Tatsächlich schlossen sich auch spätere Angehörige der Musikschule dieser Sichtweise an und deuteten die Gründung des Hoch'schen Konservatoriums als Wendepunkt in der Entwicklung des eigenen Instituts. 1935 blickte der damalige stellvertretende Vorsteher der Musikschule Henri Pusch auf die Geschichte der Einrichtung zurück und merkte an, dass sich »die besonderen Ziele [...] im Laufe der Jahrzehnte, besonders nach der Gründung des Hoch'schen und des Raff'schen Konservatoriums, ebenso deutlich herausgebildet«[54] hätten.

---

[49] Zum Ausbildungsangebot des Hoch'schen Konservatoriums im Gründungsjahr siehe Cahn, *Das Hoch'sche Konservatorium*, 1979, S. 39–40.

[50] Heinrich Henkel begründete den Rückgang der Schüler*innenzahlen 1885 mit dem »*natürlichen Umstande, daß zwei andere Schwesteranstalten hier ins Leben traten*«, siehe Henkel, *Die Entwickelung der Frankfurter Musikschule,* 1885, S. 14. Mit der zweiten »*Schwesteranstalt*« ist das Raff-Konservatorium gemeint, das 1883 nach Spannungen im Kollegium des Hoch'schen Konservatoriums eröffnet wurde, siehe Cahn, *Das Hoch'sche Konservatorium*, 1979, S. 86–88.

[51] Henkel, Festrede zum 50jährigen Jubiläum der Musikschule Frankfurt, 1910, S. 18.

[52] Zu nennen sind Valentin Müller (Violoncello), Rudolf Gleichauf (Violine), Horaz Fenn (Gesang), die dem Gründungskollegium des Hoch'schen Konservatoriums angehörten. Bis 1882 wechselten zudem noch Johann Naret-Koning (Violine) und Martin Wallenstein (Klavier) von der Musikschule Frankfurt ans Hoch'sche Konservatorium.

[53] [Anonym], »*Zum 50jährigen Bestehen der Frankfurter Musikschule*«, in: *Frankfurter Kleine Presse* [Frankfurt a. M.] 26. Sep. 1910.

[54] [vermutl. Henri Pusch], Manuskript der Festrede zum 75jährigen Jubiläum der Musikschule Frankfurt, gehalten wahrscheinlich im Okt. 1935, UB Frankfurt, Nachlass Sophie Henkel, S. 2.

Tatsächlich entwickelte sich die Musikschule Frankfurt zu einer Ausbildungsstätte vor allem für Kinder und Laienmusiker*innen. So wurden noch im Herbst 1879 Kurse für Anfänger*innen in Klavier, Violine und Violoncello eingeführt, die auch von Kindern unter 14 Jahren besucht werden konnten.[55] Auch die Einführung von öffentlich zugänglichen Kursen in »allgemeiner Musiklehre«[56] 1888 deutet in diese Richtung. Diese Neuausrichtung wurde nach dem Tod des letzten lebenden Gründers Heinrich Henkel im Jahr 1899 noch beschleunigt. Die Leitung übernahm nun seine Tochter Sophie Henkel (1855–1944), die sich – als Mitglied im Allgemeinen Deutschen Lehrerinnenverein (ADLV) und als Mitbegründerin der Sektion Musik innerhalb dieses Verbandes – für die Verbesserung der Situation der Musiklehrerinnen einsetzte und dadurch näher vertraut war mit den Verhältnissen und Problemen des Musikunterrichts jenseits der Ausbildung von Künstler*innen an den Konservatorien.[57] Die nachfolgende Notiz von Sophie Henkel aus dem Jahr 1910 zeigt, in welche Richtung die Musikschule sich seit den 1880er Jahren entwickelt hatte. Aufgabe der Musikschule sei nunmehr Folgendes:

»Das Hauptbestreben ist einen tüchtigen Stamm von Musikverständigen und Musikurteilsfähigen Menschen zu erziehen. Diese brauchen wir, was nützt es, wenn Künstler sich bemühen die Werke unserer Meister zu Gehör zu bringen und sie finden nicht verständnisvolle Zuhörer! Die Musik ist Allgemeingut geworden und sollten alle Musikpädagogen es sich angelegen sein lassen, ihre ihnen anvertrauten Schüler zu musikalischen Menschen zu erziehen, d.h. dieselben nicht abzurichten dies oder jenes Tonstück gleich einer Spielmaschine einzustudieren, nein jedem Schüler das Schöne, Wahre und Grosse der Kunst vor Augen zu führen und ihnen Achtung beizubringen für die Kunst. Heutigentags glaubt jeder Musik lernen zu können, es sollte es auch jeder tun aber nur in dem angeführten Sinne«[58].

Um eine solche allgemeine musikalische Bildung zu ermöglichen, sei auch eine entsprechende Ausbildung von Lehrer*innen unabdingbar. Auch in diesem Bereich setzte die Musikschule Frankfurt nach 1880 auf Neuerungen. So wurde im Herbst 1884 ein Kurs für Methodik des Klavierunterrichts eingerichtet[59], 1887 wurden Examensprüfungen für an-

---

[55] Henkel, Festrede zum 50jährigen Jubiläum der Musikschule Frankfurt, 1910, S. 11.

[56] Ebd., S. 15.

[57] Sofie Henkel wandte sich neben dem Gebiet des Privatmusikunterrichts auch der Situation des Gesang- bzw. Musikunterrichts an Schulen zu. Sie führte 1902 an der Musikschule Seminarübungen für angehende Schullehrerinnen ein und hielt ab 1909 entsprechende Prüfungen ab, für die auswärtige Kommissare, das heißt Lehrende von anderen Instituten an die Musikschule eingeladen wurden. 1911/12 wurde ein Seminar für Schulgesang an der Musikschule eröffnet. (Siehe [Pusch], Festrede zum 75jährigen Jubiläum der Musikschule Frankfurt, 1935, S. 3) Dieses Seminar wurde 1918 ans Hoch'sche Konservatorium verlegt. (Siehe ebd., S. 4 und Cahn, *Das Hoch'sche Konservatorium*, 1979, S. 225f.).

[58] Henkel, Festrede zum 50jährigen Jubiläum der Musikschule Frankfurt, 1910, S. 24–25.

[59] 1884/85 wurde auch am Hoch'schen Konservatorium ein Seminar eröffnet, siehe Cahn, *Das Hoch'sche Konservatorium*, 1979, S. 102/371.

gehende Privatmusiklehrer*innen eingeführt und 1895 wies das Direktorium der Musikschule öffentlich darauf hin, dass nur solche Absolvent*innen der Musikschule sich als geprüfte Privatmusiklehrkräfte bezeichnen dürften, die das Examen an der Musikschule abgelegt hätten.[60]

Freilich ist anzumerken, dass die Musikschule Frankfurt mit der geschilderten Schwerpunktverlagerung auf die Laienausbildung bzw. Ausbildung von Lehrer*innen für den Unterricht von Laienmusiker*innen keine Pionierarbeit leistete. So forderten bereits Lina Ramann (1833–1912) und Ida Volkmann (1838–1922) einen durchgängigen Musikunterricht von der Elementarstufe bis zur »Künstlerabteilung« samt angefügtem »Pädagogium«[61] und setzten ein entsprechendes Konzept in ihrer 1865 gegründeten Musikschule in Nürnberg um. Ähnliches leistete auch Emil Breslaur (1836–1899) in Berlin an seinem 1879 gegründeten Seminar zur Ausbildung von Klavier-Lehrern und Lehrerinnen.[62] Allerdings zeigen gerade diese Beispiele an, wie fortschrittlich die Musikschule Frankfurt mit ihrer Neuausrichtung ab ca. 1880 war.

Die Neuausrichtung mag dazu beigetragen haben, dass sich die Musikschule aus der schwierigen Lage in Folge der Gründung des Hoch'schen Konservatoriums befreien konnte. Die Zahlen der Schüler*innen stiegen wieder und lagen 1910 bei 252.[63] Das war das Jahr ihres 50-jährigen Bestehens und entsprechend groß wurde dies gefeiert.

Schlussbetrachtungen

Auch wenn hier nicht der Raum ist, ausführlich auf die weitere Entwicklung der Musikschule einzugehen, soll diese dennoch kurz umrissen werden. War die Situation um 1910 noch recht positiv, so verschlechterte sie sich vor allem ab den 1920er Jahren dramatisch. 1923/24 besuchten nur noch rund 100 Schüler*innen die Musikschule, 1934 sank die Zahl gar auf 44.[64] Vor allem zwei Punkte bereiteten in dieser Zeit Schwierigkeiten. Zum einen waren es die wirtschaftlichen Krisen der 1920er Jahre, die der Musikschule zusetzten. Zum anderen sorgten die Kestenberg-Reformen ab Mitte der 1920er Jahre dafür, dass die seit Jahrzehnten entwickelten Unterrichtsstrukturen an die neuen Bestimmungen angepasst werden mussten – diese Umstellungen waren mit personellen und wirtschaftlichen Schwierigkeiten verbunden.

1944 starb die langjährige Leiterin der Schule Sophie Henkel, und der Frankfurter Saalbau, in dem die Musikschule lange residierte, wurde von Bomben getroffen und zerstört. Wenngleich sich das Ende der Musikschule schon vorher deutlich abgezeichnet hatte, so beschleunigten diese beiden Ereignisse den Prozess – 1944 stellte die Musik-

---

[60] Henkel, Festrede zum 50jährigen Jubiläum der Musikschule Frankfurt, 1910, S. 12–16.
[61] Roske, *Sozialgeschichte des privaten Musiklehrers*, 1985, S. 242.
[62] Siehe ebd., S. 243.
[63] Henkel, Festrede zum 50jährigen Jubiläum der Musikschule Frankfurt, 1910 S. 18.
[64] [Pusch], Festrede zum 75jährigen Jubiläum der Musikschule Frankfurt, 1935, S. 10.

schule ihren Betrieb ein. Erst 15 Jahre später, am 5. Mai 1959, wurde unter der Leitung der späteren Musikpädagogik-Professorin Sigrid Abel-Struth die Jugendmusikschule Frankfurt eröffnet.[65] Diese Einrichtung besteht bis heute und sieht sich in der Tradition des Vorgängerinstituts von 1860.[66]

Abschließend sollen drei Punkte kurz zusammengefasst werden. Die Geschichte der Musikschule Frankfurt zeigt u. a. Folgendes:

Zum einen wird deutlich, wie sehr die individuelle Initiative über den Erfolg oder Misserfolg einer Gründung entscheidet. Das Gründerquartett der Musikschule war prädestiniert für die Umsetzung eines solchen Vorhabens in Frankfurt. Heinrich Henkel, Hermann Hilliger, Johann Christian Hauff und Wigand Oppel waren in verschiedenen Gruppen der Bürgergesellschaft bekannt und vernetzt und konnten ihre Expertisen und Verbindungen in der Musikschule bündeln. Ihr Plan einer Musikschule passte zudem zum Selbstverständnis der 1860 noch freien Stadt Frankfurt. Durch eine entsprechende kulturpolitische Argumentation gelang es den Gründern, die nötigen Mittel zur Verwirklichung ihres Vorhabens aufzutreiben.

Zweitens wird erkennbar, wie sehr ein solches Unternehmen von den politischen und gesellschaftlichen Rahmenbedingungen abhängig ist. Die Musikschule konnte florieren, solange sie ins Profil der Stadt passte. Dies änderte sich nach 1866 bzw. 1871, nachdem Frankfurt – die ehemalige Stadt des deutschen Bundestags und jahrhundertelang Krönungsstadt der deutschen Kaiser – zu einer preußischen Provinzstadt degradiert worden war. Das Bürgertum musste sich nun stärker nach ›außen‹, nach Preußen wenden, um seinem Anspruch auf Repräsentation gerecht werden zu können. Die Musikschule im kaum repräsentativen Saalbau und mit zwar qualifizierten, aber allenfalls regional bekannten Lehrkräften war hierfür nicht geeignet. Wohl aber das Konservatorium, das ab 1888 in einem prachtvolleren eigenen Gebäude residierte – ganz in der Nähe übrigens der 1880 eröffneten Oper, die heute als Alte Oper in Frankfurt bekannt ist und die ein Denkmal dieses neu erwachten Repräsentationsbedürfnisses ist.[67]

Der dritte und letzte Punkt ist vor allem aus musikpädagogischer Perspektive interessant: Die Musikschule Frankfurt geriet nach 1880 in eine gewisse Schieflage, da sie künstlerisch mit dem Hoch'schen Konservatorium nicht mithalten konnte. Aus dieser konnte sie sich mit einer Neuausrichtung und einigen musikpädagogischen Innovationen befreien, die bereits ins 20. Jahrhundert und auf die Kestenberg-Reformen wiesen. Diese Besinnung auf die Musikpädagogik vollzog sich offenbar weniger aufgrund fachlicher Überzeugungen, sondern setzte erst in dem Moment ein, in dem die Musikschule künstlerisch den Anschluss verloren hatte und wirtschaftlich unter Druck geraten war.

---

[65] Siehe Gottfried Schweizer, »*10 Jahre Frankfurter Jugendmusikschule*«, in: *Musik und Bildung* 7 (1969), S. 344.

[66] Siehe Fußnote 7.

[67] Zum Übergang Frankfurts an Preußen und der Alten Oper als Denkmal des erwachten Repräsentationsbedürfnisses des Frankfurter Bürgertums siehe Roth, *Musikstadt Frankfurt*, 2018, S. 63–67.

Matthias Goebel

Literatur

[Anonym], Liste mit Unterstützern der Musikschule Frankfurt vom 15. Apr. 1871, Institut für Stadtgeschichte Frankfurt (IfS), Bestand S4C, Signatur 341.

Annkatrin Babbe, »*Netzwerke von und um Clara Schumann am Hoch'schen Konservatorium*«, in: *Musikerinnen und ihre Netzwerke im 19. Jahrhundert*, hrsg. von ders. u. Volker Timmermann (= Schriftenreihe des Sophie Drinker Instituts 12), Oldenburg 2016, S. 163–178.

Annkatrin Babbe, *Clara Schumann und ihre SchülerInnen am Hoch'schen Konservatorium in Frankfurt a. M.* (= Schriftenreihe des Sophie Drinker Instituts 11), Oldenburg 2015.

Wilhelm Baur, *Lebenserinnerungen,* Darmstadt 1911.

Werner Becher, »*Die Nikolaikirche von der Reformationszeit bis zum Jahr 1949*«, in: *Die Alte Nikolaikirche am Römerberg. Studien zur Stadt- und Kirchengeschichte*, hrsg. von dems. u. Roman Fischer (= Studien zur Frankfurter Geschichte 32), Frankfurt a. M. 1992, S. 157–244.

Axel Beer, Art. »*Henkel, Familie*«, in: *MGG 2*, Personenteil, Bd. 8, Kassel [u. a.] 2002, Sp. 1295–1297.

Bericht des Vorstandes des Conservatoriums der Musik in Köln vom 12. December 1880.

Peter Cahn, »*Zur Vorgeschichte und Frühzeit des Hoch'schen Konservatoriums*«, in: *Joseph Hoch zum 100. Todestag*, hrsg. von der Stiftung Dr. Hoch's Konservatorium, Frankfurt a. M. 1974, S. 37–53.

Ders., *Das Hoch'sche Konservatorium 1878–1978*, Frankfurt a. M. 1979.

»*Chronologisches Verzeichnis der Aufführungen*«, in: *Aufführungen von Händels Oratorien im deutschsprachigen Raum (1800–1900)*, hrsg. von Dominik Höink u. Rebekka Sandmeier, Göttingen 2014, S. 87–574.

Direktorium der Musikschule Frankfurt an den Magistrat der Stadt Frankfurt, Schreiben vom Dez. 1875, Institut für Stadtgeschichte Frankfurt (IfS), Bestand S4C, Signatur 341.

Friedrich von Fabeck, *Ausgeübter Kinderraub gegen einen Preußischen Unterthan unterm Schutze der Gerichte der freien Stadt Frankfurt*, Charlottenburg 1844.

[Heinrich Henkel], Die Entwickelung der Frankfurter Musikschule von deren Gründung bis zur Gegenwart. Festvortrag zum 25jährigen Jubiläum der Musikschule, gehalten am 4. Oktober 1885, UB Frankfurt, Nachlass Sophie Henkel.

[Sophie Henkel], Manuskript der Festrede zum 50jährigen Jubiläum der Musikschule Frankfurt, gehalten wahrscheinlich am 2. Oktober 1910, UB Frankfurt, Nachlass Sophie Henkel.

Evelyn Johannsen, »*Clara Schumann. Berühmte Frankfurterin und Pianistin*«, in: *Musik in Frankfurt am Main*, hrsg. Evelyn Brockhoff (= Archiv für Frankfurts Geschichte und Kunst 71), Frankfurt a. M. 2008, S. 67–72.

Ulrike Kienzle, *Robert und Clara Schumann in Frankfurt* (= Schriften der Frankfurter Bürgerstiftung und der Ernst Max von Grunelius-Stiftung 8), Frankfurt a. M. 2010.

Janina Klassen, *Clara Schumann. Musik und Öffentlichkeit* (= Europäische Komponistinnen 3), Köln 2009.

Wener Klötzer (Hrsg.): *Frankfurter Biographie*, 2 Bde., Frankfurt a. M. 1994 u. 1996.

Annette Kreuziger-Herr u. Melanie Unseld (Hrsg.): *Lexikon Musik und Gender*, Kassel [u. a.] 2010.

Albert-Richard Mohr, *Musikleben in Frankfurt am Main*, Frankfurt a. M. 1976.

Protokollauszug des Magistrats der Stadt Frankfurt Nr. 468 vom 25. Mär. 1873, Institut für Stadtgeschichte Frankfurt (IfS), Bestand S4C, Signatur 341.

Protokollauszug des Magistrats der Stadt Frankfurt Nr. 69 vom 18. Jan. 1876, Institut für Stadtgeschichte Frankfurt (IfS), Bestand S4C, Signatur 341

[Henri Pusch/Verfasser nicht eindeutig zu identifizieren], Manuskript der Festrede zum 75jäh-rigen Jubliäum der Musikschule Frankfurt, gehalten wahrscheinlich im Okt. 1935, UB Frankfurt, Nachlass Sophie Henkel.

Michael Roske, *Sozialgeschichte des privaten Musiklehrers vom 17. zum 19. Jahrhundert* (= Musikpädagogik. Forschung und Lehre 22), Mainz 1985.

Ralf Roth, *Stadt und Bürgertum in Frankfurt am Main. Ein besonderer Weg von der ständi-schen zur modernen Bürgergesellschaft 1760–1914* (= Stadt und Bürgertum 7), München 1996.

Ders., *»Musikstadt Frankfurt – Bürgerliche Musikkultur im 18. und 19. Jahrhundert«*, in: *»Die Leute singen mit so viel Feuer...«. Der Cäcilienchor Frankfurt am Main 1818 bis 2018*, hrsg. von Daniela Philippi u. Ralf-Olivier Schwarz, Frankfurt a. M. 2018, S. 53–71.

Hans-Otto Schembs, *Vom Saalbau zu den Bürgerhäusern. Die Geschichte der Saalbau Akti-engesellschaft und der Saalbau GmbH Frankfurt am Main*, Frankfurt a. M. 1989.

Gottfried Schweizer, *»10 Jahre Frankfurter Jugendmusikschule«*, in: *Musik und Bildung* 7 (1969), S. 344.

Sechster Jahresbericht der K. Musikschule in München. Veröffentlicht am Schlusse des Schul-jahres 1879/80, München 1880.

Georg Sowa, *Anfänge institutioneller Musikerziehung in Deutschland*, Regensburg 1973.

Julius Stern an den hochlöbl. Vorstand der Musikschule zu Frankfurt a.M., Schreiben vom 7. Nov. 1875, Institut für Stadtgeschichte Frankfurt (IfS), Bestand S4C, Signatur 341.

Anita Strecker, *»Eine, die kein Stück das Leben verpasste«* [Portrait über Eleonore Hilliger, Urenkelin Hermann Hilligers], in: *Frankfurter Rundschau* [Frankfurt a. M.] 7. Jun. 2010, https://www.fr.de/rhein-main/ludwig-van-beethoven-per37733/eine-kein-stueck-le-ben-verpasste-11636988.html, Zugriff am 4. Jan. 2019.

Der Vorsitzende des kreisständischen Verwaltungs-Ausschusses und Polizeipräsidenten [Name unbekannt] an das Direktorium der Musikschule, Schreiben vom 7. Mai 1879, In-stitut für Stadtgeschichte Frankfurt (IfS), Bestand S4C, Signatur 341.

VERENA LIU

Frauen leiten private Musikschulen – Fallbeispiele aus Sachsen gegen Ende des 19. Jahrhunderts

›Pädagogische Musikschule‹, ›Musikakademie‹, ›Musik- und Gesangsinstitut‹, ›Gesangs- und Opernschule‹ oder ›Höhere Musikschule‹: Unter vielfältigen Namen finden sich in Adressbüchern, Werbeanzeigen und weiteren Quellen des 19. und frühen 20. Jahrhunderts private, von Frauen geleitete Musikinstitute. Aufgrund der Vielzahl der bis jetzt nachgewiesenen Musikschulen ist davon auszugehen, dass es am Ende des 19. Jahrhunderts vermutlich in den meisten deutschen Städten eine oder mehrere von Frauen geleitete Musikschulen gab. Dieses bisher in Forschungen zur Geschichte der Musikpädagogik oder auch zur Frauenbewegung wenig beachtete Phänomen[1] zeigt eine flächendeckende Unternehmertätigkeit von Frauen im musikpädagogischen Berufsfeld auf und ermöglicht eine erweiterte Perspektive auf musikkulturelles Handeln von Frauen gegen Ende des 19. und Anfang des 20. Jahrhunderts.

In diesem Artikel möchte ich zeigen, unter welchen Vor- und Rahmenbedingungen Frauen private Musikschulen gründeten und was sich neben dem pädagogischen über den wirtschaftlichen Erfolg solcher vom Gewerbeamt als ›gewerbliche Schulen‹ klassifizierten Unternehmen sagen lässt. Dazu wird zunächst die Person Musiklehrerin und Musikschulleiterin betrachtet, bevor später die Institution Musikschule anhand zweier Fallbeispiele aus Leipzig vorgestellt wird. Die Auswahl der betrachteten privaten Musikschulen orientiert sich an den folgenden drei Kriterien: Die Schulen befanden sich alle im deutschsprachigen Raum[2], existierten zur Zeit des Kaiserreiches und wurden alle von Frauen gegründet und/oder geleitet. Weitere Untersuchungen auf europäischer und globaler Ebene wären wünschenswert, da dieses Themengebiet gerade für die Dokumentation von Frauen als professionelle Akteurinnen der Musikbranche enorm ergiebig und zu großen Teilen unerforscht ist.

Musikpädagogik als Berufschance für Frauen

Gesangs- und Instrumentalpädagogik wurden im Laufe des 19. Jahrhunderts zu einem wichtigen Standbein für die Erwerbstätigkeit bürgerlicher Frauen, während gleichzeitig

---

[1] Zu erwähnen ist Michael Roskes quellenreiche Studie *Sozialgeschichte des privaten Musiklehrers vom 17. zum 19. Jahrhundert. Mit Dokumentation* (= Musikpädagogik. Forschung und Lehre 22), Mainz 1985. Diese ist eine der wenigen Untersuchungen zum Themengebiet Musikpädagogik, in der die Bedeutung von Frauen für die Gesangs- und Instrumentalpädagogik nicht nur am Rande erwähnt wird. Viele musikpädagogisch-historische Studien sind auf die Entwicklung des Musikunterrichts in der Schule im 19. und vor allem 20. Jahrhundert fokussiert und thematisieren privaten Musikunterricht eher marginal.

[2] Dieser Aufsatz beschränkt sich auf den deutschsprachigen Raum, von Frauen geleitete Musikschulen sind jedoch auch in anderen Regionen Europas und der Welt zu finden.

der Berufsstand insgesamt durch die institutionalisierte Ausbildung an Konservatorien eine Professionalisierung erfuhr. Viele junge Frauen ließen sich am Konservatorium zur Gesangs- oder Klavierlehrerin ausbilden, was auch zeitgenössische Berufsratgeber für Frauen – wie derjenige von Eliza Ichenhaeuser 1897[3] oder Karl Krebs 1895[4] – empfahlen. Ichenhaeuser rät Frauen aus Gründen der Existenzsicherung zum Beruf ›Musiklehrerin‹, obwohl die Unterrichtshonorare weit auseinanderliegen können – *»sicher aber ist, daß […] man als gute Musiklehrerin immerhin darauf rechnen kann, das zum Leben Notwendige zu verdienen«*[5].

Der Berliner Kulturjournalist Oscar Bie dagegen schrieb 1898 vom grassierenden *»Lehrdilettantismus«*[6], gegen den sich der Berufsstand der Musikpädagoginnen und Musikpädagogen erwehren müsse, wofür es laut Bie keine zufriedenstellenden gesetzlichen Regelungen gab. Er kritisierte besonders die Musikschulen und Konservatorien, an denen massenhaft vorrangig Pianisten und Pianistinnen ausgebildet würden, die ihre Studien häufig auf zu niedrigem fachlichen Niveau abschlössen, was folgendes Ergebnis herbeiführe: *»Die Hälfte bleibt Dilettant, die andere Hälfte ergreift die Lehrercarriere«*[7]. Bie spricht alarmistisch von einer wahren *»Überschwemmung«* und warnt vor dem *»Riesenproletariat, das aus unseren Musikschulen hervorgeht«*[8]. Auch wenn er nicht das weibliche Genus verwendet, spielt er auch auf die Frauen an, die in Scharen (*»Überschwemmung«*, *»Riesenproletariat«*) vom Konservatorium auf den musikpädagogischen Markt drängten, und ruft mit den Begriffen *»Dilettant«* und *»Lehrercarriere«*, sowie der oben zitierten Kombination *»Lehrdilettantismus«* zugleich den seit den späten 1860er Jahren existierenden und um die Jahrhundertwende virulenten Diskurs um die ›Frauenfrage‹[9] auf. Bies Aussage, *»Die Hälfte bleibt Dilettant«*, weist hier auf das solide pianistische Niveau hin, das Frauen durch die im bürgerlichen Milieu typische musikalische Mädchenerziehung bereits beim Eintritt ins Konservatorium vorweisen konnten. Vor dem Hintergrund der steigenden Zahl berufstätiger Frauen in pädagogischen Berufen (*»Lehrercarriere«*) in verschiedenen Bereichen vom Kindergarten über Mädchenschulen und -pensionate bis hin zum privaten Gesangs- und Instrumentalunterricht drückt hier die Betonung der fehlenden pädagogischen – und musikalischen – Professionalität (*»Lehrdilettantismus«*) eine deutliche Abwertung vor allem der weiblichen pädagogischen Kräfte aus.

---

[3] Eliza Ichenhaeuser, *Erwerbsmöglichkeiten für Frauen. Praktischer Ratgeber für erwerbsuchende Frauen in allen Angelegenheiten der Vorbildung, der Anstellung und der sozialen Selbständigkeit,* Berlin[2] 1897.

[4] Karl Krebs, *Die Frauen in der Musik,* Berlin 1895.

[5] Ichenhaeuser, *Erwerbsmöglichkeiten für Frauen,* 1897, S. 142.

[6] Oscar Bie, *Das Klavier und seine Meister,* Leipzig[2] 1901 [Erste Auflage: München 1898], S. 283.

[7] Ebd.

[8] Ebd.

[9] Das aus der damaligen Zeit stammende Schlagwort ›Frauenfrage‹ bezeichnet die seit Mitte des 19. Jahrhunderts bis ins 20. Jahrhundert hinein geführte Diskussion über die Forderung nach Möglichkeiten für weibliche Berufstätigkeit. Maßgeblich angestoßen hat die Diskussion die bürgerliche Frauenbewegung um Louise Otto-Peters, Auguste Schmidt und weitere Aktivistinnen.

Eine andere Perspektive auf die zeitgenössischen Musikpädagoginnen bietet ein ebenfalls in den 1890er Jahren erschienenes Buch über Musikerinnen in Deutschland in dem Unterkapitel *»Direktorinnen von Konservatorien, Musik- und Gesangs-Instituten; hervorragende Pädagoginnen«*[10]. Die Autorin Anna Morsch, selbst Musikpädagogin mit eigener Musikschule, dazu Musikjournalistin und -politikerin,[11] listet über 30 ihrer Meinung nach namhafte Direktorinnen in 22 verschiedenen Städten des deutschsprachigen Raums auf, darunter Zentren wie Berlin, Dresden, Wien, Leipzig, Frankfurt a. M. und kleinere Städte wie Erfurt, Halberstadt, Bromberg, Kassel, Rostock, Posen, Wolfenbüttel und Ulm. Die einzelnen Musiklehrerinnen werden sowohl in ihrer musikpädagogischen Arbeit als auch als Leiterinnen von privaten Musikschulen porträtiert. Morsch verweist auf die positive Resonanz, die diese erfuhren: *»Ruf tüchtiger sowie strebsamer Pädagoginnen«*[12] (über Mathilde Bier und Therese Röttger in Kassel), *»hochgeehrt von den Mitbürgern und geliebt von den zahlreichen Schülern«*[13] (über Anna Hesse in Erfurt) oder ausführlicher über Elise Brandhorst in Hannover:

> »Ein Glanzpunkt war der 1. November 1890 für sie, wo sie ihr 25jähriges Jubiläum als Instituts-Vorsteherin feiern konnte, und bei dieser Gelegenheit durch die ihr von allen Seiten bewiesenen Liebes- und Ehrenbezeugungen erkennen konnte, welchen Platz sie sich durch ihr ideales Streben, ihren hingebenden Eifer an ihren Beruf in den Herzen Vieler errungen hatte. Unter den vielen Dankesspenden lief auch ein huldvolles Schreiben der Prinzessin Friederike, Tochter des früheren Königs von Hannover, und ihres Gemahls [...]. Ueber die musikalische Aufführung, welche zur Feier dieses Tages stattfand, sowie alle früheren Konzerte des Instituts der Jubilarin berichtet die Kritik voll einstimmigen, höchsten Lobes«[14].

Der musikpädagogische Beruf wurde unter verschiedenen Rahmenbedingungen ausgeübt. Die an allgemeinbildenden Schulen angestellten Musikpädagog*innen (in der Überzahl Männer) einmal ausgenommen, gab es drei Varianten, wie die Berufsausübung organisiert war:

1. Privatmusiklehrerinnen[15], die ihre Stunden ›abliefen‹, also die Schülerinnen und Schüler bei diesen zu Hause unterrichteten. Die Lehrerin musste, sofern es ihr Haupteinkommen war, an einem Tag im Normalfall vier bis sieben Adressen aufsuchen.

---

[10] Anna Morsch, *Deutschlands Tonkünstlerinnen. Biographische Skizzen aus der Gegenwart*, Berlin 1893, S. 209–236.

[11] Anna Morsch war leitende Redakteurin der Zeitschrift »Der Klavierlehrer« (Verbandsorgan deutscher Musiker*innen- und Musiklehrer*innen-Verbände) sowie im Hauptvorstand der 1897 gegründeten Musiksektion des Allgemeinen Deutschen Lehrerinnenvereins.

[12] Morsch, *Deutschlands Tonkünstlerinnen*, 1893, S. 233.

[13] Ebd., S. 231.

[14] Ebd., S. 228.

[15] Ich verwende in Bezug auf den Schwerpunkt dieses Textes nur die weibliche Form, diese Einteilung traf aber auch für Männer zu, die als Gesangs- und Instrumentalpädagogen arbeiteten.

Unterrichtsausfall wurde in der Regel nicht vergütet. Teilweise durfte sie an Mahlzeiten der Familien teilnehmen. Sie hatte meist keinen festen Unterrichtsraum, über den sie verfügen konnte.

2. Daneben gab es die angestellten Musikpädagoginnen an größeren Musikbildungs-Institutionen staatlicher und privater Art. Diese Variante war im Vergleich zur vorhergehenden deutlich weniger kräftezehrend und prekär, da der Unterricht an einem eingerichteten Arbeitsplatz stattfand und das Angestelltenverhältnis zumindest eine vergleichsweise sichere finanzielle Situation gewährleistete.

3. Schließlich waren Klavier- oder Gesangslehrerinnen selbständig unternehmerisch tätig. Das bedeutet, viele bürgerliche Frauen gründeten und leiteten eigene Musikschulen. Darin unterrichteten sie selbst und hatten je nach Größe weitere Lehrkräfte angestellt, bildeten teilweise neue Lehrerinnen in speziellen Kursen aus, führten die geschäftlichen Aufgaben und verkauften manche Musikschule als Unternehmen sogar so gewinnbringend weiter, dass sie sich zur Ruhe setzen konnten. Ein Beispiel hierfür ist die Nürnberger Musikschule von Lina Ramann und Ida Volckmann, die die beiden Leiterinnen 25 Jahre nach der Gründung verkauften[16] und sich mit diesem Geld in München zur Ruhe setzen konnten.

Das breite Angebot von privatem Musikunterricht hing eng mit dem bürgerlichen Lebensstil des 19. Jahrhunderts zusammen. Im Bürgertum war musikalische Ausbildung für Töchter fester Bestandteil einer standesgemäßen Erziehung, die später zu einer angemessenen Verheiratung führen sollte. Entsprechend groß war die Nachfrage nach Klavier- und Gesangsunterricht, die Branche der Privatmusiklehrer- bzw. Privatmusiklehrerinnen wuchs bis ins 20. Jahrhundert hinein permanent. Stichprobenartige Untersuchungen von Adressbüchern mitteldeutscher Städte zur Zeit kurz vor der Jahrhundertwende zeigen eine steigende Tendenz in diesem Berufsfeld. Im Adressbuch für Weimar waren 1893 mehrere Spalten mit den Namen von Musiklehrer*innen gefüllt. Dagegen war im Adressbuch von 1855 in derselben Stadt noch kein*e einzige*r Klavierlehrer*in gewerblich gemeldet, was nicht bedeutet, dass es keinen Musikunterricht gab – sondern keine hauptberuflichen Musikpädagog*innen. Zu finden sind 1893 unter 13 Gesangslehrkräften 6 Frauen und bei 31 Klavierlehrkräften 9 Frauen, wobei 2 Frauen sowohl als Gesangs- als auch als Klavierlehrerinnen aufgeführt sind. Diese Zahlen ergeben einen weiblichen Anteil von circa 30 % bis knapp 50 % und entsprechen nach meinen Erkenntnissen[17] im Allgemeinen der deutschlandweiten Situation.[18]

---

[16] Die Musikschule wurde von ihnen 1865 gegründet und bis 1890 geleitet. Sie verkauften die laufende Musikschule an die beiden Musiker August Göllerich und Theodor Schmidt.

[17] Die Erkenntnisse beruhen auf Sichtung und Auswertung von Archivmaterial, Annoncen in Zeitschriften, historischen Adressbüchern, Tonkünstlerkalendern und zeitgenössischen Beschreibungen oder Memoiren.

[18] Ausführlichere Informationen zum Thema und unter anderem zu statistischen Zahlen werden in meiner Dissertation über Musikschulleiterinnen, aktuell in Vorbereitung, veröffentlicht werden.

Die Quellenlage zu privaten Gesangs- oder Instrumentalpädagog*innen mit eigener Musikschule basiert besonders bei Frauen kaum auf Egodokumenten oder Nachlässen mit Korrespondenz oder beruflichen Unterlagen, vor allem von Musikschulleiterinnen sind keine Nachlässe und nur wenige schriftliche Dokumente mit Bezug auf ihren Beruf erhalten.[19] Ein wesentlicher Grund hierfür ist sicherlich die Ehelosigkeit der meisten selbständigen Musikschulleiterinnen und damit zusammenhängend die fehlenden Nachkommen, die einen Nachlass aufbewahrt hätten. Hinzu kommt als weiterer virulenter Punkt, dass (selbst erfolgreiche) musikpädagogische Karrieren häufig von der Nachwelt als historisch unbedeutend empfunden wurden. Es gibt eine große Diskrepanz zwischen alltäglicher Präsenz zu Lebzeiten in der Tagespresse und Fachzeitschriften mit Artikeln, Prüfungsbesprechungen, Werbeannoncen etc. und dem Verschwinden musikpädagogischer Persönlichkeiten aus der öffentlichen Wahrnehmung nach ihrem Tod – auch wenn teilweise noch Nekrologe auf die Person erschienen waren, blieb eine weitere Rezeption aus. Vor allem später erstellte musikgeschichtliche Überblicksdarstellungen sind in dieser Hinsicht unvollständig und Einzelbiographien über Musikpädagoginnen gibt es fast nicht. Archivierte Akten der Gewerbeämter haben hingegen mancherorts als Quellen zu privaten Musikschulen überdauert und diese enthalten neben wirtschaftlichen und organisatorischen Angaben teilweise auch Lebensläufe und Korrespondenzen der Leiterinnen mit den Behörden. Falls die Musikpädagogin an einem Konservatorium ausgebildet worden war, sind über die Archivakten des jeweiligen Konservatoriums manchmal knappe Lebensläufe und Prüfungsrepertoires zu finden, doch hier ist die Quellenlage sehr lückenhaft.

Die fehlende musikgeschichtliche Überlieferung verwundert angesichts der Allgegenwärtigkeit dieses Phänomens. Auffällig ist dagegen die Präsenz von Musikpägog*innen in Kunst und Literatur. Wie viele klavierspielende Frauen und Mädchen oder Situationen im Klavierunterricht sind als Motiv auf fast unzähligen Gemälden zu sehen! In der Literatur des 19. und 20. Jahrhunderts begegnen einem ebenfalls überaus häufig Klavierlehrerinnen als typische Charaktere im bürgerlichen Milieu, leider oft tendenziell negativ oder inkompetent konnotiert wie in *Die Buddenbrooks* von Thomas Mann (1901) oder auch *Die Klavierspielerin* von Elfriede Jelinek (1983). Klavierlehrerinnen sind in der Literatur auffällig oft als pädagogisch unfähige, teilweise fachlich dilettantische, Kinder einschüchternde und körperlich zudringliche Frauen, denen typischerweise ihr Traum von einer Karriere als Pianistin verwehrt blieb, dargestellt. Freia Hoffmann identifizierte in einer solchen Charakterisierung, im »düstere[n] *Gegenbild zur anmutigen Pianistin*«[20], ein literarisches Ste-

---

[19] Eine Ausnahme bilden hier der Nachlass und die Briefe Lina Ramanns – die allerdings nicht wegen Ramanns Tätigkeit als Musikschulleiterin, sondern wegen ihrer Einbindung in das Netzwerk um Franz Liszt als erhaltenswert galten. Die Dokumente befinden sich im Goethe-Schiller-Archiv Weimar. Der die Musikschule betreffende ›Nachlass‹ ist darin jedoch nicht erhalten und wurde eventuell schon von Ramann und Volckmann nach dem Verkauf der Musikschule aus Gründen vermeintlicher Unwichtigkeit entsorgt.

[20] Freia Hoffmann, »Die Klavierlehrerin. Caroline Krähmer und ein literarisches Stereotyp«, in: *Musik und Biographie. Festschrift für Rainer Cadenbach*, hrsg. von Cordula Heymann-Wentzel u. Johannes Laas, Würzburg 2004, S. 149–161, hier S. 149.

reotyp der Klavierlehrerin. An dieser Stelle soll es jedoch nicht um die literarische, sondern um die sozialgeschichtliche Situation gehen. Indem hier Musikschulleiterinnen vorgestellt werden, die als Musikpädagoginnen mit ihren eigenen Musikschulen musikpädagogisch und unternehmerisch erfolgreich waren, möchte ich zeigen, dass sie sich ein wichtiges Element des Bürgertums zu eigen machten: persönliche und wirtschaftliche Selbständigkeit.[21]

In den größeren Städten wurden schon seit Beginn des 19. Jahrhunderts private Musikinstitute gegründet, die eigene Unterrichtsräumlichkeiten besaßen. Einige davon erhielten später den Status eines staatlichen Konservatoriums oder wurden in ein solches eingegliedert, wie beispielsweise das Stern'sche Konservatorium in Berlin, welches 1850 von Julius Stern, Adolph Bernhard Marx und Theodor Kullak als private Musikschule gegründet wurde, zwischenzeitlich von Jenny Meyer als Inhaberin und Direktorin geleitet, 1936 zwangsverkauft wurde und 1966 in der heutigen Universität der Künste Berlin aufging. Auf die Normalität und Häufigkeit solcher Musikschul-Gründungen im 19. Jahrhundert weist Cordula Heymann hin, die über die Gründung des Stern'schen Konservatoriums und kaum vorhandene Resonanz in den einschlägigen Musikzeitschriften schreibt: »Vermutlich war die Gründung kein großes Ereignis, sondern lediglich die Zusammenfassung des bisher privat erteilten Unterrichts in eigens dazu angemieteten Räumlichkeiten in der Dorotheenstraße 54«[22]. Der Übergang von Unterricht in Privaträumen zu externen, gewerblich genutzten Räumen war in vielen Fällen wachstumsabhängig, das heißt, mit wachsender Schülerschaft wurden die Räumlichkeiten größer und spätestens in diesem Stadium nannte man die Unternehmung dann ›Musikschule‹. Es fanden sich jedoch auch an Privatwohnungen Klingelschilder zu Musikschulen, für die ein Raum der Wohnung zur Verfügung stand. Dort konnte dann natürlich nicht parallel unterrichtet werden, weshalb die Schüler*innenzahl begrenzt blieb.

Anhand einer Tabelle möchte ich einen Eindruck der flächendeckenden Verbreitung und Anzahl[23] von Musikschulen vermitteln, die von Frauen geleitet und in vielen Fällen auch gegründet wurden, denn umfassende statistische Daten zur außerschulischen Musikpädagogik des 19. Jahrhunderts sind derzeit noch nicht vorhanden. Die Übersicht listet solche Musikschulen im damals deutschen Gebiet des groben Zeitraums 1870 bis 1920 auf und basiert auf Angaben von Anna Morsch (1893), Lina Morgenstern (1893), Elizabeth Ichenhaeuser (1895) und meinen eigenen Recherchen in Archivalien und Zeitschriften.

---

[21] Siehe hierzu z. B. Manfred Hettling, »Die persönliche Selbständigkeit. Der archimedische Punkt bürgerlicher Lebensführung«, in: Der bürgerliche Wertehimmel. Innenansichten des 19. Jahrhunderts, hrsg. von Manfred Hettling u. Stefan-Ludwig Hoffmann, Göttingen 2000, S. 57–78.

[22] Cordula Heymann-Wentzel, Das Stern'sche Konservatorium der Musik in Berlin. Rekonstruktion einer verdrängten Geschichte, Dissertation, UdK Berlin 2014, S. 24, https://opus4.kobv.de/opus4-udk/frontdoor/deliver/index/docId/797/file/041213_Diss_Heymann_Wentzel+ende.pdf, Zugriff am 30. Aug. 2019.

[23] Die Tabelle ist keinesfalls als vollständige Auflistung zu verstehen. Besonders für Berlin ist die Masse hier nicht aufführbar, siehe z. B. Lina Morgenstern, Frauenarbeit in Deutschland, 1893, S. 184–188. Dass der Süden und Westen in dieser Auflistung weniger stark vertreten ist, beruht vermutlich auf regionaler Vernetzung der oben genannten Autorinnen.

Verena Liu

Ort	Name der Einrichtung, Leiterin
Berlin	Petri-Konservatorium, Frl. Ascher
	Gesangschule, Martha Braun
	Gesangsinstitut, Frau Bury
	Musikinstitut, Anna Dittrich
	Gesangschule, Elisabeth Feininger
	Gesang- und Theaterschule Fessler, Frau KS Fessler
	Konservatorium, Ottilie von Hanuschewski
	Musikschule, Frau Giesecke
	Höhere Schule für Klavierspiel, Margarethe Gruenstein
	Gesangschule, Amalie Joachim
	Gesangschule, Helene Jordan
	Klavierschule und Lehrerinnenseminar, Maria Leo
	Stern'sches Konservatorium, Jenny Meyer
	Musikinstitut, Anna Morsch
	Musikinstitut »Cäcilia«, Marie Schlesinger-Stephani
	Gesangschule, Anna Schultzen von Asten
	Musikinstitut, Mathilde Singer
	Schule für natürlichen Kunstgesang, Sophie Schröter
	Gesangsinstitut, Rosa de Ruda
	Luisen-Konservatorium ›West‹, Emma Woelm
Braunschweig	Wieseneder'sche Musikbildungsschule, Baronin Marie von den Osten-Sacken
Bremen	Musikinstitut, Frau Marschall
Breslau	Musikschule, Luise Menzel
	Klavierschule, Frau Walter
	Klavierschule, Frl. Wilken
	Klavierschule, Frl. Krickel
Bromberg	Gesanginstitut, Frl. Schwadke und Frl. Passarge
Darmstadt	Musikschule, Frl. Müller
Dresden	Musikschule Dresden-Oberlößnitz, Helene Brettholz und Helene Windinge
	Musikschule, Frau Falkenberg
	Musikschule, Emma Frantzen
	Unterrichtskurse Konzertgesang, Elisabeth Kaiser

	Gesangs- und Opernschule, Selma Lenz
	Pädagogische Musikschule, Frl. von Mertschinsky
	Gesangunterrichts-Kurse, Luise Ottermann
	Gesangschule, Frl. Margarethe von Strombeck
Erfurt	Musikschule und Musiklehrer-Seminar, Anna Hesse
	Musik-Institut, Frl. Elise Scheidemann
	Musik-Institut, B. Schick und Anna Schick
Erlangen	Musikschule, Frl. von Branka
	Musikschule, Frl. Götte
	Musikschule, Frl. Haas
	Musikschule, Frau Zucker
Frankfurt a. M.	Musikschule, Sophie Henkel
Görlitz	Musik-Institut, W. Paternoster
Gotha	Musik-Institut, A. Patzig
Halberstadt	Musikschule, Frl. Tanneberg
Halle	Musikschule, Frau Petri
Hannover	1. Hannover'sches Musik-Institut, Elise Brandhorst
	Musikinstitut, Frl. Reinecke
Karlsruhe	Elementarschule für Musik, Frl. Rampmeyer
Kassel	Musikschule, Frl. Weidenmüller
	Musikschule, Therese Röttger und Mathilde Bier
Kiel	Elementarschule für Musik, Frl. Vollbehr
Leipzig	Gesangsinstitut, Elisabeth Dreyschock
	Höhere Musikschule, Elise Kleinod
	Musikschule, Frieda Prager
	Adscharys Musikschule, Alwina Bleisteiner
Nürnberg	Ramann-Volckmann'sche Musikschule, Lina Ramann und Ida Volckmann
Posen	Gesangsschule, Frau Dr. Theile
Rostock	Gesangsschule, Frl. Brunzlow
Ulm	Musikschule, Friederike Nagel
Wolfenbüttel	Pädagogium für Musik, Betty Reinicke (oder Reinecke)

Wie sahen nun diese Musikschulen aus? Wie groß waren sie? Was wurde unterrichtet und wie viel kostete der Unterricht?

Insgesamt zeigt sich, dass kein prototypisches Musikschulmodell als Vorbild diente. Ein verbindliches, politisch gewolltes Konzept, wie es später Leo Kestenberg für die ›Volksmusikschulen‹ erarbeitete, existierte bis dahin nicht.[24] Je nach regionalen Gegebenheiten und Möglichkeiten passten die Musikpädagoginnen ihr Angebot an. Die Bandbreite spannte sich von vielen kleinen Musikschulen, die aus nur einer Klavierlehrerin und einem Zimmer ihrer Wohnung bestanden, bis hin zu sehr großen Musikschulen mit Filialen in verschiedenen Stadtteilen oder Städten, die eine ganze Belegschaft von Musiklehrerinnen und -lehrern eingestellt hatten und Unterricht in Gesang, verschiedenen Instrumenten, Ensemblespiel, Musiktheorie und Musikgeschichte anboten.

Die Organisation von Musikschulen war ebenfalls enorm vielgestaltig, manche Musikschulen wurden von einem Leiterinnen-Duo geführt, wovon oft die eine Klavier und die andere Gesang unterrichtete[25]. Ebenso gab es Inhaberinnen, die allein die Geschäfte lenkten und Angestellte führten[26], oder auch ein Direktorium aus mehreren Personen mit einer Frau als Inhaberin und Vorsteherin[27]. Es gab Witwen von Musikschuldirektoren, die die Einrichtung nach dem Tod ihres Mannes weiterführten[28] oder Töchter, die von ihrem Vater eine Musikschule übernahmen[29]. Über ein Direktorinnen-Duo in Kassel schreibt Anna Morsch in einem kurzen Porträt:

»Die Schule besteht etwas länger wie zwei Jahre und umfaßt Klavier, Gesang und Theorie. Die Gesangsklassen werden von Therese Röttger geleitet, welche, 1867 zu Hannover geboren, von 1886 ab vier Jahre lang Gesangsstudien auf dem Kölner Konservatorium betrieben und dasselbe mit glänzendem Reifezeugniß als Konzertsängerin und Lehrerin verlassen hat. Mathilde Bier ist 1867 geboren, hat zur gleichen Zeit auf dem Kölner Konservatorium Klavier und Gesang, ersteres als Hauptfach, studirt [sic] und sich ein gleiches, schönes Abgangszeugniß errungen. Beide Damen haben sich in der kurzen Zeit ihres Zusammenwirkens in Cassel den Ruf ebenso tüchtiger, wie strebsamer Pädagoginnen erworben und bereits einen zahlreichen Schülerkreis um sich versammelt«[30].

---

[24] Siehe Leo Kestenberg, *Musikerziehung und Musikpflege,* Berlin 1921 und ders., *Der Privatunterricht in der Musik. Amtliche Bestimmungen*, Berlin 1925, sowie zusammenfassend: Ulrich Mahlert, *Leo Kestenberg und seine Anstöße zur Entwicklung von Musikschulen* [Vortrag auf dem Musikschulkongress des Verbandes deutscher Musikschulen in Bamberg, 2013], https://www.musikschulen.de/medien/doks/mk13/dokumentation/f-2.pdf, Zugriff am 3. Aug. 2020.

[25] Zum Beispiel die Musikschule von Therese Röttger und Mathilde Bier in Kassel oder auch Lina Ramann und Ida Volckmann in Nürnberg.

[26] Zum Beispiel Elise Kleinod mit ihrer Musikschule in Leipzig oder die Gesangs- und Opernschule von Selma Lenz in Dresden.

[27] Zum Beispiel an der pädagogischen Musikschule von Margarethe von Mertschinsky in Dresden.

[28] Zum Beispiel an Adscharys Musikschule in Leipzig, geleitet von Alwina Bleisteiner, der Witwe des vorherigen Inhabers Johannes Bleisteiner. Diese Musikschule wurde 1907 gegründet und ab 1929 von Alwina Bleisteiner geleitet. 1935 wurde die Schule aus wirtschaftlichen Gründen geschlossen.

[29] Dazu weiter unten das Fallbeispiel von Otto Pragers Musikschule.

[30] Anna Morsch, *Deutschlands Tonkünstlerinnen*, 1893, S. 253.

Aus diesem Zitat wird ersichtlich, dass sich die beiden Musikpädagoginnen wohl als Studentinnen des Kölner Konservatoriums kennengelernt hatten und durch ihre unterschiedlichen Hauptfächer strategisch klug in ihrer Musikschule die hohe Nachfrage nach Gesangs- und Klavierunterricht bedienen konnten. Eine ebenfalls durch lokale Kontakte entstandene Geschäftspartnerschaft lässt sich bei Ramann und Volckmann rekonstruieren, die in den Jahren von 1858 bis vermutlich 1863 gleichzeitig in Leipzig musikalischen Studien nachgingen: Volckmann als Klavierstudentin am Konservatorium, Ramann in privater Ausbildung bei Franz und Elisabeth Brendel.[31] Nach einer kurzen Musikschultätigkeit in Glückstadt (Holstein) gründeten beide Frauen 1865 in Nürnberg eine Musikschule, die sie bis 1890 leiteten.

Dass sich junge Frauen am Konservatorium gezielt als Solokünstlerin und Lehrerin ausbilden ließen, war üblich und meist sogar im Curriculum explizit vorgesehen. Wie deutlich dies formuliert wurde, kann man zum Beispiel in den Statuten der Schülerinnenabteilung der Großherzoglichen Orchester- und Musikschule in Weimar von 1877 nachlesen: Zweck der Ausbildung der Studentinnen war die Berufsvorbereitung »für den Lehrerberuf und Solovortrag in Gesang und Klavierspiel«[32]. Eine wesentliche Rolle spielten für Frauen die eingeschränkten Möglichkeiten in Bezug auf ihren späteren Beruf als Musikerin. Der Großteil von professionell ausgebildeten Sängerinnen und Pianistinnen fand sein Auskommen als Musikpädagoginnen (ähnlich war die Situation übrigens bei den Männern, die zumindest als Zuverdienst häufig Musikunterricht gaben).

Otto Pragers Musikschule in Leipzig, Inhaberin und Leiterin Frieda Prager

Ausgehend von dem bis hierher ausgeführten Kontext möchte ich nun als konkrete Fallbeispiele zwei private, von Frauen geleitete Musikschulen aus Leipzig vorstellen. Das Quellenmaterial dazu besteht hauptsächlich aus den Akten des sächsischen Innenministeriums, die seit der Gewerbefreiheit 1868 auch über gewerbliche Schulen – zu denen private Musikschule gezählt wurden – geführt wurden.[33] Im ersten Fall handelt es sich um die Musikschule Otto Prager, die nach eigener Auskunft von 1874 bis 1933, also knapp 60 Jahre lang, in Leipzig existierte.[34] Im Jahr 1910 übergab der Vater die

---

[31] Siehe Verena Liu, *Die Musikpädagogin Ida Volckmann (1838 – 1922). Lina Ramanns ›kongeniale Lehrgenossin‹ und ›treue Freundin‹*, unveröffentl. Masterarbeit, Hochschule für Musik, Theater und Medien Hannover 2012, S. 25, 50.

[32] Wolfram Huschke, *Zukunft Musik. Eine Geschichte der Hochschule für Musik Franz Liszt Weimar*, Weimar 2006, S. 55.

[33] Diese Akten liegen im Sächsischen Staatsarchiv, Hauptstaatsarchiv Dresden im Bestand 11125 Ministerium des Kultus und öffentlichen Unterrichts, eingeordnet unter »Fachschulen und Berufsschulen« in der Unterkategorie 05.09 »Musikschulen«.

[34] Alle folgenden Angaben aus: Sächsisches Staatsarchiv, Hauptstaatsarchiv Dresden, 11125 Ministerium des Kultus und öffentlichen Unterrichts, Akte Nr. 18213. Es handelt sich um größtenteils unfolierte, handschriftlich ausgefüllte Fragebogenvordrucke des Gewerbeamtes der Jahre 1898/99, 1903/04, 1907/08, 1910/11.

Musikschule seiner Tochter Frieda Elisabeth Prager, welche von da an als »*Inhaberin und Leiterin*« in den Akten geführt wird. Der Name der Musikschule wird dort fortgeführt als »*Otto Pragers Musikschule in Leipzig. Inhaberin und Leiterin Frieda Elisabeth Prager*«.

Aus den jährlichen Schulberichten an das Gewerbeamt erfahren wir: Die Schüler*innenzahl betrug im Schuljahr 1898/99 insgesamt 123 Schülerinnen und Schüler bei einem Lehrerkollegium von insgesamt sieben Lehrerinnen und Lehrern, zu dem Vater und Tochter gehörten. Das bedeutet, die Musikschule hatte fünf zusätzlich angestellte Lehrkräfte. Damit kann man diese Schule als eine mittelgroße Musikschule bezeichnen.

Unterrichtet wurde an Otto Pragers Musikschule täglich von 9 bis 12 und von 14 bis 18 Uhr. Der Unterricht kostete im Jahr 1898/99 8 bis 10 Mark monatlich, 1903/04 werden 46–52 Mark jährliches Schulgeld angegeben bei gestiegener Schüler*innenzahl (138 insgesamt, davon 102 Schülerinnen, 36 Schüler). Als feste Ausgaben gab Otto Prager 1898 4110 Mark für die »*Lehrerbesoldung*« und 1150 Mark für Miete an. Im nächsten erhaltenen Bericht an das Gewerbeamt 1903/04 gibt sich Otto Prager als Eigentümer des Schulgebäudes an, das ferner auch zu Wohnzwecken diente, somit entfallen nunmehr die Mietkosten.

Nach der Übergabe an die Tochter waren im Schuljahr 1910/11 neben der Inhaberin, die selbst unterrichtete, fünf Lehrkräfte angestellt, welche 1–2 Mark pro Stunde, vermutlich für Gruppenunterricht,[35] verdienten. Zur Ausstattung und den Räumlichkeiten werden folgende Angaben gemacht: Die Schule besaß vier Pianoforte und unterrichtet wurde in vier Räumen. Als Frieda Prager 1910/11 übernahm, hatte die Musikschule 74 Musikzöglinge, davon 28 männliche und 46 weibliche. Dieser starke Mädchen-Überhang findet sich bei vielen der von mir untersuchten von Frauen geleiteten Musikschulen, jedoch hatte aus meiner Sicht das Geschlecht der Musikschulleitung keinen maßgeblichen Einfluss auf die Geschlechterverteilung der Schülerschaft: Auch in von Männern geleiteten Musikschulen überwog meistens der Schülerinnen-Anteil in den Fächern Klavier und Gesang, jedoch nicht immer so stark wie in diesem Beispiel. Als wesentlicher, auf die Leitung und Lehrkräfte zurückführbarer Unterschied bildet sich jedoch deutlich die breitere Palette an Instrumenten und Berufsperspektiven ab, die Lehrer anbieten und Schüler ansteuern konnten.

Um die wirtschaftliche Seite von privaten Musikschulen anschaulicher zu zeigen, habe ich den Jahresumsatz und dementsprechenden Gewinn 1898/99 grob überschlagen: 123 Schülerinnen und Schüler hatten laut Otto Pragers Auskunft durchschnittlich 9 Mark pro Monat bezahlt. Daraus ergibt sich ein geschätztes Einkommen von 13284 Mark jährlich. Ebenfalls gibt Prager die Ausgaben für Lehrkräfte (4110 Mark) und Miete (1150 Mark) an. Es bleiben 8024 Mark Gewinn vor Steuern und sonstigen Ausgaben wie Versicherungen, Instrumentenkosten, Werbemaßnahmen etc. Otto Prager gibt keine Steuerbeträge an, jedoch lässt sich anhand der Auskünfte anderer Musikschulen eine allgemeine Belastung mit Steuern und sonstigen staatlichen Abgaben von ca. 1–2% des Gesamtum-

---

[35] Über die Unterrichtsform sind leider in der betreffenden Akte keine Auskünfte enthalten.

satzes ermitteln. Für Otto Pragers Musikschule entspräche das einem Betrag von etwa 130–260 Mark.

Die wirtschaftlichen Größenordnungen mittelgroßer privater Musikschulen waren vergleichbar mit dem Umsatz kleinerer selbständiger Betriebe aus Handwerk und Handel.

Interessant ist folgende Erklärung Otto Pragers, als es um die Überschreibung der Musikschule vom Vater an seine Tochter geht:

> »Gesuch von Otto Prager vom 22. 03. 1910: Nachdem seiner Zeit meine Tochter bei mir selbst eine gründliche Vor- und Ausbildung in Musik genossen, hat sie noch ein Jahr das königliche Konservatorium hierselbst besucht und ihre Kenntnisse noch mehrere Jahre in der Schweiz – in Payenne und Lausanne – als Musiklehrerin vergrößert. Außerdem hat sie längere Zeit an meiner eigenen Musikschule unterrichtet«[36].

Wie aus dem Zitat ersichtlich wird, hat der Vater die Tochter also selbst explizit auf eine Berufstätigkeit als Musikpädagogin vorbereitet, vielleicht war diese Nachfolgeregelung im Rahmen des Familienbetriebs schon lange geplant. Nach einer musikalischen Grundausbildung durch den Vater gehörten neben einem Konservatoriumsstudium auch Auslandaufenthalte zum Erwerb ihrer Berufserfahrung. Frieda Prager schien die Musikschule nach der Übernahme solide zu leiten, immerhin bestand sie noch 23 Jahre lang bis 1933 fort.[37] Ein typisches Merkmal ist ihre Ledigkeit,[38] da ein großer Teil der selbstständigen Musikpädagoginnen unverheiratet war.

Ebenfalls erwähnt die Akte den ganz selbstverständlich innerhalb des Familienunternehmens geschlossenen Vertrag zur Übergabe der Geschäfte.[39] Die Musikschule wird als Unternehmen behandelt, das zu gegebener Zeit an Sohn oder Tochter übergeben wird. Ein prominenteres Beispiel dafür findet sich mit dem Stern'schen Konservatorium. In Berlin leitete Jenny Meyer diese private Musikschule von 1888 bis zu ihrem Tod 1894. Sie war Inhaberin und Direktorin und wurde dies, indem sie Julius Sterns Erben die Musikschule abkaufte, die Verwandte waren – Jenny Meyer war Julius Sterns Schwägerin. Derartige Kauf- oder Übergabeverträge innerhalb des Familienunternehmens Musikschule finden sich immer wieder. Auch im amtlichen Schriftverkehr werden private Musikschulen als »Unternehmen« bezeichnet, beispielsweise wie anlässlich der oben vorgestellten Übergabe vom Vater auf die Tochter.[40]

---

[36] Folio 57.

[37] Frieda Prager starb im Sept. 1932, die Musikschule wurde daraufhin im Mai 1933 geschlossen.

[38] Aus der Akte (Folio 55) geht hervor, dass sie nicht verheiratet war: »*Rat der Stadt Leipzig an das Ministerium des Inneren 19. 05. 1910: Gesuch des hiesigen Musikschul-Inhabers Otto Prager und seiner Tochter Frieda Prager um Übertragung der Genehmigung zum Betriebe auf die Letztere. Zwischen Vater und Tochter geschlossener Vertrag in Anlage. Tochter ledig, mit Zeugnissen.*«

[39] Ebd.: »*Zwischen Vater und Tochter geschlossener Vertrag in Anlage.*« Die Anlage ist leider nicht in der Akte enthalten.

[40] Ebd., Folio 56: »*31. 05. 1910 Das Ministerium des Inneren genehmigt Weiterführung. 5 Mark Kosten für die Genehmigung fallen der Unternehmerin der Anstalt zur Last.*«

Elise Kleinods Musikschule in Leipzig

Ein weiteres Leipziger Fallbeispiel ist die »*Höhere Musikschule von Elise Kleinod*«[41], die im Lauf der Zeit auch als »*Musikinstitut der Elise Kleinod*« und als »*Musik- und Gesangs-Institut von Elise Kleinod*« geführt wird. Von Febr. bis Mai 1893 dokumentieren die Akten einen Schriftverkehr von Elise Kleinod, ihrem Anwalt und dem Rat der Stadt bezüglich Kleinods Gesuch, eine gewerbliche Schule gründen zu dürfen, geschlossen wird diese Musikschule aus Altersgründen Kleinods 1926.[42] Es findet sich in der Akte der Hinweis auf eine Erbschaft in Höhe von 6500 Mark, die Elise Kleinod scheinbar in die Gründung der Musikschule investiert hat, beispielsweise in Instrumente und Musikalien. Letztere konnten sich die Schüler*innen später in der Musikschule gratis ausleihen, es gab laut Auskunft von Elise Kleinod eine Notenbibliothek mit 250 Bänden. Des Weiteren verfügte das Musikinstitut über einen Flügel, zwei Pianinos und zwei Geigen.

Betrachtet man Kleinods Alter zum Gründungszeitpunkt (vermutlich 45 Jahre) und ihren Familienstand (Kleinod war laut eigener Angabe nicht ihr Mädchenname), ist die Musikschulgründung eventuell die Reaktion auf ihre damals aktuelle Lebenssituation. Vorstellbar ist Krankheit oder Tod des Ehemanns oder der Wegfall anderer Einkunftsquellen aus künstlerischen Engagements (sie war Sängerin). Dem Ministerium gegenüber gibt sie an, über ein väterlicherseits ererbtes Kapital von 6500 Mark zu verfügen, das nicht nur, wie oben erwähnt, in Betriebsmittel investiert wurde, sondern scheinbar auch als finanzielle Absicherung für die Musikschule diente.[43] Darüber hinaus fehlen wesentliche biografische Informationen und vieles muss Spekulation bleiben. Kleinod selbst berichtet rückblickend im Jahr 1900, dass sie in Neisse[44] aufgewachsen und musikalisch vorgebildet worden sei, dann in Leipzig am Konservatorium studiert habe.[45]

Aus dem handschriftlichen Entwurf des Prospektes der Musikschule (1893) erfahren wir: »*Die höhere Musikschule hat sich eine allseitige gründliche Ausbildung der in das Institut eintretenden Schüler und Schülerinnen zur Aufgabe gemacht*«[46]. Im Jahr 1900 beschreibt Elise Kleinod ihr Institut dem Ministerium gegenüber als »*Vorbildungsschule für das Königliche Conservatorium*«[47]. Die Musikschule bot Unterricht in den Fächern Klavier, Violine, Cello, Gesang *(»Ausbildung bis zur Bühne«)* und theoretischen Unterricht: »*Elementare Musiklehre, Harmonielehre, Contrapunkt, Fugenlehre, Formen- und Compositionslehre, Methodik des Klavierspiels*«[48]. Neben Elise Kleinod, die selbst ganz

---

[41] Sächsisches Staatsarchiv, Hauptstaatsarchiv Dresden, 11125 Ministerium des Kultus und öffentlichen Unterrichts, Akten Nr. 18210 und 18211.
[42] 1925 war sie laut Akten 77 Jahre alt. Eine Biografie ist leider nicht erhalten. Falls diese Angabe stimmt, müsste sie 1848 geboren sein.
[43] Akte 18210, Folio 7r.
[44] Heute Nysa in Polen, ehemals Schlesien.
[45] Akte 18210, Folio 93r.
[46] Akte 18210, Folio 2.
[47] Akte 18210, Folio 94.
[48] Ebd.

typisch Klavier und Gesang, aber auch Theorie unterrichtete, waren vier weitere Lehrkräfte angestellt: zwei Lehrerinnen für Klavier und Theorie (davon eine zusätzlich für Gesang und italienische Aussprache), ein Lehrer für Violine und ein Lehrer für Cello.[49] Die Tatsache, dass hier Frauen die theoretischen Musikfächer unterrichteten, muss deutlich hervorgehoben werden, da Musikwissenschaft, Musiktheorie und Komposition an Universitäten und Konservatorien fast ausschließlich von Männern unterrichtet wurden.[50] Elise Kleinod wird in den beiliegenden Zeitungsausschnitten[51] jedoch mehrfach auch als Komponistin erwähnt, Chorstücke und Lieder von ihr erklangen bei Aufführungen ihrer Musikschule, teilweise von ihr selbst gesungen.

Das Unterrichtshonorar bewegte sich 1893 mit 8 Mark pro Monat für Anfänger und 12 bis 16 Mark pro Monat für Fortgeschrittene in etwa auf der Höhe von Otto Pragers Musikschule, der 8 bis 10 Mark pro Monat verlangte. Auch 1896 hatte Kleinod den Preis mit 9 bis 14 Mark pro Monat fast nicht verändert. Die Zahl der Schüler*innen hielt sich über die Jahre recht konstant bei 50 bis 70. Ein Jahr nach Eröffnung berichtet die Direktorin von weiterhin 5 Lehrkräften und 50 Schülerinnen und Schülern. Die Schüler*innenzahl stieg in den nächsten Jahren auf etwa 70, die Lehrer*innenzahl blieb konstant mit wechselnden Lehrkräften, danach fehlen genauere Daten. Unterricht fand noch etwas ausgedehnter als in Otto bzw. Frieda Pragers Musikschule von 7 Uhr morgens bis 8 Uhr abends statt.

Der Prospekt von 1896 betont, dass nur Einzelunterricht gegeben werde, im 19. Jahrhundert war jedoch auch Gruppenunterricht von 2–4 Schüler*innen eine übliche musikpädagogische Praxis, vor allem im Anfängerunterricht. Dies erklärt sich einerseits aus musikpädagogischen Konzepten, die gemeinschaftliches Musizieren für förderlich hielten,[52] andererseits war in ökonomischer Hinsicht für Musikschulen und Schüler*innen-Eltern der Gruppenunterricht lukrativer. Es musste nur eine Lehrkraft bezahlt werden

---

49 Ebd.: Frl. Johanne Rieder, Frl. Margarethe Lindener (Gesang, Italienisch), Bernhard Hess (Violine), Carl Klein.

50 Als eine Ausnahme kann hier Hedwig Schneider genannt werden, die am Sondershausener Konservatorium Musikgeschichte und Italienisch unterrichtete. Sie wurde an der Ramann-Volckmann'schen Musikschule in Nürnberg ausgebildet. Ich danke Freia Hoffmann für den Hinweis.

51 Siehe Akte 18210, Folio 19–21, Folio 22f., Folio 32. Hier werden fünf Komposition von Elise Kleinod erwähnt.

52 Siehe *Ramann-Volckmann'sche Musikschule zu Nürnberg unter Direktion von August Göllerich und Theodor Schmidt. Eröffnet am 17. November 1865*, Nürnberg 1890. Darin im Vorwort von Lina Ramann und Ida Volckmann, S. 4: »*Vor Allem kam es darauf an, dem Elementarunterricht eine bestimmte Grundlage sowie Inhalt und Ziel zu geben; [...] es kam ferner darauf an, die Methode einem gemeinsamen Unterricht zuzuführen, denn nur durch die Gemeinsamkeit kann die Erziehungsidee praktische Gestaltung gewinnen*«; darauf beziehen sich weiter unten die beiden 1890 neu angetretenen Direktoren August Göllerich und Theodor Schmidt im Abschnitt »Methodik und musikalische Pädagogik«, S. 14: »*Die Schülerzahl einer Klasse ist für Klavier vier, für Harmonium und Gesang drei, für Violine sechs. Einzel-Unterricht wird nur ausnahmsweise ertheilt, da die Anstalt den gemeinschaftlichten Unterricht als die erziehliche Basis der einheitlichen Bildung des Musiksinnes wie der Erziehung überhaupt erkannt und seit 25 Jahren erprobt hat. (Siehe Vorwort.)*«.

und es war nur ein Unterrichtsraum besetzt, aber von mehreren Schülerinnen oder Schülern erhielt die Musikschule (ein im Vergleich zu teureren Einzelstunden vergünstigtes) Unterrichtshonorar.[53]

Auffällig ist Elise Kleinods unternehmerische Absicherung im Prospekt von 1896, laut der für die Schüler*innen eine vierwöchige Kündigungsfrist gelte und bei Absenz kein Unterricht nachgeholt werde, nur in Einzelfällen bei längerer Krankheit sei eine Nachholung möglich gewesen. Ferienzeiten erwähnt der Prospekt nicht, es könnte also möglich sein, dass der Musikunterricht durchgängig übers Jahr stattfand.[54] In dieser Hinsicht hatten Musiklehrerinnen, die in einer Musikschule – entweder selbständig oder angestellt – arbeiteten, den Vorteil kontinuierlicher Bezahlung. Privatmusiklehrerinnen (und -lehrer) klagten dagegen häufig darüber, dass Stunden kurzfristig abgesagt wurden oder längere Unterrichtsunterbrechungen stattfanden, die nicht vergütet wurden und teilweise existenzbedrohende Einkunftseinbußen entstanden. Diese berufspraktischen Aspekte der Musikpädagogik wurden auch in der Fachpresse diskutiert.[55]

Über die Positionierung privater Musikschulen auf dem Bildungsmarkt gibt im Falle Kleinods ein längerer Schriftverkehr mit dem zuständigen Innenministerium Auskunft, in welchem die Leiterin mehrmals versucht, im Namen ihrer Musikschule auf die pädagogisch-künstlerische Qualität hinzuweisen, z. B. mit dem Zusatz »*vom Königlichen Ministerium genehmigtes Institut*«[56] oder »*Privat-Conservatorium für Gesang*«[57]. Das oben erwähnte Zitat, in welchem Kleinod ihre Musikschule als »*Vorbildungsschule für das Königliche Conservatorium*« beschreibt, war auch Teil ihrer Argumentation gegenüber dem Ministerium, die Musikschule unter dem Titel »*Privat-Conservatorium für Gesang*« zu führen – was ihr bisher verweigert wurde. Sie argumentiert, dass der Zusatz »*Privat*« keinerlei Missverständnisse aufkommen lassen würde, da das Ministerium wohl befürchtete, auswärtige Interessentinnen und Interessenten könnten ihre Musikschule mit dem Leipziger Konservatorium verwechseln. Vom Ministerium hieß es zur Begründung, neben dem Konservatorium in Leipzig dürften nur zwei weitere, private Musikschulen diesen Titel führen und zwar nur, weil beide schon vor 1880, als ein Gesetz über gewerbliche Schulen erlassen wurde, existierten.

---

[53] In Prospekten anderer Musikschulen habe ich diesbezügliche Angaben gefunden, wie in der pädagogischen Musikschule von Margarethe von Mertschinsky: Anfängerunterricht mit 4 Schülerinnen in der Klasse kostete zum Beispiel 3 Mark pro Monat, mit 3 Schülerinnen je nach Niveau 6–10 Mark, Solostunden werden »auf besonderen Wunsch erteilt« und mit 12–20 Mark veranschlagt. Sächsisches Staatsarchiv, Hauptstaatsarchiv Dresden, 11125 Ministerium des Kultus und öffentlichen Unterrichts, Akten Nr. 18174, Folio 4 und 5 (Prospekt der Musikschule von 1895).

[54] Anhand anderer Musikschulen, die Ferienzeiten angaben, sind mindestens einige Ferientage zu Ostern, Pfingsten, Michaelis und Weihnachten zu erwarten, häufig gab es auch 4 Wochen Sommerferien. In vielen, aber nicht in allen Musikschulen, war während der Ferien auch Unterrichtshonorar zu bezahlen.

[55] Siehe hierzu Heinrich Neal, »*Die ›Lohnbewegung‹ der Musiklehrer*«, in: *NZfM* 31 (1902), S. 414–416, hier S. 415.

[56] Akte 18210, Folio 8, 11 und 12.

[57] Ebd. Folio 80–83.

Elise Kleinods Musikschule wurde, wie alle privaten Schulen, regelmäßig vom Aufsichtsamt für gewerbliche Schulen, das zum Innenministerium gehörte, überprüft. Die entsprechenden Gutachten sind interessante Dokumente über Ansichten zu Unterrichtsqualität und Leistungsniveau an Musikschulen. Die Musikschule veranstaltete Konzerte, öffentliche Prüfungen und monatlich stattfindende Vortrags-Abende. Zeitungsberichte und Zeitungsausschnitte mit Rezensionen dieser Musikschulveranstaltungen wurden mit in die Akte eingeklebt. Vom Gewerbeamt beauftragte Gutachter erschienen zu den öffentlich abgehaltenen Halbjahresprüfungen der Musikschule oder hospitierten im Unterricht. Der Revisionsbericht des Jahres 1912 basiert laut Angaben auf vier solcher Stippvisiten. Der namentlich nicht bekannte Gutachter schreibt schließlich: »*Frau Kleinod ist trotz aller Anfeindungen eine gute Gesangslehrerin, die die besten Resultate erzielt. Auch die sonstigen Leistungen des Instituts sind gut, wie sie es überhaupt versteht, mit straffer Hand die Zügel zu führen*«[58]. Die Anfeindungen bezogen sich auf eine spezielle Unterrichtsmethode für Gesang, die umstritten gewesen zu sein scheint. Der Gutachter bescheinigt Kleinod jedoch auch im nächsten Bericht 1915 gute Lehrerfolge, indem er auf die Leistungen ihrer Schülerinnen und Schüler in der öffentlichen Prüfung verweist: »*Frau Kleinod legt den Schwerpunkt auf den Gesangsunterricht. Sie bedient sich hierbei einer besonderen Methode, wegen der sie viel angegriffen wird. Doch hat sie den Erfolg auf ihrer Seite. In der letzten Prüfung wurden recht gute Leistungen erzielt*«[59]. Die Musikschule existierte zu diesem Zeitpunkt seit über 20 Jahren. In den 1920er Jahren baute Elise Kleinods Musikschule in Hinblick auf Schüler*innenzahl und Leistungsniveau stark ab, wie wiederum aus den Revisionsberichten der Aufsichtsbehörde für gewerbliche Schulen geschlossen werden kann. Bereits 1920 schien die Qualität zu leiden, denn der Gutachter schreibt: »*Frau Kleinod kämpft mit Eifer für die Hebung ihres Instituts*«[60].

Im Jahr 1925 – mittlerweile war Elise Kleinod 77 Jahre alt und hatte mit gesundheitlichen Problemen zu kämpfen[61] – hatte sie noch vier Schülerinnen. Im Jahr darauf erkannte ihr das Amt die Schulgenehmigung ab. Der Revisionsbericht 1926 dokumentiert die Schließung der Musikschule: »*Da die Inhaberin dauernd krank, eine fremde Lehrkraft nicht vorhanden ist, wurde das Institut, das keineswegs mehr den Anforderungen, die an eine gewerbliche Schule gestellt werden müssen, entspricht, Ende des Berichtsjahres geschlossen*«[62]. Somit endet dieses Fallbeispiel 1925. Just in dem durch die Kestenbergschen Reformen für die weitere Musikschul-Geschichte bedeutenden Jahr steht dieses Ende auch stellvertretend für den Generationenwechsel in der Musikpädagogik und die Musikkultur des zu Ende gegangenen langen 19. Jahrhunderts.

---

[58] Akte 18211, Folio 22.

[59] Ebd., Folio 69. Über die »*besondere Methode*« der Frau Kleinod ist im Moment nichts Näheres in Erfahrung zu bringen.

[60] Ebd., Folio 106.

[61] Laut internem Bericht des Rates der Stadt Leipzig an das Ministerium hatte sie »*beide Beine gebrochen*«, ebd. Folio 121 und 132.

[62] Ebd., unfolierter Revisionsbericht vom 03. März 1926 und Folio 133r Beschluss des Ministeriums.

Literatur

Oscar Bie, *Das Klavier und seine Meister. Mit zahlreichen Porträts, Illustrationen und Faksimiles*, Leipzig[2] 1901 [Erste Auflage: München 1898].

Manfred Hettling, *»Die persönliche Selbständigkeit. Der archimedische Punkt bürgerlicher Lebensführung«*, in: *Der bürgerliche Wertehimmel. Innenansichten des 19. Jahrhunderts*, hrsg. von Manfred Hettling u. Stefan-Ludwig Hoffmann, Göttingen 2000, S. 57–78.

Cordula Heymann-Wentzel, *Das Stern'sche Konservatorium der Musik in Berlin. Rekonstruktion einer verdrängten Geschichte*, Dissertation, UdK Berlin 2014, https://opus4.kobv.de/opus4-udk/frontdoor/deliver/index/docId/797/file/041213_Diss_Heymann_Wentzel+ende.pdf, Zugriff am 30. Aug. 2019.

Freia Hoffmann, *»Die Klavierlehrerin. Caroline Krähmer und ein literarisches Stereotyp«*, in: *Musik und Biographie. Festschrift für Rainer Cadenbach*, hrsg. von Cordula Heymann-Wentzel u. Johannes Laas, Würzburg 2004, S. 149–161.

Wolfram Huschke, *Zukunft Musik. Eine Geschichte der Hochschule für Musik Franz Liszt Weimar*, Weimar 2006.

Eliza Ichenhaeuser, *Erwerbsmöglichkeiten für Frauen. Praktischer Ratgeber für erwerbsuchende Frauen in allen Angelegenheiten der Vorbildung, der Anstellung und der sozialen Selbständigkeit*, Berlin[2] 1897.

Karl Krebs, *Die Frauen in der Musik*, Berlin 1895.

Verena Liu, *Die Musikpädagogin Ida Volckmann (1838 – 1922). Lina Ramanns ›kongeniale Lehrgenossin‹ und ›treue Freundin‹*, unveröffentl. Masterarbeit, Hochschule für Musik, Theater und Medien Hannover 2012.

Ulrich Mahlert, *Leo Kestenberg und seine Anstöße zur Entwicklung von Musikschulen* [Vortrag auf dem Musikschulkongress des Verbandes deutscher Musikschulen in Bamberg, 2013], http://www.musikschulen.de/medien/doks/mk13/dokumentation/f-2.pdf, Zugriff am 14. Juli 2019.

Lina Morgenstern, *Frauenarbeit in Deutschland. 1. Teil Geschichte der Frauenbewegung und Statistik der Frauenarbeit auf allen ihr zugänglichen Gebieten*, Berlin 1893.

Anna Morsch, *Deutschlands Tonkünstlerinnen. Biographische Skizzen aus der Gegenwart*, Berlin 1893.

Heinrich Neal, *»Die ›Lohnbewegung‹ der Musiklehrer«*, in: *NZfM* 31 (1902), S. 414–416.

Michael Roske, *Sozialgeschichte des privaten Musiklehrers vom 17. zum 19. Jahrhundert. Mit Dokumentation* (= Musikpädagogik. Forschung und Lehre 22), Mainz 1985.

Sächsisches Staatsarchiv, Hauptstaatsarchiv Dresden, 11125 Ministerium des Kultus und öffentlichen Unterrichts, 05 Fachschulen und Berufsschulen, 05.09.01 Musikschulen, Akten Nr. 18210, 18211, 18213, 18174.

Irene Suchy, *»Die Klavierlehrerin. Literarisch-musikalische Überlegungen zu einer verachteten Figur«*, in: *Österreichische Musikzeitschrift* 5 (2015), S. 53–58.

MARTIN SKAMLETZ

Die Berufsausbildung des Schweizerischen Musikpädagogischen Verbandes in den ersten Jahrzehnten ihres Bestehens

Abb. 1 Musikerkalender für die Schweiz/Agenda du musicien 1933/34, S. 210f.

Die meisten der heutigen Schweizer Musikhochschulen wurden als Konservatorien schon im 19. Jahrhundert gegründet (Genf 1835, Bern 1858, Lausanne 1861, Basel 1867, Zürich 1876)[1] – in der Regel aus Musikgesellschaften oder anderen bürgerlichen Initiativen heraus und mit unterschiedlichem Schwergewicht auf professioneller Ausbildung und Unterricht für Laien. Ihre Berufsausbildung wurde um die Wende zum 20. Jahrhundert neu strukturiert, doch bestanden auch danach in der Regel eine Allgemeine Musikschule und eine Berufsschule nebeneinander weiter (so die entsprechenden Bezeichnungen am ›Konservatorium für Musik in Bern‹, siehe Abb. 1) – unter einem gemeinsamen institutionellen Dach und oft mit denselben Lehrkräften. Eine klare Trennung dieser

[1] Die Konservatorien, aus denen sich die Hochschulen in Luzern und Lugano entwickelten, entstanden erst 1942 bzw. 1985. Die Berufsausbildung der schon 1875 eingerichteten Musikschule des Musikkollegiums Winterthur ging 2014 endgültig in der Zürcher Hochschule der Künste auf. – Ich möchte mich an dieser Stelle bei Claudio Bacciagaluppi, Roman Brotbeck, Valentin Gloor und Stephan Zirwes für kollegialen Austausch zu verschiedenen Fragen bei der Abfassung dieses Textes bedanken, ebenso bei Nathalie Meidhof, die in meiner Abwesenheit eine frühe Fassung davon bei der Bremer Tagung vorgetragen hat.

Bereiche wurde erst mit der Überführung der Berufsausbildung der Konservatorien in Departemente von Fachhochschulen im Zuge der Bologna-Reform um die Jahrtausendwende vollzogen, in deren Verlauf auch viele kleinere Konservatorien in größeren aufgingen, ihre professionelle Abteilung abgeben mussten oder ganz geschlossen wurden: So schluckte Bern die Berufsschule von Biel, Genf die von La Chaux-de-Fonds und Zürich die von Winterthur, ersatzlos aufgelassen wurde die in Schaffhausen. Diese Konzentration und Flurbereinigung der Schweizer Musikausbildungsstätten ist auch heute noch keineswegs abgeschlossen.

Der vorliegende Beitrag beschäftigt sich jedoch nicht in erster Linie mit diesen Konservatorien, die sich mittlerweile als Musikhochschulen in kantonaler Trägerschaft befinden und zu deren Geschichte anlässlich von Bestandsjubiläen umfangreiche Publikationen erschienen sind,[2] sondern mit dem von Anfang an gesamtschweizerisch ausgerichteten Sonderfall einer privat getragenen musikalischen Prüfungs- und Ausbildungsinstitution: der Berufsausbildung des Schweizerischen Musikpädagogischen Verbandes (SMPV),[3] die ihre ersten Diplomprüfungen im Jahr 1913 abhielt und trotz Wechseln in der Trägerschaft ab Mitte der 2000er Jahre fast unverändert bis heute weiterbesteht – als *»eine Art inter- oder suprakantonales Konservatorium«*[4], wie sie einer ihrer Chronisten nennt.

Eine überregionale und überinstitutionelle Initiative

Diese private Ausbildungsmöglichkeit wurde von einem 1893 gegründeten Verband eingerichtet, der sich erst 1911 vom »Schweizerischen Gesang- und Musiklehrer-Verein« explizit in einen »musikpädagogischen« umbenannte. Während der Trägerverband SMPV zu seinem 50., 75. und 100. Gründungsjubiläum jeweils Festpublikationen herausgab[5]

[2] Siehe Rémy Campos, *Instituer la musique: les premières années du Conservatoire de musique de Genève (1835–1859)*, Genf 2003; Hans Bloesch, *Die Bernische Musikgesellschaft 1815–1915*, Bern 1915; Sara Trauffer, *Vom Konservatorium zur Hochschule der Künste Bern: 150 Jahre Musikausbildung, 1858–2008*, Bern 2008; Antonin Scherrer, *150 ans Conservatoire de Lausanne, 1861–2011*, Gollion 2011; Martina Wohlthat, *Tonkunst macht Schule: 150 Jahre Musik-Akademie Basel 1867–2017*, Muttenz 2017; Hans Jelmoli, *Festschrift zum fünfzigjährigen Bestehen des Konservatoriums für Musik in Zürich, 1876–1926*, Zürich 1926.

[3] Auf Französisch heute Société Suisse de Pédagogie Musicale (SSPM), im Inserat 1933/34 (siehe Abb. 1) noch Société pédagogique suisse de Musique.

[4] Max Zulauf, *Der Schweizerische Musikpädagogische Verband 1943–1968 zur fünfundsiebzigsten Jahresfeier seiner Gründung*, o. O. [1968], S. 15.

[5] E[mil] A[dolf] Hoffmann, *Schweizerischer Musikpädagogischer Verband/Société suisse de pédagogie musicale. Die ersten fünfzig Jahre. Kurzer Abriss der Verbandsgeschichte 1893–1943*, Bern [1943]; als »*Der Schweizerische Musikpädagogische Verband 1893–1943. Verbandsgeschichte, nach den Protokollen und den Jahrgängen des Verbandsorganes [...]*« auch in: Antoine-É[lisée] Cherbuliez, *Geschichte der Musikpädagogik in der Schweiz*, o. O. 1944, S. 410–459; Zulauf, *Der Schweizerische Musikpädagogische Verband 1943–1968*, [1968]; Max Favre [u. a.], *Musikerziehung in der Schweiz. Festschrift 100 Jahre Schweizerischer Musikpädagogischer Verband 1893–1993*, Bern 1993.

und ebenfalls noch immer existiert (die Feierlichkeiten zum 125. Geburtstag im Herbst 2018 haben keine neuen Gesamtdarstellungen hervorgebracht), wurde die unter seiner Trägerschaft entstandene Berufsausbildung 2007 in die eigens dafür gegründete Stiftung Schweizer Akademie für Musik und Musikpädagogik (SAMP) ausgelagert. Die ebenfalls privat getragene Kalaidos Fachhochschule schließlich gründete 2011 ein Departement Musik, das fortan in Kooperation mit der Stiftung SAMP die Durchführung und Weiterentwicklung der vormaligen SMPV-Berufsausbildung übernahm (heute als eidgenössisch anerkannte Bachelor- und Masterstudien). Die so entstandene Kalaidos Musikhochschule wirbt noch immer mit den Vorteilen eines privaten (und wohlgemerkt auch privat zu finanzierenden) Studiums *»ohne Altersbegrenzung, ohne Wohnortwechsel, mit Beruf und Familie, mit individualisiertem Studienverlauf, mit Studienplatzgarantie«*[6]. Allerdings sind auch die neuen kantonalen Fachhochschulen bei der Aufnahme von Studierenden keiner Altersbegrenzung mehr unterworfen und kann auch an ihnen ein berufsbegleitendes Studium absolviert werden.

Musiklehrpersonen müssen ausgebildet werden

Während der 1893 gegründete Gesang- und Musiklehrerverein noch das ganz allgemeine Ziel der *»Hebung und Förderung des Gesanges und der Musik in Schule, Kirche, Haus und Verein«* verfolgte,[7] so *»erstrebt[e]«* der SMPV schon in seinen Gründungsstatuten von 1911 *»die Vereinigung aller schweizerischen oder in der Schweiz wohnenden Musik- und Gesangslehrer und -lehrerinnen, Dirigenten, Organisten, ausübenden Künstler und Künstlerinnen, sowie der Musikschriftsteller«* – man beachte die differenzierte Handhabung der geschlechtsspezifischen Bezeichnungen – *»zum Zwecke der Verbesserung des gesamten Musikunterrichtswesens, der Förderung des allgemeinen musikalischen Lebens und der Hebung des Musiklehrerstandes«*[8].

Für das Erreichen dieser Ziele betrachtete der Verband vor allem *»eine nach einheitlichen Grundsätzen geregelte, gründliche Ausbildung für den Lehrberuf«* als notwendig, verstand sich also, wenn er die *»Einführung von Prüfungen für solche Musiklehrer und -lehrerinnen«* plante, *»die nicht im Besitze von Ausweisen über eine akademisch-musikalische Bildung sind«*, nicht lediglich als eine weitere Ausbildungsstätte neben den Konservatorien, auf die ja schon der generelle Anstieg der *»akademisch-musikalischen Bildung«* zu dieser Zeit zurückzuführen war, sondern als eine zu diesen Konservatorien

---

[6]   Die Kalaidos Musikhochschule, https://www.kalaidos-fh.ch/de-CH/Departement-Musik/Weitere-Informationen/Ueber-uns, Zugriff am 31. Juli 2019.

[7]   *Statuten des Schweizerischen Gesang- und Musiklehrervereins* [Zürich 1908], S. 1.

[8]   *Statuten des Schweizerischen Musikpädagogischen Verbandes* [Zürich 1911], S. 1. – Zu den »Musikschriftstellern« – modern: Musikwissenschaftlerinnen und Musikwissenschaftlern – ist zu sagen, dass die Aktivitäten des SMPV bis in die heutige Zeit oft zusammen mit denjenigen der Schweizerischen Musikforschenden Gesellschaft SMG kommuniziert und durchgeführt werden, die wie der SMPV in Ortsgruppen organisiert ist.

insgesamt komplementäre Einrichtung, die auch schon im Musikleben verankerten Musikerinnen und Musikern und speziell privaten Musiklehrerinnen und Musiklehrern ohne Konservatoriumsdiplom die Möglichkeit eines Nachholens dieser Qualifikation ermöglichen wollte. Dafür wurden einerseits die im Folgenden noch detaillierter zu besprechenden Diplomprüfungen eingerichtet, andererseits darauf vorbereitende oder auch allgemein weiterbildende Kurse: »*Nichtfachmusiker und solche Mitglieder, die noch keine der vom Verbande zu veranstaltenden Prüfungen bestanden haben*« (die aus der Sicht von 1911 noch ein Desiderat waren und erst 1913 erstmals durchgeführt wurden), »*machen sich insbesondere auch die fachliche Weiterbildung durch den Besuch von Kursen etc. zur Pflicht*« – auch dies ein noch in heutigen Zeiten des lebenslangen Lernens aktueller Anspruch.

Ganz im Sinne dieses integrativen und sozusagen ›überkonservatorischen‹ Anspruches des Verbandes werden unter den möglichen Kategorien von Verbandsmitgliedern die »*Leiter und Leiterinnen von Konservatorien und Musikbildungsanstalten*« an erster Stelle genannt, gefolgt von »*Musik- und Gesangslehrer*[n] *an staatlichen, kommunalen oder privaten Musik- und andern Schulen*« (wobei mit staatlich eigentlich kantonal gemeint ist, da die Bildung vom Kindergarten bis zur Universität in der Schweiz nach wie vor in erster Linie in der Verantwortung der Kantone und nicht des Bundes liegt). Hierauf folgen die »*Privatmusiklehrer- und Lehrerinnen*«, dann erst die »*Dirigenten, Organisten, ausübende*[n] *Künstler und Künstlerinnen, Musikschriftsteller*«.

Es wurden also nicht nur die privaten Musiklehrenden angesprochen, sondern durch den Einbezug der an Konservatorien tätigen Lehrpersonen und sogar deren Direktorinnen und Direktoren sollte die »*Verbesserung des gesamten Musikunterrichtswesens*« in die Tat umgesetzt und auch eine »*Hebung des Musiklehrerstandes*« erreicht werden. Zu diesem Zweck wurde nicht zuletzt die »*Einführung bestimmter Honorarbedingungen auf einheitlicher Grundlage*« angepeilt, was ein soziales Engagement des Verbandes für seine Mitglieder bedeutet, das bis heute erhalten geblieben ist.[9] Darüber hinaus bot und bietet der Verband seinen Mitgliedern die Möglichkeit, die eigenen Schülerinnen und Schüler im Rahmen von durch Ortsgruppen organisierte Vorspielstunden auftreten zu lassen.

Für die Aufnahme in den Verband war die »*akademisch-musikalische Bildung*«[10] der Bewerberinnen und Bewerber entscheidend, und wer über deren Nachweis noch nicht verfügte, unterzog sich zuvor einer entsprechenden Prüfung. Dieses Angebot einer alternativen und – als unter Umständen schon im Berufsleben stehend – nachträglich zu erwerbenden Äquivalenz zu einem Konservatoriumsabschluss war sozusagen der Anfang dessen, was die Betrachtung des SMPV im Kontext der Entwicklung von Konservatorien im deutschsprachigen Raum im 19. und frühen 20. Jahrhundert im Rahmen dieses Bandes rechtfertigt.

---

[9] Alle Zitate aus *Statuten des Schweizerischen Musikpädagogischen Verbandes* [1911], S. 1–3. Zum sozialen Engagement siehe in Abb. 1 die als Inserat formulierte Aufforderung an »*tout professeur de musique*«, dem Verband beizutreten.

[10] Ebd., S. 2.

Zur ersten Durchführung der Diplomprüfungen des SMPV heißt es in der hundertjährigen Verbandschronik von 1993: »*Über sechzig Interessenten*« – es dürften sehr viele Frauen darunter gewesen sein – »*hatten sich im Jahre 1913 auf die erste Ausschreibung hin gemeldet; doch nur fünf von ihnen sind dann auch zur Prüfung angetreten. Den Übrigen waren die Anforderungen zu hoch*«. Gleichzeitig wird festgestellt: »*Es ist leider nicht mehr auszumachen, wie das erste Diplomreglement ausgesehen hat*«[11].

Fehlende Dokumentation

Dieser Zusatz über nicht mehr aus Dokumenten rekonstruierbare Bedingungen wirft Licht auf eine ganz eigentümliche Herausforderung, die sich einem Verband stellt, der im Gegensatz zu den fest in einer bestimmten Stadt angesiedelten Konservatorien in der ganzen Schweiz operiert, aber keine physische Niederlassung hat – kein Schulgebäude, das bei aller natürlichen Personalfluktuation im Laufe der Zeit eine gewisse Kontinuität garantieren würde. Auch an Konservatorien können Archivbestände verschwinden; beim SMPV aber, der bis in die jüngste Zeit auf Basis ehrenamtlicher Tätigkeit mit Spesenersatz funktioniert und seine wenigen und sparsam bezahlten Angestellten nicht mit stabilen Büroräumlichkeiten ausstatten kann, ist die Archivproblematik über Jahrzehnte hinweg ungelöst geblieben, da die Unterlagen oft bei den Vorstandsmitgliedern zuhause gelagert wurden. So sind etwa die »*Sitzungsprotokolle bis 1925 verschollen*«[12] – sogar für den offiziellen Chronisten, dem zweifellos Zugang zu privaten Beständen gewährt wurde; zudem gehen beim Wechsel in der Besetzung von Sekretariaten auch immer wieder Unterlagen über Kandidatinnen und Kandidaten der Diplomprüfungen verloren, was eine umfassende Bestandsaufnahme der Absolventinnen und Absolventen dieser Prüfungen nur schon zurück in die frühen 2000er Jahre, geschweige denn bis zu ihren Anfängen, zu einem Ding der Unmöglichkeit werden lässt.

Dies ist umso erstaunlicher angesichts der Professionalität der schriftlichen Kommunikation des Verbandes mit seinen Mitgliedern in Form von zwar immer wieder Titel, Umfang und Erscheinungsweise ändernden, aber lückenlos erscheinenden Verbandsnachrichten und anderen gedruckten Medien.[13] Auch dieses Spezifikum liegt letztlich in der dezentralen Organisation begründet: Was in einem Konservatorium den Mitarbeitenden durch den Direktor in einer Versammlung mündlich mitgeteilt werden kann, ist beim SMPV Gegenstand von gedruckten Artikeln im oft zweiwöchentlich, meist monatlich, zeitweise auch nur vierteljährlich erscheinenden Verbandsorgan; in einem Konservato-

---

[11] Klaus Wolters, »*Die Diplomprüfungen des SMPV*«, in: *Musikerziehung in der Schweiz. Festschrift 100 Jahre Schweizerischer Musikpädagogischer Verband 1893–1993*, verf. von Max Favre [u. a.], Bern 1993, S. 40–54, hier S. 40.

[12] Ebd., S. 53.

[13] Zur Geschichte des Verbandsorgans siehe Bernhard Billeter, »*Vom Sängerblatt zur SMZ*«, in: *Schweizer Musikzeitung 1* (2008), S. 5–7, https://www.musikzeitung.ch/dms/archiv/smz/2008/01/article/archiv_01_art_geschichte.pdf, Zugriff am 23. Juli 2019.

rium liegen die Studierendenadministration und die ökonomische Leitung in professionellen Händen und werden entsprechend abgelegt, während beim SMPV das ehrenamtliche Privatarchiv regiert. Immerhin sind trotz teilweisem Verlust der originalen Unterlagen immer Kurzberichte aus Vorstandssitzungen und auch Prüfungsergebnisse im Verbandsorgan publiziert worden.

Diplomprüfungen ab 1913

Auch wenn das Reglement der am 26. Apr. 1913 durchgeführten ersten Diplomprüfungen nicht erhalten zu sein scheint, lässt sich also in den »Schweizerischen Musikpädagogischen Blättern« der Ablauf der Prüfungen genauestens nachlesen, bis hin zu den bei dieser Gelegenheit gestellten musiktheoretischen Aufgaben.[14] Diese Publikation der Anforderungen sollte nicht zuletzt der Vorbereitung der Kandidatinnen und Kandidaten auf die nächsten derartigen Prüfungen dienen, wie auch der Beitrag *»Um unsere Diplomprüfungen«*[15] ausführt, der nach den Herbstprüfungen 1933 in den »Schweizerischen Musikpädagogischen Blättern« erschienen und unten in Anhang 2 vollständig wiedergegeben ist – er vermittelt mit seinen pointierten Formulierungen einen plastischen Eindruck von den Herausforderungen, denen im Zusammenhang der Diplomprüfungen alle Beteiligten ausgesetzt waren, um den hoch gesteckten Zielen der musikalischen Berufsausbildung gerecht zu werden, selbst wenn diese Berufsausbildung innerhalb des Verbandes zu diesem Zeitpunkt schon auf eine mittlerweile 20-jährige Geschichte verweisen konnte.

Der Schritt in die eigentlich einem Konservatorium vergleichbare Form der Vergabe von Diplomen geschah in dem Moment, als die Prüfungen des Verbandes nicht mehr nur zur beschriebenen Nachqualifizierung von schon im Beruf stehenden Musikerinnen und Musikern dienten, sondern auch den Schülerinnen und Schülern der Verbandsmitglieder für die Diplomierung im Rahmen eines – modern gesprochen – Erststudiums offenstanden und damit gleichzeitig diesen Verbandsmitgliedern die Möglichkeit verschafften, ohne Anstellung an einem Konservatorium gewissermaßen als Privatdozierende in der professionellen Ausbildung tätig zu werden. So konnte etwa die nur in kleinem Umfang privat unterrichtende Gesangssolistin am Stadttheater (eine bis heute sehr beliebte Hauptfachdozentin) über den SMPV auch Studierende auf Konservatoriumsniveau betreuen und ihnen Abschlüsse ermöglichen; umgekehrt hatte der Konservatoriumsdozent für Klavier über den SMPV die Möglichkeit, privat noch weitere Studierende aufzunehmen, die es nicht ins Konservatorium geschafft hatten, die dort – aus welchen Gründen auch immer – wieder herausgefallen waren, oder für die er im Rahmen seines institutionell beschränkten Pensums keinen Platz gehabt hätte. Es gab und gibt bis heute sogar Dozie-

---

[14] Schweizerische Musikpädagogische Blätter 1913, S. 89–93.

[15] Berthe Stocker, *»Um unsere Diplomprüfungen«*, in: *Schweizerische Musikpädagogische Blätter 21* (1933), S. 321–325 (s. u. Anhang 2). Die in den Tonsatzaufgaben auf S. 325 teilweise fehlenden Generalbassziffern zu ergänzen habe ich mich als ehemaliger SMPV-Theorielehrer verpflichtet gefühlt.

rende, die sich in ihrer Unterrichtstätigkeit gar keiner Konservatoriumshierarchie unterordnen wollen, und – dazu passend – hochbegabte Studierende, denen für die von ihnen gewünschte Eliteausbildung die traditionellen Institutionen zu schwerfällig sind.

Über Jahrzehnte funktionierte diese gegenüber den städtischen und kantonalen Einrichtungen parallele, komplementäre oder mitunter wirklich konkurrierende Struktur eines Privatkonservatoriums sehr gut und entsprach offenbar einem vorhandenen Bedürfnis. Abgesehen vom Interesse potentieller Studierender bestand die einzige Bedingung für eine derartige private Lehrtätigkeit dabei in der Mitgliedschaft im SMPV, die ja von allem Anfang an eine »*akademisch-musikalische Bildung*«[16] vorausgesetzt hatte. Und auch diese Verpflichtung zur Verbandsmitgliedschaft entwickelte sich erst allmählich: Anfang 1928 wurde festgelegt,

> »daß zu den Diplomprüfungen des Verbandes inskünftig nur noch Schüler von Verbandsmitgliedern als Kandidaten zugelassen werden sollen. [...] Der Verband hat kein Interesse an der Diplomierung von Leuten, die bei Nichtmitgliedern *oder sogar ausschließlich im Auslande* [Hervorhebungen im Original] sich ihre Ausbildung holten, sondern er darf insbesondere von den einheimischen Musikern erwarten, daß sie auch seine anderweitigen Bestrebungen durch aktive Mitwirkung als Verbandsmitglieder unterstützen und fördern helfen, statt bloß eine seiner wesentlichsten Institutionen auszunützen«[17].

Entsprechend geriet der ursprüngliche Gedanke der Nachqualifizierung von schon im Beruf stehenden Lehrpersonen ohne Diplom etwas in den Hintergrund. Für diese wurde 1928 der ›Fähigkeitsausweis‹ und 1943 das ›Kolloquium‹ eingeführt, die ihnen die Verbandsmitgliedschaft ohne Prüfung ermöglichen sollten: »*Dass das Kolloquium aber der Diplomprüfung nicht gleichgestellt ist, liegt auf der Hand*«[18].

Die eigentliche Ausbildung verlief im privaten (und auch privat finanzierten) Unterricht bei SMPV-Mitgliedern und wurde beim Verband erst mit der Anmeldung zur Diplomprüfung aktenkundig, die für das Lehrdiplom immer aus den drei Prüfungsteilen Musiktheorie, instrumentale oder vokale Praxis und Pädagogik bestand.

Zu Beginn war der Verband also vor allem Prüfungsinstitution, und seine Rolle als Ausbildungsinstitution wurde erst im Lauf der Jahrzehnte konkret fassbar. Die Einschätzung der Diplomierbarkeit der Kandidatinnen und Kandidaten zu Beginn der Ausbildung oblag ursprünglich einzig deren Hauptfachlehrkraft, welcher Umstand mitunter nachträglich, nach viel aufgewendeter Zeit und hohen Unterrichtshonoraren für das private Studium, zu bösen Überraschungen führen konnte: »*Relativ häufig musste dem Kandidaten*« – auch hier: darunter vielen Frauen – »*bei der Prüfung dann mitgeteilt werden, dass seine Fähigkeiten für die Verleihung des Diploms nicht ausreichen – für alle Beteiligten eine äusserst unangenehme Situation. [...] Aus diesem Grund wurde 1978*« – also nach 65-jährigem Bestehen der Diplomprüfungen – »*die obligatorische Zulassungsprüfung zum*

---

[16] *Statuten des Schweizerischen Musikpädagogischen Verbandes*, [1911], S. 2.
[17] Schweizerische Musikpädagogische Blätter 1928, S. 33f.
[18] Zulauf, *Der Schweizerische Musikpädagogische Verband 1943–1968*, [1968], S. 20.

Lehrdiplom eingeführt. [...] *Im Prinzip entspricht die Prüfung den Aufnahmeprüfungen an Konservatorien, steht aber nicht notwendigerweise am Anfang des Berufsstudiums«*[19].

Im Zuge dieser wenn auch sehr langsamen, aber doch unaufhaltsamen Professionalisierung des Ausbildungsbetriebes entwickelte sich auch erst spät so etwas wie ein Studierendenstatus: *»Die Einrichtung der Aufnahmeprüfung bringt eine Reihe weiterer Vorteile mit sich: Es kann damit eine Studentenkartei errichtet werden,* [...] *es werden Studentenausweise abgegeben,* [...] *und – last but not least – für die Zuteilung von Stipendien anerkennen die Behörden in der Regel die bestandene Aufnahmeprüfung«*[20]. Eine Zwischenprüfung als weiterer Kontrollpunkt während des Studiums wurde erst in den 1990er Jahren vorgeschrieben und damit die Annäherung an einen geregelten Studienbetrieb im Sinne eines Konservatoriums weitergeführt, so auch in Bezug auf den Studienverlauf in den begleitenden Fächern: *»Die 1988 eingeführten Testatblätter sollen Auskunft über die der Diplomprüfung vorangegangenen Studien geben«*[21]. Die Möglichkeit zu einem Konzertdiplom nach absolviertem Lehrdiplom bestand schon seit 1955.[22]

Die Entwicklung bis heute

Für die Sicherstellung der Qualität unter den Ausbildenden – bis dahin war einfach die Verbandsmitgliedschaft und somit ein beliebiger Konservatoriums- oder auch SMPV-Abschluss dafür erforderlich gewesen – wurden erst 1997 mit einem ersten Akkreditierungsreglement[23] Vorkehrungen getroffen, die die Bedingungen für die Zulassung als Dozent beziehungsweise Dozentin neu regelten und sich stärker an das Profil der künftigen Dozierenden der im Aufbau befindlichen neuen Hochschulen anlehnten. Dies weist im Rückblick schon auf die Ausgliederung der Berufsausbildung aus dem SMPV und ihre Verselbständigung in der Schweizer Akademie für Musik und Musikpädagogik (SAMP) im Jahre 2007 voraus, die unter dem Druck der anstehenden Transformation der Konservatorien in Bologna-reformierte Fachhochschuldepartemente vollzogen wurde, welche Veränderung sich der SMPV selbst nicht mehr zutraute. Dieser Umbruch, der die alten Konservatorien in moderne Musikhochschulen transformierte, forderte auch diesen weiterhin kantonal finanzierten Institutionen langjährige Arbeit und riesigen finanziellen und personellen Aufwand ab; dass – man kann durchaus sagen: wider Erwarten – auch die weiterhin privat betriebene SAMP diese Umwandlung überstand und ihrerseits Teil einer privaten und vom Bund akkreditierten Fachhochschule werden konnte, war dem unermüdlichen Einsatz einiger verantwortlicher Einzelpersonen zu verdanken. Heute unterscheidet die Kalaidos Musikhochschule nicht mehr viel von einer kantonalen Hochschule – nur, dass die Studierenden die zentralen Unterrichtsfächer weiterhin privat bei zwar

---

[19] Wolters, *»Die Diplomprüfungen des SMPV«*, 1993, S. 43.
[20] Ebd., S. 43f.
[21] Ebd., S. 46.
[22] Zulauf, *Der Schweizerische Musikpädagogische Verband 1943–1968*, [1968], S. 18.
[23] Publiziert im Mitteilungsblatt des SMPV 10 (1997), S. 10–12.

154

durch die Institution akkreditierten, aber nicht angestellten Dozierenden besuchen und diese selbst direkt bezahlen. Auch ein zentrales Unterrichtsgebäude gibt es nach wie vor nicht.

Die Bologna-Reform ab etwa 2000 stellte ja nicht etwa eine größere Vergleichbarkeit der Studiengänge her, wie immer behauptet wurde, sondern regulierte vor allem die Subventionsflüsse an die Hochschulen neu und führte ansonsten eher zu stärkerer Konkurrenz unter ihnen und zur immer noch andauernden Ausdifferenzierung von Spezialprofilen; bis in die 1990er Jahre hingegen, vor dieser Transformation, konnte man durchaus von einer Vergleichbarkeit der SMPV-Diplome mit denen der Konservatorien (und auch der Diplome der Konservatorien untereinander) sprechen, die für die Diplome des SMPV zumindest eine ›Gleichstellung im Berufsfeld‹ bedeutete. Auch wurden – durchaus in beide Richtungen – Teilprüfungen anerkannt, etwa beim SMPV die an einem Konservatorium absolvierte musiktheoretische Ausbildung. Es war damals auch durchaus üblich, an den (keineswegs überfüllten) Fachdidaktik-Kursen der Konservatorien auch SMPV-Studierende teilnehmen zu lassen – als Vorbereitung für ihre pädagogische Abschlussprüfung beim SMPV. Bis heute gibt es sehr viele Hochschuldozierende, die parallel zu ihrer Anstellung oder nach ihrer Pensionierung diese private Möglichkeit zur Berufsausbildung nutzen, die ihnen die Kalaidos Musikhochschule bietet.

Dass die Anerkennung der alten SMPV-Diplome nicht in allen Kantonen problemlos vonstattenging, war und ist übrigens weniger der Konkurrenz der Konservatorien als vielmehr der Bürokratie der für die Äquivalenz zuständigen kantonalen Erziehungsdirektionen zuzuschreiben. Der Verbandschronist von 1993 notierte in diesem Zusammenhang die »ein wenig beschämend[e]« Tatsache, »dass noch vor einer abschliessenden positiven Bereinigung der Sache innerhalb der Schweiz das benachbarte deutsche Bundesland Baden-Württemberg die SMPV-Diplome im Jahr 1990 staatlich anerkannte!«[24]

In der Chronik von 1968 findet sich eine aufschlussreiche Charakteristik der speziellen Anforderungen von Abschlussprüfungen beim SMPV im Vergleich mit denen an Konservatorien:

> »Wo ist das Lehrdiplom leichter zu erlangen, an einem Konservatorium oder beim Musikpädagogischen Verband? Der Chronist ist geneigt zu sagen: Eher am Konservatorium. Mit den Ansprüchen an Wissen und Können des Kandidaten hängt das freilich nicht zusammen [...]. Die Gründe sind mehr äusserer Natur. Einmal wird der Konservatoriumsschüler von seinem eigenen Lehrer geprüft, was namentlich in allen theoretischen Fächern eine grosse Erleichterung bedeutet. Er kennt des Lehrers Auffassungs- und Ausdrucksweise. Am Examen des Musikpädagogischen Verbandes aber steht er plötzlich einem fremden Menschen gegenüber. Vielleicht geht die Verständigung reibungslos vor sich, vielleicht aber auch nicht. Wer weiss, wie verschieden gerade in den musiktheoretischen Fächern nicht nur die Auffassungen, sondern auch die Terminologie von Lehrer zu Lehrer, von Stadt zu Stadt, von Konservatorium zu Konservatorium wechseln, der mag sich die

---

[24] Wolters, »Die Diplomprüfungen des SMPV«, 1993, S. 53. – Zur Situation der Anerkennung der Diplome im Jahre 1933 siehe auch Musikerkalender für die Schweiz 1933/34, S. 158f. (Abb. 2).

Schwierigkeit der Situation vorstellen. Ein Kandidat hat nur in seltensten Fällen die Über-legenheit, das gleiche auf verschiedene Weise darzustellen und auszudrücken. […] Zum andern aber muss sich der Examinand beim Musikpädagogischen Verband im theoreti-schen Teil der Prüfung zu gleicher Zeit über sein gesamtes Wissen ausweisen. Er wird am gleichen Tag in Solfège, Harmonielehre, Formenlehre, Musikgeschichte, Stilkunde, Akus-tik u.a.m. geprüft, was übrigens durchaus als richtig und wünschenswert erscheint. Wie bequem kann es sich der Schüler an gewissen Konservatorien machen, der seinen Exa-mensstoff ›auf Abzahlung‹ hinter sich bringen kann, heute das, morgen dies, auf ein Jahr oder mehr verteilt«[25].

Mitgliederzahl und Sprachregionen

In seiner Anfangszeit entwickelte sich der SMPV sehr schnell. Im Mai 1927 wurde die Aufnahme des tausendsten Verbandsmitglieds verkündet: »*Fräulein Josy Bühlmann in Luzern*«[26]; in diesem Zusammenhang ist außerdem interessant, dass zu dieser Zeit die deutschsprachige und die französischsprachige Ausgabe der »Schweizerischen Musikpä-dagogischen Blätter« resp. »Feuillets de Pédagogie Musicale« inhaltlich völlig eigenstän-dig waren. Das Ungleichgewicht zwischen der Aktivität des Verbandes in der deutsch-sprachigen und in der französischsprachigen Schweiz (die in der italienischsprachigen bleibt ohnehin immer unterkritisch, von der rätoromanischen ganz zu schweigen) ist bis heute ausgeprägt und kann anhand der Aufstellung der Diplomprüfungen in den ersten beiden Jahrzehnten des Bestehens des Verbandes gut nachvollzogen werden (siehe Abb. 2). Der vom SMPV herausgegebene »Musikerkalender« 1933/34, aus dem sie stammt, ist der letzte, der eine derartige Übersicht bis zurück zu den Anfängen enthält, und wurde hier deswegen ausgewählt. Er ist zwar in seinem redaktionellen Teil ganz in französischer Sprache gehalten (zumindest liegt mir nur diese Version vor), während dieser Kalender sonst in der Regel deutschsprachig oder auch immer wieder zweisprachig gedruckt wird. Die Aufstellung der Prüfungen führt eindrücklich das im SMPV herrschende Ungleichge-wicht der Schweizer Sprachregionen vor Augen: Diplomprüfungen wurden in der franzö-sischsprachigen Schweiz erst ab 1917 durchgeführt, zunächst in Lausanne und dann in Neuchâtel, und sind bis heute konstant viel weniger zahlreich als diejenigen in der deutschsprachigen Schweiz. Allgemein fällt die Aufteilung in zwei Prüfungsperioden im Frühling und im Herbst auf, und das ebenfalls erscheinende, weniger oft vergebene ›cer-tificat d'aptitude‹ ab 1928 ist der schon besprochene ›Fähigkeitsausweis‹ (später ›Kollo-quium‹) ohne Prüfung, der offenbar in der Regel ausnahmslos erteilt wurde, während Di-plomprüfungen durchaus auch nicht bestanden werden konnten, wie die aufgeführten Zahlen der Kandidaten und der Absolventinnen (›dont diplômés‹) belegen.

---

[25] Zulauf, *Der Schweizerische Musikpädagogische Verband 1943–1968*, [1968], S. 15f. Siehe hierzu nochmals die Darstellung von Berthe Stocker, *»Um unsere Diplomprüfungen«*, 1933, siehe An-hang 2.

[26] Schweizerische Musikpädagogische Blätter 1927, S. 129.

Examens de certificat d'aptitudes et de diplôme.

	Examens de diplôme		Ex. de certificat d'aptitudes	
	Nombre de candidats:	Dont diplômés:	Nombre de candidats:	Certificats décernés:
1913 Zurich	5¹) + 3²)	5¹) + 3²)		
1914 „	3 +—	3 +—		
1915 „	6 +—	6 +—		
1916 „	9 + 4	9 + 3		
1917 „	21¹)+13²)	14¹) + 11²)		
Lausanne	5 + 1	4 + 1		
1918 Zurich	24 + 6	19 + 5		
Lausanne	3 +—	3 +—		

¹) Session de printemps.
²) Session d'automne.

157

	Examens de diplôme		Ex. de certificat d'aptitudes	
	Nombre de candidats:	Dont diplômés:	Nombre de candidats:	Certificats décernés:
1919 Zurich	24 +12	10 + 9		
Neuchâtel	5 +—	2 +—		
1920 Zurich	13 +13	5 + 10		
Neuchâtel	2 +—	1 +—		
1921 Zurich	13 +11	12 + 10		
Neuchâtel	1 +—	1 +—		
1922 Zurich	10 + 9	8 + 6		
Neuchâte.	3 +—	3 +—		
1923 Zurich	15 +18	9 + 11		
Neuchâtel	6 +—	5 +—		
1924 Zurich	10 +10	8 + 5		
Neuchâtel	2 +—	2 +—		
1925 Zurich	12 +10	5 + 3		
Lausanne	1 + 1	1 + 1		
1926 Zurich	15 + 7	9 + 6		
Neuchâtel	3 +—	2 +—		
1927 Zurich	8 + 2	8 + 2		
Neuchâtel	— + 1	— + 1		
1928 Zurich	8 + 9	6 + 6	2 + 1	2 + 1
Neuchâtel	1 +—	1 +—		
1929 Zurich	16 + 8	13 + 2	— +—	— +—
Neuchâtel	2 + 3	1 + 2	1 +—	1 +—
1930 Zurich	15 + 8	9 + 4	— +—	— +—
Neuchâtel	2 +—	2 +—		
1931 Zurich	14 + 5	12 + 5	— + 1	— + 1
Neuchâtel	— + 1	1 +—		
1932 Zurich	4 +—	4 +—	1 +—	1 +—
Neuchâtel	— +—	— +—		
1933 Zurich	14 +—¹)	5 +—¹)	— +—¹)	— +—¹)
Neuchâtel	2 +—¹)	1 +—¹)	— +—¹)	— +—¹)

Cantons qui reconnaissent le diplôme de la Société pédagogique suisse de Musique comme titre d'éligibilité aux postes
de professeurs:

Argovie	Berne	Soleure	
Bâle-Campagne	Schaffhouse	St-Gall	Zurich.

¹) La session d'automne n'a pas encore eu lieu.

158

Dans la plupart des autres cantons, il n'existe pas de
prescriptions légales concernant l'éligibilité aux postes de
professeurs de musique des écoles publiques.

Abb. 2 Aufstellung der seit 1913 durchgeführten Diplomprüfungen im Musikerkalender
für die Schweiz/Agenda du musicien 1933/34, S. 157–159

Anschließend sind noch die lediglich sieben Kantone (von insgesamt 25)[27] aufgelistet, in denen die SMPV-Diplome zu diesem Zeitpunkt staatlich anerkannt wurden: Aargau, Bern, Solothurn, Basel-Landschaft, Schaffhausen, St. Gallen und Zürich.

Wenn man davon ausgeht, dass die Absolventinnen und Absolventen sich in der Regel sofort nach Bestehen ihrer SMPV-Diplomprüfung als Mitglieder in den Verband aufnehmen ließen, so ergibt sich daraus, dass von den zu diesem Zeitpunkt gut 1000 SMPV-Mitgliedern insgesamt 320, also fast ein Drittel, durch den Verband selbst diplomiert worden waren: 280 (68,4 % von 409 Kandidierenden) in der Deutschschweiz und 34 (75,6 % von 45) in der Romandie; dazu kommen noch insgesamt sechs vergebene Fähigkeitsausweise.

Eine quantitative Gesamtübersicht über annähernd 80 Jahre Diplomprüfungen gibt die Chronik von 1993: »*In den ersten 30 Jahren, 1913 bis 1942, wurden insgesamt 416 Diplome ausgestellt, dann 1943 bis 1967 die eher geringe und vielleicht auch ungenaue Zahl von 270 Lehr- und 7 Konzertdiplomen. Im Zeitraum 1968 bis 1991 hingegen wurden fast 1000 Diplome verliehen, davon rund 600 in den letzten zehn Jahren*«[28].

---

[27] Der heutige 26. Kanton Jura entstand erst 1979 durch Abspaltung eines Teils des Kantons Bern.
[28] Wolters, »*Die Diplomprüfungen des SMPV*«, 1993, S. 44. – Dort auf S. 45: »*Die verliehenen Diplome 1968 bis 1991*« in tabellarischer Aufstellung, wobei nicht mehr Frühlings- und Herbstprüfungsperiode, sondern »*Deutsche*« und »*Französische Schweiz*«, nicht mehr Diplome und

157

Der Frauenanteil

Was die Verteilung der Anzahl von weiblichen und männlichen Verbandsmitgliedern und Absolventinnen und Absolventen der Diplomprüfungen betrifft, kann nach auch nur oberflächlicher Durchsicht der vorhandenen Unterlagen davon ausgegangen werden, dass im SMPV – im Gegensatz zum allgemeinen gesellschaftlichen Klima der in Frage stehenden Zeit – von Anfang Gleichberechtigung der Geschlechter herrschte. Gerade in seiner Anfangsphase, in der wohl auch nicht zufällig in den Publikationen das größte Augenmerk auf geschlechtergerechte Sprache gelegt wurde[29], dürfte die durch den SMPV gebotene Möglichkeit einer Qualifikation zur Musiklehrerin außerhalb eines Konservatoriums für Frauen sehr attraktiv gewesen sein und geradezu emanzipatorischen Charakter gehabt haben. Im Jahre 1933 wurde auf jeden Fall festgestellt, zumindest in den Prüfungen sei »*das weibliche Geschlecht* […] *stets in überwiegender Mehrzahl vertreten*«[30], und die Liste der Absolventinnen der Herbst-Diplomprüfungen 1933 (es sind ausschließlich Frauen) spricht für sich.[31] Je nach (etwa städtischem oder ländlichem) Umfeld traten die Frauen auch in der musikalischen Lehre in viel größerer Zahl auf als die Männer. So erarbeitete die repräsentative und große SMPV-Ortsgruppe Zürich in der Jubiläumsschrift zu ihrem 25-jährigen Bestehen eine Statistik ihrer insgesamt 33 Vortragsübungen der Jahre 1932–1956: Es wurden meist eine oder zwei derartige Veranstaltungen pro Jahr durchgeführt (1944 deren drei); bei den mitwirkenden Lehrpersonen, also den auch zur Berufsausbildung berechtigten SMPV-Mitgliedern, ist einerseits die Verteilung der Hauptfächer interessant (60 Klavier, 17 Violine, 8 Gesang, 4 Violoncello, je 2 Flöte und Kammermusik, 1 Orgel), andererseits die der Geschlechter: Von insgesamt 90 Lehrpersonen (einige unterrichteten mehr als ein Fach) sind »70 *Damen* und 20 *Herren* [Hervorhebungen im Original]«[32].

Der Stand 1933

Der Beginn der 1930er Jahre markiert auch insofern einen Höhepunkt der Aktivität des SMPV, als dieser es dann unternahm, mit dem »Schweizerischen Musikerjahrbuch« eine umfassende Bestandsaufnahme der Berufsverbände und aller städtischen und kantonalen

---

Fähigkeitsausweise, sondern Lehr- und Konzertdiplome gegenübergestellt sind. – Die Zahl für 1943–1967 ist wohl entnommen aus Zulauf, *Der Schweizerische Musikpädagogische Verband 1943–1968*, [1968], S. 14.

[29] Vgl. die oben zitierten *Statuten des Schweizerischen Musikpädagogischen Verbandes*, [Zürich 1911], S. 1.

[30] Stocker, »*Um unsere Diplomprüfungen*«, 1933, S. 322, siehe Anhang 2.

[31] Schweizerische Musikpädagogische Blätter 1933, S. 321, siehe Anhang 2.

[32] *25 Jahre Ortsgruppe Zürich des Schweizerischen musikpädagogischen Verbandes 1932–1957*, [Zürich 1957], S. 30f., hier S. 30. – Eine Ankündigung einer solchen Vorspielübung findet sich in: Schweizerische Musikpädagogische Blätter 1933, S. 325, S. u. Anhang 2.

musikalischen Vereinigungen und Einrichtungen samt ihren Mitgliedern und deren Adressen herauszugeben und dadurch einen Gesamtüberblick über die musikalische Aktivität in der Schweiz zu ermöglichen.[33] Allerdings scheint diese eindrucksvolle Datensammlung – »*der sprichwörtlichen Gleichgültigkeit der meisten Musiker*«[34] geschuldet – auf nur geringe Nachfrage gestoßen zu sein und so sah sich der Verband deswegen gezwungen, schon nach dem zweiten Erscheinen des Jahrbuchs 1933 »*diese Publikation eingehen zu lassen*«[35] und ein Jahr später die Restauflage zu reduziertem Preis abzustoßen.[36]

Dieser zweite und letzte Jahrgang des »Musikerjahrbuchs« (1933) bietet eine hervorragende Datenbasis, um gewissermaßen einen Schnitt durch das Schweizer Musikleben anzufertigen: Einige wesentliche Datenreihen daraus sind in der Tabelle in Anhang 1 zusammengefasst und sollen hier noch ansatzweise kommentiert und interpretiert werden. Die Struktur der Tabelle übernimmt die des im »Musikerjahrbuch« selbst enthaltenen SMPV-Mitgliederverzeichnisses nach Städten und Kantonen (S. 10–12), die Einwohnerzahlen entstammen den Abschnitten »*Kantonale Verbände, Vereine und Lehranstalten*« (S. 97–132) sowie »*Alphabetisches Ortsregister*« (S. 133–303).[37] Die Daten sind im »Musikerjahrbuch« – bei aller eindrucksvollen Akribie und Vollständigkeit – nicht zur Gesamtheit der Städte nach den gleichen Kriterien erhoben: An gewissen Orten ist keine klare Unterscheidung zwischen Konservatoriums- und anderen Lehrenden zu erkennen (z. B. in Fribourg), in Winterthur herrschte offenbar weitgehende Personalunion zwischen Orchestermitgliedern und Lehrenden am Konservatorium – um nur einige wenige örtliche Besonderheiten zu erwähnen. Keine der Zahlen pro Stadt kann also als wirkliche Gesamtzahl der Musikerinnen und Musiker vor Ort verstanden werden. Auch wäre noch viel Arbeit im Abgleich der Mitgliederlisten (mit Namen, Adressen und Telefonnummern) zu leisten, welche den Rahmen dieser vorliegenden Darstellung gesprengt hätte, die lediglich einen Aufriss der Thematik bieten kann und dabei versucht, einerseits den Stellenwert der SMPV-Mitglieder im Schweizer Musikleben und parallel auch den Anteil der Frauen insgesamt im Blick zu behalten.[38]

Um mit den Gesamtzahlen am Ende der Tabelle zu beginnen: Wenn man die 300 Schweizer Orchestermusiker von 1933 (damit sind auch mindestens die im Jahrbuch nicht aufgeführten Mitglieder des Orchestre de la Suisse Romande einbezogen), die 500 Lehrenden an Konservatorien und die 1500 anderen Musiklehrenden zusammenzählt und dabei die anzunehmenden großen Überschneidungen zwischen den beiden erstgenannten

---

[33] Schweizerisches Musikerjahrbuch/Annuaire de la musique en Suisse (1931/32), 2 (1933).

[34] [»*Rede des Verbandspräsidenten Georges Humbert bei der Generalversammlung am 29. April 1933*«], in: *Schweizerische Musikpädagogische Blätter* 10 (1933), S. 147–150 und 11 (1933), S. 161–163, hier S. 149.

[35] Ebd.

[36] Schweizerische Musikpädagogische Blätter 1934, S. 354f.

[37] Für weitere Vergleiche bietet sich an: Statistisches Jahrbuch der Schweiz 1932, S. 6–10, https:// www.bfs.admin.ch/asset/de/hs-b-00.01-jb-1932, Zugriff am 31. Juli 2019.

[38] Eine weitergehende Untersuchung könnte etwa überprüfen, welche der Orchestermusiker gleichzeitig Lehrende an Konservatorien sind, welche dieser beiden Gruppen auch SMPV-Mitglieder, usw.

Gruppen berücksichtigt, kann man davon ausgehen, dass etwa die Hälfte der professionellen Musikerinnen und Musiker in der Schweiz im Jahre 1933 zu den damals gut 1000 SMPV-Mitgliedern gezählt haben muss.

Der Anteil der Frauen war dabei sehr ungleichmäßig: Orchester scheinen in dieser Zeit noch eine ausschließliche Männerdomäne gewesen zu sein (und die gerade 3,6 % Frauen unter ihren Mitgliedern spielten entweder Harfe oder Violine, jedenfalls keinerlei Blasinstrumente). Im traditionsreichen Musikkollegium Winterthur (gegründet 1629, professionelles »Stadtorchester« seit 1875)[39] gab es Frauen gar nur unter den »regelmässigen Zuzügern« (also Substituten), nicht als feste Mitglieder. Die schon angesprochene weitgehende Personalunion der Winterthurer Orchestermitglieder mit den Lehrenden an der Musikschule des Musikkollegiums senkte auch dort den Anteil der Frauen auf nur 25 %, während er im Schweizer Durchschnitt an den Konservatorien schon bei ansehnlichen 40 % lag. Bei den privaten Musiklehrer*innen betrug er gar 48 %, bei den SMPV-Mitgliedern fast 54 %. Hier ist allerdings nochmals der Hinweis darauf angebracht, dass viele Lehrende an Konservatorien daneben auch noch privat unterrichteten, ja über den SMPV sogar privat Berufsausbildung betreiben konnten: Solange also nicht die mehreren Tausend im Jahrbuch aufgeführten Namen und ihre verschiedenen Mitgliedschaften überprüft sind, lassen sich nur sehr pauschale Annahmen äußern.

Dieser Abgleich sei hier nur exemplarisch anhand der in den Inseraten in Abb. 1 genannten Personen vorgenommen: Alle waren SMPV-Mitglieder außer dem Konzertagenten Michael Kantorowitz,[40] der internationale Berühmtheiten zu seinen Klienten zählte, aber offenbar auch gewöhnlichen SMPV-Mitgliedern zur Verfügung stand. Dora Appenzeller inserierte als einfache »Dipl. Klavierlehrerin«[41], Georges Humbert und Willi Schuh waren als Präsident und Sekretär Vorstandsmitglieder des SMPV, Émile Jaques-Dalcroze Ehrenmitglied. Alle außer Dora Appenzeller gehörten auch noch dem (1900 gegründeten) Schweizerischen Tonkünstlerverein (STV) an, Humbert hatte daneben weitere Vorstandsämter inne (Schweizerische Gesellschaft für Aufführungsrecht Gefa, Treuhandstelle für mechanische Urheberrechte Mechanlizenz). Humbert und Alphonse Brun waren Direktoren der Konservatorien in Neuchâtel und Bern – als einziger Schweizer Konservatoriumsdirektor bei Redaktionsschluss des »Musikerjahrbuches« 1933 noch nicht SMPV-Mitglied war Felix Weingartner in Basel.[42] Brun wirkte als Geiger im Berner Streichquartett und im Berner [Klavier-]Trio. Brun, Jaques-Dalcroze und Humbert unterrichteten auch selbst an den von ihnen geleiteten Instituten, Willi Schuh

---

[39]   Musikkollegium Winterthur, *Geschichte des Orchesters*, https://www.musikkollegium.ch/de/ueber-uns/geschichte, Zugriff am 31. Juli 2019.

[40]   Siehe Reto Caluori, Art. *»Michael Kantorowitz«*, in: *Theaterlexikon der Schweiz*, hrsg. von Andreas Kotte, 3 Bde., Bd. 2, Zürich 2005, S. 962, http://tls.theaterwissenschaft.ch/wiki/Michael_Kantorowitz, Zugriff am 31. Juli 2019.

[41]   Ob Dora Appenzeller ihr Diplom beim SMPV erworben hat, konnte bis jetzt noch nicht verifiziert werden.

[42]   Weingartner wurde in der SMPV-Vorstandssitzung vom 22. Okt. 1933 in den Verband aufgenommen, siehe Schweizerische Musikpädagogische Blätter 1933, S. 337.

sogar an mehreren Schulen (an den Konservatorien von Zürich und Winterthur und an der Volkshochschule Zürich), außerdem war er Musikkritiker für die »Neue Zürcher Zeitung«. Neben all diesen Tätigkeiten bot er per Inserat auch noch Privatunterricht zur »*Vorbereitung auf* [SMPV-]*Diplomprüfungen*« in den theoretischen Fächern an und übernahm bei diesen Prüfungen am Platz Zürich die Prüfungsleitung.

Dass sowohl die Aktivität des SMPV als auch der Frauenanteil im städtischen Umfeld schon damals größer waren als im ländlichen, überrascht nicht: Die vier größten Städte Zürich, Basel, Genf und Bern vereinten an die 70 % der aufgeführten Orchestermusiker und -musikerinnen, je ungefähr 60 % der Musiklehrenden inner- und außerhalb der Konservatorien sowie 45 % der SMPV-Mitglieder. Zählt man noch die nächstgrößeren Städte Lausanne, St. Gallen und Winterthur hinzu, kommt man gar auf 100 % der Berufsorchester, 75 % der Musiklehrenden und über 60 % der SMPV-Mitglieder. Deren etwas geringere Prozentsätze im großstädtischen Bereich deuten darauf hin, dass der SMPV gerade an den Orten, die noch über keine institutionelle musikalische Ausbildung verfügten, eine vorhandene Lücke füllen konnte – zum Beispiel in kleinen Städten wie Aarau oder Zug, aber auch in mittelgroßen wie St. Gallen oder Luzern. Die Konservatorien von Biel (gegründet 1932), La Chaux-de-Fonds (1927), Neuchâtel (1917) und Fribourg (1904) waren zu dieser Zeit relativ jung oder scheinen hinsichtlich der an ihnen betriebenen Berufsausbildung noch nicht profiliert gewesen zu sein (in Schaffhausen wurde ein eigentliches Konservatorium mit Berufsausbildung erst 1977 eröffnet und 2002 wieder geschlossen).

Anhand dieser Zahlen lässt sich nochmals auf das ausgeprägte Gefälle zwischen deutsch- und französischsprachiger Schweiz hinweisen: Von den genannten Orten vorwiegend französischsprachig sind Genf, Lausanne (samt Kanton Vaud) und der Kanton Neuchâtel (zu dem auch die Stadt La Chaux-de-Fonds gehört); Kanton und Stadt Fribourg sprachen damals zu zwei Dritteln Französisch und zu einem Drittel Deutsch, der Kanton Bern zählte ein Sechstel Französischsprachige, die zu ihm gehörende Stadt Biel eine deutschsprachige Zweidrittelmehrheit. Alle anderen genannten Städte und Kantone waren überwiegend deutschsprachig.[43] Der Anteil an SMPV-Mitgliedern war in den französischsprachigen Landesteilen insgesamt signifikant kleiner, welcher Umstand sogar für deren größte Städte Genf und Lausanne galt.

Klagen über »Ausländerprobleme«

Abschließend noch das Eingeständnis, dass sich auf dem jetzigen Stand zu einer in Hinblick auf den Untersuchungshorizont bis 1945 wichtigen Frage, nämlich zur Integration von aus dem Ausland stammenden Musikerinnen und Musikern noch nicht allzu viel

---

[43] Statistisches Jahrbuch der Schweiz 1932, S. 26–28. – Zu den laut Tabelle für das Musikleben nur marginal relevanten weiteren Kantonen: Graubünden hat etwa 50 % deutsch-, 40 % rätoromanisch- und 10 % italienischsprachige Einwohnerinnen und Einwohner, das Tessin ist italienischsprachig, das Wallis zu zwei Dritteln französisch- und zu einem Drittel deutschsprachig, in allen anderen im Text noch nicht genannten Kantonen wird überwiegend Deutsch gesprochen.

Konkretes sagen lässt: Gerade in Bezug auf die diesbezüglich offenbar völlig liberale Gründerzeit des Verbandes wären hierfür noch umfangreiche biographische Nachforschungen nötig. In der internen Verbandschronik äußert sich erst die 100-jährige Ausgabe von 1993 ausführlich zu dieser Frage und fügt – noch völlig unberührt von den Diskussionen um die Rolle der Schweiz während des Zweiten Weltkrieges im Zuge der Arbeit der sogenannten Bergier-Kommission um die Mitte der 1990er Jahre – ein Kapitel *»Ausländerprobleme auch im Musikerberuf«*[44] ein, das feststellt, dass in den Statuten sowohl des alten Gesang- und Musiklehrervereins als auch noch in denen des SMPV von 1911 die Mitgliedschaft *»schweizerischen oder in der Schweiz wirkenden«*[45] Personen ohne Unterschied offenstand. Weiter heißt es in der Chronik von 1993:

> »Wann genau die Bestimmung, dass für die Aufnahme von Ausländern die Niederlassungsbewilligung erforderlich sei, in die Statuten aufgenommen wurde, verschweigt die Verbandsgeschichte. Vermutlich war es in der Zwischenkriegszeit, wohl in den dreissiger Jahren, als die Wirtschaftskrise manche Musikerexistenz bedrohte und die Abschirmung gegen aussen eine Schutzfunktion für den schweizerischen Musiker übernehmen sollte. Zweitrangig waren dabei allfällige ideologische Überlegungen, das heisst die Abwehr gegen nationalsozialistische oder faschistische Einflüsse; denn die Bestimmung traf viel eher Musiker, die vor totalitären Regimes in der Schweiz Zuflucht gesucht hatten. Wohl war den Ausländern die Mitgliedschaft nicht grundsätzlich verwehrt, aber doch sehr erschwert, wenn man bedenkt, dass zu den Bedingungen für die Erlangung einer Niederlassungsbewilligung unter anderem der ununterbrochene Wohnsitz in der Schweiz während zehn Jahren gehörte«[46].

Der Blick in die Dokumente differenziert dieses Bild weiter: Die Bedingung der Niederlassungsbewilligung erscheint erst in den Statuten von 1949; in denen vom 25. Juni 1939 ist die faktisch gleich lange Wartefrist noch anders formuliert: *»Ausländer können erst nach zehnjährigem ununterbrochenem Aufenthalt in der Schweiz aufgenommen werden«*[47]. Die am 29. Apr. 1933 beschlossenen Statuten lagen mir leider nicht vor, und da die »Musikerkalender« ab 1932/33 (genau dann vom Kalenderjahr auf das ›Musikerjahr‹ von Sept. bis Aug. umgestellt und von *»seltener benötigte*[n] *Rubriken«*[48] entlastet) keine Auszüge aus den Statuten mehr enthalten, muss es Vermutung bleiben, dass die Anhebung der Ausländerwartefrist auf zehn Jahre genau in diesem Moment kurz nach der nationalsozialistischen ›Machtergreifung‹ in Deutschland vorgenommen wurde, die zu einem höheren Aufkommen von Emigrantinnen und Emigranten führte. Eine Frist von fünf Jahren gab es nämlich auch davor schon: Sie wurde noch im »Musikerkalender« 1932[49] und

---

44 Favre, *Musikerziehung in der Schweiz*, 1993, S. 69–71.
45 Ebd., S. 69.
46 Ebd., S. 69f.
47 *Statuten und Reglement für die Ortsgruppen des Schweizerischen Musikpädagogischen Verbandes*, [Zürich 1939], S. 6.
48 Musikerkalender 1932/33, Einlage vor Titelblatt.
49 Musikerkalender 1932, S. 150.

im »Musikerjahrbuch« 1933[50] explizit aufgeführt und ist in den mir zugänglichen Dokumenten bis ins Jahr 1922 zurückzuverfolgen: *»Ausländer können in der Regel erst nach fünfjährigem ununterbrochenem Aufenthalt in der Schweiz als Mitglied aufgenommen werden«*[51]. Wann überhaupt eine – anfangs offenbar noch mit Augenmaß gehandhabte – Wartefrist für Ausländer eingeführt wurde (die überhaupt kein ausschließliches Spezifikum des SMPV ist, sondern etwa auch im Schweizerischen Tonkünstlerverein [STV] beobachtet werden kann), lässt sich zum jetzigen Stand der Untersuchung nicht beantworten. Allgemein steht die Verschärfung der Regelungen für die ausländischen Musikerinnen und Musiker wohl mit einem 1931 in Kraft getretenen (und grundsätzlich noch bis 2005 gültigen) Bundesgesetz in Zusammenhang.[52]

Aus der Diskussion in den »Schweizerischen Musikpädagogischen Blättern« in den Jahren 1933/34 zu diesen Themen geht unter anderem hervor, dass die Aufrufe, verstärkt einheimische Musikerinnen und Musiker zu engagieren, eine Reaktion darauf darstellten, dass nach der ›Revolution‹ (wie die nationalsozialistische Machtergreifung bei dieser Gelegenheit genannt wurde) in Deutschland *»schweizerische Solisten zu Konzerten nicht mehr verpflichtet wurden«*[53]. Dieser Zeitgeist wird auch aus einem Abschnitt des Jahresberichtes des SMPV-Präsidenten Georges Humbert bei der Generalversammlung 1933 deutlich:

> »Ferner schritten wir mehrfach zugunsten schweizerischer Musiker ein, die Gefahr liefen, in ihrer Tätigkeit durch ausländische Kräfte ersetzt zu werden, ohne jedoch dabei bei den Behörden immer das Verständnis zu finden, das man wohl voraussetzen dürfte. In der gleichen Richtung bewegte sich auch ein Gesuch des Schweizerischen Tonkünstlervereins an die Eidgenössische Fremdenpolizei, das uns mit der Einladung, es mitzuunterzeichnen, vorgelegt wurde, und in welchem die Fremdenpolizei ersucht wird, in den Grenzen des Erreichbaren die Erteilung der Arbeitsbewilligungen an ausländische Musiker möglichst einzuschränken. Dieses Gesuch entspringt nicht einem Fremdenhaß, der – namentlich auf dem Gebiete der Kunst – stets lächerlich wirkt und zu verpönen ist. Es will nur Rücksicht nehmen auf die außerordentlich erschwerten Erwerbsbedingungen, unter denen schweizerische und schon seit langem in der Schweiz ansässige Musiker gegenwärtig zu leiden haben.

> In derselben Hinsicht haben wir gerade jetzt – wiederum in Verbindung mit dem Schweizerischen Tonkünstlerverein – dem Bundesrat die Notlage dargestellt, unter der viele Musiker und zahlreiche Institutionen leiden«[54].

---

[50] Musikerjahrbuch 1933, S. 36.
[51] Musikerkalender 1922, S. 137.
[52] *Bundesgesetz über Aufenthalt und Niederlassung der Ausländer* vom 26. März 1931 (ANAG), https://www.admin.ch/opc/de/classified-compilation/19310017/200501010000/142.20.pdf, Zugriff am 31. Juli 2019.
[53] E[mil] A[dolf] H[offmann], *»Schweizer Dirigenten: Engagiert Schweizer Solisten!«*, in: Schweizerische Musikpädagogische Blätter 9 (1933), S. 136. – Vgl. [Anonym], *»Schweizer Dirigenten: Engagiert Schweizer Solisten!«*, in: *Schweizerische Musikpädagogische Blätter* 9 (1934), S. 132f.
[54] [*»Rede des Verbandspräsidenten Georges Humbert«*], 1933, S. 162.

Die aus der unmittelbaren Nachkriegszeit stammende Bindung der SMPV-Mitgliedschaft an die Niederlassungsbewilligung wurde übrigens erst 1982 wieder aufgehoben und in eine dreijährige Wartefrist ohne weitere Bedingungen umgewandelt,[55] der auch ich selbst mich bei meiner Ankunft als Ausländer in der Schweiz 1997 offiziell noch zu unterwerfen hatte: Die Vereinbarung der Personenfreizügigkeit zwischen der Schweiz und der Europäischen Gemeinschaft im Rahmen der Bilateralen Verträge I sollte erst zum 1. Juni 2002 in Kraft treten.

Literatur

[Anonym], »*Schweizer Dirigenten: Engagiert Schweizer Solisten!*«, in: *Schweizerische Musikpädagogische Blätter* 9 (1934), S. 132f.

Bernhard Billeter, »*Vom Sängerblatt zur SMZ*«, in: *Schweizer Musikzeitung* 1 (2008), S. 5–7, https://www.musikzeitung.ch/dms/archiv/smz/2008/01/article/archiv_01_art_geschichte. pdf, Zugriff am 23. Juli 2019.

Hans Bloesch, *Die Bernische Musikgesellschaft 1815–1915,* Bern 1915.

Bundesgesetz über Aufenthalt und Niederlassung der Ausländer vom 26. März 1931 (ANAG), https://www.admin.ch/opc/de/classified-compilation/19310017/200501010000/142.20. pdf , Zugriff am 31. Juli 2019.

Reto Caluori, Art. »*Michael Kantorowitz*«, in: *Theaterlexikon der Schweiz*, hrsg. von Andreas Kotte, 3 Bde., Bd. 2, Zürich 2005, S. 962, http://tls.theaterwissenschaft.ch/wiki/Michael_ Kantorowitz, Zugriff am 31. Juli 2019.

Rémy Campos, *Instituer la musique: les premières années du Conservatoire de musique de Genève (1835–1859),* Genf 2003.

Antoine-É[lisée] Cherbuliez, *Geschichte der Musikpädagogik in der Schweiz,* o. O. 1944.

Max Favre [u. a.], *Musikerziehung in der Schweiz. Festschrift 100 Jahre Schweizerischer Musikpädagogischer Verband 1893–1993,* Bern 1993.

25 Jahre Ortsgruppe Zürich des Schweizerischen musikpädagogischen Verbandes 1932– 1957, [Zürich 1957].

E[mil] A[dolf] H[offmann], »*Schweizer Dirigenten: Engagiert Schweizer Solisten!*«, in: *Schweizerische Musikpädagogische Blätter* 9 (1933), S. 136.

Ders., *Schweizerischer Musikpädagogischer Verband/Société suisse de pédagogie musicale. Die ersten fünfzig Jahre. Kurzer Abriss der Verbandsgeschichte 1893–1943,* Bern [1943].

Hans Jelmoli, *Festschrift zum fünfzigjährigen Bestehen des Konservatoriums für Musik in Zürich, 1876–1926,* Zürich 1926.

Mitteilungsblatt des SMPV 10 (1997), S. 10–12.

Musikerkalender für die Schweiz 1922, S. 137; 1932, S. 150; 1932/33, Einlage vor Titelblatt; 1933/34, S. 158f.

Musikkollegium Winterthur, *Geschichte des Orchesters*, https://www.musikkollegium.ch/de/ ueber-uns/geschichte, Zugriff am 31. Juli 2019.

---

[55] Favre, *Musikerziehung in der Schweiz*, 1993, S. 71. – Dort auch der Hinweis auf die Möglichkeit ab 1990, mit einer Grenzgängerbewilligung SMPV-Mitglied zu werden.

[»*Rede des Verbandspräsidenten Georges Humbert bei der Generalversammlung am 29. April 1933*«], in: *Schweizerische Musikpädagogische Blätter* 10 (1933), S. 147–150, 11 (1933), S. 161–163.

Antonin Scherrer, *150 ans Conservatoire de Lausanne, 1861–2011,* Gollion 2011.

Schweizerische Musikpädagogische Blätter 1913, S. 89–93; 1927, S. 129; 1928, S. 33f.; 1933, S. 321, 325, 337; 1933, S. 337; 1934, S. 354f.

Schweizerisches Musikerjahrbuch/Annuaire de la musique en Suisse 1 (1931/32), 2 (1933).

Statistisches Jahrbuch der Schweiz 1932, S. 6–10; S. 26–28, https://www.bfs.admin.ch/asset/de/hs-b-00.01-jb-1932, Zugriff am 31. Juli 2019.

Statuten des Schweizerischen Gesang- und Musiklehrervereins [Zürich 1908].

Statuten des Schweizerischen Musikpädagogischen Verbandes [Zürich 1911].

Statuten und Reglement für die Ortsgruppen des Schweizerischen Musikpädagogischen Verbandes [Zürich 1939].

Berthe Stocker, »*Um unsere Diplomprüfungen*«, in: *Schweizerische Musikpädagogische Blätter* 21 (1933), S. 321–325.

Sara Trauffer, *Vom Konservatorium zur Hochschule der Künste Bern: 150 Jahre Musikausbildung, 1858–2008,* Bern 2008.

Martina Wohlthat, *Tonkunst macht Schule: 150 Jahre Musik-Akademie Basel 1867–2017,* Muttenz 2017.

Klaus Wolters, »*Die Diplomprüfungen des SMPV*«, in: *Musikerziehung in der Schweiz. Festschrift 100 Jahre Schweizerischer Musikpädagogischer Verband 1893–1993*, verf. von Max Favre [u. a.], Bern 1993, S. 40–54.

Max Zulauf, *Der Schweizerische Musikpädagogische Verband 1943–1968 zur fünfundsiebzigsten Jahresfeier seiner Gründung,* o. O. [1968].

Abbildungen

Abb. 1 Musikerkalender für die Schweiz/Agenda du musicien 1933/34, S. 210f.
Abb. 2 Musikerkalender für die Schweiz/Agenda du musicien 1933/34, S. 157–159.

Anhang 1

1933	Frauenanteil unter den...				Anteil SMPV[56]
Stadt oder Kanton	Orchestermitgliedern	Lehrenden am Konservatorium	(anderen) Musiklehrenden	SMPV-Mitgliedern	
Aarau (11.666 Einwohner*innen)	[Orchesterverein (gegründet 1889)][57]		9 von 18 weiblich (50 %)	6 von 14 (42,9 %)	77,8 %
Aargau übriger Kanton (247.978)			15 v. 40 (37,5 %)		
Kantone Appenzell (AR & AI) (62.965)			5 v. 7 (71,4 %)		
Basel (162.652)	Allgemeine Musikgesellschaft (1876), Orchestergesellschaft (1921): 2 (Vl., Hf.) v. 50 (4 %)	Musikschule und Konservatorium (gegründet 1867): 28 v. 69 (40,6 %)	96 v. 229 (41,9 %)	43 v. 85 (50,6 %)	28,5 %
Kanton Baselland (92.541)			4 v. 9 (44,4 %)		
Bern (115.396)	Stadtorchester (Orchesterverein 1877): 1 (Vl. 1) v. 53 (1,9 %)	Konservatorium für Musik (1858): 10 v. 31 (32,3 %)	72 v. 142 (50,7 %)	71 v. 117 (60,1 %)	67,6 %
Biel BE (37.726)	[Sinfonieorchester (1969)]	Städtische Musikschule (1932): 18 v. 29 (62,1 %)	21 v. 38 (55,3 %)	9 v. 12 (75 %)	17,9 %
Bern übriger Kanton (535.552)			21 v. 45 (46,7 %)		
Fribourg (21.557) [keine Angaben zum übrigen Kanton (121.673)]	[Orchestre de la ville (1813)]	Conservatoire-Académie de musique (1904): 6 v. 14 (42.9%)	»voir Cons.«	1 v. 11 (9 %)	78,6 %
Genève (142.812)	[Orchestre de la Suisse Romande (1918)][58]	Conservatoire de musique (1835): 29 v. 67 (43,3 %) Académie de Musique (1886): 8 v. 20 (40 %)	66 v. 133 (49,6 %)	7 v. 25 (28 %)	11,4 %
Kanton Glarus (35.653)			7 v. 15 (46,7 %)		
Kanton Graubünden (126.340)			8 v. 18 (44,4 %)		
Luzern (50.137)	[Orchester (1806), Theater (1839)]	[Konservatorium (1942)]	55 v. 100 (55 %)	23 v. 36 (63,9 %)	36 %
Luzern übriger Kanton (139.254)			4 v. 8 (50 %)		
Neuchâtel (22.668)	(Orchestre de la Suisse Romande)	Conservatoire de musique (1917): 8 v. 21 (38,1 %)	23 v. 46 (50 %)	9 v. 15 (60 %)	22,4 %
La Chaux-de-Fonds NE (35.252)	[Orchestre de chambre (1958)]	[Conservatoire de musique (1927)]	25 v. 54 (46,3 %)	2 v. 6 (33,3 %)	11,1 %
Neuchâtel übriger Kanton (139.254)			5 v. 15 (33,3 %)		
Solothurn (13.734)	[Orchester (1867)]		16 v. 28 (57,1 %)	8 v. 14 (57,1 %)	50 %

---

[56] Anteil der SMPV-Mitglieder an allen Musiklehrenden (inkl. Konservatorien, sofern vorhanden).

[57] [Orchester/Musikschulen]: ohne Berufsausbildung, ohne Angaben zu Mitgliedern oder spät gegründet.

[58] Das Genfer *Orchestre de la Suisse Romande* wird auch in Lausanne und Neuchâtel angeführt.

Olten (13.484)	[Stadtorchester (1894)]		14 v. 24 (58,3 %)	2 v. 6 (33,3 %)	25 %
Solothurn übriger Kanton (139.254)			5 v. 11 (45,5 %)		
Schaffhausen (21.118)	[Musik-Collegium (1655)]	Imthurneum: 1 v. 5 (20 %)	16 v. 22 (72,7 %)	10 v. 12 (83,3 %)	44,4 %
Kanton Schwyz (62.337)			4 v. 11 (36,4 %)		
St. Gallen (63.947)	Konzertverein (1877): 0 v. 22		34 v. 89 (38,2 %)	22 v. 42 (52,4 %)	47,2 %
St. Gallen übriger Kanton (204.415)			14 v. 25 (56 %)		
Kanton Tessin (159.223)			6 v. 11 (54,5 %)		
Kanton Thurgau (136.063)			9 v. 18 (50 %)		
Kanton Nidwalden (15.055)			3 v. 5 (60 %)		
Kanton Uri (22.968)			0 v. 1		
Kanton Wallis (136.394)			0 v. 4		
Lausanne VD (79.000)	(Orchestre de la Suisse Romande) [Théâtre (1871), Orchestre de chambre (1942)]	Conservatoire de Musique (1861): 24 v. 43 (55,8 %) Institut de Ribaupierre[59] (1915): 6 v. 14 (42,9 %) Académie de Ste. Cécile (1932): 14 v. 27 (51,9 %)	33 v. 57 (57,9 %)	7 v. 22 (31,8 %)	15,6 %
Montreux VD (11.996)	[Orchestre de Ribaupierre (1917)]	Conservatoire de musique (1915): 9 v. 15 (60 %)	11 v. 29 (37,9 %)	2 v. 5 (40 %)	11,4 %
Vaud übriger Kanton (139.254)		Vevey VD (1915)	4 v. 13 (30,8 %)		
Zug (11.113)	[Cäcilienorchester (1905)]		5 v. 10 (50 %)	4 v. 8 (50 %)	80 %
Zug übriger Kanton (23.282)			2 v. 4 (50 %)		
Zürich (260.984)	Tonhalleorchester (1868): 1 (Hf.) v. 67 (1,5 %)	Konservatorium (1876): 13 v. 60 (21,7 %) Musikakademie (1891): 9 v. 25 (36 %)	148 v. 353 (41,9 %)	156 v. 266 (58,7 %)	60,8 %
Winterthur ZH (54.779)	Musikkollegium (1629), Stadtorchester (1875): 0 v. 40, Zuzüger: 5 (Vl. 2) v. 17 (29,4 %)	Musikschule des Musikkollegiums (1875): 8 v. 32 (25 %)	36 v. 45 (80 %)	21 v. 31 (67,8 %)	40,3 %
Zürich übriger Kanton (301.943)			52 v. 73 (71,2 %)		
Ausland			8 v. 14 (57,1 %)		
Gesamt	**9 v. 249 (3,6 %)[60]**	**191 v. 472 (40,5 %)**	**680 v. 1417 (48 %)**	**579 v. 1074 (53,9 %)**	**56,9 %**

Tab. Frauenanteil an Schweizer Orchestermitgliedern, Konservatoriumsdozierenden, anderen (privaten) Musiklehrenden und SMPV-Mitgliedern; Anteil der SMPV-Mitglieder an den Schweizer Musiklehrenden im Jahr 1933[61]

---

[59] Institut de Ribaupierre in Lausanne mit Filialen in Montreux und Vevey.
[60] In den Berufsorchestern insgesamt zwei undefinierte »Violinen«, eine 1. Vl., fünf 2. Vl., zwei Harfen.
[61] Quelle aller Daten: Musikerjahrbuch 1933.

Anhang 2

Schweizerische Musikpädagogische Blätter 21 (1933), S. 321–325[62]:

ZÜRICH, 1. NOVEMBER 1933   22. JAHRGANG, NR. 21

Schweizerische
Musikpädagogische Blätter

OFFIZIELLES ORGAN DES SCHWEIZ. MUSIKPÄDAGOGISCHEN VERBANDES

Verantwortlicher Redaktor für den deutschsprachigen Teil: E. A. HOFFMANN, Aarau

INHALT: Schweizerischer Musikpädagogischer Verband. — Um unsere Diplomprüfungen. — Aus den Ortsgruppen. — Berichte und Notizen. — Neue Bücher und Noten.

SCHWEIZ. MUSIKPÄDAGOGISCHER VERBAND

Herbst-Diplomprüfungen 1933

Die diesjährigen Herbst-Diplomprüfungen fanden am 16., 17. und 18. Oktober in Zürich statt. Diplomiert wurden neun Kandidatinnen, von denen sich drei das Prädikat „vorschriftsgemäß", vier „gut", eine „sehr gut" und eine „mit Auszeichnung" (Fräulein Kometa Richner) erwarben. Zwei Kandidatinnen bestanden den theoretischen Teil der Prüfung, eine Kandidatin mußte zurückgewiesen werden. Experten waren die Damen und Herren Alice Frey-Knecht, Walter Frey, E. A. Hoffmann, Georges Humbert, Hans Jelmoli, Paul Müller und Karl Wenz. Prüfungsleiter war Dr. Willi Schuh.

Diplomiert und als Verbandsmitglieder aufgenommen wurden:

Frl. Jenny Bauer, untere Vogelsangstraße 68, Winterthur, als Klavierlehrerin,

„ Vreni Binder, Neuwiesenstr. 2, Winterthur, als Klavierlehrerin,

„ Ida Hagen, Sonnenbergstraße 93, Winterthur, als Klavierlehrerin,

„ Joh. Hirsch, St. Leonhardstr. 73, III., St. Gallen,

„ Margrit Meier, Gloriastraße 76, Zürich, als Violinlehrerin,

„ Flora Mälchi, Bettlachstraße, Grenchen, als Klavierlehrerin,

„ Kometa Richner, Horneggstraße 9, Zürich 8, als Violinlehrerin,

„ Trudi Schlatter, Teufenerstr. 15, St. Gallen,

„ Gertrud Schädel, Nordstraße 22, Schaffhausen, als Gesanglehrerin,

„ Hanna Weber, Nägelistraße 3, Zürich, als Theorielehrerin,

„ Liliane Wille, Ecole Nouvelle, sur Bex (Vaud), als Klavierlehrerin,

Um unsere Diplomprüfungen
Von Berthe Stocker

Es ist nicht Zweck und Aufgabe dieser Zeilen, Einzelheiten aus dem Verlauf vergangener Prüfungen an die Öffentlichkeit zu tragen.

Beilage: Fünf Kinderlieder für Schule und Haus, komponiert von Kurt Pahlen.

322

Vielmehr handelt es sich um einen in die Zukunft weisenden Appell, an alle, die dazu berufen und auserwählt sind, junge Musiker und Musikerinnen auf unsere Diplomprüfungen vorzubereiten.

Wenn eine Kandidatin (das weibliche Geschlecht ist stets in überwiegender Mehrzahl vertreten) die Prüfung ungenügend oder gar nicht besteht, so wird gewöhnlich ihr selbst oder sogar den Experten die Schuld für das Versagen zugeschoben. Wer aber Gelegenheit hat, als objektiver Beobachter den Prüfungen beizuwohnen, der kommt sehr bald zu der Erkenntnis, daß die Vorbereitung in einzelnen Fällen und Fächern zu wünschen übrig läßt.

Ganz offen gesagt: Der Lehrer macht es sich manchmal zu leicht. Als Verbandsmitglied hat er nicht nur die Möglichkeit, sondern auch die Pflicht, das Prüfungsreglement in allen Einzelheiten zu kennen. Bei gewissenhafter Durchsicht ergibt sich schon hie und da der Fall, daß man einem Schüler zum Voraus von dem für ihn gewagten Unternehmen abraten muß. Denn mit dem Ehrgeiz allein ist es nicht getan, es gehört auch eine gewisse Dosis Begabung und viel Wissen und Können zu einem Beruf wie dem des Musikers. Angenommen nun, die erforderliche musikalische Disposition sei vorhanden, studiere man das Reglement genau, im Sinne einer Gedächtnisstütze, für alles das, was vorzubereiten ist.

Die Prüfung zerfällt in drei Teile, in den praktischen und den pädagogischen Teil, von denen der erste getrennt, ein halbes oder ganzes Jahr vor den beiden anderen absolviert werden kann. Es bedeutet dies eine Erleichterung und ist daher sehr zu empfehlen.

Was verlangt der theoretische Teil? 1. Mit Unterstreichung: Gehörbildung. Es dürfte doch wohl bekannt sein, was man unter „Gehör" versteht, und daß man damit befähigt sein sollte, außer den einfachsten Intervallen auch Akkordbeziehungen, Takt- und Tonartwechsel zu erkennen, daß man für Anschlagsnuancen und Stilverschiedenheiten ein bewußtes Empfinden haben sollte. Was muß man aber vom Gehör eines Menschen denken, der den Rhythmus einer Melodie nicht erfaßt, der taktelang ohne Pedalwechsel drauflos paukt, der als Begleiter die Singstimme ignoriert und ohne zu erröten Bach, Mozart, Brahms und Honegger über einen Leisten schlägt? So unvorbereitet und gleichsam „unentwickelt" darf man niemanden in Examen ziehen lassen! Vergegenwärtigen wir uns doch immer von neuem, daß die Musik eine Angelegenheit des Ohres ist. Daß ein Blinder wirklich musikalisch geschickt wird, leuchtet jedermann ein. Daß man ohne Gehörsinn ebensowenig wirklich Musik treiben kann, scheint leider nicht so ganz selbstverständlich zu sein.

Zu unsern theoretischen Aufgaben: Wir veröffentlichen nachstehend die Beispiele, welche den vorletzte Woche stattfundenen Herbst-Prüfungen den Kandidatinnen vorgelegt wurden, zur allgemeinen Orientierung. Man findet da eine Melodie und einen kurzen vierstim-

---

[62] In Nr. 22 (1933), S. 337 der »Schweizerischen Musikpädagogischen Blätter« folgt die Korrektur, dass Joh[anna] Hirsch und Trudi Schlatter *»versehentlich unter die Diplomierten […] gerieten«* und es sich bei ihnen lediglich um *»Neuaufnahmen in den Verband«* handle. – Ergänzung der Bezeichnung der Notenbeispiele auf S. 324 durch M. S.

migen Satz, welche als Musikdiktat dienten, sowie zwei schriftlich und ohne Benützung des Klaviers zu harmonisierende Aufgaben; ferner eine Melodie, die vom Blatt zu singen war und einen bezifferten, sowie einen unbezifferten Baß, die aus dem Stegreif vierstimmig am Klavier ausgesetzt werden.

In der Musikgeschichte hat man häufig den Eindruck, daß der Stoff rein mechanisch eingeprägt wurde. Der Musikstudierende soll aber nicht nur auswendig lernen, sondern „inwendig" wissen, möglichst viel hören, und zwar nicht nur Beispiele am Klavier. Er soll veranlaßt werden, Konzerte und Theater zu besuchen, damit er seinen Horizont erweitern, Erfahrungen künstlerischer Art sammeln kann, sich ein selbständiges Urteil bilden und sich darüber aussprechen lernt. Das ist lebendige Musikgeschichte und Musikbetätigung! Ferner ist es notwendig, daß der Instrumentalist über Bau und Entwicklung seines Instrumentes genaue Auskunft geben kann. Es muß daher jeder

Pianist wenigstens einmal den Deckel seines Klaviers aufklappen, die Nase hineinstecken und den Mechanismus beobachten, damit er mindestens darüber Auskunft geben kann, wie die Pedale funktionieren! Daß dies nicht erst und nur mit dem angehenden Musiklehrer geschehen sollte, sondern mit jedem Schüler schon auf der Unterstufe, ist selbstverständlich!

Der größte Fleiß und Zeitaufwand wird allgemein der Vorbereitung zum praktischen Teil der Prüfung gewidmet. Leider nicht immer mit dem gewünschten Erfolg. Es wird zu viel gehaspelt, gejagt und gepaukt und noch zu wenig wirklich schön musiziert.

Am schlimmsten sieht es in den pädagogischen Prüfungen aus. Es ist erklärlich; denn das Unterrichten erfordert nicht nur Liebe, Phantasie und Einfühlungsvermögen, sondern auch Erfahrung. Der Lehrer soll daher dem Kandidaten Gelegenheit schaffen, sich im Unterrichten zu üben, ihn aufmuntern, selbständig Stunden zu erteilen und das Ergebnis derselben mit ihm besprechen. Psychologie und Methodik dürfen nicht leere Worte bleiben, im Gegenteil, sie sollen zu Hunderten von Hinweisen und Gesprächen Anlaß geben.

Der Lehrer, der sich einer so verantwortungsvollen Aufgabe unterzieht, wie sie die Vorbereitung zum Musiklehrer-Diplom darstellt, darf es nie müde werden, den ihm vertrauenden Kandidaten auch innerlich zu fördern, ihn zu prüfen, Lücken auszufüllen und mit ihm über alle nur denkbaren einschlägigen Gebiete zu sprechen, die mit Musik und Unterricht in Zusammenhang stehen. Und er soll nicht nur selber reden, sondern auch den Schüler dahin bringen, daß er lernt, sich auszusprechen, seine Gedanken mühelos in Worte zu kleiden. Nichts wirkt kläglicher, als ein künftiger Pädagoge, der stumm dasitzt oder verzweifelt mit der Sprache ringt.

Mit Freuden glauben wir wahrnehmen zu dürfen, daß das Niveau der Leistungen bereits langsam im Steigen begriffen ist. Es soll aber noch viel besser werden. An unsere Mitglieder ergeht daher unser Appell, mit strengem Gewissen und voller Hingabe mitzuhelfen, damit unserem Stande ein warmblütiger, musikalisch durchgebildeter Nachwuchs erstehe.

AUS DEN ORTSGRUPPEN

Die Ortsgruppe Zürich veranstaltet am Samstag, 18. November, 17.30 Uhr, im Konzertsaal des Pianohauses Jecklin in Zürich eine öffentliche Vortragsübung mit Gesang-, Violin- und Klavierschülern von *Alice Frey, Nelly Maag-Mayer, Helen Marti* und *Peter Speiser.*

BERICHTE UND NOTIZEN

— : Aus Mitgliederkreisen. Die Basler Altistin Gretel Egli-Bloch war in einem populären Orgelkonzert im Basler Münster (Adolf Hamm) Solistin. — Basel. Else Popp, Siegfried Rehberg, Marguerite Michels-Kirch-

CHRISTINE RHODE-JÜCHTERN

»Wie entstehen Musiklehrer?« –
Der Beitrag des Seminars der Musikgruppe Berlin E.V.
zur Hebung des Standes der Musiklehrerinnen ab 1911

Die Titelfrage, wie Musiklehrer entstehen, stellte die Musikpädagogin, Seminarleiterin und Frauenrechtlerin Maria Leo (1873–1942) in ihrem 1910 erschienenen Artikel »Standesbestrebungen der deutschen Musiklehrerinnen«.[1] Die »Neue Musik-Zeitung« druckte diesen ausführlichen Artikel unter der Rubrik »*Musikalische Zeitfragen*« ab und merkte dazu an, dass »*die unter dieser Rubrik erscheinenden Artikel zur freien Diskussion gestellt sind*«[2]. Nahm die Zeitschrift mit dieser vorsichtigen Einschränkung Rücksicht auf den zu diesem Zeitpunkt politisch und gesellschaftlich höchst umkämpften Aufbruch der Frauen? Aber hatte sich dieser Aufbruch überhaupt auf die Musiklehrerinnen unter ihnen ausgewirkt? Es gab diesen Aufbruch. Die Musikpädagogin Maria Leo, von der im Folgenden viel die Rede sein wird, hatte zum Zeitpunkt des Schreibens dieses Artikels nicht nur eine klare Vorstellung von den notwendigen Kompetenzen zukünftiger privater Musiklehrer*innen im Kopf, sie war auch fest entschlossen, die grundlegenden Hindernisse zu beseitigen, die den Frauen unter ihnen bisher eine Teilhabe an einer profunden beruflichen Ausbildung behindert, eigentlich unmöglich gemacht hatten. Die Ausgangsfrage dieses Beitrags wird also sein: Haben die Frauen zur Entstehung des Berufes des privaten Musiklehrers, der Musiklehrerin beigetragen, und wenn ja, was speziell? Die Antwort kann schon jetzt lauten: Sie haben der außerschulischen Ausbildung von Musiklehrer*innen die pädagogische Basis, die pädagogischen Leitlinien gegeben, die für ein heutiges Musikstudium in Deutschland selbstverständlich sind.

Auf einen kurzen historischen Abriss zur Genese des speziellen Frauenberufs der privaten Musiklehrerin im Berlin der Jahrhundertwende, zu dem auch eine knappe historische Einführung zur einsetzenden Einrichtung von Seminarklassen an privaten Berliner Konservatorien gehört, folgt die Gegenüberstellung zweier unterschiedlicher Initiativen, die sich zu Beginn des 20. Jahrhunderts um eine seminaristische Musiklehrerbildung bemühten: die völlig unbekannte Musiksektion des Allgemeinen Deutschen Lehrerinnen-Vereins (ADLV) auf der einen und der Musikpädagogische Verband auf der anderen Seite. Neben der Darstellung der konkreten Forderungen Maria Leos an eine seminaristische Ausbildung der Musiklehrer an Konservatorien auf der Grundlage pädagogischer Leitlinien im Rahmen des Musikpädagogischen Kongress 1904 wird die Umset-

---

[1] Maria Leo, »*Standesbestrebungen der deutschen Musiklehrerinnen*«, in: *Neue Musik-Zeitung* 1 (1910), S. 7–9 u. 2 (1910), S. 41–45.
[2] Ebd., S. 7.

zung ihrer Forderungen in dem von ihr gegründeten Seminar dargestellt. Das Seminar der Musikgruppe Berlin E.V. sollte zum führenden Seminar der Weimarer Republik aufsteigen.

Die private Musiklehrerin als spezieller Frauenberuf am Ende des 19. Jahrhunderts

An den Anfang seien zwei unterschiedliche Einschätzungen zum Beruf der privaten Musiklehrerin gesetzt. Michael Roske vertrat 1993 die These, dass zu Beginn des 19. Jahrhunderts die wachsende Nachfrage nach Instrumentalunterricht viele Musiker*innen in die Lage versetzt habe, von diesem Stundengeben als Vollzeitberuf zu leben, sich vor allem »*Frauen damit eine gute Möglichkeit* [bot], *in ein befriedigendes, sozial geachtetes Berufsleben einzutreten... Ja, man könnte mit einigem Recht sogar davon sprechen, daß der Beruf der Privatmusiklehrerin lange vor dem der Schullehrerin als der Frauenberuf des 19. Jahrhunderts schlechthin anzusehen ist*«[3]. Zum anderen sei die Charakterisierung zitiert, die Maria Leo 1913 innerhalb des Bandes *Frauenberufe* vornahm:

> »Was den meisten Berufen eigen ist... das fehlte und fehlt zum Teil noch jetzt der Musiklehrerin, nämlich: allgemein übliche und im großen und ganzen übereinstimmende Ausbildungswege, ein fester Maßstab für die erforderlichen Kenntnisse und Fähigkeiten, endlich die Aussicht auf ein gesichertes Fortkommen, sei es in freier Berufsausübung, sei es in dauernder Anstellung... So scheint es also, dass der Zufall die Welt der Musiklehrerin regiert. Und das ist in der Tat noch vielfach so: Zufall führt in diesen Beruf hinein, und Zufall, nicht die vorhandene berufliche Tüchtigkeit, ist oft der Ausgangspunkt eines erfolgreichen Wirkens darin«[4].

Konnte ein Beruf, dem attestiert wurde, vom Zufall abhängig zu sein, gleichzeitig den Frauenberuf des 19. Jahrhunderts repräsentieren? Dass für die Frauen innerhalb der professionellen Ausübung von Musik eine neue Zeit anbrach, möchte ich anhand einiger Daten zeigen. Ich beschränke mich auf Berlin.

---

[3] Michael Roske, »*Umrisse einer Sozialgeschichte der Instrumentalpädagogik*«, in: *Instrumental- und Vokalpädagogik. 1. Grundlagen*, hrsg. von Christoph Richter (= Handbuch der Musikpädagogik 2), Kassel 1993, S. 158–196, hier S. 173.

[4] Maria Leo, »*Die Musiklehrerin*«, in: *Frauenberufe und -Ausbildungsstätten*, hrsg. von Eugenie von Soden (= Das Frauenbuch 1), Berlin 1913, S. 36–40, hier S. 36.

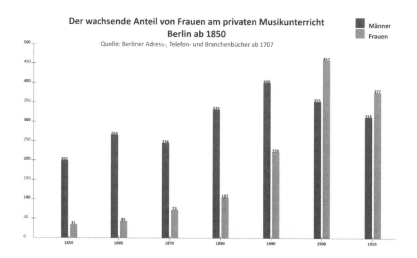

Die Graphik listet den wachsenden Anteil von Frauen am Beruf des privaten Instrumentallehrers in den Jahren von 1850 bis 1910 auf und zeigt einen ständig wachsenden Kon-
kurrenzdruck auf die männlichen Kollegen, um diese ab 1900 in der Ausübung dieses Berufes zu überflügeln. Die digitalisierten Adressbücher für Berlin[5], die Quelle dieser
Angaben, geben ab 1899, als Reaktion auf einen allgemein zu beobachtenden Trend, bei
den Instrumentallehrerinnen zusätzlich ihr Instrument an (Abb. 2) und machen damit
deutlich, dass die Klavierlehrerinnen mit Schwankungen die größte Gruppe unter den
Instrumentallehrerinnen ausmachten.

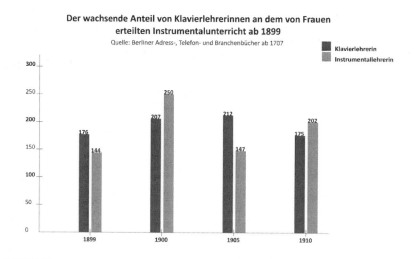

---

[5]   Berliner Adress-, Telefon- und Branchenbücher 1707–1991/1992, https://digital.zlb.de//viewer/
      cms/155, Zugriff am 23. Juli 2019.

Bei den Gesangslehrerinnen (Abb.3), auch diese Unterscheidung trifft das Berliner Adressbuch, deutet sich die Konkurrenz zum Gesangslehrer schon ab 1880 an, um diese im Jahr 1900 mit fast der doppelten Anzahl zu überflügeln.

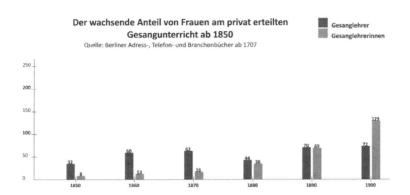

Diese Zahlen scheinen zu belegen, dass sich die Tätigkeit der privaten Instrumentallehrerin als moderner, neuer Beruf etabliert hatte. Weil er jedoch in der Tradition der älteren Epoche stand, das heißt die Musiklehrerinnen sich zwischen all den männlichen Kollegen eine berufliche Existenz erobern mussten, gehört die Aussage von Maria Leo – das heißt keine übereinstimmenden Ausbildungswege, kein gesichertes Einkommen etc. – als essentiell zur Charakterisierung dieses Berufes. Noch im Jahr 1911 stellte die Generalversammlung des Verbandes der deutschen Musiklehrerinnen fest, dass der Beruf der Musiklehrerin dem größten Teil seiner Mitglieder keine ausreichende wirtschaftliche Existenz biete.[6] Eine der Lebensleistungen von Maria Leo sollte die Einrichtung einer staatlichen Pensionsversicherung der Musiklehrerinnen werden.[7]

Wie wurden all diese Klavier- und sonstigen Instrumentallehrerinnen ausgebildet? Nach geltender preußischer Gewerbeordnung durfte jeder oder jede ›das Gewerbe‹ des privaten Instrumentallehrers bzw. Instrumentallehrerin ausüben, egal, ob er oder sie zu diesem Unterricht befähigt war oder nicht. Einen Schutz vor Pfuschern und Scharlatanen gab es nicht. Und jedes Konservatorium konnte die billigste und schlechteste Methode anbieten, weil keines dieser privaten Institute musikalischen oder pädagogischen Qualitätskriterien genügen musste. Das ungezügelte Wachstum von privaten musikalischen Ausbildungsinstituten in Berlin macht die folgende Graphik deutlich:

---

6   Maria Leo, »8. Generalversammlung des Verbandes der deutschen Musiklehrerinnen«, in: *Neue Musik-Zeitung* 19 (1911), S. 396–398, hier S. 397.

7   Siehe Maria Leo, »Die staatliche Pensionsversicherung der Privatangestellten und ihre Bedeutung für die Lehrerinnen«, in: *Die Lehrerin in Schule und Haus* 24 (1907), S. 301–310.

Innerhalb von 20 Jahren verdoppelt sich die Zahl der im Branchenverzeichnis der Berliner Adressbücher verzeichneten Konservatorien, Musikschulen, Akademien etc. Innerhalb dieser riesigen Menge waren die von Frauen geleiteten Musikschulen von marginaler Bedeutung.

Zwei Frauen bildeten eine Ausnahme. Jenny Meyer, die Schwägerin des Gründers Julius Stern, übernahm 1888 die Leitung des Stern'schen Konservatoriums und hatte diese bis zu ihrem Tod im Jahr 1894 inne. Das Musik-Institut von Anna Morsch, dem sie auch ein Lehrerinnen-Seminar anschloss, hatte von 1885 bis zum Jahr 1909 Bestand.

Das sich in Berlin unkontrolliert vollziehende Wachstum sowohl innerhalb der Musiklehrerschaft als auch innerhalb der Einrichtung von Musikinstituten gründete in der rasant anwachsenden Berliner Bevölkerung – zwischen 1850 und 1900 vervierfachte sich die Einwohnerzahl von 400 000 auf 1,7 Millionen Einwohner*innen – und ist nach Günter Olias als Beleg dafür zu sehen, dass es »*der Aufbruch der Massen war, die ihre kulturelle Identität suchten und forderten*«[8].

---

[8]   Günter Olias, »*Musikerziehung zwischen preußischem Ministerialerlaß und Jugendbewegung*«, in: *Studien zur Berliner Musikgeschichte. Vom 18. Jahrhundert bis zur Gegenwart*, hrsg. von Traude Ebert-Obermeier, Berlin 1989, S. 243–255, hier S. 245.

Gleichzeitig galt, dass im Berlin der 80er Jahre des 19. Jahrhunderts vier große Konservatorien für den Ruf der Stadt Berlin als wichtigster Musikstadt Deutschlands sorgten. Neben die 1869 gegründete Königliche Hochschule für Musik und das 1850 von Julius Stern, Adolf Kullack und Adolf Bernhard Marx gegründete Stern'sche Konservatorium[9] trat als dritte Lehranstalt die 1855 von Adolf Kullack gegründete Neue Akademie der Tonkunst. Ein Jahr später sollte als Neugründung das spätere Klindworth-Scharwenka Konservatorium hinzukommen. Im Urteil der damaligen Zeit waren diese Konservatorien inzwischen zu Instituten von internationaler Bedeutung herangewachsen und repräsentierten eine für Deutschland vorbildliche künstlerische musikalische Bildung.

Wozu all diese Daten? Um darauf hinzuweisen, dass das ›Schicksal der deutschen Musik‹ – der einflussreiche Direktor der Königlichen Hochschule für Musik Hermann Kretzschmar[10] hatte die Verbesserung des Gesangunterricht an Volksschulen zu einer allgemeinen Kulturfrage erhoben – sich mindestens genauso stark außerhalb der Schule entschied. Um danach zu fragen, wer zum damaligen Zeitpunkt bereit und in der Lage war, diesen gesellschaftspolitischen Umbruch in all seinen Konsequenzen für die Musikerziehung zu erkennen, nach Lösungen zu suchen. Viel zu stark hat in der musikpädagogischen Forschung immer wieder der Fokus auf den Leistungen Hermann Kretzschmars gelegen, viel zu wenig sind die Leistungen Einzelner wie z. B. eines Emil Breslaur[11], der Zeitschrift »Der Klavier-Lehrer«, die Verdienste des Musikpädagogischen Verbandes etc. für das langsame Herausschälen demokratischer Ansätze in den Fragen der Musikerziehung um die Jahrhundertwende gewürdigt worden. Und schließlich sind diese Daten von Interesse, weil sie belegen, dass Frauen sich innerhalb des bisher männlich dominierten privaten Unterrichtswesens einen Platz ›eroberten‹. Es wird zu zeigen sein, dass sie darüber hinaus in der Lage waren, die geltenden starren akademischen Strukturen des Kaiserreiches zu überwinden und innovative demokratische Strukturen vorzudenken, ja diese sogar – allerdings in kleinem Rahmen – umzusetzen.

Die Einrichtung von Seminarklassen an privaten Berliner Konservatorien

Der Begriff Seminar war im 19. Jahrhunderts zuallererst mit dem Begriff des Lehrerseminars konnotiert. Lehrerseminare galten zu neunzig Prozent der Ausbildung von Volksschullehrern.[12] Über Präparandenanstalten, über Aufnahmeprüfungen wurde für ein ho-

---

9   Einzig die Geschichte des Stern'schen Konservatoriums ist bisher mehrfach untersucht und dargestellt worden, siehe z. B. Cordula Heymann-Wentzel, *Das Stern'sche Konservatorium der Musik in Berlin. Rekonstruktion einer verdrängten Geschichte*, https:// opus4.kobv.de/opus4-udk/frontdoor/dcliver/index/doc/d/797/file/041213_Diss_Heymann_Wentzel+ende.pdf, Zugriff am 23. Juli 2019.

10 Hermann Kretzschmar (1848–1924), Musikwissenschaftler, Musikpädagoge, ab 1907 kommissarischer Direktor des Königlichen Instituts für Kirchenmusik, 1909–1920 Direktor der Königlichen Hochschule für Musik.

11 Emil Breslaur (1836–1899), gründete 1878 die Zeitschrift »*Der Klavier-Lehrer*«, 1879 das Berliner Konservatorium und das Klavier-Lehrer Seminar.

12 Siehe Gerhard Braun, *Die Schulmusikerziehung in Preussen von den Falkschen Bestimmungen bis*

hes Niveau der Anforderungen an die zukünftigen Volksschullehrer gesorgt. An der Königlichen Akademie für Kirchenmusik ausgebildete Musiklehrer sorgten in den reichsweiten Lehrerseminaren für eine anspruchsvolle musikalische Ausbildung der ›Zöglinge‹, die nach ihrer Abschlussprüfung häufig in der Lage sein mussten, neben dem Lehramt eine Organistenstelle zu übernehmen. Die Einrichtung von Lehrerseminaren im außerschulischen Bereich konnte dagegen auf keinerlei staatliche Unterstützung zählen. Sie waren in Bezug auf Konzeption, Aufstellung von Lehrplänen etc. auf private Initiativen angewiesen. Entsprechend unübersichtlich, z. T. zerstritten fällt ihre Geschichte aus. Dass es bisher von der musikpädagogischen Forschung vernachlässigt wurde, diese zu erzählen, liegt an der kaum Aussagen zulassenden Quellenlage. Deshalb erfolgt auch hier nur ein kurzer, allgemeiner Einblick in die einsetzende Einrichtung von Seminarklassen. Wenn auch das Stern'sche Konservatorium zu einem sehr frühen Zeitpunkt eine beeindruckende Vorreiterrolle übernahm,[13] bleibt jedoch festzuhalten, dass am Ende des 19. Jahrhunderts die großen Berliner Konservatorien zwar Seminarklassen zur Ausbildung von privaten Musiklehrern einrichteten, sie jedoch unterließen, detaillierte Angaben zur Struktur dieser Klassen zu machen. Es sei die These gewagt, dass sich aufgrund fehlender Lehrpläne für diese Ausbildung, aufgrund eines fehlenden Abschlusses[14] und der überwiegenden Teilnahme von Schülerinnen nähere Angaben zu diesen Seminarklassen nicht lohnten. Erst die ab 1903 einsetzenden Kongresse des Musikpädagogischen Verbandes machten deutlich, dass die Konservatorien den Auftrag der pädagogischen Ausbildung zukünftiger Instrumentallehrerinnen und -lehrer als zu ihrem eigensten Bildungsauftrag gehörig akzeptierten.

Erste Anstöße zu einer Reform der außerschulischen Musiklehrerinnenbildung durch die Musiksektion des ADLV

Es mag verwundern, dass der erste Zusammenschluss von Musiklehrerinnen innerhalb des Allgemeinen deutschen Lehrerinnen-Vereins, dieses großen, 1890 gegründeten Lehrerinnen-Verbandes, stattfand. 1897 gelang es der Frankfurter Musiklehrerin Sophie Henkel, mit der Gründung der speziellen Untergruppierung einer Musiksektion dem in allen Fragen der Mädchenerziehung bahnbrechend und erfolgreich vorangehenden ADLV anzugehören. Der Zusammenhang mit den Lehrerinnen anderer Fachgebiete, mit der ganzen Frauenbewegung sollte sich als wichtige Kraft für die Professionalisierung der Musiklehrerinnen erweisen. Das erklärte Ziel der in vielen weiteren deutschen Städten

---

zur Kestenberg-Reform, Kassel 1957, S. 19. Im Jahr 1911 betrug die Gesamtzahl der Schüler aller Schulsysteme 7.307.232, 6.641.622 von ihnen besuchten die Volksschule.

[13] Leider findet sich in der Monographie von Cordula Heymann-Wentzel keine zusammenhängende Darstellung des zum Konservatorium gehörenden Seminars, der Seminarklasse.

[14] Siehe »Mitteilungen von Hochschulen und Konservatorien«, in: Der Klavier-Lehrer 18 (1901), S. 227. Der Bericht vermerkt: »[F]ür die seminaristische Ausbildung sind keine [Hervorhebungen i. Orig.] Prüfungen vorgezeichnet.«

gegründeten Musiksektionen war die »*Förderung der ideellen und materiellen Interessen der Musiklehrerinnen*«[15]. Die Mittel zur Erreichung dieses Zieles: eine eigene Fort- und Weiterbildung durch regelmäßigen Austausch mit anderen Sektionen nach dem Vorbild des innerhalb des ADLV gehandhabten Verfahrens. Der Vorstand der Musiksektion verteilte dreimal im Jahr Aufgaben, die von den einzelnen Gruppen ausgearbeitet und an die übrigen Gruppen verteilt wurden. Zusätzlich fanden regelmäßige Sitzungen mit fachwissenschaftlichen Vorträgen statt, wurden Bibliotheken, Lesezirkel gegründet und reine Frauenchöre eingerichtet. Die Einführung von langfristigen Unterrichtsverträgen, wie die Einrichtung von Unterstützungskassen und Unterrichtsvermittlungen gehörte zu den wesentlichen materiellen Zielen der Musiksektionen.

Innerhalb kürzester Zeit entstand eine Organisation der Musiklehrerinnen auf überregionaler Ebene. Diese kleine, jedoch hochmotivierte Gruppe, zu der im Jahr 1900 in zwanzig Städten ca. 700 Mitglieder gehörten, stellte sich auf ihrer Generalversammlung Pfingsten 1900 die Aufgabe, eine Petition an das preußische Kultusministerium zu verfassen mit der Bitte »*eine staatliche Prüfung für diejenigen Personen einführen zu wollen, welche Musikunterricht zu erteilen, resp. ein Konservatorium oder eine Musikschule zu begründen oder zu leiten beabsichtigen*«[16]. Dieser 1902 eingereichten Petition waren eine den Antrag begründende Begleitschrift sowie eine Prüfungsordnung beigefügt. Diese sollte für Musiklehrer und -lehrerinnen der Elementar- und Mittelstufen gelten, denn nur in diesen Stufen war Frauen der Unterricht erlaubt. Die mit 2000 gesammelten Unterschriften eingereichte Petition, darunter welche von Mitgliedern des Senats der Künste, der Königlichen Hochschule, der Direktoren aller bedeutenden Konservatorien etc. wurde, vergleichbar der im Jahr 1886 von Emil Breslaur gestellten Petition, mit dem Hinweis auf die geltende Gewerbefreiheit wiederum abgelehnt.

Ein einheitliches Handeln der Leiter*innen von Konservatorien wie Musikpädagog*innen war spätestens seit der Ablehnung der 1902 gestellten Petition notwendig geworden. Xaver Scharwenka, Direktor des Konservatoriums Klindworth-Scharwenka, stellte einem kleinen Kreis, der sich vor allem aus den Leiter*innen der großen Berliner Konservatorien zusammensetzte, zu dem u. a. auch Anna Morsch und Maria Leo gehörten, seine Vorschläge zur ›Hebung des Musiklehrerstandes‹ vor. Innerhalb einer größeren Versammlung wurde danach der Musikpädagogische Verband gegründet und dessen Ziele im »Klavier-Lehrer« veröffentlicht. Es handelte sich um weitreichende Zielvorstellungen: eine gründliche Ausbildung der Lehrer*innen, Umgestaltung der Seminare sowie Hebung der sozialen und materiellen Situation der Musiklehrer und -lehrerinnen.

---

[15] So das wesentliche Ziel der sich innerhalb der 4. Generalversammlung des ADLV in Leipzig 1897 konstituierenden Musiksektion des ADLV, veröffentlicht in: *Der Klavier-Lehrer* 20/15 (1897), S. 215–216, hier S. 215.

[16] Die Veröffentlichung der Petition mit Begleitschrift und Prüfungsordnung erfolgte bereits im Dezember-Heft des »Klavier-Lehrers«: »*Zur Frage der staatlichen Prüfung der Musik-Lehrer- und -Lehrerinnen. Petition, Begleitschrift und Prüfungsordnung*«, in: Der *Klavier-Lehrer* 21 (1900), S. 303–308, hier S. 303.

Maria Leos reformpädagogische Impulse 1904, 1905

Mit den Musikpädagogischen Kongressen setzte eine Reformbewegung ein, die sich in der Bereitschaft zu Veränderungen überkommener Strukturen, in der Vielzahl von Zuschriften, Anträgen und Empfehlungen abzeichnete. Anna Morsch[17], Vorstandsmitglied des Musikpädagogischen Verbandes, machte vor Beginn des Ersten Musikpädagogischen Kongresses noch einmal deutlich, dass für die deutschen Konservatorien in ihrem Bestreben, eine vielseitige wissenschaftliche Bildung anzubieten, »*die Reform der Seminare an den Konservatorien obenan*«[18] stehe und es die Aufgabe des Kongresses sei, hier zunächst den »Grundstein«[19] zu legen; ein Vorhaben, welches sich aufgrund der vielen eingegangenen Vorschläge, Diskussionsbeiträge erst im Zweiten Musikpädagogischen Kongress 1904 umsetzen ließ. Maria Leo eröffnete mit ihrem Referat den ersten Tag des Kongresses.

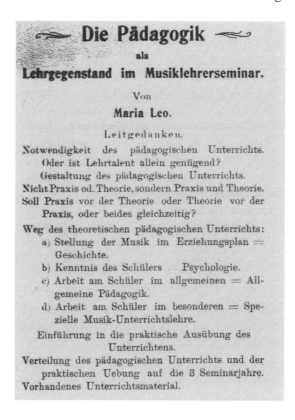

---

[17] Anna Morsch (1842–1916), seit 1885 Besitzerin eines Musikinstituts in Berlin, ab 1900 Herausgeberin der Zeitschrift »Der Klavier-Lehrer«.

[18] Siehe Anna Morsch, »*Musikpädagogischer Kongress. Schlusswort vor den Verhandlungen*«, in: *Der Klavier-Lehrer* 21/22 (1903), S. 308–309, hier S. 308.

[19] Ebd.

Die zu diesem Zeitpunkt etwas über Dreißigjährige steht mit ihrer Biographie für den Aufbruch der Frauen in die Moderne. Geboren am 18. Okt. 1873 in Berlin als Tochter des Hut- und Filzwaren-Fabrikanten Philipp Leo, der 1872 zum Hoflieferanten Seiner Majestät des Kaisers aufgestiegen war, verbrachte sie ihre Schulzeit wie ihre seminaristische Ausbildung an der Berliner Königlichen Augusta-Schule.[20] Nach Abschluss dieser Ausbildung war sie zum Unterricht ausschließlich in den unteren Klassen einer höheren Töchterschule berechtigt, die ihrerseits nicht auf das Abitur und damit ein Studium vorbereiteten. Die Eltern von Maria Leo verhalfen jedoch ihrer Tochter zu einer Ausbildung nach den damals üblichen akademischen Standards. Sie erhielt Klavierunterricht sowohl von ihrer Mutter, die selbst Pianistin war, als auch von bekannten Berliner Pianisten, zusätzlichen Unterricht in Musiktheorie und Komposition an den besten Konservatorien der Stadt. Auch arbeitete sie ein Jahr lang als Korrepetitorin in New York. Aufgrund eines Armleidens wechselte sie nach ihrer Rückkehr den Beruf und wurde Musiklehrerin. Seit 1903 Mitglied des Vorstandes des Pädagogischen Verbandes, nahm sie die ihr übertragene Aufgabe, den Zweiten Musikpädagogischen Kongress mit einem Referat zur Reform der Seminarausbildung zu eröffnen, sehr ernst. Sie gab ihren eigenen Unterricht an einem Berliner Konservatorium auf, um sich ein Jahr lang als Hörerin pädagogischer und psychologischer Vorlesungen der Berliner Universität – studieren durften Frauen in Preußen erst ab 1908 – mit den ›Zukunftsfragen der Pädagogik‹ vertraut zu machen. Schon das Thema ihres Beitrages war ungewöhnlich: »Die Pädagogik als Lehrgegenstand im Musikseminar«. Noch ungewöhnlicher war die Sicherheit, mit der sie vorschlug, die *»pädagogische Wissenschaft zum Hauptbestandteil der Musiklehrerausbildung«*[21] zu machen. Ihre Begründung: Die Pädagogik zeigt den Musikunterricht als Teil der gesamten geistigen Erziehung, ja, *»sie zwingt ihnen dieses Ideal auf, und – sie gibt ihnen auch die Mittel, das gestellte Ziel zu erreichen«*[22]. Pädagogische Lehrinhalte wie praktische Übungen wurden von ihr auf drei Semester innerhalb einer dreijährigen seminaristischen Musiklehrerausbildung vorgesehen.

[20] Innerhalb der zehn staatlichen Lehrer-Seminare der Provinz Brandenburg bot nur das Königliche Lehrerinnen-Seminar der Augusta-Schule jungen Mädchen den Aufstieg in den Beruf der Lehrerin an höheren Töchterschulen.

[21] Maria Leo, *»Die Pädagogik als Lehrgegenstand im Musiklehrerseminar«*, in: *Vorträge und Referate, Zweiter Musikpädagogischer Kongress 6.–8. Oktober 1904 in Berlin*, hrsg. von dem Vorstand des Musikpädagogischen Verbandes, Berlin 1904, S. 29–39, hier S. 31.

[22] Ebd., S. 33.

**Der pädagogische Unterricht als Teil der
seminaristischen Musiklehrerausbildung**
(Maria Leo 1904)

1. Semester:
Geschichtlicher Überblick
über Erziehungsideale,
Erziehungsweisen

2. Semester:
Pädagogische Psychologie
gibt Kenntnis vom Schüler

3. Semester:
Auswahl wie Methode des
Lehrstoffs den Möglichkeiten
des Schülers entsprechend

theoretische   praktische

pädagogische
Anteile
der
Ausbildung

6. Semester:
Fortlaufender Unterricht,
Repetition des päda-
gogischen Wissensstoffes

5. Semester:
eigene Unterrichtstätigkeit
unter Aufsicht

4. Semester:
Einführung in die
Unterrichtsausübung durch
Hospitationen, Probelektionen

Die speziellen Aspekte: Ein geschichtlicher Überblick sollte im ersten Semester über Erziehungsideale und Erziehungsweisen informieren, das zweite Semester eine allgemeine Einführung in die Lehre vom Unterricht geben, das dritte Semester sollte durch die Einbeziehung psycho-physiologischer Forschungsergebnisse über den Schüler, seine Fähigkeiten, seinen Gedankenkreis aufklären. Ab dem vierten Semester waren praktische pädagogische Anteile wie Hospitationen und eigener Unterricht der Seminaristinnen in einer Übungsschule vorgesehen. Doch sollten Theorie und Praxis immer wieder aufeinander bezogen werden, sich gegenseitig ergänzen. Unmissverständlich ihre Aufforderung:

> »Schule und Haus haben das Recht, zu verlangen, dass sich in das Erziehungsgeschäft nur Leute mengen, die sich mit Erziehungs- und Unterrichtsfragen ernstlich befasst haben. Das muss der leitende Gesichtspunkt sein für die Stellung, die wir dem pädagogischen Unterricht an den Musiklehrerseminaren einzuräumen haben.... als Musiklehrer wahrhafte Pädagogen sein, das wollen wir, das müssen wir. – Und eben darum gehört die Pädagogik in die Lehrpläne der Musiklehrer-Seminare, theoretisch und praktisch, und zwar gründlich betrieben, nicht etwa als ein Nebenfach«[23].

Ihre Zuhörerschaft reagierte mit völligem Unverständnis. Anna Morsch erwähnte den Beitrag Maria Leos in der ausführlichen Dokumentation des Kongresses mit nur einem Satz. In allen weiteren eigenen Verbesserungsvorschlägen des Musikpädagogischen Verbandes zur Seminarausbildung tauchten die Vorschläge von Maria Leo nicht mehr auf. Es kann hier nur darauf hingewiesen werden, dass die in den darauffolgenden Jahren vom Musikpädagogischen Verband selbst durchgeführten Prüfungen keinerlei pädagogische Befähigungsnachweise der Lehraspiranten verlangten, der Verband sich mit der Beantwortung methodischer Fragestellungen zufriedengab.

---

[23]   Leo, *Pädagogik als Lehrgegenstand*, 1904, S. 38.

Maria Leo erkannte, dass ihre reformpädagogischen Vorstellungen innerhalb des Musikpädagogischen Verbandes nicht durchzusetzen waren. In einem Grundsatzreferat zum Thema »Die Stellung des Musikunterrichts im allgemeinen Erziehungsplan«, innerhalb der 5. Generalversammlung der Musiksektion des ADLV in Bremen 1905[24], stellte sie den schulischen wie außerschulischen Musikunterricht in den Kontext eines übergreifenden allgemeinen Bildungskonzeptes. Die bisher nur als Gesangunterricht vorstellbare und praktizierte Unterweisung erweiterte sie zu einem Musikunterricht, der, auf einer gründlichen Gehörbildung basierend, eine rhythmische und musikalisch-theoretische Schulung leisten müsse. Aus der Neukonzeption des Faches schlussfolgerte sie, dass ein solch komplexer, innovativer Unterricht nur von musikalischen Fachlehrern erteilt werden könne: »*Diese neuen Gesanglehrer und -lehrerinnen müßten dann nicht nur fachlich gebildet sein; sie dürften in ihrer pädagogischen und allgemein-wissenschaftlichen Ausbildung den anderen Lehrkräften kaum nachstehen, wenn sie ihren Unterricht an geachteter Stelle sehen wollen*«[25].

Der häusliche Instrumentalunterricht könne dann, »*mit dem Singunterricht im Bunde, die musikalisch-künstlerische Ergänzung zur wissenschaftlichen Schulbildung geben*«[26]. Nach ihrer Überzeugung würden beide Disziplinen, wenn sie »*Hand in Hand als einziges Ziel eine gediegene musikalische Bildung auf ihren Unterrichtsplan schreiben, der Musik ganz von selbst wieder neu die Stellung schaffen, die sie berechtigt ist im allgemeinen Erziehungsplan einzunehmen*«[27].

Maria Leo hatte mit diesen beiden Vorträgen nicht nur eine wissenschaftliche Fundierung des Musikunterrichts in Schule und Haus vorgeschlagen, sie verknüpfte mit dieser Forderung die Vorstellung eines neuen Berufsbildes: das der pädagogisch wie wissenschaftlich ausgebildeten privaten wie schulischen Musiklehrer*innen. Dass es 20 Jahre dauern musste, bis ihre Ideen Eingang fanden in das reformpädagogische Konzept Leo Kestenbergs, ist dem konservativen Grundzug der wilhelminischen Ära geschuldet, die sich nur eine Reform des Gesangunterrichts vorstellen konnte.

Das Seminar der Musikgruppe Berlin unter der Leitung von Maria Leo

Die Eröffnung des Seminars der Musikgruppe Berlin E.V. im Jahr 1911 mit Maria Leo als Leiterin fiel in eine Zeit, in der aufgrund der Anregungen des Musikpädagogischen Verbandes viele Seminare den Konservatorien angegliedert wurden. Maria Leo kritisierte diese Entwicklung im Jahr 1927 rückblickend:

---

[24] Maria Leo, *Die Stellung des Musikunterrichts im allgemeinen Erziehungsplan. Vortrag, gehalten in öffentlicher Sitzung des Allgemeinen Deutschen Lehrerinnen-Vereins (Verband der Deutschen Musiklehrerinnen) gelegentlich der V. Generalversammlung in Bremen am 12. Juni 1905*, Berlin 1906.

[25] Ebd., S. 10.

[26] Ebd.

[27] Ebd.

»Jede, auch kleinste Anstalt sah es als Ehrensache an, ein Seminar anzugliedern. Vielfach bestand diese Angliederung dann aber nur in der Anfügung von ein paar Stunden, die irgend ein Lehrer übernahm, der sich vielleicht vorher nie mit den besonderen Fragen der Methodik, der Gehörbildung beschäftigt hatte, die er nun lehrte. Den übrigen Unterricht hatten die Seminaristen gemeinsam mit den Klassen des Konservatoriums, und so konnte gar nicht eine wirkliche Arbeitsgemeinschaft im gleichstrebenden Kreise entstehen. Diese Seminare gaben im besten Falle Prüfungsvorbereitung, aber Lehrerbildungsanstalten konnten sie nicht sein«[28].

Maria Leo begründete die Einrichtung ihres eigenen Seminars mit reformpädagogischen Maximen. Für sie stand die Weckung der musikalischen Begabung der Schüler auf der Grundlage einer bisher vernachlässigten pädagogischen Ausbildung im Vordergrund. Das Ziel der Ausbildung müsse sein, »angehenden Musiklehrerinnen eine gründliche theoretische und praktische Berufsbildung zu geben, die sie befähigt, die musikalische Begabung ihrer Schüler zu wecken und künstlerisch weiterzubilden. Um die vielfach vernachlässigte pädagogische Ausbildung zu geben, wird dem Lehrgang die Einrichtung der wissenschaftlichen Seminare zu Grunde gelegt«[29].

Darüber hinaus gab die 1910 eingeführte Staatliche Prüfung für Gesanglehrer und -lehrerinnen an höheren Lehranstalten in Preußen die unmittelbare Veranlassung zur Gründung des Seminars der Musikgruppe Berlin E.V. Weil diese Prüfung erstmals inhaltliche und formale Voraussetzungen für eine staatliche Gesanglehrerprüfung festlegte, Frauen jedoch zu dem vorbereitenden Studium im Königlich akademischen Institut für Kirchenmusik nicht zugelassen wurden, erhielt das von Maria Leo ausgesprochene Angebot, Frauen im Seminar der Musikgruppe Berlin auf diese Prüfung vorbereiten zu wollen, eine besondere Bedeutung.[30]

Maria Leo entwickelte an ihrem Seminar Studiengänge mit drei unterschiedlichen Abteilungen. Abteilung A (das Seminar für Schulgesanglehrerinnen)[31] galt der Vorbereitung der staatlichen Prüfung. Die Abteilungen B (für Klavierlehrerinnen) und C (für Violinlehrerinnen) bereiteten auf die Prüfung des Verbandes der deutschen Musiklehrerinnen vor.[32]

---

[28] Maria Leo, »Ausgestaltung der Musikseminare«, in: Deutsche Tonkünstler-Zeitung 442 (1927), S. 1–3, hier S. 2.

[29] »Seminar der Musikgruppe Berlin E.V.«, in: Was muss der Musikstudierende von Berlin wissen? Nach authentischem Material, hrsg. von Richard Stern, Berlin 1914, S. 190–193, hier S. 190.

[30] Letztmals wurde die Schulgesangsprüfung im Herbst 1927 abgenommen. Bis zu diesem Zeitpunkt hatten 78 Seminaristinnen die staatliche Prüfung für Schulgesang bestanden; 101 Seminaristinnen bestanden die Prüfung der Verbände, siehe Seminar der Musikgruppe Berlin. Vorbereitung auf die staatliche Privatmusiklehrerprüfung in Preussen. Methodische, theoretische und wissenschaftliche Vorbildung und Fortbildung für den musikalischen Lehrberuf. Leitung: Maria Leo, Berlin o. J., S. 3.

[31] »bei gründlicher Durcharbeitung aller für den Schulgesangunterricht in Betracht kommenden Disziplinen«, in: Seminar der Musikgruppe, 1914, S. 191.

[32] Laut Ankündigungstext sollten gerade die Abt. B und C »insbesondere den Schülern von Privatlehrern und Musikschulen, denen kein Seminar angeschlossen ist, die Gelegenheit geben, die für den Lehrberuf unentbehrliche pädagogische und musikwissenschaftliche Bildung zu erwerben« in: Seminar der Musikgruppe, 1914, S. 191.

Diese Herausforderung konnte sie nur bewältigen, weil sich ihr Seminar ausschließlich der Ausbildung für den Lehrberuf widmete. Der Unterricht im instrumentalen Hauptfach konnte bei jedem Fachlehrer genommen werden, der die Verantwortung für die Vorbereitung auf die Abschlussprüfung übernahm.

Das Studium basierte im Unterschied zu dem auf dem Zweiten Musikpädagogischen Kongress vorgestellten Konzept auf einer viersemestrigen Ausbildung, das heißt, dass im zweiten Ausbildungsjahr zu der theoretischen Unterweisung das Unterrichten in der zum Seminar gehörenden Übungsschule hinzukam. Zwölf Lehrende gehörten zum Kollegium des Seminars.

Ein Vergleich der Unterrichtsfächer von Seminar und Königlich akademischem Institut für Kirchenmusik aus dem Jahr 1914 verdeutlicht die sich aus der Berücksichtigung zweier unterschiedlicher Prüfungsordnungen ergebenden Schwierigkeiten.

Vergleich der Unterrichtsfächer von Seminar der Musikgruppe E.V. mit dem Kgl. akademischen Institut für Kirchenmusik (nach 1910)

	Seminar der Musikgruppe E.V.	Kgl. akademisches Institut für Kirchenmusik
Instrumentale, künstlerische Praxis	---	Orgelspiel, Gesang (Solo-, Chorgesang) Klavier-, Violinspiel
Bezugswissenschaft	Pädagogik, Psychologie	---
Theoretische Unterweisung	Methodik des jeweiligen Faches, Allgemeine Musiklehre, Harmonie-, Formenlehre, Kontrapunkt, Anatomie, Akustik, Instrumentenlehre	Methodik des jeweiligen Faches, allgemeine Musiklehre, Harmonie-, Formenlehre, Kontrapunkt, Anatomie, Akustik, Instrumentenlehre
Historische Musikwissenschaft	Musikgeschichte	Musikgeschichte
Praktische Unterweisung	Gehörbildung, Musikdiktat Ensemblespiel Chorgesang, Chorliteratur Partiturspiel Unterrichtsanweisung und -übung in der Übungsschule	Ensemblespiel Chorgesang, Chorliteratur Partiturspiel Einrichtung älterer Musik Liturgik (einschl. Gregorianischer Choral)

Dem Bestreben Maria Leos entsprechend, die Pädagogik zum Hauptbestandteil seminaristischer Ausbildung zu machen, stehen in ihrem Seminar die Unterrichtsfächer Pädagogik und Psychologie an erster Stelle, erhalten Unterrichtsanweisung wie -übung in der Übungsschule zentrale Bedeutung für die Ausbildung, zu der die Gehörbildung, die Einführung der Tonika-Do-Methode als wesentliche Elemente gehören. Das sind die Töne des 20. Jahrhunderts. Völlig anders dagegen das Ausbildungsprofil des Königlichen akademischen Instituts für Kirchenmusik: Für Hermann Kretzschmar, der seit seiner Berufung an die Königliche Akademie für Kirchenmusik die Reorganisation der Lehrerausbildung an höheren Schulen in Angriff nahm, war noch immer die Ausbildung von

Organisten, Kantoren und Chordirigenten vorrangig, erst dann werden Musiklehrer für höhere Lehranstalten genannt.[33] Nach Karl Heinrich Ehrenforth wurde damit noch immer auf eine *»längst hinfällige Tradition«*[34] Bezug genommen. Erst Leo Kestenberg sollte das innovative Potential der Ausbildung des Seminars von Maria Leo erkennen.

Das Seminar der Musikgruppe Berlin E.V. überstand die Entbehrungen und Wirren des Ersten Weltkrieges. Das von Maria Leo aufgebaute Seminar behielt seine fortschrittliche Struktur. Mit der Einführung der staatlichen Privatmusiklehrerprüfung in Preußen im Frühjahr 1925 trat auch das Seminar der Musikgruppe Berlin E.V. in den Kreis der staatlichen Einrichtungen[35] ein; 1929 wurde es dem Reichsverband Deutscher Tonkünstler und Musiklehrer E. V. Berlin unterstellt. Maria Leo behielt weiterhin die Leitung des Seminars. Man muss es als Zeugnis der Weitsicht und Kompetenz Maria Leos würdigen, dass auch in Zeiten, in denen um demokratische neue Bildungsprogramme gerungen wurde, die Ziele ihres Seminars von 1911 wortwörtlich galten. Sie leitete, nach Eberhard Preussners 1957 rückblickend gefälltem Urteil *»das führende Musikseminar in Deutschland«*[36].

Zusammengefasst lassen sich für die Frühzeit des Wirkens von Maria Leo folgende Aspekte herausstellen: Sie forderte schon am Anfang des neuen Jahrhunderts, den bisherigen Gesangunterricht zum Musikunterricht zu erweitern und damit den anderen wissenschaftlichen Fächern gleichzusetzen. Ihre 1904 erstmals formulierten reformpädagogischen Forderungen bezogen sich dabei auf eine Neukonzeption des Faches, welche neben einer gründlichen Gehörbildung eine musikalisch-theoretische wie rhythmische Schulung leisten müsse. Eine solche musikalische Bildung müsse dann allerdings von musikalischen Fachlehrer*innen erteilt werden. Damit stellte Maria Leo schon am Anfang des 20. Jahrhunderts ein neues Berufsbild vor: das der pädagogisch wie wissenschaftlich ausgebildeten privaten wie schulischen Musiklehrer*innen. Eine Konzeption, die sich 1919 in Leo Kestenbergs Schrift *Musikerziehung und Musikpflege* wiederfindet. Zehn Jahre später beabsichtigte dieser, ihr Seminar reichsweit zu einem Vorbild für alle anderen Seminare zu erheben[37]. Dazu kam es nicht mehr. Nachzutragen ist, dass die Verbindung von künstlerischer und pädagogischer Ausbildung für Instrumentallehrer*innen in Deutschland innerhalb des westeuropäischen Raumes eine Besonderheit geblieben ist.

---

[33]   *»Das Kgl. akademische Institut für Kirchenmusik hat die Aufgabe, Organisten, Kantoren, Chordirigenten sowie Musiklehrer für höhere Lehranstalten, insbesondere Schullehrer-Seminare, auszubilden«* (»Das Königliche akademische Institut für Kirchenmusik«, in: *Was muss der Musikstudierende von Berlin wissen? Nach authentischem Material, hrsg. von Richard Stern*, 1914, S. 154–156, hier S. 154.

[34]   Karl Heinrich Ehrenforth, *Geschichte der musikalischen Bildung. Eine Kultur-, Sozial und Ideengeschichte in 40 Stationen*, Mainz 2005, S. 383.

[35]   Mit der Anerkennung als staatliche Institution durch Verfügung des Provinzial-Schulkollegiums vom 17. Febr. 1926.

[36]   Eberhard Preussner, *Allgemeine Musikerziehung* (= Musikpädagogische Bibliothek 1), Heidelberg 1959, S. 102.

[37]   Leo Kestenberg in einem Brief an Georg Schünemann v. 8.8.1928, in: ders., *Briefwechsel, Erster Teil*, hrsg. von Dietmar Schenk (= Gesammelte Schriften 1), Freiburg i.Br. 2010, S. 224.

Maria Leo musste 1933 die Leitung des Seminars aufgeben. Die NS-Rassenpolitik hatte sie aufgrund jüdischer Vorfahren ihres Vaters wieder zu einer Jüdin gemacht. Sie nahm sich vor ihrem Abtransport nach Theresienstadt im Jahr 1942 das Leben. Erst 1989 begann mit einem Artikel in der »Zeitschrift für Musikpädagogik« die Erinnerung an ihre Leistungen.[38]

Literatur

[Anonym,] »*Mitteilungen von Hochschulen und Konservatorien*« in: *Der Klavier-Lehrer* 18 (1901), S. 227.

[Anonym,] »*Zur Frage der staatlichen Prüfung der Musik-Lehrer und -Lehrerinnen. Petition, Begleitschrift und Prüfungsordnung*«, in: *Der Klavier-Lehrer* 21 (1900), S. 303–308.

[Anonym,] »*Seminar der Musikgruppe Berlin E.V.*«, in: *Was muss der Musikstudierende von Berlin wissen? Nach authentischem Material*, hrsg. von Richard Stern, Berlin 1914, S. 190–193.

[Anonym,] »*Das Königliche akademische Institut für Kirchenmusik*«, in: *Was muss der Musikstudierende von Berlin wissen? Nach authentischem Material*, hrsg. von Richard Stern, Berlin 1914, S. 154–156.

Berliner Adress-, Telefon- und Branchenbücher 1707–1991. https://digital.zlb.de//viewer/berliner-adress-telefon-branchenbuecher/, Zugriff am 20. Juli 2019.

Gerhard Braun, *Die Schulmusikerziehung in Preussen von den Falkschen Bestimmungen bis zur Kestenberg-Reform*, Kassel 1957.

Karl Heinrich Ehrenfordt, *Geschichte der musikalischen Bildung. Eine Kultur-, Sozial- und Ideengeschichte in 40 Stationen*, Mainz 2005.

Cordula Heymann-Wentzel, *Das Stern'sche Konservatorium der Musik in Berlin. Rekonstruktion einer verdrängten Geschichte*, https://opus4.kobv.de/opus4-udk/frontdoor/deliver/index/doc/d/797/file/041213_Diss_Heymann_Wentzel+ende.pdf, Zugriff am 23. Juli 2019.

Leo Kestenberg, *Musikerziehung und Musikpflege* (1921), in: ders., *Die Hauptschriften*, hrsg. von Wilfried Gruhn (= Gesammelte Schriften 1), Freiburg i.Br. 2009, S. 21–130.

Maria Leo, »*Die Pädagogik als Lehrgegenstand im Musiklehrerseminar*«, in: *Vorträge und Referate. Zweiter Musikpädagogischer Kongress 6.–8.Oktober 1904 in Berlin*, hrsg. von dem Vorstand des Musikpädagogischen Verbandes, Berlin 1904, S. 29–39.

Dies., »*Die Stellung des Musikunterrichts im allgemeinen Erziehungsplan.*« Vortrag, gehalten in öffentlicher Sitzung des Allgemeinen Deutschen Lehrerinnen-Vereins (Verband der Deutschen Musiklehrerinnen) gelegentlich der V. Generalversammlung in Bremen am 12. Juni 1905, Berlin 1906.

Dies., »*Die staatliche Pensionsversicherung der Privatangestellten und ihre Bedeutung für die Lehrerinnen,*« in: *Die Lehrerin in Schule und Haus* 24 (1907), S. 301–310.

Dies., »*Standesbestrebungen der deutschen Musiklehrerinnen*«, in: *Neue Musik-Zeitung* 1 (1910), S. 7–9 / 2 (1910), S. 41–45.

---

[38] Hiltrud Schroeder u. Eva Rieger, »»*Notleidende ältliche Klavierlehrerin?*‹ Der Allgemeine Deutsche Lehrerinnenverband (ADLV) und seine Musiksektion«, in: *Zeitschrift für Musikpädagogik* 14/48 (1989), S. 33–41.

Dies., »*8. Generalversammlung des Verbandes der deutschen Musiklehrerinnen*«, in: *Neue Musik-Zeitung* 19 (1911), S. 396–398.

Dies., »*Die Musiklehrerin*«, in: *Frauenberufe und -Ausbildungsstätten*, hrsg. von Eugenie von Soden (= Das Frauenbuch 1), Berlin 1913, S. 36–40.

Dies., »*Ausgestaltung der Musikseminare*«, in: *Deutsche Tonkünstler-Zeitung* 25/442 (1927), S. 1–3.

Anna Morsch, »*Musikpädagogischer Kongress. Schlusswort vor den Verhandlungen*«, in: *Der Klavier-Lehrer* 21/22 (1903), S. 308–309.

Günter Olias, »*Musikerziehung zwischen preußischem Ministerialerlaß und Jugendbewegung,*« in: *Studien zur Berliner Musikgeschichte. Vom 18. Jahrhundert bis zur Gegenwart,* hrsg. von Traude Ebert-Obermeier, Berlin 1989, S. 243–255.

Martin Pfeffer, *Hermann Kretzschmar und die Musikpädagogik zwischen 1890 und 1915* (= Musikpädagogik. Forschung und Lehre 29), Mainz 1992.

Eberhard Preussner, *Allgemeine Musikerziehung* (= Musikpädagogische Bibliothek 1), Heidelberg 1959.

Michael Roske, »*Umrisse einer Sozialgeschichte der Instrumentalpädagogik*«, in: *Instrumental- und Vokalpädagogik. 1. Grundlagen,* hrsg. von Christoph Richter (= Handbuch der Musikpädagogik 2), Kassel 1993, S. 158–196.

Hiltrud Schroeder u. Eva Rieger, »*›Notleidende ältliche Klavierlehrerin?‹ Der Allgemeine Deutsche Lehrerinnenverband (ADLV) und seine Musiksektion*«, in: *Zeitschrift für Musikpädagogik* 14/48 (1989), S. 33–41.

III.
KNOTENPUNKT KONSERVATORIUM

CHRISTINE HOPPE

Das Spezifische im Allgemeinen?
Auf der Suche nach dem Lehrer Joseph Böhm
in Techniken, Lehrmethoden, Lehrwerken
und Widmungskompositionen seiner Schüler

Als Joseph Böhm im Jahr 1819 offiziell zum Professor für Violine ernannt wurde, ließ er eine Woche vor seinem Amtsantritt als erster Instrumentalprofessor am Wiener Konservatorium überhaupt in der »Allgemeinen Musikalischen Zeitung« Folgendes abdrucken:

> »Die Gesellschaft der Musikfreunde des österreichischen Kaiserstaates hat mich im Verfolge ihrer Vorkehrungen zur Errichtung eines vaterländischen Conservatoriums unterm 1. Juny l. J. zum Professor auf der Violine ernannt, und diess auch bereits in der Wiener-Zeitung bekannt gemacht. – Ich gebe mir daher die Ehre [...] an[zu]zeigen, dass ich nach der bisher bekannten besten Lehrmethode des Pariser – Conservatoriums von Rode, Kreutzer und Baillot wöchentlich dreymahl Lehrstunden, jede zu 1 fl. W. W. in dem Locale der bemeldeten Gesellschaft vom 1. October d. J. an zu halten beginnen werde, woran Theil zu nehmen ich Lehrbegierige überdies mit dem Beysatze einlade, dass diese schon mit den ersten Anfangsgründen vertraut sind, und mit eigenen Instrumenten versehen seyn müssen. Es soll meine erste Sorge seyn, eine auf regelrechten theoretischen Grundsätzen beruhende gleichmässige Spielart praktisch zu lehren. Lehrbegierige belieben sich in meiner Wohnung [...] gefälligst melden zu wollen, wo ich Jedermann weitere Auskunft auf Verlangen ertheilen werde. Joseph Böhm. Professor der Violine«[1].

Böhm kann somit als Begründer zumindest einer institutionalisierten ›Wiener Violinschule‹ gelten, auch wenn es vor ihm zweifellos bereits eine lange Violin(lehr-)tradition in Wien gab.[2]

---

[1] Allgemeine musikalische Zeitung [Wien] 22. Sept. 1819, Sp. 612.

[2] Dass Böhm in Wien selbstverständlich kein unbeschriebenes Kapitel eröffnet, soll hier lediglich eine Randnotiz bleiben. Hingewiesen sei stellvertretend nur auf Hans Sittner, »Zur Tradition der Wiener Geigerschule«, in: Violinspiel in Geschichte und Gegenwart, hrsg. von Vera Schwarz, Wien 1975, S. 131–141. Sittner spricht im Zusammenhang mit Böhm nicht – wie oft üblich – von der ›Neuen Wiener Geigerschule‹, sondern von der ›Zweiten Wiener Geigerschule‹. Moser greift den Begriff der Geigerschule in seinem als Stammbaum und regional angelegten Anhang, den er der Geschichte des Violinspiels beifügt, stark genealogisch und spricht von der ›Neuen Wiener Geigerschule‹, die mit Böhm ihren Anfang nimmt, siehe Andreas Moser, Geschichte des Violinspiels, Bd. 2: Das Violinspiel von 1800 (Deutschland) bis in die erste Hälfte des 20. Jahrhunderts), 2., verbesserte und ergänzte Auflage von Hans-Joachim Nösselt, Tutzing² 1967.

In seiner Bekanntgabe verortet Böhm seine Lehrmethode in einer französischen (Lehr-)Tradition und legitimiert sie somit noch vor Amtsantritt durch eine, wenn nicht *die* international anerkannte Autorität des zeitgenössischen Violinspiels: Er wird seine Lehrmethode an den Empfehlungen des Pariser Konservatoriums orientieren, eine Fokussierung auf eine solistisch-virtuose, technisch-mechanische Ausbildung ist damit offenkundig.

Böhm nimmt in Wien, um mit den Worten Andreas Mosers zu sprechen, eine *»Sonderstellung«*, nämlich die Überleitung zur *»neuen Wiener Geigerschule«*[3] ein; man sieht in ihm eine Art Personalunion, die unterschiedliche Richtungen, wie sie bisher durch Joseph Mayseder (1789–1863) und Ignaz Schuppanzigh (1776–1830) repräsentiert wurden, vereint. Wien erscheint somit als zentraler Ort, an dem sich deutsche und französische Schule treffen,[4] Böhm gibt in seiner Person beiden Richtungen Substanz und ergänzt sie zusätzlich um eigene kulturelle Einflüsse. Es stellt sich die Frage, ob und wenn ja, wie es heute möglich sein kann, das spezifisch Böhm'sche dieser *»neuen Wiener Geigerschule«*, seine Einflüsse und seine Lehrtradition aus allgemeinen Tendenzen in Violinspiel und Violinpädagogik herauszulösen: Inwiefern unterscheidet sich Böhm durch die Bevorzugung bestimmter Techniken und Methoden von anderen Lehrern? Manifestiert sich darin eine Lehrtradition, die Lehrer und Schüler in eine konkret zu verortende Beziehung zueinander stellt? Sind Böhms Schüler[5], einer prägenden Schule gemäß, seiner Denk- und Lehrtradition, seinem Instrumentalstil und seinen Methoden verpflichtet gewesen und haben diese weitergetragen? Schließlich nahm Böhm – die Ankündigung verrät auch dies – keine Anfänger, sondern nur vorgebildete Spieler auf.

Aufgrund der schlechten Quellenlage zu Böhm, besonders zu seiner Zeit am Konservatorium und zu seinen Lehrleitlinien, kann hier in der Folge allein der Versuch unternommen werden, Netzwerke und Lehrtendenzen herauszuarbeiten, aus denen sich Linien nachzeichnen und Kontinuitäten und Brüche aufzeigen lassen. Als Quellen dienen einerseits Rezensionen und Erinnerungen seiner Schüler sowie die Betrachtung ihres frühen Konzertrepertoires. Als Ergänzung zu diesen wortsprachlichen Quellen werden didaktische Werke, Kompositionen und konkret Böhm gewidmete Kompositionen seiner Schüler betrachtet. Dies geschieht in der Annahme, dass diese notenbasierten Quellen Erkenntnisse verdichten können und hilfreich sind, Spezifisches aus dem Allgemeinen zu lösen und zu fixieren.

---

[3]   Andreas Moser, *Joseph Joachim. Ein Lebensbild*, Berlin 1898, S. 18.

[4]   Siehe auch Wilhelm Joseph von Wasielewski, *Die Violine und ihre Meister*, Leipzig[4] 1904, S. 440 u. 479.

[5]   Die Verwendung der allein maskulinen Form ist hier bewusst gewählt: Böhm hatte in seiner Zeit am Konservatorium nur männliche Schüler. In der Violinklasse des Wiener Konservatoriums waren lange Zeit keine Mädchen vertreten, siehe Volker Timmermann, *»»Ein fruchtbares, social wichtiges Thema«. Eduard Hanslick und die Wiener Geigerinnen des späten 19. Jahrhunderts«*, in: *Musikerinnen und ihre Netzwerke im 19. Jahrhundert*, hrsg. von Annkatrin Babbe u. Volker Timmermann, Oldenburg 2016, S. 113–129, hier S. 119.

Böhm als Lehrer: Rekonstruktion von Netzwerken

Böhm hat in seiner Zeit am Konservatorium einige exzeptionelle Virtuosen, aber auch Quartett- und Orchestermusiker sowie Instrumentallehrer ausgebildet (Tab. 1). Über viele der Schüler wissen wir bisher nichts oder nur wenig. Einerseits sind gerade die Gründungs- und die ersten Jahre des Wiener Konservatoriums schlecht dokumentiert, andererseits findet man nicht über jeden Schüler Hinweise zu seinen weiteren Lebensstationen. Ansatzweise oder gut erschlossen sind vor allem diejenigen, die selbst eine musikalische Laufbahn eingeschlagen haben. Unter ihnen finden wir: Musiker, die international Erfolge verbuchen konnten, dementsprechend in den zeitgenössischen Medien präsent waren; Musiker, die in der Folge selbst an Institutionen lehrend tätig geworden sind; Musiker, die im Rahmen ihrer lehrenden Tätigkeiten Lehrwerke für den Violinunterricht herausgegeben oder aber eigenes Unterrichtsmaterial verfasst haben.

	Ausbildungs-zeit Wien	Weg nach Wien	Laufbahn	Wirkungsstätten als Pädagoge
PHILIPPE BROCH (O. D.)	Mitte der 1820er Jahre (zeitgleich mit Ernst)	??	wenige Rezensionen über solistische Auftritte in Wien u. Brünn	ab ca. 1838: Instrumentalschule Lemberg 1844: Prof. Musikverein Gallizien
JAKOB DONT (1815–1888)	Mitte der 1820er Jahre (zeitgleich mit Ernst)	geb. in Wien	Ab 1831/1834: Orchestermusiker in Wien (Burgtheater und Hofkapelle) Komp. u. Hrsg. v. a. pädagogischer Lehrwerke	Ab 1873: Prof. am Wiener Konservatorium
HEINRICH WIL-HELM ERNST (1814–1865)	1824–1828	Brünn – Wien	Solistische Karriere als reisender Virtuose (Europa) Komponist, Kammermusik-pflege	
KARL GOLDMARK (1830–1915)	1848	Wien	Komponist, Solist, Lehrer	
JACOB GRÜN (1837–1916)	Privatschüler Böhms	Pest – Wien	Orchestermusiker Weimar und Hannover, später Konzertmeister des k. k. Wiener Hofopernorchesters	Ab 1877: Professor am Wiener Konservatorium (Schüler u. a. Fritz Kreisler)
ADOLF GRÜNWALD (1826–1901)	Ca. 1843–1845 (auf Ernsts Empfehlung)	??	Verfasser & Hrsg. von Violinschulen u. pädagogischen Studien	Professor an der Berliner Musikhochschule

MISKA HAUSER (1822–1887)	1835–1838 (v. a. Mayseder)	Pressburg – Wien	Solistische Karriere als Violinvirtuose (weltweit; Reisen nach Indien, Austra- lien, Afrika, Tahiti)	
GEORG HELLMESBERGER d. Ä. (1800–1873)	1820/21	Wien	Leitender Orchester- musiker in den bedeutenden Orchestern Wiens; Quartettpflege	Ab 1821 Hilfslehrer bei Böhm; 1825: Titularprof., 1833: ord. Professor Wiener Konserva- torium
JOSEPH JOACHIM (1831–1907)	1839–1843 (auf Ernsts Empfehlung)	Pressburg – Pest – Wien	Erst: solistische Laufbahn, dann: Orchestermusiker; Quartett- u. Kammermusik- pflege, Komponist	Ab 1869: Gründer u. Leiter der Königl. Hochschule Berlin
LUDWIG (LÉON) MINKUS (1826–1917)		geb. in Wien	Erst: solistische Karriere; später: Konzert- meister in Moskau u. St. Petersburg; Ballettkomponist	Lehrtätigkeiten in St. Petersburg u. Moskau
EDUARD REMÉNYI (1828–1898)	1842–1845	geb. in Miskolc	Solistische Karriere, Virtuose erst in den USA, dann auch in Europa	
DAVID RIDLEY-KOHNÉ (1812–1892)		geb. in Veszprem		Spätestens 1837: Lehrer in Budapest, später auch am Konservatorium
EDMUND SINGER (1830–1912)	1843/44	Tata – Pest – Wien	Erst: solistische Laufbahn (geht wie Ernst nach Paris), dann: Soloviolinist in Pest, Konzert- meister in Weimar u. Stuttgart Komponist u. Editor pädagogischer Werke	Ab Herbst 1861 bis zu seinem Tode: Königl. Konser- vatorium Stuttgart
LUDWIG STRAUSS (STRAUS) (1835–1899)	1843–1848	Pressburg – Wien	Reisender Musiker (Solist) Orchester- musiker (Konzert- meister in Frankfurt a. M., später London)	

Tab. 1 Schüler Joseph Böhms – Eine Auswahl

Betrachtet man die regionalen Besonderheiten genauer, etwa das Einzugsgebiet des Lehrers Böhm, so fallen zwei Dinge ins Auge: Zwar haben zahlreiche der Schüler ihre Wurzeln in Wien und/oder sind dort nach ihrer Ausbildung sesshaft geworden. Eine große Anzahl der Schüler jedoch kommt aus Böhms Heimatregion Ungarn und hatte vor dem Wechsel ans Konservatorium zudem bei dessen ehemaligem Schüler David Ridley-Kohné in Pest Unterricht: Die zu zeichnende Traditionslinie Böhm beginnt bereits mit der Vorbildung. Der Blick auf Einflüsse in Form von Personen (Lehrer) und Orten (Herkunft; weitere Laufbahn) offenbart ein Netzwerk, das Böhm in Wien als eine Achse mitkonstituiert. Die folgende Abbildung veranschaulicht dieses Netzwerk am Beispiel der Schüler Joseph Joachim, Jacob Grün und Edmund Singer:

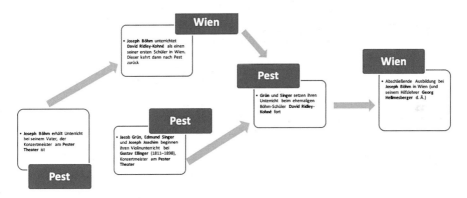

Abb. 1 Lehrtraditionen – Netzwerke am Beispiel der Böhm-Schüler
Joseph Joachim, Jacob Grün und Edmund Singer

Das Beziehungsgeflecht und die Einflussnahme der Schüler untereinander sind noch detaillierter zu untersuchen – so ist etwa bei Adolph Grünwald und Joseph Joachim bekannt, dass sie auf Empfehlung Heinrich Wilhelm Ernsts in die Klasse Böhms aufgenommen wurden.[6] Rein geographisch-personell, aber auch institutionell ergeben sich verbindende Anhaltspunkte, die Böhms Einfluss und Anziehungskraft deutlich machen. Jedoch gibt dies noch keine Auskunft darüber, was die Böhm'sche Schule ausmacht und wie oder ob sie durch die Schüler weitertradiert wurde. Ebendies soll in der Folge Aufmerksamkeit erfahren.

Böhm als Geiger und Lehrer: Konzertrezensionen als (Re-)Konstruktionshilfe einer Böhm-Schule?

Böhm selbst hat weder eigene Lehrwerke herausgegeben noch Editionen fremder Komponisten federführend geleitet, aus denen sich seine spezifische praktische Umsetzung oder Vermittlung einzelner Spieltechniken ableiten ließen. Auch die wenigen Komposi-

---

6   Siehe u. a. Moser, *Joseph Joachim*, 1898, S. 22.

tionen Böhms sind bisher noch kein Gegenstand wissenschaftlicher Untersuchungen geworden, obwohl sie zum Repertoire seiner Schüler zählten.[7] So sind wir bei der Rekonstruktion seiner Lehrmethode und seines Violinspiels auf andere, beschreibend-sprachliche Quellen angewiesen. Bisher wurden dafür vor allem Erinnerungen prominenter Schüler, etwa Edmund Singers, Karl Goldmarks, Miska Hausers, besonders aber Joachims, herangezogen, wobei diese Aussagen in der Regel in deutlichem zeitlichen Abstand getätigt wurden.[8] Zudem fanden im Rahmen von Einzelfallstudien zu bedeutenden Schülern, von Geschichtsschreibungen zum Violinspiel allgemein sowie der Aufarbeitung der Konservatoriumsgeschichte[9] Annäherungen an Böhm statt, die sich vor allem aus zeitgenössischen Rezensionen, Programmen und einigen wenigen Konservatoriumsakten speisen.[10]

Böhms technischen Schwerpunkt bildete, so kann man auf diese wortsprachlichen Quellen gestützt in frühen Rezensionen seiner Konzerte in Wien lesen, sowohl als Spieler als auch als Lehrer die Bogenführung: Er erkannte sie als *die* Grundlage eines souveränen Spiels und mannigfaltiger Vortragsweisen und schloss sich damit Grundzügen der älteren Wiener Geigertradition, vor allem aber Schwerpunktsetzungen seines nur sporadischen Lehrers Pierre Rode[11] an, griff gleichzeitig allgemeine zeitgenössische Veränderungen im Geigen- und Bogenbau sowie ästhetische Tendenzen auf:

»Überhaupt, wenn man Böhm's Spiel mit gebührender Überlegung verfolgt, verstärkt sich die Überzeugung noch weit mehr, daß der rechte Arm das Hauptmittel des Producirens ist, und in ihm das Geheimnis der Magie des Vortrags beinahe allein verborgen liege. Ton und

---

7   Siehe Konzertprogramme und Rezensionen von Auftritten seiner Schüler, siehe hier Tab. 2.

8   Siehe Edmund Singer, »*Aus meiner Künstlerlaufbahn. Biographisches – Anekdotisches – Aphoristisches*«, als Serie erschienen in der *Neuen Musik-Zeitung* 1911/1912; Karl Goldmark, *Erinnerungen aus meinem Leben*. Vollständiger, durchgesehener Neusatz der Ausgabe von 1922, bearbeitet und eingerichtet von Michael Holzinger, Berlin[3] 2015; Miska Hauser, *Aus dem Wanderbuche eines Oesterreichischen Virtuosen. Briefe aus Californien, Südamerika und Australien*, Leipzig 1859; Moser, *Joseph Joachim*, 1898. Im Falle Heinrich Wilhelm Ernsts, einer der einflussreichsten Schüler Böhms aus früher Zeit, sind leider keine Ego-Dokumente erhalten, die uns Auskünfte über seine Schülerzeit bei Böhm geben. Zur Schwierigkeit der Nutzung alter Erinnerungen siehe u. a. Melanie Unseld, »*Auf dem Weg zu einer memorik-sensibilisierten Geschichtsschreibung. Erinnerungsforschung und Musikwissenschaft*«, in: *Musik mit Methode. Neue kulturwissenschaftliche Perspektiven,* hrsg. von Corinna Herr u. Monika Woitas (= Musik – Kultur – Gender 1), Köln 2006, S. 63–74. Ich danke Volker Timmermann für den Hinweis auf diesen Text, der die dargestellte Problematik auch theoretisch fundiert.

9   Siehe etwa Beate Hennenberg, *Das Konservatorium der Gesellschaft der Musikfreunde in Wien. Beiträge zur musikalischen Bildung in der ersten Hälfte des 19. Jahrhunderts*, Wien 2013; Otto Biba u. Ingrid Fuchs, »*Die Emporbringung der Musik*«: *Höhepunkte aus der Geschichte und aus dem Archiv der Gesellschaft der Musikfreunde in Wien,* Wien 2012.

10   Vgl. Fußnote 2.

11   Dass Böhm in seiner frühen Laufbahn nur sehr kurz in den Genuss des direkten Unterrichts durch Rode gekommen sein kann, wird in Darstellungen neueren Datums dargelegt, so etwa in Hennenberg, *Das Konservatorium in Wien*, 2013, S. 397.

Vortrag werden von ihm allein bestimmt, und seine Ausbildung möge jedem Violinspieler von besonderer Wichtigkeit seyn«[12].

Die Bogenführung bildete für ihn die Voraussetzung einer freien ästhetischen, möglichst durchdringenden Gestaltungskraft. Eine differenzierte Bogentechnik stellt somit die effektivste Form der Abgrenzung zu einem rein mechanischen Spiel, in dem Technik bloß effektmäßig eingesetzt wird und das vor allem durch Schnelligkeit und eine geschickte Griffhand ausgezeichnet ist, dar. Die Bogenführung dient damit als Merkmal der Abgrenzung des ›wahrhaften‹ Virtuosen vom ›seynwollenden‹ Virtuosen[13] und wird in Konzertrezensionen immer wieder benutzt, um eine Lehrtradition von Rode über Böhm bis hin zu seinen Schülern zu (re-)konstruieren und von anderen, etwa von Josef Mayseder, der stark über die linke Hand rezipiert wird, abzugrenzen.[14] Der Rezensent Johann Nepomuk Hofzinser (1806–1875) schließt seine Konzertbeobachtungen mit der Zeichnung dieser Linie:

»In diesem Anbetracht ist Böhm's Virtuosität die höchste, welche nur die Anleitung eines Meisters, wie Rode, und eine von frühester Jugend fortgesetzte Übung möglich macht, woraus auch hervorgeht, daß die erste Einwirkung des Meisters eine der Hauptbasen der künftigen Vollendung des Schülers ist. […] – Es ist auch erfreulich zu wissen, daß Hr. Prof. Böhm mit liebenswürdiger Geduld seine Schüler auf diese Wesenheit des Spiels Bedacht nehmen läßt, von welchen auch einige bereits in der Manier des Meisters bedeutende Fortschritte gemacht haben. Auch dafür muß die Kunst ihren innigsten Dank dem kräftigen Lehrer zollen«[15].

Die differenzierte, für die Gestaltung freie Bogenführung, die bereits in den Beschreibungen seines eigenen Spiels als zentrales Merkmal dazu benutzt wurde, Böhm in einer französischen Tradition zu verorten, wird von Rezensenten auch als Kriterium aufgegriffen und genutzt, um über Erfolg oder Misserfolg seiner Ausbildung zu urteilen: Auch in Konzertrezensionen zum Spiel der Schüler dient sie als Bewertungsmaßstab und wird zur Beschreibung und Abgrenzung der Lehrschwerpunkte genutzt.

Prominentestes Beispiel ist hier vermutlich Joachim, der mit deutlichen, vom zuvor angefragten Georg Hellmesberger d. Ä. als Ablehnungsgrund angebrachten Bogendefizi-

---

[12] Der Sammler 1833, S. 8: »Concert des Hrn. Böhm«. Vgl. auch: Allgemeine musikalische Zeitung mit besonderer Rücksicht auf den österreichischen Kaiserstaat 1823, Sp. 680 u. Sp. 769–771.

[13] Siehe dazu Christine Hoppe, Der Schatten Paganinis. Virtuosität in den Werken Heinrich Wilhelm Ernsts. Nebst angehängtem Werkverzeichnis, Hildesheim 2014, S. 36–50.

[14] Bei Mayseder liegt der von der Öffentlichkeit wahrgenommene technische Schwerpunkt auf der linken Hand sowie einer Konzentration auf Reinheit im Spiel. Diese unterschiedlichen Schwerpunktsetzungen fließen etwa in Erzählungen über die letzten Auftritte des Schuppanzigh-Quartetts ein, in dem Böhm und Mayseder an der Seite des zwar verehrten, aber mittlerweile in die Jahre gekommenen Ignaz Schuppanzigh musizierten: Wenig überraschend soll Böhm Kritik an seiner Bogenführung, Mayseder dagegen an seiner Griffhand geübt haben, vgl. Moser, Geschichte des Violinspiels, 1967, S. 244.

[15] Der Sammler 1833, S. 8.

ten bei Böhm in die Schule kam – vermutlich erst einmal als Privatschüler.[16] Im Laufe seiner Ausbildung jedoch wurde ihm als Böhm-Schüler gerade seine Bogenführung als außergewöhnlich bescheinigt. Zu Joachims Darbietung im Rahmen eines Konservatoriumskonzerts schreibt wieder Hofzinser:

»Er besitzt eine schöne Bogenführung, welche selbst durch die heterogenen Stricharten auf der E- oder G-Saite nicht gestört wird, verbunden mit einer überaus leichten Lenkung der rechten Hand. […] Böhm's Lehrmethode ist schon durch Ernst eine weltberühmte geworden, mit jedem neuen Schüler ruft er auch die Erinnerungen an den mächtigen Eindruck zurück, den stets sein vollendetes Spiel auf das Gemüth der Zuhörer zu machen wusste«[17].

Die hier verwendete Terminologie erinnert stark an Rezensionen der Konzerte Böhms – man ist geneigt, die Bogenführung als ein Narrativ herauszulesen, das sich um Böhms Spiel als auch um seine Lehrziele gebildet hat und wiederholt im Diskurs der ›Böhm-Schule‹ aufscheint: Der Fokus der Rezensenten scheint automatisch auf der Bogenführung zu liegen, die gleichzeitig von ihnen dazu benutzt wird, den Schüler Böhms als ›wahrhaften‹ Virtuosen zu erkennen.[18]

Böhm als Lehrer: Seine didaktische Methode als Rekonstruktionshilfe

Es ist sicherlich kein Zufall, dass zahlreiche seiner Schüler im Laufe ihres Lebens hingebungsvolle Instrumentallehrer geworden sind, denn seine Lehrziele setzte Böhm nicht allein um, sondern er nahm viele seiner älteren Schüler aktiv in die Lehrpflicht. So gab er ihnen bereits während ihrer Ausbildungszeit sowohl vermittelnde und didaktische Kompetenzen im Allgemeinen als auch seine ganz individuellen didaktischen Methoden im Speziellen mit auf den Weg. Damit wandte Böhm eine recht moderne Art des Unterrichtens an, die eigentlich speziell für Massenerziehung entwickelt und auf diese ausgelegt war – das Lancaster Monitorial System: *»Ältere Knaben wurden als ›Monitoren‹, als helfende Aufseher, herangebildet und in die Lage versetzt, den gesamten Unterricht unter der Oberaufsicht einer einzigen Persönlichkeit durchzuführen«*[19]. Dies bestätigen sämtliche Schüler, von denen Lebenserinnerungen überliefert sind, übereinstimmend, jedoch mit unterschiedlichen Bewertungen dieser Lehrmethode. Böhm scheint während seines Unterrichts nur selten selbst zur Geige gegriffen zu haben. Ob das, wie von den gewoge-

[16] Siehe Beatrix Borchard, *»Ernst und Joachim – Virtuose Selbstdarstellung versus sachbezogene Interpretationshaltung«*, in: *Exploring Virtuosities*, hrsg. von Christine Hoppe [u. a.], Hildesheim 2018, S. 53–74, hier S. 54; sowie Otto Biba, *»›Ihr Sie hochachtender, dankbarer Schüler Peppi‹. Joseph Joachims Jugend im Spiegel bislang unveröffentlichter Briefe«*, in: *Die Tonkunst* 3 (2007), S. 200–204.

[17] Allgemeine Theaterzeitung 31. Jan. 1842, S. 122.

[18] Siehe Fußnote 13.

[19] Moser, *Geschichte des Violinspiels*, 1967, S. 246.

neren Schülern vermutet, den Grund hatte, dass er die eigene Individualität der Schüler nicht zu sehr beeinflussen wollte, oder ob dies auch in der jeweiligen persönlichen Beziehung zu den Schülern zu begründen ist, bleibt offen. Karl Goldmark schreibt in seinen Lebenserinnerungen über Böhm als Lehrer:

> »Joseph Böhm war ein außerordentlicher Lehrer. Große Virtuosität, verbunden mit musikalischer Durchbildung waren Ergebnisse seines Unterrichts. Er sprach sehr wenig, sein Tadel war ein höhnisch-grinsendes Lächeln; es war vernichtend. In den ersten fünf Monaten meines Schulbesuchs seiner obersten Klasse bekam ich nur zu sehen, wie man die Geige hält. Und doch gingen aus dieser Klasse die größten Geiger hervor, so zum Beispiel Ernst, Joachim, Auer, Ludwig Strauß, Singer, usw. Freilich, ihn spielen zu hören, genossen nur seine Privatschüler. Und von diesen lernten wir«[20].

Wir lesen aus diesem Ausspruch neben distanzierter Ehrfurcht auch verhaltenes Erstaunen über die seinem Lehrer zugeschriebenen Lehrerfolge heraus. Auch wird spürbar, dass es für Böhm unterschiedliche Klassen von Schülern gab, denen er – für alle erkennbar – eine ungleiche Behandlung zukommen ließ. Zu einigen pflegte er einen freundschaftlichen, fast familiären Kontakt, so etwa zu Joachim und Ernst. Auch hier bietet das weiter unten näher betrachtete Genre der Widmungskomposition einen Anhaltspunkt, die jeweilige Beziehung konkreter zu machen: Welche seiner Schüler widmeten ihm eigene Werke, welche, wie Goldmark, dagegen nicht, obwohl sie kompositorisch tätig waren?[21]

Schwierig ist es – auch darauf spielt das Zitat von Goldmark an –, den tatsächlichen Anteil Böhms an den geigerischen Leistungen und Fähigkeiten herauszufiltern, auch weil zahlreiche der Schüler bereits als relativ weit vorgebildete Violinisten in die Schule eingetreten sind. Davon zeugen Konzertprogramme der Konservatoriumskonzerte, in denen Böhm sie bereits nach kurzer Zeit in seiner Obhut technisch sehr anspruchsvolle Kompositionen spielen lassen konnte.[22]

Böhm als Lehrer: Lehrwerke, Konzertrepertoire und Kompositionen als Rekonstruktionshilfen

Neben den in der eingangs zitierten Kundgebung genannten Lehrwerken verwendete Böhm vor allem ausgewählte Werke Mayseders, um seine technischen und musikalischen Ziele im Unterricht zu erreichen. Die französische, brillant ausgerichtete Literatur wurde also ergänzt um ein Repertoire, das in diesem Kontext der ›älteren Wiener Schule‹ zuzu-

---

20 Goldmark, *Erinnerungen*, 2015, S. 16.
21 Im Falle Goldmark sei auch darauf hingewiesen, dass er lediglich fünf Monate Schüler Böhms war – denn kurz nach der Aufnahme seiner Studien brach 1848 die Revolution aus und das Konservatorium musste vorübergehend geschlossen werden.
22 Vgl. auch Robert W. Eshbach, Study with Böhm, https://josephjoachim.com/2014/01/07/study-with-joseph-bohm/, Zugriff am 9. Juni 2019.

rechnen ist. Zusätzlich legte Böhm, selbst hervorragender Quartettspieler, großen Wert auf kammermusikalische Ausbildung, indem er Duos und Quartette einüben ließ (s. u.).

Stellvertretend sei hier ein Blick auf das Konzertrepertoire Heinrich Wilhelm Ernsts während seiner Ausbildungszeit bei Böhm geworfen, das anhand von Konzertankündigungen und -rezensionen bis zu diesem Grad rekonstruiert werden konnte:

Datum	Repertoire	Ort/Gelegenheit
1. Sept., 30. Okt., 6. Nov. 1825	Joseph Mayseder: [vermutlich *Variations brillantes* op. 40]	Theater am Kärntnertor, Abschlusskonzert
15. Dez. 1825	Pierre Rode: Variationen [vermutlich *Thème varié* op. 4 oder op. 8]	Konzert im Haus der Gesellschaft der Musikfreunde
Aug. 1826	Joseph Mayseder: *Variations brillantes* op. 40	Abschlusskonzert des Konservatoriums
5.März 1826	Joseph Mayseder: *Rondeau* [de Concert, op. 56]	Apollo-Saal
6. Apr. 1826	Charles Philippe Lafont (1781–1839): 6. Violinkonzert	Konzert im Haus der Gesellschaft der Musikfreunde
10. Dez. 1826	Jospeh Böhm: Violinkonzert	Konzert im Haus der Gesellschaft der Musikfreunde
18. Feb. 1827	Pierre Rode: Violinkonzert [nicht genauer bezeichnetes Violinkonzert]	
Herbst 1827	Joseph Mayseder – Trio in B-Dur [Ernst als 1. Violine]	

Tab. 2 Repertoire H. W. Ernsts in seinen ersten öffentlichen Auftritten während seiner Ausbildungszeit bei Böhm – Abschluss- und professionelle Konzerte

Später nahm Böhm zahlreiche, vor allem frühe Kompositionen eben dieses frühen Schülers Ernst in sein Lehrrepertoire auf, das er für die öffentliche Darbietung einstudieren ließ. Daraus ergibt sich zumindest in diesem speziellen Fall der konkrete Hinweis auf die Fortführung einer Spiel- und Lehrtradition, der weiter unten weiter nachgegangen werden soll.

Schüler als Lehrer: Lehrwerke und Herausgaben als Weiterführung einer Tradition?

Viele Schüler Böhms sind im weiteren Verlaufe ihres Lebens selbst ausbildend tätig gewesen. Interessant ist nun, dass einige von ihnen Lehrwerke aus ihrer Ausbildungszeit ediert haben: So haben sowohl Jakob Dont als auch Edmund Singer die *24 Capricen* Rodes sowie die Etüden Rodolphe Kreutzers neu herausgegeben.

Die Bearbeitungen von Dont erschienen in den 1880er Jahren und sind, wie im Untertitel »*mit Fingersatz, Tonschattierungen, Stricharten und Metronomisierung genau bezeichnet*«[23] bereits angegeben, etwas instruktiver als die Editionen von Singer, der, die Tradition Böhms fortführend, diese Lehrwerke am Königlichen Konservatorium für Musik in Stuttgart etablierte und sich mehr an die Rodesche Originalfassung hält.[24] Die Bezeichnungen in den Editionen sind also nicht identisch, somit liefern sie keine belastbaren Hinweise darauf, dass diese instruktiven Notenausgaben »*gewissermaßen das Protokoll einer idealen Vermittlung*«[25] des Böhmschen Unterrichts festhalten und tradieren.

Böhm setzte in seinem Unterricht ausgeprägtes Duospiel ein. Damit griff er auf allgemeine Tendenzen einer Lehrmethodik zurück, die im Duospiel die didaktischen Vorzüge erkennt, sowohl eine gute Intonation zu erlangen als auch rhythmisch gefestigt zu werden und die zusätzlich dabei hilft, »*klanglich und interpretatorisch den ›guten Geschmack‹ zu finden*«[26]:

> »Die ausgiebigste Pflege in der Schule Böhms erfuhr das Studium von Duetten für zwei Geigen, weil es die Intonation ungemein fördert und festigt, zugleich aber auch musikalisch sicher und gewandt macht im Ensemblespiel. Professor Grünwald, ein Mitschüler Joachims bei Böhm, erzählt, dass manchmal monatelang nur Duette gespielt wurden, so dass den Schülern diese an und für sich so schöne Litteratur ordentlich zum Überdruss wurde«[27].

Jedoch scheint Böhm diesen Trend in einer ungewöhnlich intensiven Art und Weise eingesetzt zu haben, und hebt sich dadurch aus allgemeinen Tendenzen heraus. So berichtet Joachim in einem Brief, dem er seinem ehemaligen Lehrer nach seinem Wechsel nach Leipzig schrieb:

> »Verehrter H[err] Professor! […] Gewiß werde ich es nie vergessen, […] wie viel ich Ihrem Unterrichte des Unterrichts verdanke; jetzt, da ich ihn ganz entbehren muß, sehe ich erst ein, wie werth und theuer er mir immer war. – […] Er [Moritz Hauptmann] hat auch noch 3 uns unbekannte Duetten für 2 Violinen geschrieben. Ich wollte, ich könnte sie bei Ihnen kennen lernen od[er] doch wenigstens im Conservatorium«[28].

---

[23] Jakob Dont, P. Rode's *24 Capricen für die Violine mit Fingersatz, Tonschattierungen, Stricharten und Metronomisierung genau bezeichnet*, Wien 1884.

[24] Ehedem: Stuttgarter Musikschule (1857–1865), dann: Konservatorium für Musik.

[25] Kai Köpp, »*Musikalisches Geschichtsbewusstsein um 1900. Ansätze zu einer historischen Interpretationsforschung*«, in: *Gemessene Interpretation*, hrsg. von Heinz von Loesch u. Stefan Weinzierl, Mainz 2011, S. 65–82, hier S. 66.

[26] Marianne Rônez: »*Pierre Baillot, ein Geiger an der Schwelle zum 19. Jahrhundert. Ein Vergleich seiner Violinschulen von 1803 und 1835*«, in: *Spielpraxis der Saiteninstrumente in der Romantik*, hrsg. von Claudio Bacciagaluppi [u. a.], Schliengen/Markgräflerland 2011, S. 23–57, hier S. 26.

[27] Moser, *Joseph Joachim*, 1898, S. 22.

[28] Brief vom 6. Okt. 1843, zitiert nach Otto Biba, *Joachims Jugend im Spiegel bislang unveröffentlichter Briefe*, 2007, S. 201f. Die Originalbriefe befinden sich im Archiv der Gesellschaft der Musikfreunde Wien.

Eventuell geben Editionen von Duos durch seine Schüler Hinweise darauf, welche Duos Böhm in seinem Unterricht verwendet hat. Grünwald etwa edierte zahlreiche Duos und Trios von Giovanni Battista Viotti (1755–1824) und Pierre Rode über Ignaz Pleyel (1757–1831) bis hin zu Féréol Mazas (1782–1849) und setzte die ausgeprägte Verwendung von Violinduos in seinem Unterricht und somit den gezielten Einsatz als didaktische Gattung[29] fort.

Auch in ihren eigenen Lehrwerken orientierten sich die Schüler an konkreten, ihnen aus ihrem Unterricht bekannten Vorbildern – siehe wieder zum Beispiel Dont, der sich noch in seinen eigenen Übungen *24 Exercices au Violon préparatoires aux Etudes R. Kreutzer et Rode* [1880] deutlich auf die Tradition von Rode und Kreutzer bezieht – oder aber auf bei Böhm erlernte Übetechniken, indem er im *Gradus ad Parnassum* [1877] *»mehrstimmige Musikstücke zur Übung des Ensemble-Spiels«* setzt, wie es auf dem Deckblatt heißt. Auch die konkrete Bezugnahme auf das gleichnamige musiktheoretische Werk Johann Joseph Fux' aus dem Jahre 1725, in dem Fux seine Annäherung an kontrapunktische Fragen zur Komposition in einem Lehrer-Schüler-Dialog verpackt, konkretisiert einerseits den Lehrwerkscharakter, andererseits aber auch die Lehrer-Schüler-Beziehung.[30] Und auch der von Moser zitierte Grünwald, später Professor in Berlin, der bei Böhm des Duospiels noch überdrüssig erschien, kann den didaktischen Wert dieser Methode nicht leugnen, denn auch er setzt zu Lehrzwecken beliebte Opern- und Kammermusik-Melodien mehrstimmig für Violine aus und seine *Ersten Übungen für die Violine* [1885] bestehen zu großen Teilen aus zweistimmig gesetzten kleineren Stückchen.

Böhm gewidmet – Rekonstruktion anhand von Widmungskompositionen

Zu Böhms eigenen Kompositionen heißt es: *»In Böhm's Compositionen liegt schon die Bedingung zu seinem Vortrage, und in diesem die Nothwendigkeit seines Spiels, damit das Tongemählde mit gehöriger Vertheilung von Licht und Schatten, und mit den nöthigen effectreichen Nuancen ins Daseyn trete. Aus diesem angegebenen Wechselverhältnisse ergibt sich das Urtheil über Vortrag und Composition von selbst, d.h. sie sind im Einklange mit seiner Mechanik«*[31]. Aus dieser Beobachtung lässt sich ableiten, dass Komposition, eingesetzte Spieltechnik und Vortrag unmittelbar zusammenhängen und sich eventuell im Medium der Widmungskomposition eine weitere, bisher wenig beachtete

---

[29] Vgl. hier Karl Traugott Goldbach, *»›Es waren Duette für zwei Violinen‹. Quellenprobleme zu den Funktionen von Louis Spohrs Violinduos«*, in: *Spohr-Jahrbuch* 3 (2019), S. 19–36. Goldbach arbeitet in diesem Artikel die Funktionen des Duos u. a. für Spohrs Lehrtätigkeit heraus und geht dabei auch auf die spezielle Art der Widmung eines Duos ein.

[30] Johann Joseph Fux, *Gradus ad Parnassum oder Anführung zur regelmäßigen musikalischen Composition*, übers. u. hrsg. von Lorenz Christoph Mizler, Nachdruck der Ausgabe Leipzig, 1742, Hildesheim 1974.

[31] Der Sammler 1833, S. 8.

Quelle verbirgt, die bei der Suche nach dem Spezifischen der Böhm-Schule hilfreich und ergiebig sein kann.

Gedruckte Widmungen eines Werkes beziehen sich laut Gérard Genette auf eine ideelle Wirklichkeit eines Werkes – es findet eine symbolische Abtretung der Rechte am geistigen Inhalt, am Werk als immateriellem Geistesprodukt, statt.[32] Ich gehe davon aus, dass eine ideelle Übertragung der Eigentumsrechte an einer konkreten Komposition in Form der Widmung als konzeptioneller Bestandteil dieses Werks zu begreifen ist und konkret zu lokalisierende Beziehungen zwischen Widmendem und Empfänger repräsentieren, wobei sich in der Widmungsbeziehung natürlich auch ein Spannungsfeld aus Nähe und Distanz, aus kompositorisch-stilistischer Annäherung, aber auch Abgrenzung abzeichnen kann. Die Widmung stellt somit einen kommunikativen Akt dar, der Adressat funktioniert als ein Indikator möglicher intertextueller Bezugnahmen, was den Paratext ›Widmung‹ somit für musikwissenschaftliche Fragestellungen relevant werden lässt. Ich setze beim Blick auf die Widmungen der Schüler Böhms, um mit Birgit Lodes zu sprechen, also eine gewisse *»musikalische Passgenauigkeit«*[33] voraus, die im konkreten Fall einer Schüler-Lehrer-Beziehung mögliche Rückschlüsse auf Lehr- und Technikvorlieben zulässt und eine erste stilistische Orientierungshilfe darstellt.[34] Durch sie kann einerseits eine ästhetische Verortung stattfinden. Gleichzeitig ist es naheliegend, dass sie zumindest in dem Fall, dass Böhm die Widmung angenommen und die Komposition in seinen Unterricht aufgenommen hat, musikalisch und technisch seinen Unterricht, seine Schule repräsentiert und widerspiegelt. Widmungskompositionen können somit unter bestimmten Voraussetzungen und in Ergänzung zu bereits vorliegenden anderen Quellen als Rekonstruktionshilfen dienen, wobei hier die genaue Art sowie der Wortlaut der Widmung mit in die Überlegungen einbezogen werden müssen. Bereits die wenigen gelisteten Widmungskompositionen an Böhm lassen deutliche Unterschiede in Formulierung und Ausgestaltung erkennen, deren Motivation nicht unbedingt verlegerischer Natur sein muss und die von der stillen Widmung Joachims über ein schlichtes *»À Böhm«* bis hin *zum »Componirt und dem Herrn Joseph Böhm, Professor am Conservatorium der Musik in Wien hochachtungsvoll gewidmet«* reichen.[35]

Bisher konnte ich sieben Personen ausfindig machen, die Böhm dezidiert eigene Werke gewidmet haben – sechs davon sind Schüler, bei Franz Weiß handelt es sich um einen Bratschisten und Quartett-Kollegen Böhms im Schuppanzigh-Quartett.

---

[32] Gérard Genette, *Paratexte. Das Buch vom Beiwerk des Buches*, Frankfurt a. M. 2001, S. 115.

[33] Birgit Lodes, *»Zur musikalischen Passgenauigkeit von Beethovens Kompositionen mit Widmungen an Adlige. ›An die ferne Geliebte‹ op. 98 in neuer Deutung«*, in: *Widmungen bei Haydn und Beethoven. Personen – Strategien – Praktiken. Bericht über den Internationalen musikwissenschaftlichen Kongress Bonn, 29. September bis 1. Oktober 2011*, hrsg. von Bernhard R. Appel u. Armin Raab, Bonn 2015.

[34] Siehe Andrea Hammes, *Brahms gewidmet. Ein Beitrag zu Systematik und Funktion der Widmung in der zweiten Hälfte des 19. Jahrhunderts*, Göttingen 2015, S. 57.

[35] Eine systematische Erfassung unterschiedlicher Widmungsmotivationen und Ausgestaltungen findet sich bei Hammes, *Brahms gewidmet*, 2015, S. 61–77.

Name Schüler (von… bis)	Komposition	Art der Widmung	Jahr der Entstehung (E), der Publikation (P) sowie der Erstaufführung (EA)
FRANZ WEISS (1778–1839) Kein Schüler Böhms, sondern Quartettpartner	Op. 13: *Cinq Variations Brillantes pour le Violon composées et dediées à Monsieur Joseph Böhm*	Gedruckte Widmung der Erstausgabe	P: Wien Artaria [o. J.]
GEORG HELLMESBERGER d. Ä. (1800–1873) Schüler 1820/21	Op. 9: *Introduction et Variations sur un thème original pour le Violon […] composées et dediées à Monsieur Joseph Böhm*	Gedruckte Widmung der Erstausgabe	Wien: Diabelli [1833/34] (PN4788)
PHILIPPE BROCH (o. D.) Schüler zeitgleich mit Ernst	*Premier air varié pour le Violon, composé et dedié à Mons. Joseph Böhm* [Eventuell handelt es sich hier um das op. 3: *Air varié über Norma de Bellini*]	Bisher keine Ausgabe gefunden	P: Leipzig: Breitkopf & Härtel 1842
HEINRICH WILHELM ERNST (1814–1865) Schüler 1825 bis 1829	Op. 5: *Trois Rondinos Brillants sur des motifs de Robert le Diable, Nathalie et La Tentation […] dediée à Monsieur Joseph Böhm*	Gedruckte Widmung der Erstausgabe	E: Vermutlich vor 1833 [da noch op. 3]; P: veröffentlicht 1839 bei Berlin: Schlesinger
	Op. 11: *Fantaisie brillante sur la Marche et la Romance d'Otello […] Dédiée à Monsieur Böhm, Professeur au Conservatoire de Vienne – 1er Violon de la Chapelle Impériale*	Gedruckte Widmung der Erstausgabe	E: vor 1838 P: Mainz: Schott [1839] EA: 1. März 1838, Salle Chantereine, Paris
LUDWIG MINKUS (1826–1917)	Op. 6: *12 Etuden für die Violine allein. Componirt und dem Herrn Joseph Böhm, Professor am Conservatorium der Musik in Wien hochachtungsvoll gewidmet. 1. Heft.*	Gedruckte Widmung der Erstausgabe	P: Wien: Haslinger 1847
EDMUND SINGER (1830–1912) Schüler 1843/44	Op. 9: *3 Caprices pour le violon avec accomp. de piano. À Monsieur le Professeur Jospeh Böhm à Vienne.*	Gedruckte Widmung der Erstausgabe	P: Leipzig: Kistner [um 1851]
JOSEPH JOACHIM (1831–1907) Schüler 1839 bis 1843	op. 1: *Andantino und Allegro scherzoso*	Druckausgabe ohne Widmungsträger	P: Leipzig: Kistner 1849 EA: 10. Jan. 1848

Tab. 3 Widmungskompositionen durch Schüler und Kollegen

Alle Kompositionen der Schüler Böhms sind Kompositionen aus frühen Jahren, bei fast allen dieser Kompositionen handelt es sich um Werke mit ausgewiesenem oder in ihrer Anlage verstecktem Lehrwerks- bzw. Etüdencharakter. Beide Beobachtungen stellen die Kompositionen in eine ausgewiesene zeitliche und auch funktionale Nähe zur Schülerzeit und zu der Beziehung zu Böhm.

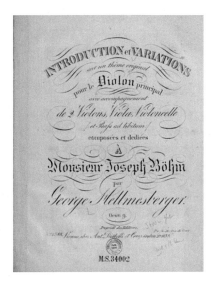

Abb. 2 Georg Hellmesberger d. Ä., Widmungskomposition »Introduction et Variations sur un thême original« op. 9 an Joseph Böhm aus dem Jahre 1833/34

Bereits die Ankündigungen der Kompositionen, in denen die Widmung an Böhm im Medium (Musik-)Zeitschrift öffentlich gemacht und natürlich als Werbung eingesetzt wird, lassen die musikalische Ausgestaltung der Kompositionen erahnen. So heißt es zu der Komposition von Philippe Broch: »*Eine Composition derselben Gattung* [Variationskomposition]*, wie die vorhin angezeigte, nur vielleicht mit weniger Geschmack gearbeitet und etwas leichter. Nach einer Einleitung von 9 Tacten folgt das Thema, und dann hören wir fünf Variationen über dieses, mit Doppelgriffen, Tremolo's, Harpeggien u. dergl. Künste reichlich genug ausgestattet.* [...] *Ob empfehlen, ob nicht empfehlen? – wer Lust hat, spiele und ergötze sich an solchen Flachheiten*«[36].

Ähnliches lesen wir zu Ludwig Minkus' Werk: »*Minkus hat sein Werkchen dem Hrn. Prof. Böhm in schuldiger Dankbarkeit, als einstigen Lehrer und Meister, gewidmet* [...] *Diese Etüden sind im Ganzen für den mittelmäßigen Violinspieler geschrieben* [...] *Er hat den Etüdenstil noch nicht recht weg. Vor allem sind aber bei Etüden die häufigen Tremolandos, Pizzicatos, Flageolats u.s.w. zu vermeiden*«[37].

---

[36] Jahrbücher des deutschen National-Vereins für Musik und ihre Wissenschaft 1842, S. 133.
[37] Die Gegenwart. Politisch-literarisches Tagsblatt 1847, S. 1206.

Edmund Singer schafft nicht nur durch die Widmung, sondern auch durch die Betitelung und einer instruktiven, auf einzelne technische Aspekte ausgelegten Ausrichtung seiner *3 Capricen* deutliche Bezüge zu Böhm und seinen Unterrichtsschwerpunkten: Er widmet sich in den Capricen nacheinander dem Oktavspiel (*No 1 Les Octaves*), dem Spiccato (*No 2 Le Spiccato*) und schließlich dem Staccatospiel (*No 3 Le Staccato*). Diese *»Jugendarbeit«* erfordert, wie es in einer Ankündigung heißt, »*schon einen sehr fertigen Geiger*«[38].

Joachim widmet sein op. 1 aus dem Jahr 1849/50, wie sich aus der handschriftlichen Nennung im Manuskript schließen lässt, seinem Lehrer,[39] doch macht er dies im Druck nicht öffentlich. Auch in der Ankündigung liest man keinen Hinweis auf den Widmungsträger. Antrieb für diese ideelle, aber eben ausdrücklich nicht öffentliche Widmung seines op. 1 könnte demnach vor allem Dankbarkeit und Tradition gewesen sein. Vergleicht man die Komposition Joachims mit den anderen Widmungskompositionen, so fällt auf, dass es sich im Schwierigkeits- und Anspruchsgrad um *»kein sogenanntes glänzendes Bravourstück für den Virtuosen«* handelt, wie der Rezensent der »Neuen Berliner Musikzeitung« schreibt, sondern dass viel mehr deutliche Verweise auf Mendelssohns *Lieder ohne Worte* oder *Venetianische Gondellieder* erkennbar sind.[40] Nach nur kurzer Zeit in Leipzig und der Umgebung Mendelssohns eröffnet sich also in dieser Komposition und ihrem Widmungsträger für Joachim ein Spannungsfeld aus bewusster Nähe und Distanz, aus kompositorisch-stilistischer Annäherung und Abgrenzung zum ehemaligen Lehrer. Dieses Spannungsfeld sollte für Joachims weiteren Weg als Geiger, Komponisten und Pädagogen prägend bleiben – und könnte gleichzeitig als Grund für die Nicht-Öffentlichmachung seiner Widmung gelesen werden.

Am erkenntnisreichsten erscheint bisher ein Blick auf die Widmungskompositionen eines besonders einflussreichen frühen Schülers, auf Ernst. Zwar fehlen hier Auskünfte in Form von Konservatoriumsakten oder Selbstzeugnissen der beiden Protagonisten Ernst und Böhm. Doch lassen die erhaltenen Widmungskompositionen auf der Grundlage bereits vorgenommener Untersuchungen[41] für die hier verfolgte Frage nach der Bedeutung von (Widmungs-)Kompositionen Rückschlüsse auf Netzwerke und Lehrtraditionen zu.

Ernst hat Böhm zwei seiner frühen Kompositionen gewidmet. Beide Kompositionen verweisen in eine stark virtuose Richtung, die auch Ernst als Komponist im Laufe seines Künstlerlebens mehr und mehr verlassen hat. Bereits vor 1834 komponiert, widmete Ernst Böhm seine *Trois Rondinos Brillants sur des motifs de Robert le Diable de Meyerbeer, Nathalie de Caraffe et La Tentation de Halévy* op. 5. In der Berliner Erstausgabe von 183[9] ist die Widmung an den Lehrer mit *»dédiée à Monsieur Joseph Böhm«* öffentlich gemacht, ohne auf das konkrete Schüler-Lehrer-Verhältnis Bezug zu nehmen. In der An-

---

[38] Nachruf Edmund Singer, *»Singer als Geigenkomponist«*, in: *Neue Musik-Zeitung* 13 (1912), S. 202f., hier S. 203.

[39] Siehe Katharina Uhde, *The Music of Joseph Joachim*, Woodbridge 2018, unpaginierter Anhang zum Buch, Tabelle mit Werkverzeichnis (hier Anmerkung 9).

[40] Eine detaillierte Analyse der Komposition liefert Uhde, Joseph Joachim, 2018, S. 64f.

[41] Siehe Hoppe, *Der Schatten Paganinis*, 2014; Borchard, *»Ernst und Joachim«*, 2018.

kündigung in der »Neuen Zeitschrift für Musik« wird die Komposition als »*instructive Composition*«[42] gelistet – und in der Tat ist ein ausgeprägter Lehrwerkscharakter erkennbar. Gerade das erste der drei Stücke konzentriert sich auf etüdenhaft präsentierte auf- und abwärtsfließende Skalenläufe und gebrochene Dreiklänge, die Steigerung der Skalen in Arpeggien sowie die steigernde Ausschmückung mit Trillern und eine finale Aussetzung der Läufe in Doppelgriffen. Auffallend sind die detaillierten Vortragsbezeichnungen, mit denen Ernst die Anweisungen zu den Stricharten im ersten Teil der *Trois Rondinos* weiter ausdifferenziert.

Besonders die spätere der beiden Widmungskompositionen, die *Fantaisie brillante sur la Marche et la Romance d'Otello* op. 11[43] aber kann als wichtige Quelle interpretiert werden, die sowohl Netzwerke und Beziehung offenbart als auch konkret-musikalische Hinweise auf technische Ausrichtungen und Schwerpunkte der Böhm-Schule und einer ihr entspringenden Musiktradition gibt. Böhm hat dieses ihm gewidmete Werk, neben ein paar anderen Kompositionen seines Schülers Ernst, nachweislich als Lehrmaterial verwendet und seine Schüler vor Publikum präsentieren lassen. Böhm autorisierte Werk und Widmung somit öffentlich und befand es für zweckmäßig, um seine Lehrziele zu erreichen. Er bescheinigte Ernst durch seine Honorierung der kompositorischen Leistung, dass dieser den Unterricht erfolgreich bestanden, Böhms Lehrziele erreicht und in einer eigenen Komposition umgesetzt hat. Böhm trat damit für die Qualität der Komposition und den in ihr verlangten technischen und interpretatorischen Fähigkeiten ein. Jedoch verzichtete Ernst auch in diesem Widmungstext auf einen Zusatz, der das Lehrer-Schüler-Verhältnis offenbart hätte. Doch nimmt er mit dem Zusatz »*Professeur au Conservatoire de Vienna*« eine eindeutige lokale, institutionelle und funktionelle Verortung Böhms vor.

In der *Otello-Fantasie* gibt es zahlreiche Besonderheiten, die auf Böhm als Lehrer und Spieler verweisen und offenbaren, worauf er in der Ausbildung Wert gelegt zu haben scheint: So liegen – nicht überraschend – besondere Ansprüche vor allem auf dem Gebiet der benutzten Stricharten: Ernst verlangt Staccato, auch abwärts gestrichen, Ricochet und extremes Legato über längere Passagen. Eine weitere Schwierigkeit liegt in der Anwendung von Doppelgriffen in Terzen, Sexten und Oktaven, die Ernst, auch bunt gemischt, dem Spieler abverlangt. Auch Arpeggien und Flageolettspiel kommen großflächig zur Anwendung, die eine ausdifferenzierte Bogenführung verlangen. Der Blick in die Noten und Kompositionen und ihre weitere Verwendung stützt somit die Informationen, die wir zu Böhms eigenem Spiel und seinen Schwerpunkten im Unterricht haben, auch auf kompositorischer Ebene und unterstreicht die Aussagekraft, die der Fakt der Widmung haben kann, wenn eine direkte musikalische Beziehung zwischen Widmendem und Adressat besteht.

Als prominentester zeitgenössischer Interpret der *Otello-Fantasie* kann sicherlich Joachim gelten, der diese Komposition als einer der ersten Schüler Böhms in seinem Un-

---

[42] Neue Zeitschrift für Musik 1839 II, S. 14f.
[43] In der Folge hier *Otello-Fantasie*.

terricht spielte.[44] Zwar spielte Joachim sie nach 1850 nicht mehr selbst öffentlich,[45] jedoch hat auch er sie als Unterrichtsmaterial[46] eingesetzt, was den Wert des Stücks für die technische Ausbildung seiner Schüler*innen zu Solist*innen unterstreicht. Dieses Aufnehmen in die eigene Lehre und die Weitergabe der als Schüler erlernten Stücke machen weiterreichende Verbindungen deutlich und lassen die zumindest punktuelle Fortführung von Traditionen erkennen. Zudem lassen sich direkte Einflüsse der Ernst'schen Fantasie auf Joachims Komposition *Fantasie über Ungarische Motive* aus dem Jahr 1848 erkennen,[47] die eine in seine Kompositionen einfließende Idiomatik offenbart, die ihre Grundlage nicht nur in verwandten ethnischen Wurzeln, sondern auch in einer bestimmten, von beiden geteilten Violinausbildung bei Böhm zu haben scheint. Diese Beobachtung wird zusätzlich aus Berichten über charakteristische Spielweisen der zwei Geiger und den Rückgriff auf lokaltypische Musiktradition gespeist und besitzt somit im Zusammenhang mit der Frage nach bestimmten Spiel- und Lehrtraditionen eine deutliche Aussagekraft. Dies lässt sich auch in einer anderen Joachim gewidmeten Komposition, der dritten der *6 polyphonen Studien* Ernsts, als »komponierten Bezug auf Böhm«[48] deuten und offenbart das Potenzial, das in der Ausdehnung des Blicks auf Editionen, Lehrwerke und (Widmungs-)Kompositionen liegt: Das Lesen von Musik als einkomponierte, konkrete Beziehung, die Interpretation von »*Musik nicht als Vorführkunst, sondern als Beziehungskunst*«[49] kann auf der Suche nach dem Spezifischen im Allgemeinen als nützliche Rekonstruktionshilfe dienen und wortsprachliche zeitgenössische Quellen gewinnbringend ergänzen – jedoch müssen auch hier weitere Einzelfallstudien folgen, um den Spuren einer Böhm-Schule noch konkretere Konturen geben zu können.

Literatur

Otto Biba, »›Ihr Sie hochachtender, dankbarer Schüler Peppi‹. Joseph Joachims Jugend im Spiegel bislang unveröffentlichter Briefe«, in: *Die Tonkunst* 3 (2007), S. 200–204.

Ders. und Ingrid Fuchs, ›*Die Emporbringung der Musik‹: Höhepunkte aus der Geschichte und aus dem Archiv der Gesellschaft der Musikfreunde in Wien*, Wien 2012.

Beatrix Borchard, »*Ernst und Joachim – Virtuose Selbstdarstellung versus sachbezogene Interpretationshaltung*«, in: *Exploring Virtuosities*, hrsg. von Christine Hoppe [u. a.], Hildesheim 2018, S. 53–74.

Robert W. Eshbach, *Study with Böhm*, https://josephjoachim.com/2014/01/07/study-with-joseph-bohm/, Zugriff am 9. Juni 2019.

---

[44] Eine Auflistung der frühesten Aufführungen durch Joachim findet sich bei Uhde, *Joseph Joachim*, 2018, S. 51.

[45] Die Ernst'sche *Élégie* op. 10 spielte er dagegen noch mindestens bis 1855 öffentlich, vgl. Borchard, »*Ernst und Joachim*«, 2018, S. 60f.

[46] Über den Einsatz legt u. a. der Noten-Nachlass, der in der UdK archiviert wird, Zeugnis ab.

[47] Siehe Uhde, *Joseph Joachim*, 2018, S. 40ff.

[48] Borchard, »*Ernst und Joachim*«, 2018, S. 68f.

[49] Ebd.

Johann Joseph Fux, *Gradus ad Parnassum oder Anführung zur regelmäßigen musikalischen Composition*, übers. u. hrsg. von Lorenz Christoph Mizler. Nachdruck der Ausgabe Leipzig, 1742, Hildesheim 1974.

Gérard Genette, *Paratexte. Das Buch vom Beiwerk des Buches*, Frankfurt a. M. 2001, S. 115.

Karl Traugott Goldbach, *»›Es waren Duette für zwei Violinen‹. Quellenprobleme zu den Funktionen von Louis Spohrs Violinduos«*, in: *Spohr-Jahrbuch* 3 (2019), S. 19–36.

Karl Goldmark, *Erinnerungen aus meinem Leben,* Wien 1922.

Ders., *Erinnerungen aus meinem Leben.* Vollständiger, durchgesehener Neusatz der Ausgabe von 1922 bearbeitet und eingerichtet von Michael Holzinger. Berlin[3] 2015, S. 16.

Andrea Hammes, *Brahms gewidmet. Ein Beitrag zu Systematik und Funktion der Widmung in der zweiten Hälfte des 19. Jahrhunderts*, Göttingen 2015.

Miska Hauser, *Aus dem Wanderbuche eines Oesterreichischen Virtuosen. Briefe aus Californien, Südamerika und Australien*, Leipzig 1859.

Beate Hennenberg, *Das Konservatorium der Gesellschaft der Musikfreunde in Wien. Beiträge zur musikalischen Bildung in der ersten Hälfte des 19. Jahrhunderts*, Wien 2013.

Christine Hoppe, *Der Schatten Paganinis. Virtuosität in den Werken Heinrich Wilhelm Ernsts. Nebst angehängtem Werkverzeichnis*, Hildesheim 2014.

Kai Köpp, *»Musikalisches Geschichtsbewusstsein um 1900. Ansätze zu einer historischen Interpretationsforschung«*, in: *Gemessene Interpretation*, hrsg. von Heinz von Loesch u. Stefan Weinzierl, Mainz 2011, S. 65–82.

Birgit Lodes, *»Zur musikalischen Passgenauigkeit von Beethovens Kompositionen mit Widmungen an Adlige. ›An die ferne Geliebte‹ op. 98 in neuer Deutung«*, in: *Widmungen bei Haydn und Beethoven. Personen – Strategien – Praktiken. Bericht über den Internationalen musikwissenschaftlichen Kongress Bonn, 29. September bis 1. Oktober 2011*, hrsg. von Bernhard R. Appel u. Armin Raab, Bonn 2015, S. 171–202.

Andreas Moser, *Joseph Joachim. Ein Lebensbild*, Berlin 1898.

Ders., *Geschichte des Violinspiels* (Bd. II: *Das Violinspiel von 1800 (Deutschland) bis in die erste Hälfte des 20. Jahrhunderts*), zweite, verbesserte und ergänzte Auflage von Hans-Joachim Nösselt, Tutzing[2] 1967.

Marianne Rônez: *»Pierre Baillot, ein Geiger an der Schwelle zum 19. Jahrhundert. Ein Vergleich seiner Violinschulen von 1803 und 1835«*, in: *Spielpraxis der Saiteninstrumente in der Romantik*, hrsg. von Claudio Bacciagaluppi [u. a.], Schliengen/Markgräflerland 2011, S. 23–57.

Edmund Singer, *»Aus meiner Künstlerlaufbahn. Biographisches – Anekdotisches – Aphoristisches«*, als Serie erschienen in der *Neuen Musik-Zeitung* 1911/1912.

Hans Sittner, *»Zur Tradition der Wiener Geigerschule«*, in: *Violinspiel in Geschichte und Gegenwart*, hrsg. von Vera Schwarz, Wien 1975, S. 131–141.

Volker Timmermann, *»›Ein fruchtbares, social wichtiges Thema‹. Eduard Hanslick und die Wiener Geigerinnen des späten 19. Jahrhunderts«*, in: *Musikerinnen und ihre Netzwerke im 19. Jahrhundert*, hrsg. von Annkatrin Babbe u. Volker Timmermann, Oldenburg 2016, S. 113–129.

Katharina Uhde, *The Music of Joseph Joachim*, Woodbridge 2018.

Melanie Unseld, *»Auf dem Weg zu einer memorik-sensibilisierten Geschichtsschreibung. Erinnerungsforschung und Musikwissenschaft«*, in: *Erkenntnisgewinn durch Methode?*

Christine Hoppe

Kulturwissenschaft, Genderforschung und Musikwissenschaft, hrsg. von Corinna Herr u. Monika Woitas (= Musik – Kultur – Gender 1), Köln 2006, S. 63–74.
Wilhelm Joseph von Wasielewski, *Die Violine und ihre Meister*, Leipzig[4] 1904.

Abbildungen

Abb. 1   Lehrtraditionen – Netzwerke am Beispiel der Böhm-Schüler Joseph Joachim, Jacob Grün und Edmund Singer, Grafik: Christine Hoppe.
Abb. 2   Georg Hellmesberger d. Ä., Widmungskomposition »Introduction et Variations sur un thême original« op. 9 an Joseph Böhm aus dem Jahre 1833/34. *Ausgabe der Musiksammlung der Österreichischen Nationalbibliothek*, http://data.onb.ac.at/rep/10A9A78F, Zugriff am 3. Nov. 2020.

ANNKATRIN BABBE

»Und obenan wird stehen unsere Wiener Violinschule und ihr unvergleichlicher Lehrmeister« – Überlegungen zur ›Schulenbildung‹ bei Josef Hellmesberger d. Ä.

> Die »›Schule Hellmesberger‹ – das war ein Ehrentitel in der musikalischen Welt. Von ganz eigenartiger Beseelung, manchmal sogar voll überschwenglicher Schwärmerei war der Gesang seiner Saiten, und Tonstücke wie die Kavatine aus Beethovens großem B-Dur-Quartett oder das Adagio aus Schuberts Streichquintett übten unter Hellmesbergers Bogen ihre ganz unbeschreibliche lyrische Macht aus«[1].

Als Violinprofessor und Direktor des Konservatoriums der Gesellschaft der Musikfreunde in Wien, Primarius des renommierten Hellmesberger-Quartetts, Konzertmeister des Hofopernorchesters und späterer Hofkapellmeister hatte Josef Hellmesberger d. Ä. (1828–1893) zentrale Positionen in der Wiener Musikkultur der zweiten Hälfte des 19. Jahrhunderts besetzt und nahm hierüber entscheidenden Einfluss auf die Entwicklung der Violinästhetik und -pädagogik seiner Zeit.[2] Daran knüpft auch jene Idee der ›Schule Hellmesberger‹ an, die Richard Perger, Autor der 1912 herausgegebenen und hier eingangs zitierten *Geschichte der K. K. Gesellschaft der Musikfreunde in Wien* aufruft.

Die ›Schule Hellmesberger‹ oder auch ›Hellmesberger-Schule‹ erweist sich als wiederkehrendes Motiv in der Rezeption des Musikers bzw. des Geigenspiels in Wien während des 19. und 20. Jahrhunderts, bleibt aber bei aller Präsenz auffallend diffus: Während Perger die ›Schule‹ über interpretatorische bzw. ästhetische Merkmale als Werturteil begründet und dabei ihre Exzeptionalität herausstellt, werden andernorts vielmehr personelle bzw. familiäre Abstammungslinien oder institutionelle Zusammenhänge zur Charakterisierung herangezogen. Auffällig ist die Heterogenität der Argumentationen: Einen Konsens darüber, was unter der ›Hellmesberger-Schule‹ zu verstehen ist, gibt es nicht. Erschwert wird dies auch durch die Ambiguität des Schulenbegriffs[3] an sich, der bis

---

[1] Richard von Perger, *Geschichte der K. K. Gesellschaft der Musikfreunde in Wien. 1. Abteilung: von 1812–1870*, Wien 1912, S. 78.

[2] Siehe Annkatrin Babbe, *»Knotenpunkt in der Wiener Musikkultur des 19. Jahrhunderts. Josef Hellmesberger d. Ä. (1828–1893)«*, in: Biographie des Monats 10 (2018), hrsg. von der Österreichischen Akademie der Wissenschaften, https://www.oeaw.ac.at/-inz/forschungsbereiche/kultu relles-erbe/forschung/oesterreichisches-biographi-sches-lexikon/biographien-des-monats/oktober-2018/, Zugriff am 24. Okt. 2019.

[3] Siehe unter dem entsprechenden Lemma in: *Deutsches Wörterbuch von Jacob und Wilhelm Grimm*, 16 Bde. in 32 Teilbdn., Leipzig 1854–1961, Online-Version: http://woerterbuchnetz.de/cgi-bin/WBNetz/wbgui_p-y?sigle=DWB, Zugriff am 3. Nov. 2019.

heute in der Musikhistoriographie als Ordnungskategorie Verwendung findet, ohne dabei in seinem Bedeutungsgehalt grundlegend diskutiert worden zu sein.[4]

Der vorliegende Beitrag widmet sich der Verhandlung des Schulen-Topos um Josef Hellmesberger d. Ä. in Publikationen des 19. und 20. Jahrhunderts. Ziel ist es, den entsprechenden Diskurs zu konturieren, indem Deutungsmuster und Wahrnehmungskategorien der ›Hellmesberger-Schule‹ beschrieben werden. Insofern befasst sich der Text exemplarisch mit dem Begriff der künstlerischen bzw. musikalischen ›Schule‹, dessen Bedeutungsgehalt hier erörtert wird.

Den folgenden Überlegungen liegt ein Verständnis der ›Hellmesberger-Schule‹ als einer kulturell verhandelten konzeptuellen Kategorie zugrunde. Sie wird als Ergebnis sprachlicher wie nichtsprachlicher diskursiver Praxis betrachtet. Damit greift diese Arbeit auf ein Verständnis von ›Diskurs‹ im Sinne Michel Foucaults zurück, der selbige als »Praktiken« definiert, »die systematisch die Gegenstände bilden, von denen sie sprechen«[5]. Die Analyse von Diskursen muss sich entsprechend die Aufdeckung der Regeln dieser sprachlichen Praktiken zum Ziel setzen. Aus historiographischer Perspektive soll außerdem danach gefragt werden, »wie und warum sich solche Diskurse im historischen Prozess verändern und damit zugleich eine veränderte Wirklichkeit hervorbringen«[6]. Leitende Fragen sind daher: Wer sagt was, wo und zu welcher Zeit?

Bezugspunkt der Untersuchung ist zum einen eine Auswertung von vornehmlich österreichischer Tages- und Fachpresse[7], im Besonderen: Konzertankündigungen, Besprechungen von Auftritten Josef Hellmesbergers d. Ä. und dessen Kolleg*innen sowie sei-

---

[4] Eine Ausnahme bildet der jüngst erschienene Beitrag von Kilian Sprau u. Franz Körndle, »›... und sonderlich ein herrlicher Pralltriller‹. Beiträge zur Erforschung künstlerischer ›Schulenbildung‹«, in: *Musik – Pädagogik – Professionalität. Festschrift für Bernhard Hoffmann zum 60. Geburtstag*, hrsg. von Gabriele Puffer, Andreas Becker, Franz Körndle u. Kilian Sprau, Innsbruck/Esslingen/Bern 2019, S. 91–117.

[5] Michel Foucault, *Archäologie des Wissens*, Frankfurt a. M.[18] 2018, S. 74.

[6] Achim Landwehr, *Historische Diskursanalyse*, Frankfurt a. M.[2] 2018, S. 21.

[7] Tages-/Wochenzeitungen: Der Adler [Wien] (1838–1844), Deutsche Zeitung [Wien/Graz] (1914–1921), Deutsches Volksblatt [Wien] (1889–1922), Fremden-Blatt [Wien] (1847–1919), Die Gegenwart. Politisch-literarisches Tagblatt (1845–1848), Grazer Volksblatt (1868–1939), Illustrirtes Wiener Extrablatt (1827–1928), Morgen-Post [Wien] (1854–1886), Neue Freie Presse [Wien] (1864–1939), Neues Fremden-Blatt [Wien] (1865–1876), Neues Wiener Journal (1893–1939), Neues Wiener Tagblatt (1867–1945), Pester Lloyd [Budapest] (1854–1945), Die Presse [Wien] (1848–1896), Salzburger Chronik für Stadt und Land (1873–1938), Sonntagsblätter [Wien] (1842–1848), Der Tag [Wien] (1922–1938), Tages-Post [Linz] (1866–1944), Das Vaterland. Zeitung für die österreichische Monarchie [Wien] (1860–1911), Wiener allgemeine Zeitung (1880–1934), Wiener Zeitung (1780–; seit 1848 als Tageszeitung). Feuilletonistische Zeitschriften: Blätter für Musik, Theater und Kunst [Wien] (1855–1873), Deutsche Musik-Zeitung [Wien] (1860–1862; 1874–1902), Der Humorist [Wien] (1837–1862; 1880–1926), Musikalisches Wochenblatt [Leipzig] (1870–1910), Neue Wiener Musik-Zeitung (1852–1860), Neue Zeitschrift für Musik [Mainz] (1834–1991), Österreichische Kunst-Chronik (1878–1912), Österreichische Musik- und Theaterzeitung [Wien] (1888–1899), Radio Wien (1924–1953), Recensionen und Mittheilungen über Theater und Musik [Wien] (1859–1865), Signale für die musikalische Welt [Leipzig] (1843–1941), Wiener allgemeine Musik-Zeitung (1841–1848), Wiener Zeitschrift (1816–1849).

ner Schüler*innen, Rezensionen von Veranstaltungen des Konservatoriums (Prüfungen, Konzerte, Preiskonkurse) und der Gesellschaft der Musikfreunde, das Wiener Musikleben betreffende Mitteilungen und Kommentare im Feuilleton, Inserate des Konservatoriums, Werbeanzeigen von (ehemaligen) Hellmesberger-Schüler*innen, außerdem Ehrungen Hellmesbergers (etwa anlässlich von Künstlerjubiläen) und Nekrologe. Zum anderen speist sich das Quellenkorpus aus (Geschäfts-)Berichten des Konservatoriums[8], biographischen Arbeiten zur Familie Hellmesberger[9] sowie institutionengeschichtlichen Publikationen. In diesen Schriften wird die ›Hellmesberger-Schule‹ wiederholt aufgegriffen, wenngleich – rückbezogen auf die Textsorte, die Intention der Autorin bzw. des Autors und die Zielgruppe – auf ganz unterschiedliche Weise thematisiert.

Der Untersuchungszeitraum setzt mit den ersten Besprechungen von Auftritten Josef Hellmesbergers d. Ä. in den späten 1830er Jahren ein, sein Ende zeichnet sich entlang der nachlassenden Verweise auf die ›Schule Hellmesberger‹ in den 1940er Jahren ab.

Traditionsbildungsprozesse

Der Topos der ›Hellmesberger-Schule‹ war zu Wirk- und Lebzeiten des Musikers, aber auch noch Jahrzehnte darüber hinaus in der Rezeption der Wiener Geiger*innenausbildung weit verbreitet. In ihm spiegelt sich gleichsam das Interesse am Vergangenen wie das Bemühen wider, dieses Vergangene zu konservieren, zu bewahren und zu überliefern. Damit ist er Teil von Traditionsbildungsprozessen – um die Geigenausbildung bei Josef Hellmesberger d. Ä. als Fixpunkt. Tradition in diesem Sinne wird keineswegs positivistisch als ein statisches Bündel historisch überlieferter Inhalte verstanden, sondern als soziale Praxis im Zusammenhang komplexer Produktions- und Rezeptionsprozesse. Der Idee der ›Hellmesberger-Schule‹ vor diesem Hintergrund zu begegnen, bedeutet also, ihren prozessualen Charakter herauszustellen: Wie wird die Idee bzw. Tradition der ›Hellmesberger-Schule‹ diskursiv transformiert und in welchen Zusammenhängen vollziehen sich die diskursiven Wandlungsprozesse? Ausgehend von diesen Fragen stützt sich der Beitrag auf die Grundannahmen eines prozeduralen Traditionsverständnisses[10], das bei der Handlung des Überliefern ansetzt. Unter dem Überliefern oder Tradieren werden, dem Philosophen Karsten Dittmann folgend, dezidiert solche Handlungen verstanden,

---

[8] Siehe neben den Jahresberichten der Gesellschaft der Musikfreunde und den seit 1860/61 erschienenen Jahresberichten des Konservatoriums u. a. Gesellschaft der Musikfreunde (Hrsg.), *Rechenschaftsbericht der Direktion der Gesellschaft der Musikfreunde für das Verwaltungsjahr 1876–77*, Wien 1878.

[9] Siehe bspw. Robert Maria Prosl, *Die Hellmesberger. Hundert Jahre aus dem Leben einer Wiener Musikerfamilie*, Wien 1947.

[10] Karsten Dittmann, *Tradition und Verfahren. Philosophische Untersuchungen zum Zusammenhang von kultureller Überlieferung und kommunikativer Moralität*, Norderstedt 2004. Siehe auch Aleida Assmann, *Erinnerungsräume. Formen und Wandlungen des kulturellen Gedächtnisses*, München 2018 [Neuauflage].

»die als ein Weiterübergeben in diesem Sinne rekonstruierbar sind, wobei Tradierung eine jeweils einzelne Handlung T[radent] → A[kzipient] innerhalb einer Folge von Tradierungen bezeichnen soll. […] Unter Tradition soll die Rekonstruktion einer Folge von Weiterübergaben verstanden werden«[11], die – das muss Dittmanns Definition hinzugefügt werden – sowohl bewusst als auch unbewusst, sowohl intentional als auch unabsichtlich erfolgen. Tradition als Prozess zu behandeln, heißt demnach, sie *»über die Handlung des Tradierens/Akzeptierens […] [zu] rekonstruieren und [sie] somit selbst als Verfahren zu verstehen«*[12]. Entsprechend wird auch die ›Hellmesberger-Schule‹ als ein dynamisches und vielschichtiges Konstrukt verstanden, das über soziale Praktiken verschiedenster Akteur*innen hervorgebracht wurde und zum Teil auch heute noch wird. Angesiedelt sind diese Praktiken auf unterschiedlichen Ebenen; sie lassen sich beobachten anhand der sozialen Handlungen in der Lehr- und Lernsituation sowie der Selbstinszenierungen und -verortungen und sind nachvollziehbar in den Überlieferungsprozessen, der Verhandlung ästhetischer Ideale sowie personellen Netzwerkbildungen. Die Betrachtung der Rezeption der ›Hellmesberger-Schule‹ in der zeitgenössischen Presse und weiteren (historiographischen) Schriften spielt sich auf der Ebene der Überlieferungsprozesse ab. Im Fokus stehen Texte und damit die sprachlichen Vermittlungen resp. sprachlichen Handlungen. Sie werden als Traditionshandlungen analysiert, was eine Übertragung des Verständnisses von ›Weitergeben‹ und damit die Anschlussfähigkeit für kommunikatives Handeln erforderlich macht. In der Konsequenz erwächst hieraus die Notwendigkeit, die *»Erzielung, Erhaltung und Erneuerung von Konsens«*[13], auch *»Traditionskonsens«*[14], im kommunikativen Handeln herauszuarbeiten.

Rezeption der ›Hellmesberger-Schule‹ in der Presse

Ein erster Blick gilt der Verhandlung der ›Schule Hellmesberger‹ in der Presse. Explizite Erwähnungen der ›Schule‹ sind in Besprechungen von Auftritten Josef Hellmesbergers, aber auch von Kolleg*innen sowie von Hellmesberger-Schüler*innen zu finden. Ihrer Funktion gemäß transportieren diese Texte ein begründetes Urteil künstlerischer Leistungen, beinhalten darüber hinaus aber auch intersubjektiv gültige Aussagen: Ulrich Tadday verweist etwa auf ästhetische Referenzen und den Stellenwert sozialer Fragestellungen.[15] Entsprechend benennt Beatrix Borchard für die Zeit *»[v]or der Erfindung der Schallplatte und im Zeitalter einer vergleichsweise geringen Mobilität«* die Musikkritik als

---

[11] Dittmann, *Tradition und Verfahren*, 2004, S. 326.
[12] Ebd., S. 356.
[13] Ebd., S. 339.
[14] Ebd., S. 364.
[15] Siehe Ulrich Tadday, *Die Anfänge des Musikfeuilletons. Der kommunikative Gebrauchswert musikalischer Bildung in Deutschland um 1800*, Stuttgart u. Weimar 1993, siehe auch Susan Holtfreter, *Die Musikkritik im Wandel. Eine soziologisch-textlinguistische Untersuchung*, Frankfurt a. M. 2013 (= Angewandte Sprachwissenschaft 24), S. 43.

»das zentrale Medium für die Entwicklung von mentalen Künstlerbildern und für ästhetische Maßstäbe«[16].

Bei den hier berücksichtigten Konzertbesprechungen handelt es sich um Beiträge aus Zeitungen und Zeitschriften vornehmlich Wiener Provenienz. Meistens bleibt die Identität der Autor*innen unbekannt, nur selten sind sie namentlich genannt. Zielgruppe ist zum einen die weitgefasste städtische Leser*innenschaft und zum anderen das lesende Fachpublikum. Auch überregionale Blätter wurden in die Recherche einbezogen, indes wird der Topos ›Schule Hellmesberger‹ dort nur selten aufgegriffen. Selbiger kann damit vorab als ein besonders auf das Wiener Musikleben bezogenes Konstrukt von nur geringer regionaler Reichweite beschrieben werden.

Schon in den ersten Besprechungen früher Auftritte des Geigers Josef Hellmesberger d. Ä. sind Verweise auf eine ›Schule‹ zu finden, in deren Kontext die Leistungen des jungen Musikers eingeordnet werden. So lobt ein Rezensent der Zeitung »Der Adler« im Jahr 1840: *»Der Knabe entwickelte eine treffliche Schule, korrekten Vortrag, Leichtigkeit und Gefühl«*[17]. Nach einem gemeinsamen Auftritt mit dem jüngeren Bruder Georg Hellmesberger d. J. heißt es daneben in der »Wiener Zeitschrift«: *»Die beyden, aus der Schule ihres kunsttüchtigen Vaters* [Georg Hellmesberger d. Ä.] *hervorgegangenen ganz jugendlichen Virtuosen, der musikalischen Welt bereits seit mehreren Jahren angehörend, bekräftigten diesen Anspruch in ihrem heutigen Concerte aufs erfreulichste«*[18]. Ganz ähnlich klingt auch eine Besprechung in den Wiener »Sonntagsblättern«: *»Die beiden Konzertgeber* [die Brüder Hellmesberger] *vereinigten am Schlusse ihren Vortrag in dem Andantino und Rondo aus Spohr's zweitem Violinkonzerte* [d-Moll op. 2]*, und hier bekundete sich vorzüglich ihre gute Schule und die stete und tüchtige Leitung, welche sie von ihrem Vater erhielten«*[19].

Was genau unter der ›Schule‹ zu verstehen ist, geht aus keinem der drei Beispiele hervor. Lässt sie sich im ersten Beitrag im Sinne einer Fertigkeit, die entwickelt oder erworben werden kann – mit Ausbildungsstand oder Leistungsniveau – übersetzen, wird in den darauffolgenden vielmehr auf den Ausbildungszusammenhang zwischen Lehrer und Schüler abgehoben, der im gleichen Zuge als familiärer gekennzeichnet wird. Der als ›kunsttüchtig‹ attribuierte Vater wird dabei als einflussreicher Mentor benannt, dessen Wirksamkeit noch dadurch hervorgehoben wird, dass die Brüder als ›ganz jugendlich‹ – und damit kaum anderen Einflüssen ausgesetzt – bezeichnet werden. Hier wird ein künslerisch-genealogischer Zusammenhang hergestellt und zugleich eine ›Abstammungslinie‹ künstlerischer Produktivität nachgezeichnet, hinter der sich die Annahme verbirgt, dass Lehrende direkten Einfluss auf ihre Schüler*innen nehmen.[20] Dass die Idee der Genealogie in diesem Fall nicht allein auf den metaphorischen Wortsinn begrenzt bleibt, sondern das biologische Verwandtschaftsverhältnis miteinbezogen wird, zeigt sich nicht

---

[16] Beatrix Borchard, *Stimme und Geige. Amalie und Joseph Joachim: Biographie und Interpretationsgeschichte*, Wien 2005 (= Wiener Veröffentlichungen zur Musikgeschichte 5), S. 49f.
[17] Der Adler 13. Jan. 1840.
[18] Wiener Zeitschrift 13. Febr. 1844, S. 255.
[19] Sonntagsblätter [Wien] 30. März 1845.
[20] Siehe Sprau u. Körndle, *Künstlerische Schulenbildung*, 2019, S. 92.

nur in der Benennung des Vaters als Lehrer, sondern wird auch deutlicher zur Sprache gebracht. So verweist ein Mitarbeiter des »Österreichischen Morgenblatts« auf *»Professor Hellmesberger und dessen* […] *Söhne*[], *besser Söhnchen, Joseph und Georg«* und lobt *»das genaue Ineinandergreifen des Spiels, die Reinheit, Sicherheit, Schönheit des Tones, die ungezwungene edle Bogenführung«*. Die Leistungen schließlich sprächen *»zur Genüge von dem entschiedenen Talente, Fleiße und gut genossenem Unterrichte dieser Knaben: der Apfel fällt nicht weit vom Stamme«*[21]. Das erfolgreiche Auftreten der Brüder wird auf Talent und Fleiß zurückgeführt, die wiederum – über die Redewendung: ›der Apfel fällt nicht weit vom Stamme‹ – als Folge biologischer Vererbung, hier sogar patriarchalischer Genealogie, dargestellt werden, womit letztlich auch an den Diskurs der Musikerfamilie angeknüpft wird. Das Diminutiv ›Söhnchen‹ wirkt verstärkend auf die Lesart. Zugleich wird hier nicht nur die Verwandtschaft, sondern auch die Jugendlichkeit und damit (künstlerische) Beeinflussbarkeit der Musiker hervorgehoben.

Das biologische Verwandtschaftsverhältnis tritt als Beschreibungskategorie in den folgenden Jahren mit dem fortschreitenden Alter der Brüder zurück, wohingegen das Lehrverhältnis zur Einordnung in die künstlerische Genealogie der Musiker weiterhin relevant bleibt.

Nach der 1851 erfolgten Berufung Josef Hellmesbergers d. Ä. zum Professor für Violine ans Konservatorium in Wien werden in der Presse weitere Argumentationen des verwendeten Schulenbegriffs angebracht. In kurzen Mitteilungen über Veranstaltungen des Konservatoriums verweisen Redakteure mit der *»Schule Hellmesberger«*[22] zunächst einmal auf den institutionellen Ausbildungszusammenhang: In Auflistungen der Teilnehmenden an Prüfungen und Konzerten wird hierüber die Zugehörigkeit von Studierenden zu einer Instrumentalabteilung bzw. Klasse am Konservatorium markiert. Ergänzend wird damit aber auch ein Werturteil verknüpft, etwa wenn ein Korrespondent der »Signale für die musikalische Welt« auf die *»längst anerkannte Vortrefflichkeit der Schule des Directors Hellmesberger«*[23] verweist. Gleiches gilt für Annoncen, über die (ehemalige) Studierende Hellmesbergers in den Wiener Tageszeitungen ihren Geigenunterricht bewarben. Beispielsweise heißt es im »Neuen Wiener Tagblatt«: *»Tüchtiger Violinspieler (ehemaliger Schüler bei Prof. Hellmesberger) ertheilt Violinunterricht nach der Lehrmethode des Wiener Konservatoriums«*[24]. Hier wird die ›Vortrefflichkeit‹ zwar nicht explizit benannt, gleichwohl fungiert der Verweis auf den Ausbildungszusammenhang als Qualitätsausweis für den Inserenten sowie den von ihm angebotenen Unterricht.

Seit den 1860er Jahren wird der Schulenzusammenhang – vor allem in Konzertbesprechungen – auch über klangästhetische Aspekte argumentiert. 1864 formuliert ein Korre-

---

[21] Österreichisches Morgenblatt 24. März 1841.

[22] Bspw. Blätter für Musik, Theater und Kunst 1870, S. 210; Die Presse 23. Juli 1870; Deutsche Zeitung 26. Juli 1872.

[23] Signale 1877, S. 532.

[24] Bspw. heißt es im »Neuen Wiener Tagblatt«: *»Tüchtiger Violinspieler (ehemaliger Schüler bei Prof. Hellmesberger) ertheilt Violinunterricht nach der Lehrmethode des Wiener Konservatoriums«* (24. Sept. 1883).

spondent der »Blätter für Musik, Theater und Kunst« ganz grundlegend: *»Zwischen den Ergebnissen der Hellmesberger'schen Classe und jenen anderer Zweige liegt, abgesehen von der relativen und nach Maßgabe des specifischen Talents der Schüler variablen Vortrefflichkeit der Leistungen, der gewichtige Unterschied, daß sich die Resultate hier als die einer wirklichen Schule im höheren Sinne darstellen, während in anderen Fächern eben nur mehr oder minder gut unterrichtete Individuen ans Licht gebracht wurden«*[25]. Die Existenz einer ›Schule‹ wird zunächst einfach gesetzt – mit der Betonung, dass es hier eine ›wirkliche‹ Schule gäbe – und die Studierenden der Violinklasse Hellmesbergers am Konservatorium als Zugehörige benannt. Dabei wird der Schulenbegriff in Abgrenzung zu ›anderen Fächern‹ bestimmt. Während aus diesen Musiker*innen hervorgingen, die sich künstlerisch allein individuell auszeichneten, wird hier eine Homogenität der Spielweise impliziert, diese aber nicht nachvollziehbar beschrieben. Ähnlich verfährt der Rezensent eines Konservatoriumskonzertes im Frühjahr 1865, wenn er formuliert: *»Jubel, unendlicher Jubel aber folgte dem Paganini'schen Perpetuum mobile* [*Moto perpetuo* op. 11]*, von 22 Schülern unter Joseph Hellmesbergers Commando vorgetragen. Diese Production muß man hören; ja, wir haben hier in Wien eine ›Schule der Violine‹«*[26]. Noch deutlicher als im vorausgehenden Beispiel wird auf den Gleichklang der dieser ›Schule‹ zugehörigen Geiger*innen verwiesen, wenn der erfolgreiche Vortrag des von 22 Spieler*innen unisono vorgetragenen *Moto perpetuo* hervorgehoben und hierüber das Vorhandensein einer ›Schule‹ begründet wird. Auffällig ist daneben auch hier die explizite Herausstellung der Existenz dieser Schule.

Mitte der 1870er Jahre scheint die ›Hellmesberger-Schule‹ von Rezensent*innen als bekanntes Phänomen vorausgesetzt worden zu sein. Die »Neue Freie Presse« hebt 1877 mit Blick auf ein Konzert des Vereins Concordia die Mitwirkung von *»Meister Hellmesberger [...] mit einer erlesenen Schaar von Mitgliedern des Opern-Orchesters und Zöglingen seiner berühmten Schule«*[27] hervor und die »Signale für die musikalische Welt« aus Leipzig betonen die *»längst anerkannte Vortrefflichkeit der Schule des Directors Hellmesberger«*[28]. Die Schule wird als ›anerkannt‹, als ›berühmt‹ markiert und mit dem Verweis auf die ›Vortrefflichkeit‹ erneut die exzeptionelle Qualität hervorgehoben.

Wiederholt finden sich in Besprechungen von Konzerten und Konservatoriumsveranstaltungen Ansätze, die ›Schule Hellmesberger‹ über spieltechnische Merkmale zu charakterisieren. Ein Rezensent der »Blätter für Musik, Theater und Kunst« verweist nach Konservatoriumsprüfungen im Juli 1864 auf den *»Einfluß der eminenten Schule Hellmesberger's, die auf gründliche Technik, großen Ton, charakteristischen, edlen Vortrag und elegante Haltung gleichmäßig«*[29] hinwirke. Etwas mehr als zwei Jahrzehnte später schreibt das Wiener Blatt »Das Vaterland«: *»Schon in ›jüngeren Jahren‹ [...] hat*

---

[25] Blätter für Musik, Theater und Kunst 1864, S. 244.
[26] Wiener Zeitung 22. Apr. 1865.
[27] Neue Freie Presse 1. Mai 1876.
[28] Signale 1877, S. 532.
[29] Blätter für Musik, Theater und Kunst 1864, S. 244.

*man die Virtuosität, die Feinheit, Mannigfaltigkeit und Süße des Hellmesberger'schen
Bogens – er hat Schule gemacht für Wien, und man kann sie in jedem Concerte hören –
gerühmt«*[30].

Bemühungen die ›Hellmesberger-Schule‹ näher zu bestimmen, gehen mitunter auch
mit dem Versuch einer, sie gegenüber anderen ›Schulen‹ abzusetzen und damit in ihrer
Spezifik zu konturieren. Im Anschluss an Konservatoriumsprüfungen notiert ein
Rezensent der Wiener feuilletonistischen Wochenzeitung »Blätter für Musik, Theater und
Kunst« im Jahr 1864:

> »Schule im ebengedachten Sinne kann nur jene genannt werden, die in einem ganz be-
> stimmten Geiste geleitet wird; wo die Entwicklung der Individualität zwar als das höchste
> Ziel stets vor Augen gehalten wird, wo aber hingegen auch die Systematik und die Ein-
> heitlichkeit des Entwicklungsprocesses herrscht. Alle diese Merkmale weist Hellmes-
> berger vollauf aus. Hellmesberger bildet eine Schule. So wie Geßler Tell's Pfeil augen-
> blicklich aus der Sicherheit des Schusses erkannte, so kennt man Hellmesberger'sche
> Schüler aus hundert anderen heraus. Man erkennt sie an ihrer eleganten, freien, großen,
> allseitig ausgebildeten Bogenführung, an der Energie und der Breite des Vortrags, an der
> Wohlbildung des Tons, und noch anderen, kleineren Eigenthümlichkeiten. Daß einer
> Schule nicht in jedem Jahre die gleiche Zahl von Talenten zufließt, daß einmal das Zusam-
> mentreffen ein größeres, einmal wieder ein geringeres ist, liegt in der Natur der Sache. So
> viel ist aber gewiß, daß Hellmesberger in jedem Jahre wenigstens einen Schüler hin-
> stellt, der den Ruhm dieser Schule zu verkündigen mag und den factischen Beweis liefert,
> daß man aus Hellmesberger's Händen als durchgebildeter Violinspieler hervorgehen
> kann«[31].

›Systematik‹ und ›Einheitlichkeit‹ sind bereits bekannte Beschreibungskategorien. Als
ihr Ergebnis wird die Wiedererkennbarkeit der ›Schule‹ an der Spezifik des Spiels und
einer einheitlichen Klangästhetik unter den Studierenden angegeben. Neu ist hingegen
der Hinweis auf den ›bestimmten Geist‹ – im Sinne musikästhetischer Ideale, die konstitutiv für ›Schulen‹ im Allgemeinen und die ›Hellmesberger-Schule‹ im Besonderen seien.
   Daneben fällt auf, dass auch hier auf eine charakteristische Bogenführung als spieltech-
nisches Merkmal der Geiger*innen aus der ›Hellmesberger-Schule‹ verwiesen wird. In
dem Fachblatt »Recensionen und Mittheilungen über Theater und Musik« wurde 1861,
ebenfalls im Zuge einer Abgrenzung verschiedener Schulenzusammenhänge in der Ausbildung von Geiger*innen am Wiener Konservatorium, die charakteristische Bogenführung weniger Hellmesberger, sondern vielmehr dem Kollegen Carl Heissler zuge-
schrieben:

> »Während Georg Hellmesberger [d. Ä.] mit seiner Schülerabtheilung das Rohmaterial zu
> bezwingen hat, besorgt Professor Heißler die feinere, Josef Hellmesberger [d. Ä.] die
> feinste Arbeit. Mit den Leistungen der Heißler'schen zwölf Schüler konnte man zufrieden

---

30 Das Vaterland 19. Dez. 1889.
31 Blätter für Musik, Theater und Kunst 1864, S. 244.

sein; auch bei den schwächsten war die Stärke des Meisters in der Bogenführung kennbar. Darin steht Jos. Hellmesberger seinem Kollegen nach, während er ihm wieder in der Tonbildung überlegen ist. Da die Schüler Heißler's in die Schule Hellmesberger's übertreten, so gleicht sich das in der Folge aus«[32].

In der kontrastierenden Gegenüberstellung nennt der Rezensent sehr wohl Unterschiede resp. Charakteristika der drei Ausbildungszusammenhänge, weist gleichzeitig aber auch auf die Unschärfe einer solchen Zuordnung hin: So brächten die Studierenden Hellmesbergers – bedingt durch die Studienorganisation am Konservatorium und den bereits absolvierten Unterricht bei Carl Heissler – bereits eine fortgeschrittene Bogentechnik mit.

Während in den bisher herangezogenen Besprechungen vornehmlich Veranstaltungen am Konservatorium im Fokus standen, gibt es auch Rezensionen von Auftritten einzelner Hellmesberger-Schüler*innen außerhalb dieses institutionellen Rahmens. Dem ehemaligen Schüler Dragomir Kranczevics attestieren die »Signale für die musikalische Welt« »*einen großen Ton, ungewöhnliche Fertigkeit und alle edlen Eigenschaften der Schule seines Meisters*«[33]. Nach einem Konzert in der Gesellschaft der Musikfreunde Wien, in dem Kranczevics zusammen mit dem ehemaligen Lehrer das Violinkonzert d-Moll von Johann Sebastian Bach (BWV 1043) vorgetragen hatte, urteilt ferner das Wiener »Fremden-Blatt«, der Geiger hätte »*in jener stylvollen, durchempfundenen Weise* [gespielt], *die man an dem Meister und seiner Schule genugsam* [sic] *kennt*«[34]. In expliziten Bezug zu der ›Schule‹ stellt ein Rezensent der »Neuen Zeitschrift für Musik« auch das Spiel von Alois Bruck, der offenbar dem Kreis der Privatschüler*innen Hellmesbergers angehörte.[35] Im Anschluss an einen Auftritt Brucks 1877 in Baden-Baden ist dort zu lesen: »*Br. ist aus der guten Schule Hellmesberger's hervorgegangen, seine Bogenführung ist solid, seine Technik gut, sein Vortrag einfach, natürlich und musikalisch, was ihm noch fehlt, ist mehr Wärme der Empfindung und ein gewisser Schwung in der Interpretation*«[36].

Es ist auffällig, dass hier mit den »Signalen für die musikalische Welt« und der »Neuen Zeitschrift für Musik« in zwei überregional beachteten Fachblättern Rezensionen über Hellmesberger-Schüler veröffentlicht wurden. Anders als der Wiener Zuschnitt der Lokalpresse ist hier die Einschätzung vor dem Hintergrund des überregionalen zeitgenössischen Musiklebens zu erwarten. Ob willkürlich oder zufällig, fällt dies zusammen mit der Weitung der Zuschreibung zur ›Hellmesberger-Schule‹ auf private Schüler*innen außerhalb des institutionellen Rahmens. Davon abgesehen ähneln die Beschreibungen des Spiels den zuvor zitierten. Und auch hier werden mit der ›guten‹ oder ›gründlichen‹ Technik, ebenso mit der hervorstechenden ›Fertigkeit‹ oder der ›stilvollen‹ Spielweise im

---

[32] Recensionen und Mittheilungen über Theater und Musik 1861, S. 562.

[33] Signale für die musikalische Welt 1867, S. 78.

[34] Fremden-Blatt 16. Jan. 1867.

[35] In den Studierendenlisten des Konservatoriums der Gesellschaft der Musikfreunde ist sein Name nicht enthalten.

[36] Neue Zeitschrift für Musik 1877 I, S. 282.

Zusammenhang mit der ›Schule‹ Eigenschaften angeführt, die weiterhin zu abstrakt bleiben, als dass konkrete Ableitungen hinsichtlich spieltechnischer Grundsätze und klangästhetischer Ideale vorgenommen werden könnten. Auch die Hinweise auf die Bogenführung bleiben zu allgemein.

Abseits dieser Anläufe, die ›Hellmesberger-Schule‹ am Spiel der Studierenden und Schüler*innen dieses Lehrers zu herauszustellen, wird ihre Eigenheit in der Presse auch über das Spiel des Lehrers selbst skizziert. Nach einem Auftritt Hellmesbergers im Rahmen der Tonkünstlerversammlung des Allgemeinen Deutschen Musikvereins in Weimar 1870 urteilt ein Korrespondent der »Neuen Zeitschrift für Musik«:

> »Welche interessanten Berührungspuncte allein zwischen der David'schen und Hellmesberger'schen Schule der Intensität und Ruhe des Tons der David'schen Schule gegenüber der entweder ätherisch verflüchtigenden Zartheit oder oft wahrhaft südlichen Gluth und Schönheit des Hellmesberger'schen Tones mit seinem selbst durch die Tutti des Streichorchesters noch hindurchschwingenden Vibriren südlicher Empfindung und anderen, den Nordländer eigenartig berührenden[,] jedoch in so ästhetischer Grenze und Eleganz weit mehr fesselnden als erkältenden Vortragsmanieren«[37].

Weder die bemühte ›Intensität‹ und ›Ruhe‹ zur Charakterisierung des Spiels von Ferdinand David noch die ›Zartheit‹ und ›Glut‹ als entscheidende Merkmale des Spiels von Hellmesberger erlauben aus heutiger Perspektive Rückschlüsse auf spieltechnische und interpretationsästhetische Eigenheiten dieser Musiker. Mehr noch werden hier klangliche Gegensätze benannt. Dabei stehen die Glut im Spiel Hellmesbergers der Intensität im Spiel Davids und entsprechend die Zartheit der Ruhe erstaunlich nahe. Ein differenziertes Spiel zwischen den hier angesprochenen Polen wird somit beiden Musikern bescheinigt, gleichwohl aber als konturierend angeführt. Gleichzeitig sind diese Charakterisierungen ebenso wie der Hinweis auf gründliche Technik und ungewöhnliche Fertigkeit zu allgemein, um hierüber die von den Akteur*innen der Hellmesberger-Schule geteilten Interpretationsideale und Spieltechniken zu ergründen.

Insgesamt sind in den Konzertbesprechungen allein die Tonbildung und Bogenführung wiederkehrende Bezugsgrößen der ›Hellmesberger-Schule‹. Mit Blick auf die markante Bogenführung verweisen die Rezensenten hier allerdings auf einen Aspekt des Spiels, der bereits Geigern wie Joseph Böhm sowie früheren Vertretern des Geigenspiels in Wien als spezifisch attestiert und wiederholt als wesentliches Merkmal der älteren Wiener Geigertradition benannt wurde.[38] Damit werden in dieser Argumentation der ›Hellmesberger-Schule‹ zugleich der Diskurs der ›Wiener Geigertradition‹ und mit ihm entsprechende Traditionslinien aufgegriffen.

---

[37]   Neue Zeitschrift für Musik 1870 I, S. 227.
[38]   Siehe hierzu auch den Beitrag von Christine Hoppe in diesem Band.

›Hellmesberger-Schule‹ aus institutioneller Sicht

Auch in den Akten und Unterlagen, in Jahres- und Geschäftsberichten des Konservatoriums wurde die ›Hellmesberger-Schule‹ als ein abgrenzbarer Ausbildungszusammenhang benannt. Kennzeichnend ist dabei die Kürze der Ausführungen. Die Berichte dienten der Darlegung der (insbesondere finanziellen) Verhältnisse gegenüber Kapitalgeber*innen, der Stadt und Kommune. Ausführliche Anmerkungen sind hier kaum zu erwarten. Über kurze Ergänzungen zu den Berechnungen und Statistiken wurden aber durchaus Erfolge der Ausbildungsinstitution herausgestellt, um so dessen positives Image zu befördern.

Naheliegender Weise wird in diesen Schriften in erster Linie der Wirkungskreis des Konservatoriums berücksichtigt. Das Bestehen der ›Schule Hellmesberger‹ wird grundlegend in Abhängigkeit zur Lehrtätigkeit des Musikers an der Einrichtung gestellt. In diesem Sinne wurde in Personal- bzw. Studierendenlisten und Prüfungs- wie Konzertprogrammen mit dem Rekurs auf die ›Hellmesberger-Schule‹ in erster Linie die Zugehörigkeit zu der entsprechenden Abteilung bzw. Klasse angegeben. In einer Stellungnahme der Gesellschaftsdirektion anlässlich von Hellmesbergers Niederlegung seiner Violinprofessur ist außerdem im *Rechenschaftsbericht* 1876/77 zu lesen: »*Und so hat die ›Schule Hellmesberger‹, ein 25 jähriger Glanzpunkt des Wiener Conservatoriums – aufgehört zu sein*«[39]. Hier wird die ›Schule Hellmesberger‹ nicht nur unmittelbar auf die Lehrtätigkeit Josef Hellmesbergers bezogen, sondern zugleich ein Werturteil angebracht. Die ›Schule‹ wird als herausragend attribuiert, indem sie als ›Glanzpunkt‹ und damit als repräsentatives Aushängeschild des Konservatoriums benannt wird. Eine Begründung dieses Urteils folgt nicht und so wird hiermit schlicht die Qualität der Ausbildung und künstlerischen Leistungen der dieser ›Schule‹ zugehörigen Akteur*innen vorausgesetzt.

›Hellmesberger-Schule‹ und ›Wiener Schule‹

Vor allem seit dem späten 19. Jahrhundert wird die ›Hellmesberger-Schule‹ in Konzertbesprechungen sowie institutionsgeschichtlichen und biographischen Beiträgen in der Presse parallel zur Charakterisierung über spieltechnische bzw. interpretatorische Merkmale oder die institutionelle Eingebundenheit wiederholt auch über künstlerisch-genealogische Traditionslinien definiert. In seinen »Erinnerungen anlässlich des hundertjährigen Bestandes« des Wiener Konservatoriums schreibt der österreichische Musikkritiker Julius Korngold:

> »Dreißig Jahre tätig, hat Josef Böhm eine berühmte Geigergeneration des Wiener Konservatoriums herangebildet. Ernst, Joachim, Ludwig Straus, M. Hauser und J. M. Grün gingen aus seiner Schule hervor, nicht zuletzt Georg Hellmesberger, der auch sein Nachfol-

---

[39] Gesellschaft der Musikfreunde (Hrsg.), *Rechenschaftsbericht der Direktion der Gesellschaft der Musikfreunde für das Verwaltungsjahr 1876–77*, Wien 1878, S. 17.

ger werden sollte. Diesem war es auch beschieden, in seinem Sohne Josef Hellmesberger sich nicht nur als Lehrer fortzusetzen, sondern auch dem Konservatorium einen für dessen Geist und Entwicklung entscheidenen Führer zu geben«[40].

Korngold beschreibt hier in einer Retrospektive auf die Geschichte des Konservatoriums und spezieller die dortige Geigenausbildung eine genealogische Reihe von Geigern, deren Auswahl er an die Ausbildung bei Josef Böhm – als erstem Geigenlehrer am Konservatorium – und die ›Berühmtheit‹ der Musiker knüpft. Josef Hellmesberger d. Ä. wird hier als ›Enkelschüler‹ Böhms an das Ende der Reihe gestellt; nach ihm werden keine weiteren Geiger benannt. Das ist auffällig, schließlich wird hier unter dem Titel »Vom Wiener Konservatorium. Erinnerungen anläßlich des hundertjährigen Bestandes« der Blick auf eine Ausbildungstradition im Fach Violine eröffnet, diese jedoch mit Josef Hellmesberger d. Ä. als abgeschlossen skizziert. Als der Artikel erschien, lag dessen Lehrtätigkeit etwa 40 Jahre und sein Tod knapp 24 Jahre zurück. Am Konservatorium unterrichtete nach ihm eine Reihe weiterer Geigenlehrer, die hier jedoch nicht bedacht werden. Stattdessen führt Korngold weiter über Hellmesberger als Lehrer aus: »*Hellmesberger lehrte aus dem Wiener Musikempfinden heraus, das er seinerseits wieder als Haupt seines berühmten Quartetts nährte und stärkte. Dieses wienerische Musikempfinden geht von einem sicheren Verhältnis zu den Klassikern aus, deren Schönes klar, ohne Sentimentalität und Schwere erfaßt, mit einer heiteren Liebe wiedergegeben und genossen wird*«[41]. Das ›Wiener Musikempfinden‹ wird zum zentralen Charakteristikum der Ausbildung durch Hellmesberger erhoben und wesentlich über das nicht näher erläuterte ›Verhältnis‹ zu den Klassikern, das heißt der Wiener Klassik, bestimmt. Über den ›Schulen‹-Topos wird hiermit der Traditionsdiskurs aufgegriffen. Die Wiener Klassik wird zum Ideal erhoben und Hellmesberger nicht nur eine unmittelbare Verbindung hierzu unterstellt, sondern auch die Pflege und kompetente Vermittlung der damit verbundenen ästhetischen Qualität zugesprochen. En detail bleibt Korngold indes zu vage, als dass die Leser*innen der »Neuen Freien Presse« die Kriterien seines Urteils erfahren können. Seine Überlegungen zur Geigenausbildung sind damit abgeschlossen und Hellmesberger als zentrale Repräsentationsfigur der Wiener Geigerausbildung konturiert.

Statt von der ›Hellmesberger-Schule‹ ist – parallel dazu – wiederholt auch schlicht die Rede von einer ›Schule‹ oder von der ›Wiener Violinschule‹. 1867 konstatiert etwa die »Wiener Zeitung« im Anschluss an ein Konzert der Studierenden am Konservatorium: Die

---

[40] Julius Korngold, »*Vom Wiener Konservatorium. Erinnerungen anläßlich des hundertjährigen Bestandes*«, in: *Neue Freie Presse* 6. Okt. 1917, S. 1–4, hier S. 2. Hieraus speise sich auch das »Wiener Musikempfinden« aus dem heraus Hellmesberger Korngold zufolge gelehrt habe und das ihm gerade auch als Kammermusiker zugesprochen wurde. Noch 1923 erinnert das »Neue Wiener Tagblatt« an Hellmesbergers Interpretationen der Streichquartette Beethovens als Primarius seines eigenen Quartetts: »*das war Wiener Schule, Wiener Überlieferung, vom Beethoven-Schuppanzigh, von Emanuel Förster, Josef Böhm, von Mayseder und Hellmesberger sen. her, die mit dem letzten Träger ausstarb*« (Neues Wiener Tagblatt 24. Okt. 1923).

[41] Korngold, »*Vom Wiener Konservatorium*«, 1917, S. 2.

Musiker *»werden heut und morgen aus einander gehen und den Ruhm und Ehrpreis des Wiener Conservatoriums tragen in alle Welt. Und obenan wird stehen unsere Wiener Violinschule und ihr unvergleichlicher Lehrmeister.«*[42] Der Rezensent zielt auf die zu erwartenden internationalen Erfolge der künftigen Absolvent*innen ab und bezieht selbige auf die Qualität der Ausbildung am Wiener Konservatorium rück. Dabei hebt er insbesondere die ›Wiener Violinschule‹ hervor. Hellmesberger wird nicht genannt – seine Bedeutung aber wird durch die elliptische Wendung betont: Mit der Benennung als ›unvergleichlicher Lehrmeister‹ wird Hellmesbergers Bekanntheit vorausgesetzt und sein Einfluss gleichsam hervorgehoben. Daneben wird die ›Wiener Violinschule‹ als eine spezifische bzw. abgrenzbare Art des Violinspiels außergewöhnlicher Qualität eingeführt, ohne in ihrer Spezifik näher erläutert zu werden. Gleichzeitig wird der Diskurs um die ›Hellmesberger-Schule‹ hier mit dem Musikstadt-Diskurs verknüpft bzw. umgekehrt die *»Verfestigung der Idealisierung Wiens als Musikstadt«*[43] über den Verweis auf die ›Wiener Schule‹ und deren Vertreter*innen vorangetrieben. Entsprechend halten Severin Matiasovits und Erwin Strouhal fest: *»In Anknüpfung an die ›Wiener Schule‹ und deren verehrte Meister konnte mit der Benennung nach der Stadt ein nicht nur topografisch logischer, sondern auch inhaltlich codierter Begriff einen Bezug zum Ansehen Wiens als ›Musikstadt‹ mit historischer Tradition herstellen und in der Vergangenheit bewiesene Qualität auf die aktuelle Zeit übertragen«*[44]. Sowohl in Hinblick auf die sich verfestigende Konnotation Wiens als ›Musikstadt‹ als auch auf den Wettbewerb mit anderen Städten wurde hier die Herausstellung von Einzigartigkeit gerade auch in der Wiener Presse sowie (musik-)historiographischen Beiträgen Wiener Provenienz betrieben. Auffällig ist die Konzentration auf wenige Vertreter des Schul- bzw. Traditionszusammenhanges. Hier wird eine Heroengeschichtsschreibung praktiziert, die nur wenige Akteure berücksichtigt und ihnen historiographisch Machtmonopole zuschreibt, indem die vielen weiteren Akteur*innen ausgeklammert werden. Dies wurde nicht nur in den Dienst der Etablierung des ›Musikstadt‹-Images gestellt. Auch aus biographischer Perspektive wurde die Heroisierung weniger Akteure befördert und so die Bedeutsamkeit des Biographierten herausgestellt. Entsprechend formuliert auch der Hellmesberger-Biograph Robert Maria Prosl 1947: *»Der Geist der alten Wiener Geigerschule, den Vater Georg von seinem Lehrmeister Böhm übernommen hatte, ging auf den Sohn über und wirkt auch heute noch fort«*[45]. Exemplarisch sei auch der Bericht eines Korre-

---

[42] Wiener Zeitung 3. Apr. 1867.

[43] Siehe Severin Matiasovits u. Erwin Strouhal, *»Innen(an)sichten – Außenwirkungen«*, in: *»Be/ Spiegelungen«. Die Universität für Musik und darstellende Kunst Wien als kulturvermittelnde bzw. -schaffende Institution im Kontext der Sozial- und Kulturgeschichte,* hrsg. von Cornelia Szabó-Knotik u. Anita Mayer-Hirzberger (= Anklaenge. Wiener Jahrbuch für Musikwissenschaft 2017), Wien 2018, S. 9–59, hier S. 14.

[44] Ebd.

[45] Prosl, *Die Hellmesberger,* 1947, S. 46; Rudolf Hopfner, *»Die Geige. Spiel, Technik und Pädagogik in Wien«,* in: *»Der Himmel hängt voller Geigen«. Die Violine in Biedermeier und Romantik (Katalog zur Ausstellung des Kunsthistorischen Museums Wien in Kooperation mit der Gesellschaft der Musikfreunde in Wien, Kunsthistorisches Museum 14.04.–25.09.2011),* hrsg. von Sabine Haag, Bergkirchen 2011, S. 33–40, hier S. 39.

spondenten des »Neuen Wiener Tagblatts« herangezogen, der 1923 nach einem Londoner Auftritt des renommierten österreichischen Geigers und Konzertmeisters der Wiener Philharmoniker Wolfgang Schneiderhahn schreibt:

> »Der besondere Reiz in [sic] Spiel Wolfgang Schneiderhahns beruht […] auf der wundervollen Tonbildung und dem Reichtum feinster geigerischer Ausdrucksmittel. Dies aber ist das wesentliche Merkmal der bis heute unerreicht dastehenden alten Wiener Geigerschule. Diese Schule, ein einzigartiges Kulturgut Wiens, ist unter Beethovens Wirken hier entstanden und hat Männer wie Hellmesberger, Joachim, Ernst, Laub und andere hervorgebracht; ihre Namen sind ja noch bekannt. Die Schule, zu der sich heute eine ganze Reihe erstklassiger Wiener Künstler bekennt, hat sich auf ihrer musikalischen und pädagogischen Höhe zu erhalten verstanden und hat der Ungunst der Zeiten ebenso erfolgreich getrotzt wie den unsinnigen Angriffen auf unsre alten Kulturwerte«[46].

Auch hier wird eine personell definierte Traditionslinie der ›Wiener Geigerschule‹ skizziert, an deren Anfangspunkt Beethoven gesetzt wird. Berücksichtigend, dass Letzterer auf die Geschichte des Geigenspiels im Allgemeinen bzw. die Geigenausbildung in Wien keinen grundlegenden Einfluss genommen hatte, zeigt sich an diesem Beispiel, wie über die Referenznennung berühmter Künstler wie Beethoven das Image der ›Wiener Geigerschule‹ erhöht wird. Die ›Erstklassigkeit‹ des Künstlers wird hervorgehoben und über sie sowie das instrumentalpädagogische Niveau die Einzigartigkeit der ›Tradition‹ des Geigenspiels in Wien begründet. Worin diese aber besteht, wird auch hier kaum nachvollziehbar erläutert – die Schneiderhahn attestierte ›wundervolle Tonbildung‹ und die differenzierten ›geigerischen Ausdrucksmittel‹ lassen keine Rückschlüsse auf spieltechnische Besonderheiten zu und ermöglichen keine Abgrenzung einer spezifisch wienerischen Art des Geigenspiels. Mit der ›Spieltradition‹ und der ›Musikstadt Wien‹ werden hiermit letztlich zwei Abstrakta diskursiv verknüpft, die sich in ihrem Bedeutungsgehalt über die Textzusammenhänge nicht erschließen lassen, wohl aber als wesentliche Elemente des Traditionsbildungsprozesses auf der Rezeptionsebene ausgemacht werden können. Explizit wird denn auch im »Neuen Wiener Journal« auf die Notwendigkeit verwiesen, *»die classischen Traditionen der Wiener Violinschule zu erhalten, jene Traditionen, in denen die in der ganzen Welt unerreichten Streicher unserer Philharmoniker groß geworden sind«*[47]. Hier findet sich ein entscheidender Verweis auf konkrete nichtsprachliche Praxen der Traditionsbildung, nämlich die Bildung eines stark interessengeleiteten Netzwerks, ablesbar an der Besetzungspolitik der Wiener Orchester sowie des Konservatoriums: Mit der Anstellung von Musiker*innen, die allein dem Wiener Ausbildungszusammenhang entstammten, wurde ein Netzwerk konstituiert, das sich von außen als äußerst undurchlässig erweist. Die enge personelle Verflechtung wird dabei sachlogisch als Argument für die verdichtete Überlieferung von Spieltechnik und Klangästhetik herangezogen.

---

[46] Neues Wiener Tagblatt 21. Apr. 1931.
[47] Neues Wiener Journal 8. Sept. 1901.

Schlussüberlegungen

Die ›Hellmesberger-Schule‹ erweist sich als ein diskursiv divers verhandelter Topos, der vor allem in der Rezeption Josef Hellmesbergers d. Ä. bzw. des Geigenspiels in Wien in den Printmedien des 19. Jahrhunderts und der ersten Hälfte des 20. Jahrhunderts präsent ist. In Egodokumenten Josef Hellmesbergers d. Ä. sowie seiner Schüler*innen und Student*innen wird er hingegen nicht aufgegriffen. Es handelt sich somit um eine Zuschreibung von außen, die die Wahrnehmung eines unterschiedlich argumentierten Zusammenhangs von Akteur*innen repräsentiert, nicht aber notwendig mit dem Selbstverständnis der letzteren übereinstimmt. Akteur*innen dieses Diskurses sind Musikkritiker und Musikschriftsteller, Biographen, Musikhistoriographen und Mitglieder der Gesellschaft der Musikfreunde in Wien sowie des Konservatoriums. Aus verschiedenen Perspektiven argumentieren sie die ›Hellmesberger-Schule‹ und sind dabei unterschiedlichen Institutionen bzw. Intentionen verpflichtet. Allein in der Musikkritik kann eine schlichte Berichterstattung ebenso intendiert sein wie eine individuell profilierte Fachkritik, die Einschätzung der Interpret*innen und Kategorisierung vor dem Hintergrund zeitgenössischen Konzertlebens etc. Hierunter fällt auch die spieltechnische und klangästhetische Charakterisierung. Was in dieser Hinsicht unter der ›Hellmesberger-Schule‹ zu verstehen ist, bleibt weitgehend unklar. Die Autor*innen legen die Kriterien ihrer Zuordnung nicht offen. Über die Herausstellung spieltechnischer Exzellenz und klangästhetischer Spezifik wird vielmehr das hohe Niveau der ›Schule‹ bezeichnet und dieselbe als abgrenzbarer Zusammenhang konturiert.

Eine Form der Kategorisierung ist die deskriptive Darstellung der ›Hellmesberger-Schule‹ als personeller Zusammenhang im Sinne eines Gefüges von Lehrer und Schüler*innen, in dem Letztere in der Folge als Lehrer*innen den Fortbestand der ›Schule‹ sichern. Entsprechend werden Josef Hellmesberger d. Ä. und sein Bruder Georg Hellmesberger d. Ä. als Schüler ihres Vaters vorgestellt und ihre Leistungen vor diesem Hintergrund beurteilt. Vor allem in Rezensionen seit der Jahrhundertmitte wird deutlich, dass eine personelle Kontinuität mit engem regionalen Bezug auf Wien als konstitutiv für die ›Hellmesberger-Schule‹ gewertet wird. Hier wird auf das enge personelle Netzwerk rekurriert, in dem Josef Hellmesberger d. Ä. einen zentralen Knotenpunkt besetzt. Von diesem aus nahm er entscheidenden Einfluss auf die Konstitution eines Netzwerks, das sich zwischen dem Konservatorium und dem städtischen Musikleben aufspannt.

Davon abgesehen wird vor allem in den frühen Rezensionen der Auftritte Josef Hellmesbergers d. Ä. mit der Beschreibung der ›Schule‹ als zu entwickelnder Fertigkeit bzw. Ausbildungsstand die Setzung eines nachvollziehbaren Zusammenhangs vorgenommen, in der zugleich die Ambiguität des Begriffs ›Schule‹ an sich aufscheint, schließlich wird hier implizit auf die Methodik und Unterweisung allgemein rekurriert. Zugleich fällt schon hier auf, dass der Verweis auf die ›Schule‹ nicht ohne positive Attribuicrung erfolgt. Mit ihr wird auch ein Qualitätsurteil angebracht, das vielfach auf die spieltechnischen und klangästhetischen Aspekte der Interpretation rückbezogen wird.

Autoren der Geschäftsberichte der Gesellschaft der Musikfreunde bzw. des Konservatoriums richten ihren Fokus speziell auf die institutionellen Zusammenhänge. ›Schule‹

wird hier mitunter als Synonym für Klassen oder Abteilungen verwendet. Gleichwohl wird auch hiermit ein Werturteil verbunden, wenn etwa die ›Hellmesberger-Schule‹ als ein ›Glanzpunkt‹[48] des Konservatoriums benannt und damit als Etikett in den Dienst der Renommeeförderung dieser Einrichtung gestellt wird.

In musikhistorischen und biographischen Beiträgen lässt sich schließlich das Bemühen nachvollziehen, die ›Hellmesberger-Schule‹ in größere historische Kontexte zu überführen. Über künstlerische Genealogien werden Traditionslinien entlang renommierter Künstlernamen konstruiert, über die sowohl einzelne Subjekte als auch die ›Schule‹ in weitreichende musikgeschichtliche Zusammenhänge eingeordnet und als ›geschichtswürdig‹ ausgezeichnet werden. Umgekehrt wird der Schulen-Topos in diesem Sinne wiederholt auch in den Dienst des Musikstadt-Diskurses gestellt und über die Anknüpfung an die ›Schule‹ nicht nur eine künstlerische Exzeptionalität, sondern auch eine historische Tradition bemüht, über die die Wettbewerbsfähigkeit Wiens als ›Musikstadt‹ legitimiert werden soll.

Die ›Hellmesberger-Schule‹ erweist sich letztlich als ein Konstrukt, das je nach Kommunikationssituation, nach der Intention der Autor*innen und der Zielgruppe variiert. Übergreifend wird mit dem Verweis auf diesen Schulenzusammenhang ein Qualitätsurteil verknüpft. Gegen Ende des 19. Jahrhunderts zeichnet sich eine grundlegende Verschiebung innerhalb des Diskurses ab, sichtbar an der Loslösung von dem Begriff der ›Hellmesberger-Schule‹ und der vermehrten Referenz auf die ›Wiener Geigerschule‹. Der zuvor im Diskurs etablierte Traditionszusammenhang wird von der Person Hellmesberger losgelöst und überindividuell angelegt. Berücksichtigt man das geringe Interesse traditioneller europäischer Kompositionsgeschichte an ausübenden Musiker*innen, deren Rezeption in der Regel mit ihrem Karriereende abbrach, scheint dies notwendige Voraussetzung zu sein, den Diskurs des Schulenzusammenhanges auch zukünftig anschlussfähig zu halten. Inwiefern dies gelungen ist, zeigen beispielhaft Besprechungen aus dem 20. Jahrhundert, in denen die ›Wiener Geigerschule‹ als prominente Referenz genannt und Hellmesberger als einer der renommierten Vertreter erwähnt wird. Noch heute weist sich die ›Wiener Geigerschule‹ als werbewirksames Etikett aus. An prominenter Stelle etwa erklärt das Fritz Kreisler Institut für Konzertfach Streichinstrumente, Gitarre und Harfe in seiner Selbstpräsentation auf der Homepage der Universität für Musik und darstellende Kunst als dem Nachfolgeinstitut des Konservatoriums in Wien unter dem Slogan »*Unsere Vergangenheit ist auch unsere Zukunft*« den »*Wiener Streicherklang und die klassisch-romantische Interpretationstradition*« zur »*Grundlage*« der Ausbildung im Konzertfach Streichinstrumente, Gitarre und Harfe, bewirbt zugleich die Pflege des »*spezifischen Wienerischen Musizierstils*«[49] und beruft sich dabei auf einen Lehrkörper, »*der aus namhaften internationalen Solisten, Konzertmeistern und Solo-Streichern der berühmten und traditionsreichen österreichischen Orchester – allen voran der Wiener Phil-*

---

[48]   Siehe Gesellschaft der Musikfreunde (Hrsg.), *Rechenschaftsbericht 1876–77*, 1878, S. 17.

[49]   Fritz Kreisler Institut für Konzertfach Streichinstrumente, Gitarre und Harfe. Universität für Musik und darstellende Kunst Wien, https://www.mdw.ac.at/str/, Zugriff am 24. Okt. 2019.

harmoniker und der Wiener Symphoniker – und Kammermusikern von Weltrang besteht«[50]. Auch dieser – zugegebenermaßen knappe – Text gibt keinen Aufschluss darüber, was unter dem ›Wiener Streicherklang‹ oder der ›klassisch-romantischen Interpretationstradition‹ zu verstehen ist. Auffällig ist darüber hinaus der Verweis auf die internationale Zusammensetzung der Lehrenden, was mit der Idee der ›Wiener Geigerschule‹ aus dem 19. und beginnenden 20. Jahrhundert kaum vereinbar ist, schließlich wurde hier noch die enge personelle Kontinuität von Lehrer*innen und Schüler*innen aus dem Wiener Kreis als konstitutiv bewertet.

Gerade am abschließenden Beispiel wird anhand des selbstverständlichen Verweises auf den ›Wiener Streicherklang‹ bzw. den ›spezifischen Wienerischen Musizierstil‹ deutlich, dass die ›Wiener Geigerschule‹ als Traditionskonsens etabliert ist. Unterdessen wird weder hier noch in der Rezeption des 19. und 20. Jahrhunderts entlang nachvollziehbarer Argumente erörtert, was darunter zu verstehen ist. Vielmehr wird sowohl die ›Hellmesberger Schule‹ als auch die ›Wiener Geigerschule‹ in erster Linie als Qualitätsausweis eines regional begrenzten Ausbildungszusammenhangs angeführt, und hierüber wiederum das Renommee sowie die historiographische Bedeutsamkeit der damit verknüpften Akteur*innen und Institutionen befördert.

Literatur

Aleida Assmann, *Erinnerungsräume. Formen und Wandlungen des kulturellen Gedächtnisses*, München 2018 [Neuauflage].

Jan Assmann, *Das kulturelle Gedächtnis. Schrift, Erinnerung und politische Identität in frühen Hochkulturen*, München[8] 2018.

Annkatrin Babbe, *»Knotenpunkt in der Wiener Musikkultur des 19. Jahrhunderts. Josef Hellmesberger d. Ä. (1828–1893)«*, in: *Biographie des Monats* 10 (2018), hrsg. von der Österreichischen Akademie der Wissenschaften, https://www.oeaw.ac.at/inz/forschungsbereiche/kulturelles-erbe/forschung/oesterreichisches-biographisches-lexikon/biographien-des-monats/oktober-2018/, Zugriff am 24. Okt. 2019.

Beatrix Borchard, *Stimme und Geige. Amalie und Joseph Joachim: Biographie und Interpretationsgeschichte*, Wien 2005 (= Wiener Veröffentlichungen zur Musikgeschichte 5).

Karsten Dittmann, *Tradition und Verfahren. Philosophische Untersuchungen zum Zusammenhang von kultureller Überlieferung und kommunikativer Moralität*, Norderstedt 2004.

Gesellschaft der Musikfreunde (Hrsg.), *Rechenschaftsbericht der Direktion der Gesellschaft der Musikfreunde für das Verwaltungsjahr 1876–77*, Wien 1878.

Susan Holtfreter, *Die Musikkritik im Wandel. Eine soziologisch-textlinguistische Untersuchung*, Frankfurt a. M. 2013 (= Angewandte Sprachwissenschaft 24).

Rudolf Hopfner, *»Die Geige. Spiel, Technik und Pädagogik in Wien«*, in: *»Der Himmel hängt voller Geigen«. Die Violine in Biedermeier und Romantik (Katalog zur Ausstellung des Kunsthistorischen Museums Wien in Kooperation mit der Gesellschaft der Musikfreunde*

---

[50] Ebd.

in Wien, Kunsthistorisches Museum 14.04.–25.09.2011), hrsg. von Sabine Haag, Bergkirchen 2011.

Julius Korngold, »*Vom Wiener Konservatorium. Erinnerungen anläßlich des hundertjährigen Bestandes*«, in: *Neue Freie Presse* 6. Okt. 1917, S. 1–4.

Fritz Kreisler Institut für Konzertfach Streichinstrumente, Gitarre und Harfe. Universität für Musik und darstellende Kunst Wien, https://www.mdw.ac.at/str/, Zugriff am 24. Okt. 2019.

Achim Landwehr, *Historische Diskursanalyse*, Frankfurt a. M.[2] 2018.

Severin Matiasovits u. Erwin Strouhal, »*Innen(an)sichten – Außenwirkungen*«, in: *»Be/Spiegelungen«. Die Universität für Musik und darstellende Kunst Wien als kulturvermittelnde bzw. -schaffende Institution im Kontext der Sozial- und Kulturgeschichte*, hrsg. von Cornelia Szabó-Knotik u. Anita Mayer-Hirzberger (= Anklaenge. Wiener Jahrbuch für Musikwissenschaft 2017), Wien 2018, S. 9–59.

Kristóf Nyíri, »*Introduction: Notes towards a Theory of Traditions*«, in: *Tradition*, hrsg. von dems., Wien 1995, S. 7–32.

Richard von Perger, *Geschichte der K. K. Gesellschaft der Musikfreunde in Wien. 1. Abteilung: von 1812–1870*, Wien 1912.

Robert Maria Prosl, *Die Hellmesberger. Hundert Jahre aus dem Leben einer Wiener Musikerfamilie*, Wien 1947.

Kilian Sprau u. Franz Körndle, »»*... und sonderlich ein herrlicher Pralltriller‹. Beiträge zur Erforschung künstlerischer ›Schulenbildung‹*«, in: *Musik – Pädagogik – Professionalität. Festschrift für Bernhard Hoffmann zum 60. Geburtstag*, hrsg. von Gabriele Puffer, Andreas Becker, Franz Körndle u. Kilian Sprau, Innsbruck/Esslingen/Bern 2019, S. 91–117.

Ulrich Tadday, *Die Anfänge des Musikfeuilletons. Der kommunikative Gebrauchswert musikalischer Bildung in Deutschland um 1800*, Stuttgart u. Weimar 1993.

IV.
SOZIALGESCHICHTE DER KONSERVATORIEN

FREIA HOFFMANN

Soziale und geographische Herkunft von Studierenden am Beispiel Sondershausen und Straßburg

Das Forschungsprojekt »Konservatorien im 19. Jahrhundert im deutschsprachigen Raum«[1] erlaubt gelegentlich Einblicke in Bereiche der Institutionengeschichte, die bisher kaum beachtet wurden. Einer dieser Bereiche ist die Herkunft der Studierenden[2], über die bisher wenig geforscht und publiziert wurde. Die meist leicht zugänglichen Jahresberichte der Ausbildungsinstitutionen geben Auskunft über die Geschlechterverteilung und die geographische Herkunft, meist sortiert nach Schulort, Region, übrigem Deutschland und Staaten bzw. Kontinenten. Dass Studierende aus dem europäischen Ausland und aus allen Kontinenten in großer Zahl an deutschsprachigen Konservatorien studiert haben, ist eine Tatsache, die besonders hinsichtlich ihrer interkulturellen Konsequenzen und der weltweiten Verbreitung von Instrumental- und Gesangspraxis, von Unterrichtsliteratur, Orchester- und Chorschulung sowie einer zunehmend kanonisierten Werkauswahl bisher noch wenig in den Blick genommen wurde. Auch hier eröffnet sich ein ergiebiges Forschungsfeld.

Die soziale und geographische Herkunft hingegen, von der hier die Rede sein soll, nimmt die Frage in den Blick, aus welchen Familien (Berufe) und welchen kulturellen Zusammenhängen (Großstädte, Kleinstädte, ländlicher Raum) die Studierenden stammten. Grundlage ist die Entdeckung von handschriftlichen Inskriptionslisten in Sondershausen[3] und Straßburg[4], die Auskunft geben über die Berufe bzw. den Stand der Eltern und den Geburts- bzw. Wohnort der Studierenden.

---

[1] Wird zurzeit im Sophie Drinker Institut vorbereitet; Freia Hoffmann (Hrsg.), *Handbuch Konservatorien. Institutionelle Musikausbildung im deutschsprachigen Raum des 19. Jahrhunderts*, 3 Bde., Lilienthal 2021, i. V.

[2] In zeitgenössischen Quellen heißen sie meistens Schüler, Schülerinnen, Eleven, Elevinnen oder Zöglinge.

[3] Ab 1883. Ohne Titel und Signatur verwahrt im Schlossmuseum Sondershausen.

[4] Elèves du Conservatoire. Liste alphabétique bzw. Stammliste ab 1876 in den Archives municipales de Strasbourg.

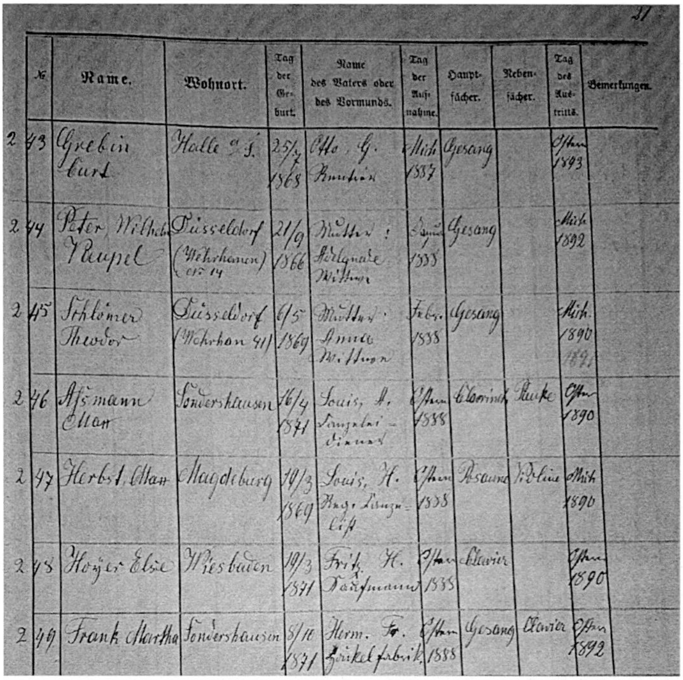

Abb. 1 Inskriptionsliste Sondershausen 1887/88[5]

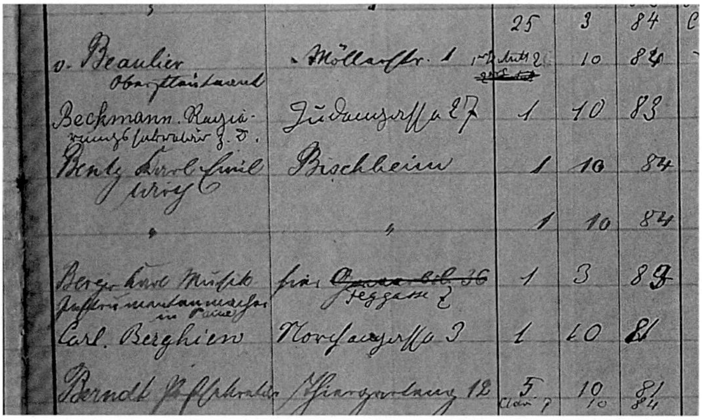

Abb. 2 Stammliste Straßburg, Ausschnitt 1884: links Beruf, Mitte Adresse der Eltern, rechts Tag, Monat und Jahr des Eintritts

---

[5] Neben der Nr. 49 findet man den Eintrag der nachmals berühmten Sopranistin Martha Frank (Blech-Frank, 1871–1963), ab 1899 verheiratet mit dem Dirigenten und Komponisten Leo Blech.

Die gesamte Auswertung dieser Listen ist m. E. eine lohnende Aufgabe für eine eigene Untersuchung, etwa im Rahmen einer Promotion. Meinen Tagungsbeitrag, der sich nur auf je einen Inskriptionsjahrgang bezog, nannte Rebecca Grotjahn, die freundlicherweise die Moderation der Sektion übernommen hatte, treffend eine ›Probebohrung‹. Die methodischen Schwierigkeiten sollen allerdings nicht verschwiegen werden.

Es fragt sich erstens, inwiefern die Verhältnisse in Sondershausen und Straßburg verallgemeinerbar sind. Das Konservatorium in Sondershausen wurde 1883 schwerpunktmäßig als Orchesterschule gegründet (ähnlich wie die 1872 gegründete Großherzogliche Musikschule in Weimar) und zog, unter der Leitung des Hofkapellmeisters Carl Schroeder und mit einem Lehrkörper, der sich fast ausschließlich aus Mitgliedern der Hofkapelle zusammensetzte, zumindest in den ersten Jahren seiner Existenz vorwiegend Instrumentalisten an, die sich eine Karriere als Orchestermusiker erhofften. Dies stellte das Fürstliche Konservatorium in einen deutlichen Gegensatz etwa zu den Konservatorien in Stuttgart oder Leipzig, die Jahrzehnte lang eine ganz andere Konzeption verfolgten und wo erst 1880 bzw. 1882 Bläserklassen eingerichtet wurden. Das Ziel des Straßburger Conservatoire de Musique war bei seiner Gründung 1855 zwar ebenfalls die Ausbildung von Nachwuchs für das ortsansässige Theaterorchester; der Fächerkanon erweiterte sich erst ab 1871 auf Gesang, Klavier und Orgel. Dennoch ist in Straßburg beispielsweise der Geburtsort bzw. der Wohnort der Eltern anders zu interpretieren als in Sondershausen, wie im Folgenden noch zu zeigen sein wird.

Ein zweites methodisches Problem stellt die schichtenspezifische Zuordnung der väterlichen Berufe dar. Hier lassen sich Bildungs- und Ausbildungshöhe, ökonomische Situation, öffentliches Ansehen als Kriterien theoretisch ansetzen, in der Praxis trifft dies jedoch auf Schwierigkeiten, zumal die Inskriptionslisten über die schlichten Berufsbezeichnungen hinaus keine Angaben machen. So lässt sich die ökonomische Situation eines ›Kaufmanns‹ ebenso wenig präzisieren wie diejenige eines ›Ökonomen‹, also eines Bauern oder Landbesitzers.

Für die ›Probebohrung‹ wurde der 2. Jahrgang des Konservatoriums in Sondershausen ausgewählt. Zur Erläuterung sei hier zunächst die Tabelle »Anzahl und Herkunft der Studierenden« wiedergegeben, wie sie in dem geplanten Handbuch für alle Konservatorien vorgesehen ist. Die Zahlen beziehen sich hier auf die Erst-Einschreibungen, also die Studierenden des jeweils ersten Studienjahres.

Anzahl und Herkunft der Studierenden in Sondershausen

Jahr	ges.	m	w	Sondershausen (m/w)	Deutschland (m/w)	Ausland (m/w)
1883/84	83	58	25	23 (15/8)	58 (42/16)	1 Böhmen (1/0) 1 USA (0/1)
1884/85	58	37	21	6 (4/2)	50 (32/18)	1 Spanien (0/1) 1 USA (1/0)
1885/86	35	26	9	2 (1/1)	33 (25/8)	
1886/87	32	22	10	4 (3/1)	26 (18/8)	1 Schweiz (0/1) 1 USA (1/0)
1887/88	33	24	9	3 (1/2)	29 (22/7)	1 USA (1/0)
1888/89	34	20	14	6 (4/2)	24 (13/11)	1 Niederlande (1/0) 3 USA (2/1)
1889/90	20	17	3	0	16 (14/2)	1 Russland (1/0) 2 England (1/1) 1 USA (1/0)
1890/91	43	26	17	0	38 (23/14)	1 Finnland (1/0) 2 England (1/1) 1 USA (1/0) 3 Argentinien (1/2)
1891/92	56	33	23	0	46 (30/16)	2 Österreich (0/2) 1 Böhmen (1/0) 2 England (0/2) 1 Rumänien (0/1) 1 Russland (1/0) 3 USA (1/2)
1892/93	43	31	12	7 (6/1)	30 (23/7)	5 England (1/4) 1 Dänemark (1/0)
1893/94	38	25	13	4 (2/2)	28 (20/8)	1 Schweiz (0/1) 1 England (1/0) 4 USA (2/2)
1894/95	51	29	22	5 (3/2)	40 (24/16)	1 Schweiz (0/1) 1 Dänemark (1/0) 1 England (0/1) 3 USA (1/2)
1895/96	52	31	21	Keine Angaben	möglich[6]	1 Schweiz (1/0) 3 Dänemark (2/1) 1 England (0/1) 1 Russland (1/0) 4 USA (2/2)

---

[6] Vom Schuljahr 1895/96 an wird nicht der Wohnort, sondern der Geburtsort angegeben, und die Eintragungen sind lückenhaft.

1896/97	38	27	11	Keine Angaben	möglich	1 Böhmen (1/0) 1 Österreich (0/1) 6 USA (5/1) 1 Brasilien (0/1) 1 Java (1/0)

Aus dieser Tabelle lassen sich die jeweiligen Anteile der Studentinnen ersehen, die zunehmenden Einschreibungen von ausländischen Studierenden und darunter der erstaunlich hohe Anteil von Frauen, die sogar aus Nord- und Südamerika anreisten. Für die Auswahl des Jahrgangs 1884/85 (rote Schattierung) war entscheidend, dass sich hier die untypisch hohe Einschreibungszahl von ortsansässigen Zöglingen (siehe 1883/84) nicht mehr findet.

Die Summe der Einschreibungen stimmt mit den Zahlen in den folgenden Tabellen für das Jahr 1884/85 nicht genau überein, weil hier Einschreibungen nicht berücksichtigt wurden, wenn die Berufsangabe (der Eltern) fehlte oder nur »Rentier« oder »Wittwe« angegeben war.

Name	Jahrgang Alter	Instrumente (Nebenfächer in Klammern)	Angaben zum Vater / zur Mutter	Geographische Herkunft (Wohnort)
Geiersbach, Albert	1868 16 J.	Violine, (Klarinette, Klavier)	Landwirt	Haarhausen bei Arnstadt
Faßhauer, Hugo	1870 14 J.	Flöte (Violine, Klavier)	Färber	Greußen
Angelstein, Herm.	1865 19 J.	Trompete (Viola, Klavier)	Bäcker	Hainchen (Dörfer dieses Namens in Hessen, Nordrhein-W., Thüringen)
Hünne, Ottom.	1868 16 J.	Klavier	Lehrer	Holzengel/Kyffhäuserkreis
Biersack, Ludw.	1865 19 J.	Violine (Klavier)	Schneidermeister	Worms unter 40.000 Ew.
Piening, Carl	1867 17 J.	Violoncello (Klavier)	Musiklehrer	Bielefeld ? erst 1930 100.000 Ew.
Oppenheimer, Paul	1866 18 J.	Violine (Klavier)	Musikalienhändler	Hameln um 20.000 Ew.
Martin, Alfred	1870 14 J.	Violoncello (Klavier)	Kammermusikus	Sondershausen um 6.000 Ew.
Ernst, Rob.	1869 15 J.	Klavier (Violine)	Landwirt	Auleben
Beutner, Heinr.	1872 12 J.	Violine (Flöte, Klavier)	Wäschereibesitzer	Oldenburg um 20.000 Ew.

Neumann, Max	1869 15 J.	Violine (Flöte, Klavier)	Berginspektor	Offleben bei Helmstedt
Bochert, Armin	1867 17 J.	Violoncello (Klavier)	Porzellandreher	Plaue bei Arnstadt
Müller, Edm.	1871 13 J.	Klavier	Ökonom	Ober-Topfstedt
Gramann, Gust.	1861 23 J.	Orgel (Violine, Klavier)	Gastwirt	Arnum bei Hannover
Düsterbehn, Heinr.	1868 16 J.	Violine (Klavier)	Tischlermeister	Hannover um 200.000 Ew.
Sebesse, Hermann	1868 16 J.	Violine (Klavier)	Musikdirektor	Braunschweig um 100.000 Ew.
Große, Herm.	1865 19 J.	Orgel (Violine, Klavier)	Fleischermeister	Altdöbern
Büchner, Albin	1870 14 J.	Violoncello (Klarinette, Klavier)	Musiklehrer	Pyrmont
Lüders, Wilh.	1862 22 J.	Gesang (Klavier)	Brauereibesitzer	Wellinghofen
Bierwirth, Bernh.	1868 16 J.	Violine (Posaune)	Verwalter	Hannover um 200.000 Ew.
Rieken, Clemens	1861 23 J.	Gesang (Klavier)	Oberlehrer	Bochum um 40 000 Ew.
Meyer, Carl	1865 19 J.	Harfe	Chorsänger	Braunschweig um 100.000 Ew.
Knüpfer, Paul	1866 18 J.	Gesang (Klavier)	Musiklehrer	Halle a.d. Saale um 100.000 Ew.
Neumann, Franz	1860 24 J.	Violine (Klavier)	Pens. Pedell [Hausmeister]	Kassel um 100.000 Ew.

(Erst-)Inskriptionen Sondershausen Schuljahr 1884/85: Schüler

Das Alter liegt zwischen 12 und 24 Jahren, das Durchschnittsalter beträgt 16,7 Jahre. Dass sich unter den Zöglingen Kinder, hier ab 12 Jahren, befinden, ist keine Besonderheit. Eines der ältesten und beispielgebenden Institute, das Konservatorium für Musik in Prag (eröffnet 1811), nahm zunächst Instrumentalschüler von 10 bis 15 Jahren auf, ab 1853 sollten sie 10 bis 13, ab 1883 13 bis 15 Jahre alt sein.[7] Das warf, wie zahlreiche Diskussionen im 19. Jahrhundert zeigen, u. a. die Frage nach der Schulbildung der zukünfti-

---

[7] Bewerber für die Gesangsabteilung sollten den Stimmbruch hinter sich haben und nicht älter als 20 Jahre, Bewerberinnen mindestens 12 (später 15) und höchstens 18 Jahre alt sein.

234

gen Musiker auf, und viele Konservatorien unterrichteten ihre Schüler*innen daher auch in allgemeinbildenden Fächern. Sondershausen bildete hier eine Ausnahme.

Von den 24 Studienanfängern wählten immerhin sieben zwei Orchesterinstrumente, und zwar ein Streich- und ein Blasinstrument (rote Färbung). Das entsprach der Ausbildungspraxis in den Lehrlingskapellen und auch (noch) den Bedürfnissen der Orchester. Das virtuose Niveau auf beiden Instrumenten oder auf dem jeweiligen Zweitinstrument wird sich in Grenzen gehalten haben,[8] die Musiker waren jedoch auf diese Weise flexibel einsetzbar, und insbesondere konnten ältere Bläser vor einer gänzlichen Berufsunfähigkeit noch als Streicher beschäftigt werden.[9]

Die vierte Spalte ist die eigentliche Besonderheit dieser Tabelle: Sie gibt uns – und dies ist in den Quellen zur Geschichte der Konservatorien sehr selten – Informationen über die soziale Herkunft der Studierenden, zumindest erfahren wir in den meisten Fällen die Berufe der Väter.[10] Aufschlussreich ist im Schuljahr 1884/85 die Zahl der Musikerberufe einschließlich Musikalienhändler (blaue Färbung). Naheliegend ist die Berufswahl der Söhne nicht nur, weil auch im 19. Jahrhundert noch in vielen Bereichen, etwa im Handwerk, Berufe von den Vätern zu den Söhnen ›vererbt‹ wurden; die musikalische Ausbildung von Söhnen wie Töchtern war im eigenen Haus zudem unkompliziert und kostengünstig zu bekommen.

Wer sich für Klavier oder Gesang/Klavier als Hauptfach einschrieb, musste aus einem Elternhaus kommen, in dem die finanziellen Verhältnisse zumindest den Besitz eines Klaviers erlaubten. Lehrer, Landwirte, Brauereibesitzer und Musiklehrer (graue Färbung) waren ökonomisch offenbar dazu in der Lage. Hingegen hatten alle anderen Schüler, insbesondere diejenigen, die eine Orchesterlaufbahn anstrebten, eine recht einheitliche soziale Herkunft: Sie waren Söhne von Handwerkern und Bauern, ergänzt durch einen Wäschereibesitzer, einen Verwalter und einen Hausmeister (grüne Färbung). Der einzige Beruf, der sich in dieser Gruppe eindeutig abhebt, ist der des Berginspektors. Dabei handelte es sich um einen Beamten des Bergamtes, der im Bergbau die Aufsicht über Anlagen und Arbeiten zu führen hatte. Vermutlich hatte er mit der Braunkohleförderung in Offleben (heute Stadtteil von Helmstedt) zu tun.

Die meisten Schüler der Sondershausener Orchesterschule waren also, wenn wir von den Musikersöhnen absehen, wenig begüterte Kinder aus eher bildungsfernen Elternhäusern. Auf sie trifft sicherlich besonders zu, was Franz Brendel, der Herausgeber der »Neuen Zeitschrift für Musik« schon 1862 schrieb, in einem engagierten Plädoyer für eine staatliche Förderung der Musikausbildung:

---

[8] In Weimar (gegr. 1872) sollten die Schüler der Orchesterschule mit einem Blas- und einem Streichinstrument beginnen und sich nach einem Jahr entscheiden, welches Instrument das Hauptinstrument sein würde.

[9] Über diese Praxis berichtet z. B. Wolfram Huschke, *Musik im klassischen und nachklassischen Weimar*, Weimar 1982, S. 91.

[10] Falls es sich um Waisen handelt, werden an dieser Stelle Vormünder oder Adoptiv-Väter genannt, bei vaterlosen Inskribent*innen steht in dieser Spalte selten ein Beruf *(»Restauration«)* und häufiger etwa *»Lehrerswittwe«* oder *»Kapitänswittwe«* (Einschreibungen 1883).

»Die jungen Leute, welche sich einem Orchesterinstrument widmen, sind in der Regel viel zu arm, um das Unterrichtshonorar und die beträchtlichen Kosten eines mehrjährigen Aufenthaltes in einer großen Stadt aufbringen zu können. Wäre aber das Letztere ausnahmsweise wirklich der Fall, so steht der Aufwand für das Studium in gar keinem Verhältniß zu dem, was später durch das Erlernte verdient wird. Wer die Mittel zu einem kostspieligen Studium aufbringen, jährlich mehrere Hundert Thaler zu diesem Zweck verwenden kann, wird jedenfalls eine andere Laufbahn, als die des Orchestermusikers wählen, eine Laufbahn, die ihm in der Regel zunächst die Aussicht auf 150–200 Thalern [sic] Gehalt im Jahre eröffnet. Unsere Musikschulen müssen also in den Stand gesetzt sein, das Studium pecuniär zu erleichtern, dadurch daß der Unterricht in einer viel größeren Zahl von Fällen unentgeldlich [sic] gegeben wird«[11].

Die Gebühren betrugen zu dieser Zeit in Sondershausen für alle Studierenden 150 Mark, jährlich in zwei Raten pränumerando zu bezahlen. Aufschlussreich ist in diesem Zusammenhang auch eine Äußerung von Carl Müllerhartung, dem Gründer und Leiter der Großherzoglichen Orchesterschule in Weimar. Sie zeigt, wie entscheidend ökonomische Kriterien bei der Wahl einer Musikausbildung waren. Und sie zeigt auch, wie verhängnisvoll sich das mangelnde staatliche Engagement bei der Gründung und beim Betrieb von Konservatorien auswirkte:

»Als sich im Jahre 1871 einige Mitglieder der Großherzoglichen Hofkapelle an mich, den jungen Kapellmeister, mit der Bitte wandten: – ihnen doch Klavierstunden zuzuweisen, und ich sie frug: ›Warum unterrichten Sie denn nicht in Ihren Orchesterinstrumenten?‹ wurde mir die Antwort: Ja, die Leute vom Lande müssen wegen des Militärs immer noch ein zweites Orchesterinstrument, Klavier und etwas Theorie lernen und dadurch wird der Unterricht für sie zu teuer. Deshalb ziehen sie dem Unterricht bei besseren Lehrern die billigere Lehre bei einem Stadtmusikus vor«[12].

Auf diese Weise konnte vieles von den musikalischen und beruflichen Erfahrungen der Hofmusiker nicht an die jüngere Generation weitergegeben werden – für Müllerhartung offenbar ein wichtiges Motiv, die Gründung eines Konservatoriums zu betreiben.

---

[11] Franz Brendel, »Der Staat und die Kunst«, in: Neue Zeitschrift für Musik 1862, S. 49–50, 61–64, 69–72, hier S. 71.
[12] [Carl Müllerhartung,] Die Großherzogliche Musikschule in Weimar von 1872 – 1897. Festschrift September 1897, Weimar 1897, S. III.

(Erst-)Inskriptionen Sondershausen Schuljahr 1884/85: Schülerinnen

Name	Jahrgang / Alter	Instrument / Gesang	Beruf des Vaters / der Mutter	Wohnort der Eltern
Rode, Martha	1861 23 J.	Gesang, Klavier	Bürgermeister	Perleberg
Neuburg, Ida	1858 26 J.	Gesang (Klavier)	Kaufmann	Altenessen bei Essen
Kury, Lina	1867 7 J.	Gesang, Klavier	Buchhändler	Freiburg in Baden unter 60.000 Ew.
Kaysener, Hedwig	1867 17 J.	Gesang	Gastwirt	Arnstadt
Heintze, Louise	1865 19 J.	Gesang	Mühlenbesitzer	Melingen (Provinz Hannover)
Schmidt, Gertrud	1867 17 J.	Gesang (Klavier)	Superintendent	Saltin
Beck, Marie	1870 14 J.	Klavier	Kammermusikus	Sondershausen um 6.000 Ew.
Weber, Frieda	1869 15 J.	Klavier	Kaufmann	Sarstedt bei Hildesheim
Müller, Marie	1856 28 J.	Klavier	Mutter: Kapitänswitwe	Emden um 13.000 Ew.
Heindl, Malvine	1867 17 J.	Klavier	Brauereibesitzer	Malaga um 120.000 Ew.
Metzen, Clara von	1861 23 J.	Gesang (Klavier)	Oberförster	Sobernheim
Stegemann, Anna	1866 28 J.	Klavier	Inspektor	Auleben
Lücker, Ella	1868 16 J.	Klavier (Violine)	Mutter: Kaufmann	Düsseldorf über 100.000 Ew.
Münch, Editha	1867 17 J.	Gesang (Klavier)	Kammerherr	Sondershausen um 6.000 Ew.

Dass das Alter der Schülerinnen bei der Erstinskription höher war als bei ihren männlichen Kommilitonen (zwischen 14 und 28 Jahren, Durchschnittalter 18,7 Jahre), ist nicht verwunderlich: Es liegt einerseits am hohen Anteil der Sängerinnen, denen auch andernorts ein späterer Studienbeginn empfohlen war. Und andererseits werden Eltern ihre Töchter nicht gern zu früh zur Ausbildung in eine entfernte Stadt geschickt haben. Die Instrumentenwahl fiel vergleichsweise einförmig aus (Klavier und Gesang): Ursache sind die langfristig aufrecht erhaltenen Vorstellungen darüber, welche Instrumente überhaupt für Frauen als passend empfunden wurden.[13] Die wesentlichen Einwände (heftige Bewegungen beim Streichinstrumentenspiel, unsittliche Beinhaltung beim Orgel- und Violoncellospielen, »*Verziehung der Gesichtsmuskeln*«[14] beim Blasen u. a.) waren Ende des 19. Jahrhunderts wahrscheinlich noch ergänzt durch eine schwierige Berufsperspektive, nämlich den weitgehenden Ausschluss von Frauen aus Berufsorchestern. Bemerkenswert ist unter diesen Bedingungen, dass sich mit Ella Lücker in der Tabelle immerhin eine Studentin findet, die im Nebenfach Violine (rote Färbung) studierte. Solche Fälle waren zu dieser Zeit nicht mehr selten, wenn auch die Vorreiterinnen der ›unweiblichen‹ Instrumente Violine, Orgel und Violoncello meist aus Großbritannien oder Nordamerika kamen.

Die Beobachtungen über die soziale Herkunft können an den oben formulierten Befund der männlichen Zöglinge anknüpfen: Klavier- und Gesangs-Schüler stammten dort hauptsächlich aus eher begüterten Familien, und auch bei den Studentinnen ist dies der Fall. Zuordnungsschwierigkeiten lassen sich allenfalls beim »*Kaufmann*« und »*Gastwirt*« formulieren, je nachdem ob es sich um einen eher bescheidenen oder einen größeren Betrieb handelte. Bemerkenswert ist auch, dass sich offenbar nur relativ gebildete und finanziell besser gestellte Familien entschlossen, ihren Töchtern ein Studium zu finanzieren. Die Existenzsicherung für unverheiratete oder verwitwete Frauen wurde im Lauf des 19. Jahrhunderts zu einer vieldiskutierten Frage, und verantwortungsvolle Eltern dürften versucht haben, die richtigen Konsequenzen zu ziehen. Bevor in Deutschland Anfang des 20. Jahrhunderts Universitäten auch Frauen zum Studium zuließen, war das Musikstudium eine der wenigen Möglichkeiten einer akademisch qualifizierten Ausbildung.

Um die geographische Herkunft der Studierenden zu verdeutlichen, wurden Herkunftsstädte je nach Größe (1884) in unterschiedlicher Schattierung blau hinterlegt (Großstädte dunkelblau, kleinere Städte in Stufen heller). Bei allen hellgrün hinterlegten Ortsnamen handelt es sich um Dörfer. Es zeigt sich, dass in beiden Gruppen, vor allem aber bei den Schülern, die Herkunft aus dörflichen Zusammenhängen überwiegt, dass die Studierenden also aus Gegenden kamen, wo wenig Gelegenheit zum Besuch von Konzerten und Opern bestanden haben dürfte.[15] Ob das in Städten wie Emden, Bochum oder Worms anders gewesen ist, müsste im Rahmen einer größeren Erhebung im Einzelnen geklärt werden.

Zum Vergleich mit den Verhältnissen in Sondershausen sind, ebenfalls für das Studienjahr 1884/85, auch für Straßburg entsprechende Tabellen angefertigt worden.[16] Dass es sich hier um eine größere Zahl von Studierenden handelt, liegt an der Anlage der Stammlisten, die alle zu diesem Zeitpunkt Studierenden (nicht nur die Erst-Einschreibungen) erfassen.

---

[13] Ausführlich dargelegt in Freia Hoffmann, *Instrument und Körper. Die musizierende Frau in der bürgerlichen Kultur*, Frankfurt a. M. u. Leipzig 1991.

[14] So die Bemerkung des Musikkritikers Alfred Julius Becher in der »Allgemeinen Wiener Musikzeitung« (1842, S. 190, zit. nach ebd. S. 222).

[15] Eine Ausnahme bildete sicherlich das bereits als Kurbad etablierte Pyrmont, wo im 19. Jahrhundert Theater- und Konzertveranstaltungen stattfanden.

[16] Auch hier sind Namen nicht aufgenommen worden, wenn Angaben zum Beruf des Vaters oder der Mutter fehlten.

Einschreibungen Straßburg 1884/85: Schüler[17]

Name	Jahrgang Alter	Instrumen- tenwahl[17]	Angaben zum Vater / zur Mutter	Geburts- bzw. Wohnort
Arbogast, Emil	1872 12 J.	Klarinette	Schutzmann	Straßburg
Asbahr, Willy	1874 10 J.	Violine	Kapellmeister	Wiesbaden, jetzt Straßburg
Bauer, Carl	1869 15 J.	Klarinette	Barbier	Straßburg
Bauer, Julius	1876 8 J.	Trompete	Barbier	Straßburg
Bentz, August	1868 16 J.	Klavier	Wirt	Merckheim (wohl Merxheim, Elsass)
Bentz Julius	1873 11 J.	Violine, Klavier	Wirt	Merckheim (wohl Merxheim, Elsass)
Berger, Carl de	1866 18 J.	Violine, Klavier	Musikinstrumenten- macher	Peine
Bodenheimer, Rene	1875 9 J.	Klavier	Redakteur	Bern
Brubacher, Gustav	1873 11 J.	Horn	Zugführer	Straßburg
Bruder, Carl	1870 14 J.	Horn	Asssekuranz-Agent	Straßburg
Bruch, Carl	1865 19 J.	Viola	Notar	Mainz
Fluyt, Johannes	1873 11 J.	Violine	Juwelier (adopt.?)	Amsterdam
Fouquier, Carl	1870 14 J.	Horn	Mälzer	Straßburg
Härtig, Ludwig	1862 22 J.	Posaune, Kontrabass	Tuchfabrikant	Crimmitschau/Sachsen, jetzt Musiker beim Inft. Regt. 105
Heinze, Max	1863 21 J.	Violine	Kassierer	Zwickau, jetzt Kronenburger Kaserne Straßburg
Jaehn, Hermann	1865 19 J.	Klarinette	Aufseher	Dittersdorf/Sachsen, jetzt Kronen- burger Kaserne Straßburg
Jordan, Gustav	1869 15 J.	Violine	Geheimregierungsrat	Verden, jetzt Straßburg

---

[17] Zwischen Haupt- und Nebenfach wird nicht unterschieden.

Jordan, Otto	1868 16 J.	Violoncello	Geheimregierungsrat	Verden, jetzt Straßburg
Kayser, Julius	1873 11 J.	Violine	Bierhändler/Wirt	Straßburg
Klein, Arthur	1867 17 J.	Viola, Trompete	Kaufmann	Mainz, jetzt Straßburg
Knittel, Michael	1872 12 J.	Klavier	Pastor	Günsbach
Lergenmüller, Otto	1870 14 J.	Violoncello	Hausdiener im Lazarett	Germersheim
Mahlo, Carl	1864 20 J.	Kontrabass	Schuhmacher	Senst, jetzt Musiker im Inft. Regt. 126, Straßburg
Mayer, Julius	1866 18 J.	Violine, Klavier	Oktroibeamter[18]	Thann
Müller, Robert	1861 23 J.	Klarinette	Böttcher	Thalwilken/Sachsen, jetzt Inft. Regt. 105 in Straßburg
Riedel, Adolf	1872 12 J.	Violine	Betriebssekretär	Straßburg
Thomas, Edmund	1875 9 J.	Violine	Gymnasiallehrer	Stuttgart, jetzt Straßburg
Walther, Robert	1873 11 J.	Violine	Kaufmann	Straßburg
Weil, Paul	1873 11 J.	Flöte	Kaufmann	Straßburg
Weiss, Carl	1871 13 J.	Horn	Müller	Königshofen (heute Stadtteil von Straßburg)

Die Kombination von Streich- und Blasinstrument (rote Färbung) ist hier seltener als in Sondershausen. Das Konservatorium in Straßburg hatte zu diesem Zeitpunkt seinen anfänglichen Schwerpunkt – Nachwuchs für das ortsansässige Orchester – zugunsten eines breiteren Fächerangebots aufgegeben. Studierende von Orchesterinstrumenten dominieren dennoch, und sie kommen wie in Sondershausen zu einem guten Teil aus Handwerker- oder vergleichbaren Familien (Schutzmann, Barbier, Zugführer, Versicherungsagent, Bierhändler, Betriebssekretär). Bei den Ausnahmen (Tuchfabrikant, Geheimregierungsrat, Gymnasiallehrer) lohnt sich ein Blick in die letzte Spalte: Es handelte sich vielfach um aus dem Deutschen Reich Zugewanderte, die nach 1870 ermutigt – oder im Fall von Beamten abgeordnet – wurden, im Reichsland Elsass-Lothringen beim Aufbau der gewünschten Verwaltungsstrukturen bzw. der angestrebten ›Germanisierung‹ zu helfen.

---

[18] Gemeindebeamter, zuständig für die Kontrolle von steuer- und zollpflichtigen Waren.

Einschreibungen Straßburg 1884/85: Schülerinnen

Name	Jahrgang Alter	Instrumentenwahl	Angaben zum Vater / zur Mutter	Geburts- bzw. Wohnortort
Beaulier	1868 16 J.	Klavier	Oberstleutnant	Eylau, jetzt Straßburg
Berndt	1873 11 J.	Klavier	Postsekretär	Straßburg
Blösser, Eugenie	1872 12 J.	Klavier	Eisenbahnstations-vorsteher	Sprendlingen
Brandt, Helene	1874 10 J.	Klavier	Verifikator (Beglaubiger)	Niederbronn
Goertz, Emilie	1864 20 J.	Gesang, Klavier	Steuerempfänger[19]	Krefeld, jetzt Straßburg
Griesheim, Ida	1867 17 J.	Klavier	Postbeamter	Bonn, jetzt Straßburg
Krey, Johanna	1868 16 J.	Klavier	Gymnasiallehrer	Adenau/Eifel, jetzt Straßburg
Pflieger, Maria	1870 14 J.	Klavier, Gesang	Employé (Angestellter)	Gebweiler
Reutter, Ottilie	1867 17 J.	Klavier	Regierungssekretär	Saarbrücken, jetzt Straßburg
Weil, Magdalena	1872 12 J.	Klavier, Gesang	Metzger	Straßburg
Zugmaier, Maria	1869 15 J.	Klavier	Maler	Straßburg

Die Liste der Schülerinnen bestätigt das in Sondershausen gewonnene Bild: Die weiblichen Zöglinge studierten ausnahmslos Klavier und/oder Gesang und stammten mit wenigen Ausnahmen aus Beamtenfamilien (graue Färbung). Nur zwei Väter (grüne Färbung) waren Handwerker.

Beim Vergleich zwischen Sondershausen und Straßburg zeigt sich, dass Verallgemeinerungen besonders in Bezug auf die geographische Herkunft der Studierenden vorsichtig zu formulieren sind. Die Straßburger Stammliste verzeichnet zwar einige Dörfer: im Elsass Merxheim [?], Günsbach, Thann, Königshofen, Niederbronn, Gebweiler und im deutschen Reich Sprendlingen, Dittersdorf, Senst, Thalwilken (grüne Schattierung), es überwiegen aber deutlich Schüler*innen aus größeren deutschen und elsässischen Städten. 16 der 41 aufgelisteten Studierenden stammten aus dem deutschen Reich und gaben als eigenen oder als Wohnsitz der Eltern nun Straßburg an. Darunter befanden sich, so

---

[19] Ein Steuerempfänger zieht Steuern ein und kann dafür einen gewissen Prozentsatz selbst behalten.

lässt es sich an der Adresse ablesen, auch Soldaten, die in Straßburg stationiert waren und sich am Konservatorium (weiter) zu Militärmusikern ausbildeten.

Als Hypothesen für eine zukünftige, umfangreichere Untersuchung ließe sich also festhalten:

1. In den Konservatorien fanden sich Schüler*innen sehr unterschiedlichen Alters zusammen. Im Durchschnitt waren Schülerinnen älter als ihre Kommilitonen.
2. Das Berufsziel Orchester- oder Militärmusiker veranlasste auch Ende des 19. Jahrhunderts Schüler, sowohl ein Streich- als auch ein Blasinstrument zu lernen, was der Praxis in Lehrlingskapellen entspricht.
3. Es zeichnen sich Unterschiede in der sozialen Herkunft ab, die einerseits das Geschlecht und andererseits die Instrumentenwahl betreffen: Schülerinnen stammten häufig aus gebildeten, sozial besser gestellten Familien, was auch auf Schüler mit Hauptfach Gesang oder Klavier zutrifft. Studierende mit Berufsziel Orchester stammten häufig aus bildungsfernen und wenig begüterten Familien.
4. Schüler, die ein Orchesterinstrument studierten, sind häufig in ländlicher Umgebung aufgewachsen.

Literatur

Franz Brendel, »*Der Staat und die Kunst*«, in: *Neue Zeitschrift für Musik* 1862, S. 49–50, 61–64, 69–72.

Elèves du Conservatoire. Liste alphabétique bzw. Stammliste, ab 1876 in den Archives municipales de Strasbourg.

Handschriftliche Liste der Ersteinschreibungen des Fürstlichen Konservatoriums der Musik in Sondershausen. Ohne Titel und Signatur verwahrt im Schlossmuseum Sondershausen.

Freia Hoffmann, *Instrument und Körper. Die musizierende Frau in der bürgerlichen Kultur*, Frankfurt a. M. u. Leipzig 1991.

Wolfram Huschke, *Musik im klassischen und nachklassischen Weimar*, Weimar 1982.

[Carl Müllerhartung], *Die Großherzogliche Musikschule in Weimar von 1872–1897. Festschrift September 1897*, Weimar 1897.

OTTO BIBA

Das Einzugsgebiet des Konservatoriums der Gesellschaft der Musikfreunde in Wien

Die 1812 gegründete Gesellschaft der Musikfreunde des Österreichischen Kaiserstaats – so der ursprüngliche Name dieser heute schlicht Gesellschaft der Musikfreunde in Wien genannten und immer noch privaten Institution[1] – hat ihre Aufgaben von Anbeginn an immer überregional, heute würden wir sagen international, gesehen und sich nicht als regionale Musikgesellschaft verstanden. Und das für jede der drei selbst gestellten Aufgaben: das Aufführen von Musik, das Lehren von Musik und das Sammeln, Dokumentieren und Studieren von Musik. In den Gesellschaftskonzerten ist dies deutlich daran zu erkennen, dass von Anfang an in einem hohen Prozentsatz Werke von Komponisten auf den Programmen standen, die weder in Wien noch im österreichischen Kaiserreich lebten:

---

[1] Die wichtigste Literatur zur Geschichte der Gesellschaft der Musikfreunde in Wien im Allgemeinen und zur Geschichte des Konservatoriums im Besonderen: [Anonym,] *»Entstehung und Wirksamkeit der Gesellschaft der Musikfreunde des Oesterreichischen Kaiserstaates«*, in: *Monatsberichte der Gesellschaft der Musikfreunde des Oesterreichischen Kaiserstaates* I (1829), I, S. 1–16, II, S. 15–19; [Anonym,] *Denkschrift zur 25jährigen Jubelfeier der Gesellschaft der Musikfreunde des österreichischen Kaiserstaates*, Wien 1840; C[arl] F[erdinand] Pohl, *Die Gesellschaft der Musikfreunde des österreichischen Kaiserstaates*, Wien 1871; *Gebäude und Kunstsammlungen der Gesellschaft der Musikfreunde in Wien*, Wien 1872; Richard von Perger u. Robert Hirschfeld, *Geschichte der k.k. Gesellschaft der Musikfreunde in Wien*, Wien 1912; Eusebius Mandyczewski, *Zusatz-Band zur Geschichte der k.k. Gesellschaft der Musikfreunde in Wien. Sammlungen und Statuten*, Wien 1912; Otto Biba u. Ingrid Fuchs (Hrsg.): *»Die Emporbringung der Musik«. Höhepunkte aus der Geschichte und aus dem Archiv der Gesellschaft der Musikfreunde in Wien*, Wien 2012; Ingrid Fuchs (Hrsg.), *Musikfreunde. Träger der Musikkultur in der ersten Hälfte des 19. Jahrhunderts*, Kassel [u. a.] 2017. Aus der Literatur speziell zur Geschichte des Konservatoriums der Gesellschaft der Musikfreunde: [Franz] P[ietznigg], *»Wirksamkeit des Conservatoriums der Musik in Wien«*, in: *Mittheilungen aus Wien* 2 (1833), S. 15–27; Robert Lach, *Geschichte der Staatsakademie und Hochschule für Musik und darstellende Kunst in Wien*, Wien 1927; Ernst Tittel, *Die Wiener Musikhochschule*, Wien 1967; [Anonym,] *Festschrift 1817–1967 Akademie für Musik und darstellende Kunst in Wien*, Wien 1967; Hartmut Krones, *»›…der schönste und wichtigste Zweck von allen …‹. Das Conservatorium der Gesellschaft der Musikfreunde des österreichischen Kaiserstaates«*, in: *Österreichische Musikzeitschrift* 43 (1988), S. 66–83; Otto Biba, *»Das Konservatorium der Gesellschaft der Musikfreunde in Wien«*, in: *»Der Himmel hängt voller Geigen«. Die Violine in Biedermeier und Romantik. Eine Ausstellung des Kunsthistorischen Museums Wien in Kooperation mit der Gesellschaft der Musikfreunde in Wien*, hrsg. von Otto Biba [u. a.], Wien 2011, S. 25–31; Beate Hennenberg, *Das Konservatorium der Gesellschaft der Musikfreunde in Wien*, Wien 2013; Gottfried Scholz, *»Das Konservatorium der Gesellschaft der Musikfreunde in Wien und seine europäischen Vorgänger wie Nachfolger«*, in: *Musikfreunde. Träger der Musikkultur in der ersten Hälfte des 19. Jahrhunderts*, hrsg. von Ingrid Fuchs, Kassel [u. a.] 2017, S. 85–93.

Luigi Cherubini, Vincenzo Righini, Ferdinando Paër, Étienne-Nicolas Méhul, Georg Friedrich Händel, Daniel Steibelt, Simone Mayr, Charles-Sinom Catel und Gaspare Spontini sind – neben Werken Einheimischer – Namen solcher Komponisten aus den ersten beiden Saisonen, die mit der Berücksichtigung von Komponisten aus Deutschland, England, Frankreich und dem nicht-habsburgischen Italien programmatisch zeigen sollten, worum es ging: Werke aufzuführen, die den musikalischen Geschmack erheben und veredeln und aufkeimende Talente begeistern sollten, sich danach zu bilden. In der Beschreibung dieses Anliegens verlieren die Statuten[2] kein Wort über Nationalitäten.

Bald nach der Gründung hatte die Gesellschaft Meldungen über ihre Existenz und ihre Absichten in deutschen und italienischen Zeitungen lanciert und diplomatische Vertretungen des Kaisertums Österreich im Ausland gebeten, ihre Ziele bei der Anlage einer Musikaliensammlung, einer Musikbibliothek und einer Sammlung musikalisch relevanter Objekte – heute: Archiv, Bibliothek und Sammlungen der Gesellschaft der Musikfreunde in Wien – zu unterstützen. Da ging es vornehmlich um Objekte zur Dokumentation der Musik und ihrer Geschichte, wieder ohne nationale oder politische Grenzen: Die ersten in den Katalog aufgenommenen Musikinstrumente stammten aus der Türkei, aus Indien wollte man welche erhalten, von da wie dort auch Informationen über die Musik, über Hamburg erhielt man schon 1814 einen Musikdruck aus Nordamerika, ganz zu schweigen von Beiträgen aus Deutschland und Italien.

Zu dem zu gründenden Konservatorium hieß es in den 1814 erlassenen Statuten, daß *»Zöglinge beyderley Geschlechtes aus den gesammten k.k. österreichischen Staaten«*[3] ausgebildet werden sollten. Diese Staaten waren – es ist wichtig, das hier in Erinnerung zu rufen – ein übernationales Konglomerat. Während die davor erfolgten Gründungen des Pariser wie des Prager Konservatoriums deutlich nationale Anliegen erkennen lassen, fehlen diese bei dem Wiener Konservatorium der Gesellschaft der Musikfreunde, wo sie auch bei den vielen durch die Krone verbundenen Nationen fehl am Platz gewesen wären. Statt einer nationalen Zielsetzung ist hier immer von einer vaterländischen die Rede. Dieser Begriff des Vaterlandes hat nationale Trennungen erst gar nicht aufkommen lassen. Wie man schon beim Wiener Kongress den nach Wien gekommenen Delegierten aus ganz Europa als Konzertveranstalter die musikalische Potenz dieses Vaterlandes zeigen wollte, wurde in den 1830er Jahren von der Gesellschaft der Musikfreunde bei den von ihr veranstalteten Musikfesten ganz deutlich die musikalische Anziehungskraft von Wien auf Besucher aus dem Ausland thematisiert, was wieder zum Ruhm des Vaterlandes beitragen sollte. Musik an sich – nicht nationale Musik – als ein überregional ausstrahlendes

---

[2]   In den Statuten heißt es dazu: *»Wird sie die vorhandenen classischen Werke zur Aufführung bringen, theils, um dadurch den musikalischen Geschmack überhaupt zu erheben und zu veredeln, theils um durch die Anhörung derselben aufkeimende Talente zu begeistern, und zu dem Bestreben zu erwecken, sich auch zu classischen Tonsetzern zu bilden, wozu die Gesellschaft durch Aufmunterung und Belohnungen nach ihren Kräften beytragen wird«* (Mandyczewski, *Zusatz-Band zur Geschichte*, 1912, S. 97). Dass ›klassisch‹ damals beispielhaft bedeutete und kein Stil- oder Epochenbegriff war, sei zur Vermeidung von Missverständnissen festgehalten.

[3]   Ebd., S. 197.

vaterländisches, also patriotisches Anliegen: Diese Denkweise muss man vor Augen haben, um das Konservatorium der Gesellschaft der Musikfreunde in Wien zu verstehen. Denn solche Überlegungen führten dazu, dass das Konservatorium ohne Änderungen der Statuten aber de facto schon bald auch Studierenden, die nicht aus dem österreichischen Kaisertum stammten, geöffnet wurde. Wie man den verschiedenen Nationen innerhalb des Kaisertums gegenüber offen war, so war man es auch gegenüber den Nationen außerhalb des Kaisertums. Es ging auch beim Unterricht nicht um einen musikalischen Lokalpatriotismus. Joseph Böhm, erster Professor für Violine am Konservatorium, unterrichtete nach französischem Streicherstil und er wurde auch für eine Studienreise nach Paris beurlaubt, um mit der französischen Geigerschule noch vertrauter zu werden.

Diese bewusste Übernationalität erkennt man auch am Einzugsgebiet der Schüler*innen wie der Professor*innen.[4] Beginnen wir unsere Betrachtungen dazu bei Letzteren. Im Bemühen, Spitzenkräfte an das Haus zu binden, berief man von Anfang an Professor*innen gegebenenfalls auch aus dem Ausland. Der erste war 1821 August Mittag aus Dresden, damals erster Professor für Fagott an dem nach und nach sein Lehrangebot ausweitenden Konservatorium. Und wenn schon von Dresden die Rede ist, lassen Sie mich in die zweite Hälfte des 19. Jahrhunderts zu Richard Baumgärtel springen, der aus Dresden kommend 1880 Mitglied des Hofopernorchesters und der Wiener Philharmoniker sowie 1885 Professor am Konservatorium wurde und Ahnherr der Wiener Oboe ist, die ursprünglich kein Wiener Spezifikum sein, sondern mit von Baumgärtel in Wien gemachten wesentlichen spieltechnischen Verbesserungen das alte ›deutsche‹ Klangideal der Oboe gegenüber dem französischen hochhalten sollte; weil aber schließlich die französische Oboe doch ganz Deutschland überschwemmte, blieb für die deutsche Oboe – dank des Dresdeners Richard Baumgärtel – Wien bis heute die letzte Bastion. Und bleiben wir noch bei der Oboe: Der erste Professor für Oboe am Konservatorium, Joseph Sellner, stammte aus dem damals französischen Landau/Pfalz, diente als Militärmusiker in einem österreichischen Regiment, war dann in Ungarn tätig, kam 1817 als Orchestermusiker nach Wien und wurde 1821 als Professor für Oboe an das Konservatorium berufen. Er schuf zusammen mit dem Wiener Instrumentenbauer Stefan Koch eine Weiterentwicklung der deutschen Oboe, die sich bewährte, bis sie Grundlage für Baumgärtels erwähnte Weiterentwicklung wurde. Aber von diesem kleinen Exkurs zur Oboe zurück zu ausländischen Berufungen an das Konservatorium der Gesellschaft der Musikfreunde, die immer mehr zunahmen.

Ab den 1840er Jahren berief man in immer stärkerem Maße und ganz bewusst nicht primär aus Wien und im Weiteren nicht primär aus dem Österreichischen Kaisertum stammende Spitzenkräfte als Professor*innen an das Konservatorium: 1845 den aus Neapel stammenden und an allen großen italienischen Opernhäusern beheimateten Gio-

---

4   Siehe deren Auflistung bei Perger u. Hirschfeld, *Geschichte*, 1912, S. 323–346. Unterlagen zur Berufung der Professoren in den Gesellschaftsakten im Archiv der Gesellschaft der Musikfreunde in Wien. Zur Biographie der Professoren siehe die einschlägigen musikbiographischen Nachschlagewerke.

vanni Basadonna als Professor für Gesang (der allerdings nur drei Jahre blieb), 1847 den Iren Elias Parish-Alvars als ersten Professor für Harfe. Die in Frankfurt am Main geborene und in Paris ausgebildete ›Königin der Gesangslehrerinnen‹ Mathilde Marchesi (ein einziges Mal, 1853 in Bremen, auf der Opernbühne gestanden) wurde 1854 engagiert, 1859 auch ihr Mann, Salvatore Marchesi. Anton Door war zwar ein gebürtiger Wiener, aber als er 1868 als Professor für Klavier an das Konservatorium berufen wurde, hatte er zuvor in Stockholm und zehn Jahre am Moskauer Konservatorium unterrichtet. Mit einigen prominenten Beispielen müssen auch die Berufungen aus den Kronländern des Konservatoriums in Erinnerung gerufen werden. Denken wir an Anton Bruckner, der 1868 aus Linz berufen worden war. Eine interessante Berufung gab es 1833 mit Anton Sláma als Professor für Kontrabass und Posaune, der seine Ausbildung am Konservatorium seiner Heimatstadt Prag erhalten hatte. Dort war seit 1837 auch der aus dem deutschen Coburg stammende Selmar Bagge bei Dionys Weber ausgebildet worden, der seine Studien danach in Wien bei Simon Sechter fortsetzte und 1851 an das Konservatorium der Gesellschaft der Musikfreunde berufen wurde.

Es können und sollen die ausländischen und auswärtigen Professoren-Berufungen an das Konservatorium hier nicht detailliert weiterverfolgt werden. Mit diesen Beispielen war vielmehr darauf hinzuweisen, dass sich dieses Konservatorium von Anfang an als überregional, ja weltoffen verstand. 1843 ist ihm mit dem von Felix Mendelssohn Bartholdy mitgegründeten Leipziger Konservatorium eine befruchtende Konkurrenz – im positiven Sinne des Wortes – gleichen Selbstverständnisses entstanden, während sich andere Konservatorien noch lange nicht von ihren nationalen und regionalen Wurzeln und Interessen lösen konnten. Ich denke da vor allem an Paris und Prag, aber auch an das von Napoleon während der französischen Besetzung der Lombardei nach Pariser Vorbild gegründete Mailänder Konservatorium. Alle großartig, aber national fixiert.

Dass die Gesellschaft, der es laut ihren Statuten um *»die Emporbringung der Musik in allen ihren Zweigen«*[5] ging, ihr Konservatorium nicht ausschließlich als Ausbildungsstätte zur ›Produktion‹ von Musikerinnen und Musiker sah, hat dessen damaliger Vorstand Joseph Chimani in seiner Ansprache an die Studierenden und Absolvent*innen zum Abschluss des Studienjahres 1832/33 mit folgenden Worten deutlich formuliert:

> »Musik heißt im Allgemeinen das Ziel, nach welchem Sie in dieser Anstalt zu streben haben; jedoch nicht jene bloß tändelnde Musik, die nur einen, ohne bleibenden Eindruck vorüberschwebenden gehaltlosen Ohrenkitzel beabsichtigt, und vielmehr den Namen und die Würde der göttlichen Kunst entweiht – sondern Musik die schöne, edle, erhabene Musik, jene wohlberechnete Zusammenstellung reiner Harmonie, die in richtiger Anwendung ihren wohlthätig erschütternden Eindruck auf das Gemüth des Menschen nie verfehlt, und so zu dessen Veredlung beiträgt. Daß nun von Seite der Anstalt selbst nichts versäumt werde, was auf irgend eine Weise der Erreichung des so eben ausgesprochenen Zweckes förderlich seyn kann, ist eine vor aller Augen liegende Thatsache. [...] Nun sind an die

---

[5]   Mandyczewski, *Zusatz-Band zur Geschichte*, 1912, S. 197.

Spitze dieses für die Zöglinge durchgehend unentgeltlichen Unterrichtes[6], Männer von entschiedener Sachkenntniß und anerkannter Virtuosität gestellt, die mit diesen ausgezeichneten Eigenschaften noch die uneigennützigste Bereitwilligkeit und den unverdrossenen Eifer verbinden, um die musikalische Ausbildung der Zöglinge nach Möglichkeit zu fördern«[7].

Es ging also grundsätzlich darum, versierte, perfekte Musiker*innen auszubilden; ob diese die Musik zum Lebensunterhalt betreiben wollten oder nicht, war kein grundsätzliches Thema. Mit einem spätjosephinischen Nützlichkeitsdenken verbrämt, erwähnt Chimani eher am Rande, dass aus dieser Lehranstalt auch »bereits eine verhältnißmäßig bedeutende Anzahl von Zöglingen hervorgegangen ist, die mittelst der hier erworbenen Fähigkeiten im In- und Auslande Anerkennung, anständigen Unterhalt, und selbst lebenslängliche Versorgung gefunden haben«[8]. Es war also ein schöner Nebeneffekt, dass die hohen Ziele, die mit dem Konservatorium verfolgt wurden, einer »verhältnismäßig bedeutenden« Zahl von Absolventen einen Brotberuf geben konnten – und zwar im In- und Ausland. Angestrebt im hehren Selbstverständnis des Konservatoriums, das höhere, grundsätzliche Ziele verfolgte, war die Berufsausbildung also nicht in erster Linie.

Es ist als realistische Entwicklung zu sehen, dass diese hohen Ideale nie aufgegeben wurden, aber nach und nach in den Hintergrund traten. Jene Absolvent*innen, die Berufsmusiker*innen geworden waren, hat man in der 1840 erschienenen Festschrift zum damals bereits drei Jahre zurückliegenden 25-jährigen Bestand der Gesellschaft der Musikfreunde[9] aufgelistet und so diesen Aspekt nicht ohne Stolz dokumentiert. Auch die Wirkungsorte solcher Absolvent*innen anzuführen, war bei dem Jubiläum der damals noch jungen Anstalt eine verständliche Freude, die heute für Historiker*innen wichtige Informationen liefert. Um die internationale Ausstrahlung des Konservatoriums hier vor Augen zu führen, seien aus dieser Auflistung erst einmal die Städte außerhalb des Kaiserreichs Österreich genannt, in denen Absolvent*innen als Berufsmusiker*innen tätig waren: Amsterdam, Braunschweig, Donaueschingen, Dresden, Lissabon, Mailand, Odessa, Padua, Paris und Stuttgart. Innerhalb des Kaiserreiches werden vor allem Wien als Wirkungsort von Absolvent*innen genannt, aber auch Graz, Lemberg, Pest und Stein sowie allgemeiner die Kronländer Niederösterreich, Kärnten und Ungarn. Wenn man bedenkt, dass, nachdem bereits seit 1814 ›Singübungen‹ angeboten worden waren, der Unterricht am Konservatorium 1817 mit Gesangsklassen begann, 1819 die Violine und 1820 das Klavier hinzukamen, nach und nach andere Instrumente und 1831 für sämtliche gängigen Orchesterinstrumente (mit Ausnahme der Pauken bzw. des Schlagwerks) Klassen bestanden, ist diese stolze Liste aus dem Jahr 1840 mehr als respektabel.

Diese bei den Lehrer*innen und den Wirkungsstätten der Absolvent*innen aufgezeigte überregionale Offenheit des Wiener Konservatoriums hat sich auch in seinen Stu-

---

6   Vgl. dazu Anmerkung 10.

7   P[ietznigg], *Wirksamkeit des Conservatoriums*, 1833, S. 19f.

8   Ebd.

9   [Anonym,] *Denkschrift zur 25jährigen Jubelfeier*, 1840, NP.

dierenden manifestiert. Leider besitzen wir aus den ersten vierzig Jahren seines Bestehens keine umfassenden und genauen Unterlagen über die Herkunft der Studierenden. Was wir dazu feststellen oder erschließen können, zeigt aber, dass die Bestimmung in den Statuten der Gesellschaft, wonach die Auszubildenden aus dem Österreichischen Kaisertum kommen sollten, bald obsolet geworden war, und Studierende wirklich aus allen Kronländern des Kaiserreiches kamen.

Seit 1857 liegen genaue statistische Aufstellungen über die Herkunft der Studierenden vor.[10] Um diese zu verstehen, muss man einmal in Erinnerung rufen, welche Nationalitäten im damaligen historischen Sinne des Wortes oder welche Kronländer das Kaisertum Österreich umfasste, wer also als Inländer zählte. Lassen Sie mich diese Länder, aus denen Studierende im Jahr 1857 kamen, einmal aufzählen: Niederösterreich, Oberösterreich, Salzburg, Steiermark, Böhmen, Mähren, Österreichisch-Schlesien, Galizien, Ungarn, Kroatien, Slawonien, Wojwodina und Küstenland; Tirol, zu dem damals auch das ganze Trentino gezählt wurde, fehlte damals noch, doch gab es in der Folge gerade aus dem Trentino einen immer stärker werdenden Zuzug von Studierenden. Übertragen wir das auf die heutigen Nachfolgestaaten des Kaisertums Österreich, das 1867 zur Österreichisch-Ungarischen Monarchie geworden war, so sind das Studierende aus: Österreich, Tschechien, Ungarn, Slowakei, Polen, der Ukraine, Rumänien, Kroatien, Bosnien-Herzegowina, Serbien, Slowenien und Italien. Das waren die Inländer, dazu kamen in dieser ersten Übersicht über das Einzugsgebiet des Konservatoriums acht aus dem nicht näher spezifizierten Ausland. Nach Zahlen bedeutete das acht Ausländer und 203 damalige Inländer, diese freilich aus zwölf heutigen europäischen Staaten. Diese Zahlen sollten steigen.

Erstmals 1871 wurden die damals bereits 34 ausländischen Studenten nach ihren Herkunftsländern genau statistisch erfasst: 14 kamen aus Deutschland, 9 aus Russland, 4 aus der Walachei (heute ein Teil Rumäniens), 2 aus dem damaligen Rumänien, 2 aus der Türkei, 2 aus Italien und einer aus England. Aus dem staatspolitischen Inland kamen Studierende aus Niederösterreich, Oberösterreich, Steiermark, Kärnten, Tirol, Böhmen, Mähren, Ungarn, Schlesien, Siebenbürgen, Slawonien, Kroatien, dem Banat, aus Triest, Galizien und der Bukowina. – Mitteleuropa würden wir heute zu diesem in- und ausländischen Einzugsgebiet sagen.

Nun stieg die Zahl der Studierenden von Jahr zu Jahr. 1872 waren es bereits insgesamt 43 aus dem Ausland, also nicht aus dem Österreichischen Kaiserreich. Zu den genannten ausländischen Herkunftsländern kamen nun auch Frankreich und die Schweiz hinzu,

---

[10] Das Konservatorium gab für die Schuljahre 1840/41 bis 1859/60 jährlich ein *Verzeichniß und Classification der Schüler des Conservatoriums der Musik in Wien* heraus, danach jährlich den *Jahresbericht des Conservatoriums der Musik*. Ab dem Studienjahr 1871/72 hieß dieser *Bericht des Conservatoriums […] der Gesellschaft der Musikfreunde in Wien*. Ab dem Jahr 1857 ist in diesem Periodikum die Herkunft der Studierenden vermerkt, was für diesen Beitrag ausgewertet wurde. Eingesehen wurden die Exemplare in der Bibliothek der Gesellschaft der Musikfreunde in Wien. Zu weiteren Änderungen des Titels und weiteren Fundortnachweisen siehe Imogen Fellinger, *Verzeichnis der Musikzeitschriften des 19. Jahrhunderts*, Regensburg 1968, S. 136.

England fiel weg. Das Inland blieb mehr oder weniger mit allen Kronländern des Kaiserreichs gleichartig präsent; ich werde in der Folge darauf nicht mehr detailliert eingehen.
Es würde nur ermüden, aus jedem der folgenden Jahre die Statistik für die Ausländer vor-
zulegen. Ich will mich auf markante Änderungen beschränken.

1873 gab es erstmals vier Studierende aus Nordamerika, und in den Folgejahren blieb
das Konservatorium für aus Nordamerika kommende Studierende ein Ziel. Ab 1874
wurde bei den deutschen Studierenden erstmals zwischen Deutschland, Bayern, und
Württemberg unterschieden, also dem 1871 ausgerufenen Deutschen Kaiserreich und den
Königreichen Bayern und Württemberg. 1874 gab es wieder einen englischen und erstmals zwei schottische Studierende. 1875 scheint in der Liste erstmals Belgien auf und mit
einem Studierenden aus Ägypten war nun auch der afrikanische Kontinent präsent. 1876
lesen wir zum ersten Mal auch von Griechenland und Schweden. 1878 wurden zwei weitere Kontinente unter den Studierenden präsent: Asien und Australien; beide Studierende
haben jedoch nach einem Jahr ihr Studium wieder abgebrochen, doch ist Asien seit 1885
kontinuierlich mit Studierenden im Konservatorium präsent. Im Jahr 1882 finden wir
erstmals zwei Studierende aus Brasilien, welche die dreijährige Studiendauer durchlie-
fen. Indien scheint 1885 zum ersten Mal auf. 1890 können wir wieder Ägypten und zum
ersten Mal das Königreich Serbien auf unsere Liste der Herkunftsländer der Studierenden
setzen. 1891 musste in der statistischen Auflistung zwischen Afrika im allgemeinen und
Ägypten unterschieden werden. Mit Koda Nobu gab es in diesem Studienjahr 1891/92
erstmals eine Studierende aus Japan am Konservatorium. Es ist nicht die Aufgabe dieses
Beitrags, über weibliche Studierende am Konservatorium zu berichten, aber es sei doch
hervorgehoben, dass der erste Brückenschlag von Japan zum Konservatorium durch eine
weibliche Studierende erfolgte und dass diese nicht das klassische Frauen-Instrument
Klavier studierte, sondern die damals für Frauen immer noch weniger gebräuchliche Violine. Dass sie zu und wegen Josef Hellmesberger d. J. an das Konservatorium kam, bezeugt den internationalen Ruf von dessen Lehrern.

Warum im Studienjahr 1894/95 zwischen fünf amerikanischen – mit Amerika sind immer die USA gemeint – und einem kalifornischen Studenten unterschieden wurde, ist
nicht recht einleuchtend, jedenfalls gibt es dafür keine staatspolitischen Erklärungen;
vielleicht war es nur die Freude, jetzt auch von der Westküste jemanden hier zu haben, die
Kalifornien gesondert anführen ließ. In diesem Jahr kam auch Spanien erstmals in die
Studentenstatistik. 1895/96 waren Syrien und Bulgarien neu. Nachdem fünf Jahre die
Türkei unter den Studenten nicht präsent war, kam im Studienjahr 1896/97 erstmals ein
Student aus dem präzise so genannten Osmanischen Reich, das nunmehr präsent blieb.
Hier spiegelt sich politische Geschichte in der Musikgeschichte, man muss also in erste-
rer sattelfest sein, um Entwicklungen in der Musikszene richtig zu verstehen. Wenn wir
1899 erstmals von Ost-Indien lesen, so ist wieder Sattelfestigkeit in der politischen Terri-
torialgeschichte gefragt, um zu wissen, dass es sich um Britisch-Indien handelt, besonders wenn in den nächsten Jahren wieder nur von Indien die Rede ist, also wohl von jenem Teil Indiens, der nicht unter direkter britischer Herrschaft stand, sondern unter der
von einheimischen Fürsten-Dynastien. 1900 kehrte Australien in die Statistik zurück.

1902 wird bei sieben Studierenden ausdrücklich zwischen Nord- und Südamerika unterschieden, und so bleibt es. 1905 lesen wir erstmals von Arabien und erstmals vom Kaukasus als Herkunftsland. Asien ist 1900 wieder als Sammelbegriff zurückgekehrt, Ägypten kommt und geht oder besser gesagt, Studierende von dort kommen und gehen. Auch viele europäische Länder sind einmal präsent und einmal nicht, ohne dass ich hier im Einzelnen darauf eingegangen bin. Es genügt festzuhalten, dass stets Studierende aus den verschiedensten europäischen Ländern den Weg nach Wien gefunden haben. Als Spiegelbild politischen Tauziehens mag man auch festhalten, dass seit dem Studienjahr 1891/92 Studierende aus der ungarischen Reichshälfte der Donaumonarchie unter die Ausländer gezählt wurden, was das Verhältnis zwischen in- und ausländischen Studierenden auf eine neue Basis stellte und das kontinuierliche Ansteigen der Zahlen der Ausländer*innen verunklarte, weil sich plötzlich ein Sprung nach oben ergab. Waren es 1890/91 769 Inländer*innen und 106 Ausländer*innen, so waren es im darauf folgenden Jahr, nachdem die Studierenden aus der ungarischen Reichshälfte zu Ausländer*innen geworden waren, 752 Inländer*innen und 127 Ausländer*innen. Der Ausländer*innenanteil ist nur unwesentlich von 12 % auf 14,5 % gestiegen, weil sich auch noch andere Verschiebungen ergaben. Statistik sagt also keinesfalls alles.

Cui bono? Das mag man sich nach dieser ohnedies recht oberflächlichen statistischen Aufzählung zu den Einzugsgebieten des Konservatoriums der Gesellschaft der Musikfreunde fragen.

Zum einen, um mit solchen Schlaglichtern aus der Statistik die weite Anziehungskraft und somit Ausstrahlung dieser Lehranstalt zu zeigen. Zum anderen, um hier erstmals auf die noch vielfältigen Desiderata und Forschungsmöglichkeiten aufmerksam zu machen, die sich bei diesen Fragen wie Quellenbeständen ergeben.

Man mag sich etwa fragen, was Studierende aus Ländern, in denen westliche Musiktraditionen nicht fest verwurzelt waren – die also nicht aus Europa oder Nordamerika stammten –, zu einem Musikstudium nach Wien führte. Mit diesen Fragen muss man sich freilich auf Instrumentalmusik, Gesang und Komposition konzentrieren, da Kapellmeisterei keine eigene Studienrichtung war, Hans Richter hat z. B. Horn studiert und ist Dirigent geworden. Auch mit Komposition muss man vorsichtig sein, da sie nur ein Teil des musiktheoretischen Studiums war. Die erwähnte Koda Nobu hat Violine studiert und im Nebenfach Musiktheorie und wurde zu einer anerkannten Komponistin. Man kann im Weiteren musiksoziologische und sozialgeschichtliche Studien anstellen. Ist schon das soziale Milieu interessant,[11] aus dem die inländischen Studierenden gekommen sind, so muss man sich fragen, was das für Eltern waren, die ihre Söhne oder Töchter aus Übersee, aus Nahost, aber auch aus Russland oder Spanien – um zwei europäische Pole der Distanzen zu nennen – zu einem Musikstudium nach Wien geschickt haben. Und bei den inländischen Studierenden muss man bei derartigen sozialgeschichtlichen Fragen wieder zwischen solchen aus Wien und seiner Umgebung und solchen aus mehr oder weniger

---

[11] Zu Fragen der sozialen Herkunft von Musikstudierenden im 19. Jahrhundert siehe den Text von Freia Hoffmann in diesem Band.

entfernten Kronländern unterscheiden, auch wenn man zu ähnlichen Ergebnissen kommt. Hinzuweisen ist auch darauf, dass es verschiedenste Formen und Möglichkeiten von Stipendien bzw. Studiengeldermäßigungen gab, die für Studierende aus allen Teilen des Kaiserreiches bzw. der Doppelmonarchie galten, aber auch – und das ist ein besonders deutliches Zeichen für die Offenheit der Anstalt – für Ausländer*innen, auch wenn sie insbesondere von Studierenden aus dem Österreichischen Kaiserreich in Anspruch genommen wurden.[12] Dank dieser sozialen Vorkehrungen brauchte nicht die soziale Oberschicht Zielgruppe des Konservatoriums für die Aufnahme der Studierenden sein; nichts deutet auch auf die so genannten ›höheren Töchter‹ (oder Söhne) unter den Studierenden, die anderswo zu einem geradezu literarischen Topos geworden waren. Ausschließlich Begabung und Qualität galt es bei den Aufnahmeprüfungen zu suchen. Diese waren obligatorisch und kommissionell. Sie fielen lediglich bei den wenigen Stiftlingen weg, die ab Mitte der 1860er Jahre durch etwa eine Generation herausragende Financiers der Gesellschaft präsentiert werden konnten, die freilich meist selbst – zum eigenen Ruhm – für eine entsprechende Selektion ihrer Schützlinge sorgten.

Am wichtigsten ist aber wohl die Frage, wie die Ausländer*innen, die hier studiert oder das ganze Studium absolviert haben, das hier Erworbene daheim ein- und umsetzen konnten, also wie die Ausstrahlung auf Studierende in deren Heimat auf eine größere Breite multipliziert wurde. Wurde also mit dem 10- bis 15-prozentigen Ausländeranteil wirklich Musikexport betrieben oder wurden Einzelphänomene in die Welt gesetzt?

Das sind freilich auch Fragen, die den hier Studierenden aus den Kronländern des Kaisertums bzw. der Doppelmonarchie gelten müssen. Weiters mag man sich fragen: Was hat die relativ vielen Studierenden aus Böhmen und Mähren bewogen, in Wien und nicht in Prag zu studieren? Man denke nur an den aus Mähren stammenden Gustav Mahler. Wie viele sind nach dem Studium in ihre Heimat zurückgekehrt, wie viele haben das Studium in Wien zu einem Sprungbrett für eine Karriere außerhalb ihrer engeren Heimat genutzt? Letzteres war zum Beispiel bei Gustav Mahler der Fall. Erwähnt sei aber auch der aus Prag gebürtige und in Hermannstadt in Siebenbürgen aufgewachsene Flötist Adolf Terschak, der nach seinen Studien am Konservatorium der Gesellschaft der Musikfreunde zu einem (welt-)reisenden Flötenvirtuosen und sogar einem der ersten europäischen Musiker wurde, die eine Konzertreise nach Japan unternommen haben. Insgesamt scheint es schon so gewesen zu sein, dass der Ruf der ›Musikstadt‹ Wien, die überregionale und internationale Offenheit des Wiener Konservatoriums, sein damit entstandener weltweiter Ruf und der Ruf seiner ebenfalls überregionalen und internationalen Professor*innen dem Konservatorium der Gesellschaft der Musikfreunde auch innerhalb des Kaiserreiches eine besondere Anziehungskraft gegeben haben.

---

[12] Die sozialgeschichtlichen Aspekte dieses Konservatoriums müssten in einer eigenen Studie dargestellt werden. Nach dem Gründungsgedanken sah es die Gesellschaft als ihre Pflicht an, den Unterricht unentgeltlich erteilen zu lassen, weil es Aufgabe von Musikfreunden sein müsse, für einen hochgradigen Nachwuchs von Musiker*innen – ob Laienmusiker*innen (Dilettant*innen) oder Berufsmusiker*innen – zu sorgen. Auf die Dauer war dies nicht möglich, und es mussten Studiengebühren eingeführt werden.

Wenn man sich ferner fragt, warum aus manchen Kronländern – unter der für solche Vergleiche notwendigen Berücksichtigung der Bevölkerungszahlen – deutlich mehr und aus anderen deutlich weniger zum Musikstudium nach Wien kamen, so mögen dies lokal-chauvinistische oder künstlerisch-musikalische Gründe gewesen sein, aber wohl auch solche des Bedarfs, also der vor Ort anerkannten Notwendigkeit eines solchen Studiums.

1862 wurde in St. Petersburg von Anton Rubinstein ein Konservatorium gegründet, getragen von einer Gesellschaft, angeblich (so die noch heute lebendige Tradition im Haus) nach dem Vorbild des Konservatoriums der Gesellschaft der Musikfreunde in Wien. Es war wichtig, notwendig und ersprießlich, auch dort ein Konservatorium zu haben. Aber die Gründung hat nicht dazu geführt, dass weniger Student*innen aus Russland an das Konservatorium in Wien gekommen wären. Hat man sich von Wien aus einen leichteren Sprung in die große musikalische Welt erwartet? Warum hat die 1875 mit Hilfe von Franz Liszt begründete Königlich Ungarische Musikakademie nicht zu einem deutlichen Rückgang der am Konservatorium der Gesellschaft der Musikfreunde in Wien Studierenden aus Ungarn geführt? Eine Antwort darauf scheint in dem Faktum zu liegen, dass sich dieses Konservatorium stets über alle Nationalitäten-Fragen hat positionieren und künstlerische Fragen in den Vordergrund hat stellen können, während die neue Ungarische Musikakademie das national-ungarische Element besonders betont hat. Wem das kein besonderes Anliegen war oder wer darin sogar eine Einengung sah, ging weiterhin nach Wien. Dieses übernationale, überregionale und vor allem weltoffene Selbstverständnis war (nicht in dem Maße, aber doch) auch für das Leipziger Konservatorium charakteristisch, aber sonst kaum irgendwo vergleichbar wichtig und für die jüngeren Konservatoriumsgründungen der zweiten Hälfte des 19. Jahrhunderts auch nicht historisch begründet. Das Konservatorium der Gesellschaft der Musikfreunde ist hingegen »für die gesammten k.k. österreichischen Staaten«[13] gegründet worden, war also von Anfang an für Studierende aus Mittel-, Ost- und Südeuropa bestimmt. Dieses in die Wiege gelegte weltoffene Selbstverständnis scheint die überregionale Anziehungskraft des Wiener Konservatoriums der Gesellschaft der Musikfreunde immer gestärkt und die Anstalt auf Dauer überregional attraktiv gemacht zu haben.

Das alles zeigt, dass die Beschäftigung mit dem Einzugsgebiet des Wiener Konservatoriums der Gesellschaft der Musikfreunde nicht eine Beschäftigung mit Fragen oder Beobachtungen zur Wiener musikalischen Lokalgeschichte darstellt, sondern, worauf hier in besonderem Maße hinzuweisen war, in größeren Zusammenhängen auch Hinweise zur internationalen Musikgeschichte geben kann.

Fragen, Vermutungen, Beobachtungen, Fakten und Hinweise: Es wäre wünschenswert und notwendig, dass nach den mit diesem Symposium erfolgten vergleichenden Studien zu europäischen Konservatorien und diesem Beitrag über das Einzugsgebiet und die Ausstrahlung des Konservatoriums der Gesellschaft der Musikfreunde in Wien neue Anregungen um sich greifen könnten. Anregungen, welche die Notwendigkeit der Berücksichtigung dieser Institution, ihrer Träger und ihrer Nutznießer bei vielfachen Aspekten

---

[13] Mandyczewski, *Zusatz-Band zur Geschichte*, 1912, S. 197.

überregionaler Musikgeschichte, ja bei Phänomenen allgemeiner musikalischer Entwicklungen präsent machen könnten. Denn dieses Konservatorium war ein Konservatorium in Wien, aber kein Konservatorium *nur* für Wien, sondern eines für den Österreichischen Kaiserstaat, also Mitteleuropa mit den angrenzenden Ländern und, wie zu zeigen war, für ganz Europa sowie mit einer für damalige Verhältnisse weltweiten Ausstrahlung: in dieser Art nur mit dem Leipziger Konservatorium vergleichbar, aber dennoch sehr speziell und in der Historie wie im Selbstverständnis, in den ihm immanenten Ideen und deren Verwirklichung doch sehr unterschiedlich zu ihm.

Die Zahl der Studierenden ist von 24 im Jahr 1817 auf 847 im Jahr 1908 gestiegen, die der Professoren im selben Zeitraum von 2 auf 71.[14] Damit gingen finanzielle, logistische und räumliche Anforderungen Hand in Hand, die von einer privaten Gesellschaft – trotz relativ spät einsetzender mehr oder weniger regelmäßig gewährten staatlichen Subventionen – nicht mehr getragen werden konnten. Ein numerus clausus wurde zwar angedacht, aber nie ernsthaft diskutiert. Nach lange währenden Verhandlungen wurde das Konservatorium der K.K. Gesellschaft der Musikfreunde in Wien von dieser mit 1. Jan. 1909 in staatliche Leitung übergeben. Es wurde zur K.K. Akademie für Musik und darstellende Kunst, später Hochschule für Musik und darstellende Kunst und heute Universität für Musik und darstellende Kunst in Wien.

Literatur

[Anonym,] »Entstehung und Wirksamkeit der Gesellschaft der Musikfreunde des Oesterreichischen Kaiserstaates«, in: *Monatsberichte der Gesellschaft der Musikfreunde des Oesterreichischen Kaiserstaates* I (1829), I, S. 1–16, II, S. 15–19.

[Anonym,] *Denkschrift zur 25jährigen Jubelfeier der Gesellschaft der Musikfreunde des österreichischen Kaiserstaates*, Wien 1840.

[Anonym,] *Festschrift 1817–1967 Akademie für Musik und darstellende Kunst in Wien*, Wien 1967.

Otto Biba, »Das Konservatorium der Gesellschaft der Musikfreunde in Wien«, in: *»Der Himmel hängt voller Geigen«. Die Violine in Biedermeier und Romantik. Eine Ausstellung des Kunsthistorischen Museums Wien in Kooperation mit der Gesellschaft der Musikfreunde in Wien*, hrsg. von Otto Biba [u. a.], Wien 2011, S. 25–31.

Ders. u. Ingrid Fuchs (Hrsg.): *»Die Emporbringung der Musik«. Höhepunkte aus der Geschichte und aus dem Archiv der Gesellschaft der Musikfreunde in Wien*, Wien 2012.

Imogen Fellinger, *Verzeichnis der Musikzeitschriften des 19. Jahrhunderts*, Regensburg 1968.

Ingrid Fuchs (Hrsg.), *Musikfreunde. Träger der Musikkultur in der ersten Hälfte des 19. Jahrhunderts*, Kassel [u. a.] 2017.

Beate Hennenberg, *Das Konservatorium der Gesellschaft der Musikfreunde in Wien*, Wien 2013.

---

14 Perger u. Hirschfeld, *Geschichte*, 1912, S. 346.

Hartmut Krones, »»…der schönste und wichtigste Zweck von allen …‹. Das Conservatorium der Gesellschaft der Musikfreunde des österreichischen Kaiserstaates«, in: *Österreichische Musikzeitschrift* 43 (1988), S. 66–83.

Robert Lach, *Geschichte der Staatsakademie und Hochschule für Musik und darstellende Kunst in Wien*, Wien 1927.

Eusebius Mandyczewski, *Zusatz-Band zur Geschichte der k.k. Gesellschaft der Musikfreunde in Wien. Sammlungen und Statuten*, Wien 1912.

Richard von Perger u. Robert Hirschfeld, *Geschichte der k.k. Gesellschaft der Musikfreunde in Wien*, Wien 1912.

[Franz] P[ietznigg], »Wirksamkeit des Conservatoriums der Musik in Wien«, in: *Mittheilungen aus Wien* 2 (1833), S. 15–27.

C[arl] F[erdinand] Pohl, *Die Gesellschaft der Musikfreunde des österreichischen Kaiserstaates*, Wien 1871.

Ders., *Gebäude und Kunstsammlungen der Gesellschaft der Musikfreunde in Wien*, Wien 1872.

Gottfried Scholz, »Das Konservatorium der Gesellschaft der Musikfreunde in Wien und seine europäischen Vorgänger wie Nachfolger«, in: *Musikfreunde. Träger der Musikkultur in der ersten Hälfte des 19. Jahrhunderts*, hrsg. von Ingrid Fuchs, Kassel [u. a.] 2017, S. 85–93.

Ernst Tittel, *Die Wiener Musikhochschule*, Wien 1967.

INGRID FUCHS

Die ersten Violoncello-Studentinnen in Ausbildungsklassen der letzten Jahre des Konservatoriums der Gesellschaft der Musikfreunde in Wien

In der Unterrichts-Ordnung des »Schul-Statuts des Conservatoriums« im Jahr 1900 findet sich unter § 6, Aufnahme und Aufnahmsbedingungen, folgende Bestimmung: *»Der Unterricht am Conservatorium ist Schülern beiderlei Geschlechtes zugänglich, und zwar Schülern männlichen Geschlechts für alle an dem Institute bestehenden Disciplinen, bei solchen weiblichen Geschlechtes mit Ausnahme des Unterrichtes für Violoncello, Contrabaß, Blasinstrumente und im Allgemeinen in den Vorbildungsklassen für Violine«*[1]. Im Schul-Statut des Jahres 1901 findet sich eine kleine, aber wesentliche Änderung in § 6, denn nun heißt es hier: *»Der Unterricht am Conservatorium ist Schülern beiderlei Geschlechtes zugänglich [...], solchen weiblichen Geschlechtes mit Ausnahme des Unterrichtes für Contrabaß, Blasinstrumente und in den Vorbildungsclassen für Violine und Violoncell. [...]. Die in den Ausbildungsschulen für Violine und Violoncello aufgenommenen weiblichen Zöglinge sind von den Orchesterübungen ausgenommen«*[2]. Das bedeutet, dass ab dem Schuljahr 1901/02 nun auch Studentinnen in die Ausbildungsklasse für Violoncello aufgenommen werden durften, nicht aber in die Vorbildungsklasse; die Teilnahme an den Orchesterübungen war jedoch sowohl Geigerinnen als auch Cellistinnen damals noch nicht gestattet. Dies ändert sich erst 1908, denn jetzt findet sich in der Unterrichts-Ordnung der Zusatz: *»Die in den Ausbildungsschulen für Violine und Violoncell aufgenommenen weiblichen Zöglinge nehmen an den Kammermusik- und Orchesterübungen teil«*[3]. Im Jahr 1909, kurz nachdem die weiblichen den männlichen Studierenden in diesem Bereich gleichgestellt worden waren – in die Vorbildungsklassen durften Mädchen zwar noch immer nicht –, wurde das Konservatorium der Gesellschaft der Musikfreunde in staatliche Leitung übergeben und von da an unter dem Namen Akademie für Musik und darstellende Kunst geführt.

Knapp 90 Jahre zuvor, im Jahr 1820, war am Konservatorium der 1812 gegründeten Gesellschaft der Musikfreunde in Wien die erste Klasse für Violoncello eingerichtet worden, die ein Jahr von Anton Kraft und in der Folge von Josef Merk geleitet wurde. An-

---

[1] *Schul-Statut des Conservatoriums für Musik und darstellende Kunst der Gesellschaft der Musikfreunde in Wien*, Wien 1900; B. Unterrichts-Ordnung, § 6, Aufnahme und Aufnahmsbedingungen, S. 9.

[2] *Schul-Statut des Conservatoriums für Musik und darstellende Kunst der Gesellschaft der Musikfreunde in Wien*, Wien 1901; B. Unterrichts-Ordnung, § 6, Aufnahme und Aufnahmsbedingungen, S. 9.

[3] *Schul-Statut und Unterrichts-Ordnung des Konservatoriums für Musik und darstellende Kunst*, Wien 1908; B. Unterrichts-Ordnung, § 6, Aufnahme und Aufnahmsbedingungen, S. 9.

schließend folgten als Lehrer u. a. Karl Schlesinger, Heinrich Röver, Karl Udel, Reinhold Hummer und Ferdinand Hellmesberger, allesamt Repräsentanten der Wiener Streicher-tradition, die bis zum Jahr 1900 zahlreiche bedeutende Cellisten hervorbrachten. Bis 1877 unterrichtete (meist) nur *ein* Lehrer die Violoncello-Studenten in der jeweils drei-jährigen Vor- und Ausbildung, wobei die jährliche Schülerzahl ziemlich stark schwank-te.[4] Zunächst studierten durchschnittlich acht, ab 1870 durchschnittlich zehn Zöglinge in der Violoncelloschule. Von 1877 bis 1885 unterrichteten zwei Lehrer durchschnittlich 16 Studenten jährlich, ab da meistens drei, manchmal auch nur zwei Lehrer zwischen 18 und 24 Studenten jährlich, von denen jedoch ca. die Hälfte (bis zu zwei Drittel) die Vor-bildungsklasse besuchten. Im Schuljahr 1901/02, dem ersten Jahr, in dem Frauen in die Violoncello-Ausbildungsklassen, nicht aber in die Vorbildungsklassen aufgenommen werden durften,[5] sowie im darauffolgenden Jahr 1902/03 gab es in der Ausbildungsklasse jeweils zwölf männliche und eine weibliche Studierende neben den zwölf Knaben der Vorbildungsklasse. In den folgenden drei Studienjahren, 1903/04 bis 1906/07, studierte jedoch am Konservatorium abermals keine einzige Frau Violoncello. Erst ab 1906/07 fin-den sich wieder Studentinnen in der Violoncello-Ausbildungsklasse: Obwohl jedes Jahr eine weitere hinzukam, wurden bis 1909, als das Konservatorium vom Staat übernom-men wurde, nur insgesamt vier (!) Violoncello-Studentinnen in dieser Anstalt ausgebildet (1906/07: sieben männliche, eine weibliche; 1907/08: sechs männliche, zwei weibliche, 1908/09: elf männliche, drei weibliche Zöglinge). Erst im Schuljahr 1911/12, nunmehr bereits in der Akademie für Musik, wurde das erste Mädchen, Kamilla Chamrath, in die Vorbildungsklasse für Violoncello aufgenommen.[6]

Doch werfen wir einen Blick zurück: Von 1880 bis 1901 gab es keine Violoncello-Stu-dentinnen, denn die bereits zu Beginn dieses Beitrages zitierte, weibliche Zöglinge vom Violoncellounterricht ausschließende Bestimmung wurde bereits 1879 zum ersten Mal erlassen. Bis 1878 hatte es in § 20 noch geheißen:

> »Der Unterricht in allen Gegenständen, welche am Conservatorium gelehrt werden, ist Schülern beider Geschlechter zugänglich und wird – mit Ausnahme der Gesammtübungen, sowie der kunstwissenschaftlichen und linguistischen Fächer – in der Regel in nach Ge-schlechtern getrennten Abtheilungen und ausschließlich im Gebäude der Anstalt ertheilt«[7].

---

[4] Basierend auf: *Verzeichniß und Classification der Schüler des Conservatoriums der Musik in Wien* 1840/41 bis 1859/60 sowie den Jahresberichten des Konservatoriums ab dem Schuljahr 1860/1861. Vgl. auch die Zusammenstellung der Jahre 1870/71 bis 1894/95 (ohne Unterscheidung von Aus-bildung und Vorbereitung) im *Statistischen Bericht des Konservatoriums* 1894/95, S. 18f.: Statis-tischer Theil: Tabellarische Darstellung der Entwicklung des Conservatoriums in den Jahren 1870/71 bis 1894/95.

[5] Die folgenden Daten nach den *Statistischen Berichten des Konservatoriums* 1901/02 bis 1907/08 sowie dem *Jahresbericht der Akademie* 1908/09.

[6] *Jahresbericht Akademie* 1911/12, S. 53: Sie besuchte das letzte (dritte) Jahr der Vorbereitungs-klasse bei Franz Schmidt.

[7] *Vollzugvorschrift zum Statute der Grundverfassung des Conservatoriums für Musik und darstel-lende Kunst der Gesellschaft der Musikfreunde in Wien*, Wien 1878, § 20, S. 8f.

In den Nachträgen und Berichtigungen zu der »Vollzugsvorschrift«, erlassen 1879, lautet aber der § 20 *»fortan«*:

>»Der Unterricht in allen Gegenständen […], ist Schülern beider Geschlechter zugänglich – <u>ausgenommen Violoncello, Contrabaß und sämmtliche Blasinstrumente, in welchen Fächern Zöglinge weiblichen Geschlechts überhaupt nicht</u>, und Violine, in welches Fach sie nur bei hervorragender Begabung und jenem Grad der Vorbildung, der sie zum sofortigen Eintritt in die Ausbildungsschule befähigt, <u>aufgenommen werden</u> [Hervorhebungen I.F.]«[8].

Tatsächlich haben vor der mit dem Jahr 1880 in Kraft tretenden, weibliche Studierende diskriminierenden Bestimmung einige wenige – insgesamt nur drei – Cellistinnen am Konservatorium der Gesellschaft der Musikfreunde in Wien studiert.[9] Das Studium des Violoncello umfasste – wie bei Klavier, Violine und allen Blasinstrumenten – drei Jahre Vorbildungsschule und drei Jahre Ausbildungsschule.[10]

Die erste Cellistin, die am Konservatorium der Gesellschaft der Musikfreunde in Wien studierte, war Rudolfine Epstein. Sie begann laut Matrikel[11] ihr Studium im Apr. 1866, besuchte also in ihrem ersten Studienjahr nur drei Monate lang den Unterricht in der Vorbildungsschule, den sie mit *»lobenswerth«* abschloss. Im Studienjahr 1866/67 wird sie trotzdem bereits als Studentin des zweiten Jahreskurses bei Karl Schlesinger[12] genannt, wo sie unter dessen *»vorzüglichen Schülern«* an vierter Stelle aufscheint.[13] Für das Studienjahr 1867/68 existiert keine Matrikel und keine Eintragung im Jahresbericht; erst im Studienjahr 1868/69 hat sie wieder am Konservatorium studiert, allerdings nach wie vor im zweiten Jahreskurs, den sie mit der Note *»lobenswerth«* sowohl im Hauptfach Violoncello wie im Nebenfach Klavier, das sie bei Franz Ramesch studiert hat, beendete.[14] Das heißt aber, dass sie nicht einmal die dreijährige Vorbildungsschule abgeschlossen hat. Da sie später in Kritiken als Schülerin David Poppers bezeichnet wird,[15] wäre es möglich, dass sie im Anschluss an ihr Konservatoriumsstudium bei diesem Privatunterricht

---

8   Nachträge und Berichtigungen zu der *Vollzugsvorschrift* (erlassen 1879), S. 3 und *Vollzugsvorschrift zum Statute der Grundverfassung des Conservatoriums für Musik und darstellende Kunst der Gesellschaft der Musikfreunde in Wien*, Wien 1880, S. 9.

9   Siehe Carl Ferdinand Pohl, *Die Gesellschaft der Musikfreunde des österreichischen Kaiserstaates und ihr Conservatorium*, Wien 1871, Beilage XVII: *»Die Zöglinge des Conservatoriums seit Eröffnung der Anstalt, 1. August 1817, bis zum Schluß des Schuljahres 1869/70«*, S. 144–183, sowie die *Jahres-Berichte des Conservatoriums der Gesellschaft der Musikfreunde* 1870/71 bis 1880/81.

10   *Grundverfassungs-Statut des Konservatoriums der Gesellschaft der Musikfreunde in Wien und Vollzugsvorschrift zum Grundverfassungs-Statute 1869*, Wien 1869, S. 1 und S. 8.

11   Matrikel Rudolfine Epstein, Archiv der Gesellschaft der Musikfreunde.

12   Karl Schlesinger (1813–1871) war Mitglied des Hofopernorchesters und der Wiener Philharmoniker, Cellist des Hellmesberger-Quartetts und seit 1853 Professor am Konservatorium.

13   Matrikel Rudolfine Epstein und *Jahresbericht Konservatorium* 1866/67, S. 30, 68.

14   Matrikel Rudolfine Epstein und *Jahresbericht Konservatorium* 1868/69, S. 23.

15   Beispielsweise August Wilhelm Ambros in: Wiener Abendpost 7. Jan. 1874, abgedruckt in: Markéta Štědronská (Hrsg.), *August Wilhelm Ambros. Musikaufsätze und -rezensionen 1872–1876*, 2 Bde., Bd. 1, Wien 2019, S. 30.

nahm: Er war von 1868 bis 1873 an der Wiener Hofoper als Solocellist engagiert und in dieser Zeit auch Mitglied des Hellmesberger-Quartetts.

Rudolfine Epstein dürfte bei ihrer Konservatoriumsausbildung wohl eine Art Sonder- oder Ausnahmestellung eingenommen haben, die vermutlich auf der Verwandtschaft mit dem angesehenen Pianisten und Professor des Konservatoriums Julius Epstein beruhte.[16] Sie war allerdings nicht (!), wie allgemein bisher ohne jeglichen Beleg in der Literatur angenommen, seine Tochter, sondern seine Nichte, nämlich die Tochter seines Bruders Ignaz Epstein, wie aus der Matrikel hervorgeht.[17] Sie wurde 1866 als 16-Jährige ins Konservatorium aufgenommen, das heißt, sie wurde 1850 geboren, und zwar in Teschen (heute Tschechien) als Tochter des Cantors Ignaz Epstein (1818–?) und dessen Gattin Charlotte (1820–?).[18] Ihre jüngere Schwester Eugenie Epstein begann 1868/69 als Zwölfjährige ihr Violinstudium bei Karl Heissler in der ersten Klasse der Vorbildungsschule. Aus der Altersangabe geht hervor, dass sie 1856 geboren wurde, laut Matrikel in Prossnitz in Mähren.[19] Für 1869/70 und 1870/71 gibt es keine Belege (weder die Erwähnung im Jahresbericht noch eine Matrikel) für einen Konservatoriumsbesuch – vielleicht nahm sie in dieser Zeit Privatunterricht –, dafür wird sie 1871/72 als 14-Jährige bereits als Studentin der zweiten Klasse der Ausbildungsschule bei Josef Hellmesberger, damals auch artistischer Direktor der Gesellschaft der Musikfreunde, angeführt und als erste unter den »vorzüglichen«[20] Schülern genannt. 1872/73 setzte sie ihre Ausbildung fort und schloss ihr Studium mit Bravour ab: Sie erhielt ein Diplom, erlangte beim Schluss-Concurs einen Preis und wurde als Abiturientin mit der Gesellschaftsmedaille ausgezeichnet.[21] In den folgenden Jahren ist sie in zahlreichen Konzerten, meistens gemeinsam mit ihrer Schwester Rudolfine, im In- und Ausland aufgetreten.[22]

---

[16] Julius Epstein (1832–1926) war mit der Pianistin Amalie Mauthner (1835–1915) verheiratet; sie hatten zwei Töchter, Gabriele und Hedwig, die als Kinder verstorben sind und einen Sohn, den Pianisten Richard Epstein (1869–1919), der von 1899–1901 ebenfalls als Professor am Konservatorium wirkte. Zu allen verwandtschaftlichen Beziehungen der Familie Epstein siehe Forum Ahnenforschung, https://forum.ahnenforschung.net/show-thread.php?t=170518, Zugriff am 24. Jan. 2020.

[17] Matrikel Rudolfine Epstein.

[18] Laut der Eintragung der Familie Ignaz Epstein in Prossnitz, in: Knihy familiantů v jiných fondech Archiv ŽMP, ŽNO Prostějov b.č.Kniha familiantů [Familienbuch Prossnitz] 1857, S. 117, http://www.badatelna.eu/fond/2098/reprodukce/?zaznamId=401745&reproId=595499 (Zugriff am 7. Sept. 2020), ist eindeutig belegt, dass Rudolfine Epstein 1850 geboren wurde, obwohl sie in ihrem Todesjahr als 26-jährig bezeichnet wurde: siehe dazu weiter unten. Für die diesbezüglichen Auskünfte bzw. Hinweise danke ich sehr herzlich Frau Irma Wulz, Archiv der Israelitischen Kultusgemeinde Wien.

[19] Matrikel Eugenie Epstein, Archiv der Gesellschaft der Musikfreunde. Das Datum stimmt auch mit der Angabe im Familieneintrag Familie Ignaz Epstein in Prossnitz (siehe oben) überein. Genannt werden dort neben Rudolfine ihre Schwestern Theresia, geboren 1846 und »Jenni«, geboren 1856, das ist Eugenie.

[20] Matrikel und *Jahresbericht Konservatorium* 1871/72, S. 9 und S. 56.

[21] Keine Matrikeleintragung vorhanden. *Jahresbericht Konservatorium* 1872/73, S. 13, S. 80, S. 83–85.

[22] Siehe Volker Timmermann, Art. *»Epstein, Eugenie«*, in: *Lexikon »Europäische Instrumentalistin-*

Die Cellistin Rudolfine Epstein, die sich im Anschluss an ihre kurze, abgebrochene Konservatoriumsausbildung höchstwahrscheinlich bei privaten Lehrern künstlerisch und technisch vervollkommnete (wie erwähnt vielleicht bei David Popper), heiratete am 12. Apr. 1880 in Prossnitz Dr. Armin Weinmann, Journalist der Zeitung »Die Presse«, und schenkte am 22. Febr. 1881 einem Sohn, Rudolf Paul Weinmann, das Leben. Fünf Tage später, am 27. Febr., ist Rudolfine Weinmann-Epstein gestorben, hat also dessen Geburt nur wenige Tage überlebt. In der Todesanzeige, die in der »Presse« und der »Neuen Freien Presse« erschienen ist[23], steht, dass Rudolphine [sic] Weinmann, geb. Epstein »*nach viertägiger Krankheit und als Angebinde ein fünf Tage altes einziges Söhnchen hinterlassend, im 26. Lebensjahre sanft entschlafen ist*«. Über das falsch angegebene Alter von 26 Jahren – tatsächlich war sie bereits 31 Jahre alt – lässt sich nur spekulieren: Entweder es handelt sich um einen Druckfehler oder Rudolfine Weinmann-Epstein wurde jünger gemacht, um das damals für eine Erstgebärende (zu) späte und daher mit hohem Risiko verbundene Alter zu verschleiern. Die am Montag, dem 28. Febr. 1881 in der »Presse« erschienene Meldung ist für die Cellistin Rudolfine Epstein im Hinblick auf das Ende ihrer Karriere und ihres Lebens sehr aufschlussreich:

> »Unser College Dr. Armin Weinmann hat einen schweren Verlust erlitten. Nach kaum einjähriger glücklicher Ehe ist heute seine Gattin, Frau Rudolphine Weinmann, geb. Epstein, gestorben, nachdem sie vor drei Tagen einem Söhnchen das Leben gegeben. Fräulein Rudolphine Epstein hatte sich als Virtuosin auf dem Cello in der Künstlerwelt einen Namen erworben und in Berlin, Paris und London als Concertistin die ehrendste Anerkennung gefunden. Sie entsagte seit ihrer Vermälung [sic] dem öffentlichen Auftreten, um nur ihrem Gatten zu leben«[24].

Rudolfine Epstein, die oft auch als Violoncello-Virtuosin bezeichnet wurde[25], hat so wie viele andere solistisch erfolgreich wirkende Musikerinnen in dieser Zeit nach einer erfolgreich begonnenen Konzerttätigkeit ihre Karriere aufgrund ihrer Heirat beendet. Die kurze Studienzeit in der Vorbildungsklasse des Konservatoriums war wohl nur ein kleiner, wenn auch sicherlich wichtiger Abschnitt im Rahmen ihrer künstlerischen Ausbildung zur Solistin.

---

nen des 18. und 19. Jahrhunderts«, hrsg. von Freia Hoffmann, https://www.sophie-drinker-institut. de/epstein-eugenie, Zugriff am 2. Febr. 2020 und Annkatrin Babbe, Art. *»Epstein, Rudolfine«*, in: ebd., https://www.sophie-drinker-institut.de/epstein-rudolfine, Zugriff am 2. Febr. 2020, wo sich zahlreiche Rezensionen zu ihrer Konzerttätigkeit im Klaviertrio mit verschiedenen Pianistinnen finden. Bei der im Zusammenhang mit Eugenie Epstein genannten Pianistin Therese Keller-Epstein handelt es sich tatsächlich um die Schwester der beiden Musikerinnen, die 1846 geboren wurde und mit Moriz Keller verheiratet war: vgl. https://forum.ahnenforschung.net/showthread. php?t=170518 sowie die Todesanzeige von *»Rudolphine Epstein«*, siehe die folgende Fußnote.

[23] Die Presse 1. März 1881; Neue Freie Presse 1. März 1881.

[24] Die Presse 28. Febr. 1881.

[25] Beispielsweise in den Todesanzeigen in: Signale für die Musikalische Welt 1881, S. 355, oder Musikalisches Wochenblatt 1881, S. 150.

Im Schuljahr 1867/68 hatte mit Antonia Reisser[26] eine weitere Cellistin ihr Studium in der Vorbildungsklasse bei Karl Schlesinger begonnen. Sie war damals 17 Jahre alt und wurde in Wien geboren. In der Matrikel wird als *»Vater, Versorger«* im ersten Studienjahr Emielie [sic] von Rueff, Modistin, genannt, im zweiten Karl R[eisser], Apotheker. Sie begann ihr Studium am Konservatorium als Gesangsstudentin (Okt. und Nov. 1867) und wechselte dann zum Hauptfach Violoncello (ab Jan. 1868) bei Karl Schlesinger, das sie in der Vorbildungsschule zwei Studienjahre lang belegte; mit Juni 1869 ist sie ausgetreten. Als Nebenfächer studierte sie Klavier bzw. Klavierbegleitung (bei Franz Ramesch) und Generalbass (bei Karl Pichler, anschließend bei Franz Krenn), im ersten Jahr auch Italienisch.[27] Ihre Noten waren im ersten Studienjahr noch meist *»vorzüglich«* oder *»lobenswert«*, lassen aber im zweiten Studienjahr sehr nach und schließlich beendete sie ihr Studium in den Fächern Violoncello und Klavier mit den Zensuren *»nicht genügend«*. Antonia Reisser hatte – aus welchen Gründen auch immer – am Konservatorium nicht reüssiert. Letztlich hatte auch die als Violoncello-Virtuosin später erfolgreiche Rudolfine Epstein am Konservatorium keinen wirklichen Erfolg und ihre dortige Ausbildung in der Vorbildungsklasse nicht beendet.

Die letzte Violoncellostudentin vor der über 20-jährigen Unterbrechung aufgrund der Nichtzulassung weiblicher Studierender in diesem Instrumentalfach war die 1860 in Wien geborene Ernestine Lederer, Tochter von Jakob Lederer (keine Berufsangabe)[28], die ab 1875/76 in der ersten Vorbildungsklasse bei Friedrich Hilpert[29] studierte und mit der Note 2 beurteilt wurde. Sie setzte ihr Studium im folgenden Studienjahr 1876/77 bei dem seit 1869 am Wiener Hofopernorchester und ab 1876 am Konservatorium engagierten Cellisten Karl Udel[30] fort (Beurteilung mit Note 3). 1877/78 wiederholte sie den zweiten Jahrgang der Vorbildungsklasse (Note 2) und besuchte im Studienjahr 1878/79 den dritten Jahrgang (Note 2), jeweils bei Karl Udel. Im Studienjahr 1879/80 begann als erste Cellistin die 19-jährige Ernestine Lederer ihr Studium in der Ausbildungsklasse bei Reinhold Hummer.[31] Am 19. Jan. 1880, das heißt nach nur vier Monaten, hat sie ihre Ausbildung am Konservato-

---

[26] Bei der unter Jannis Wichmann, Art. *»Reitzer, Antonie«*, in: *Lexikon »Europäische Instrumentalistinnen des 18. und 19. Jahrhunderts«*, hrsg. von Freia Hoffmann, https://www.sophie-drinker-institut.de/reitzer-antonie (Zugriff am 23. Jan. 2020), angeführten Cellistin Antonie Reitzer handelt es sich um Antonia Reisser (bei Pohl, *Gesellschaft der Musikfreunde*, S. 176, ist der Name *»Reißer«* geschrieben: das ß in Fraktur wurde offensichtlich irrtümlich mit tz übertragen).

[27] Sowohl bei Pohl, *Gesellschaft der Musikfreunde*, S. 176, als auch im *Jahresbericht des Konservatoriums* 1868/69 wird Harmonielehre angeführt (unter dieser Bezeichnung von Franz Krenn ab 1868/69 unterrichtet): Dies entspricht jedoch nicht den Angaben in der Matrikel, wo sich als Nebenfach jeweils Generalbass findet.

[28] Matrikel Ernestine Lederer, Archiv der Gesellschaft der Musikfreunde. Zum Folgenden siehe auch die *Jahresberichte des Konservatoriums* 1875/76 bis 1878/79.

[29] Friedrich Hilpert (1841–1896), Cellist des Florentiner Quartetts, war nur 1875/76 Mitglied der Wiener Philharmoniker und Professor am Konservatorium der Gesellschaft der Musikfreunde und wirkte anschließend in der Meininger Hofkapelle und im Hoforchester München.

[30] Karl Udel (1844–1927), 1869–1880 Mitglied des Hofopernorchesters, 1876–1897 Professor am Konservatorium der Gesellschaft der Musikfreunde.

[31] Matrikel Ernestine Lederer und *Jahresbericht Konservatorium* 1879/80, S. 19.

rium aber abgebrochen, ja wohl abbrechen müssen,[32] da ab diesem Zeitpunkt die 1879 erlassene *Vollzugsvorschrift zum Statute der Grundverfassung des Conservatoriums für Musik und darstellende Kunst der Gesellschaft der Musikfreunde* mit dem Jahr 1880 in Kraft getreten ist. Das heißt, dass im 19. Jahrhundert keine einzige Violoncellostudentin die Ausbildungsklasse am Konservatorium absolviert hat. Ernestine Lederer, die vier Monate die Ausbildungsklasse besuchte, trat in den Jahren 1882 bis 1886 – wie man aus den Rezensionen in der zeitgenössischen Presse entnehmen kann – in Wien und Pest auf, 1885 auch unter Mitwirkung ihres ehemaligen Lehrers Karl Udel.[33] Über den weiteren Lebensweg der Musikerin ist nichts bekannt.

Wer aber waren nun die Violoncello-Studentinnen und deren Lehrer[34] in den Ausbildungsklassen der Jahre 1901 bis 1909, nachdem das ab 1901 gültige *Schul-Statut* das Studium von weiblichen Studierenden im Fach Violoncello gestattete? Als die erste Studentin, die 19-jährige Gisela Dürnberger, im Schuljahr 1901/02 aufgenommen wurde, war Reinhold Hummer der einzige Lehrer der Violoncello-Ausbildungsklasse. Reinhold Hummer wurde 1855 in Linz geboren, war selbst Schüler des Konservatoriums der Gesellschaft der Musikfreunde (bei Schlesinger und Röver) gewesen und unterrichtete daselbst von 1877 bis 1907. Er war Solocellist der Hofmusikkapelle, des Hofopernorchesters sowie der Wiener Philharmoniker und von 1884 bis 1900 Mitglied des legendären Rosé-Quartetts. Die Vorbildungsklasse hatte ab diesem Jahr der später als Komponist berühmte, 1874 in Preßburg geborene Franz Schmidt inne, der damals als Cellist Mitglied des Hofopernorchesters und der Wiener Philharmoniker war. Seine erste Schülerin (!) in der Vorbildungsklasse war die bereits genannte Kamilla Chamrath 1911/12 (damals bereits in der Akademie für Musik). Ab dem Studienjahr 1903/04 unterrichtete am Konservatorium außerdem der 1869 in Wien geborene, am Konservatorium ausgebildete Solocellist der Hofmusikkapelle, des Hofopernorchesters und der Wiener Philharmoniker, Friedrich Buxbaum, der ab 1900 Nachfolger Hummers im Rosé-Quartett wurde. 1907/08 folgte der bedeutende Cellist Paul Grümmer Reinhold Hummer als Lehrer am Konservatorium nach: Er wurde 1879 in Gera geboren, studierte in Leipzig bei Julius Klengel und war erster Solocellist des Wiener Konzertvereins, der Vorläuferinstitution der Wiener Symphoniker, Konzertvirtuose und später Mitglied des Busch-Quartetts. Paul Grümmer war der erste Cellolehrer, der nicht der am Konservatorium bis dahin gepflegten, vom Lehrer auf den Schüler direkt weitergeführten Wiener Streichertradition[35] angehörte.

---

[32] Ebd., S. 29: »*Uebersicht der im Schuljahre 1879/80 abgegangenen Schüler*«.

[33] Siehe Freia Hoffmann, Art. »*Lederer, Erna*«, in: *Lexikon »Europäische Instrumentalistinnen des 18. und 19. Jahrhunderts*«, hrsg. von ders., https://www.sophie-drinker-institut.de/lederer-erna, Zugriff am 2. Febr. 2020.

[34] Die Kurzbiographien basieren auf den gängigen Lexika sowie den jeweiligen Angaben in den Jahresberichten zum Lehrkörper des Konservatoriums.

[35] Siehe z. B. Franz Samohyl, »*Die Wiener Streicherschule*«, in: *Österreichische Musikzeitschrift* 24 (1969), S. 705: »*Die Wiener Streicherschule zeichnet sich eher durch die Kontinuität der Persönlichkeiten, die sie formten, als durch eine bestimmte Tradition der Technik oder durch Festhalten an bestimmten Instrumenten aus*«.

Doch wenden wir uns nun den Hauptpersonen dieser Untersuchung zu, den vier ersten in Ausbildungsklassen studierenden Cellistinnen in den letzten Jahren des Konservatoriums der Gesellschaft der Musikfreunde in Wien. Leider ist die Quellenlage zu diesen äußerst dürftig, haben sich doch vermutlich aufgrund der Transformierung des Konservatoriums in die Akademie für Musik praktisch keine Dokumente, Akten oder Protokolle, aber auch – mit Ausnahme von Gisela Dürnberger – keine Matrikeln erhalten. Die Nachfrage im Archiv der aus der Akademie hervorgegangenen heutigen Universität für Musik brachte trotz der Bemühungen der dortigen Kollegen Severin Matiasovits und Erwin Strouhal, denen an dieser Stelle sehr herzlich gedankt sei, kaum relevante Ergebnisse, da sich auch hier keine Unterlagen erhalten haben. Das heißt, man ist primär auf die bezüglich des Studiums zwar sehr genauen Jahresberichte des Konservatoriums und der Akademie angewiesen, wo man aber natürlich keine Informationen zur Biographie und weiteren Karriere der Cellostudentinnen findet. Daher wurde – basierend auf Zeitungsrezensionen, Programmsammlungen und oft weit entfernt liegender Sekundärliteratur – versucht, Näheres zum Leben der vier Cellistinnen, zu denen es weder Hochschulakten, noch einschlägige Einträge in Nachschlagwerken oder im Internet (Stand Jan. 2020) gibt, zu erfahren. Die Ergebnisse dieser Recherchen bringen nicht nur Details zu deren Biographien, sondern werfen auch einige sehr bemerkenswerte Schlaglichter auf die gesellschaftliche Stellung von Musikerinnen, im Speziellen von Cellistinnen, zu Beginn des 20. Jahrhunderts.

Gisela Dürnberger, die einzige Cellistin, von der eine Matrikel existiert, wurde am 10. Mai 1882 in Wien geboren.[36] Der Beruf des Vaters wird in dieser als Sekretär angegeben, aus der späteren Trauungsanzeige seiner Tochter geht hervor, dass er Sekretär der Lankowitzer Kohlenkompagnie war.[37] Gisela Dürnberger, die wohl vor ihrer Aufnahme ins Konservatorium eine entsprechende gute private Celloausbildung genossen haben muss, studierte als 19-Jährige zwei Jahre bei Reinhold Hummer (1901/02 und 1902/03) und erhielt zwei Mal die Zensur *lobenswert*.[38] Für den dritten Jahrgang ist in der Matrikel der handschriftliche Vermerk *nicht gekommen* zu finden, das heißt, dass sie das Studium vorzeitig abgebrochen hat. In beiden Studienjahren wurde ihr im Nebenfach Klavier die Note *vorzüglich*[39] verliehen, sodass es nicht verwunderlich ist, dass sie 1908 im »Grazer Volksblatt« anlässlich eines Konzertes als *Schülerin von hoher Stufe*[40] der Klavierschule Schröder-Presuhn in Graz erwähnt wird, das heißt, dass sie entweder vom Cello zu dem damals für Frauen doch noch passender scheinenden Instrument, dem Klavier, gewechselt hat, oder sich zusätzlich auf diesem ausbilden ließ. Zwei Jahre vorher, am 13. Juli 1906, ist sie jedenfalls noch in einem Wohltätigkeitskonzert in Köflach (Steiermark), tituliert als *meisterhafte*[41] Cellistin, aufgetreten. Möglicherweise hat sie auch deshalb beide Instrumente nebeneinander kultiviert, um sich als Privatmusiklehre-

[36] Matrikel Gisela Dürnberger, Archiv der Gesellschaft der Musikfreunde.
[37] Grazer Tagblatt 5. Nov. 1911.
[38] Matrikel Gisela Dürnberger.
[39] Ebd.
[40] Grazer Volksblatt 20. Juni 1908.
[41] Grazer Tagblatt 15. Juli 1906.

rin möglichst breit aufstellen zu können. In Köflach hat sie schließlich auch am 4. Nov. 1911 den Betriebsleiter der Lankowitzer Kohlenkompagnie Anton Friedrich Mayer geheiratet.[42] In der Trauungsmatrikel wird sie als *»Privatlehrerin«*[43] bezeichnet und verschwindet dann von der Bildfläche. Sie dürfte mit ihrer Familie schon zu einem früheren, unbekannten Zeitpunkt in die Steiermark übersiedelt sein: Vielleicht war dafür auch eine berufliche Versetzung des Vaters ausschlaggebend, sodass sie ihr Studium in Wien eventuell auch aus diesem Grund nicht abschließen konnte. Jedenfalls begründete ihre Ausbildung am Konservatorium keine Karriere als Cellistin, auch wenn Gisela Dürnberger als Privatlehrerin möglicherweise Cellounterricht erteilt hat.

Stephanie Chalupny, geboren am 6. Aug. 1891 in Wien, wurde im Studienjahr 1906/07 in die Violoncello-Ausbildungsklasse von Friedrich Buxbaum aufgenommen:[44] Sie hatte damals gerade das erforderliche Mindestalter von 15 Jahren erreicht. Auch sie muss vor ihrem Studium am Konservatorium bereits ausgezeichneten privaten Cellounterricht erhalten haben. Sie wurde in den ersten beiden Jahrgängen mit der Note *»vorzüglich«*, im dritten Jahrgang mit der Note *»gut«*[45] beurteilt und hat ihr Studium 1909 mit der Verleihung des Reifezeugnisses abgeschlossen[46]; im Studienjahr 1909/10 wird sie allerdings noch als Hospitantin in der Klasse von Friedrich Buxbaum angeführt.[47] Im Gegensatz zu Gisela Dürnberger, die nie bei den Vortragsübungen des Konservatoriums aufgetreten ist, spielte Stephanie Chalupny im zweiten Jahrgang am 7. Jan. 1908 gemeinsam mit drei Studentinnen der Violinklassen ein Streichquartett von Joseph Haydn. Im dritten Jahrgang trat sie am 9. Dez. 1908 in einer Vortragsübung mit einem Violoncellokonzert von Georg Goltermann und während ihres Hospitantinnenjahres am 1. Dez. 1909 mit einem Cellokonzert von Robert Volkmann auf. In der Schlussproduktion der Abiturient*innen am 25. Juni 1909 im Großen Musikvereinssaal wirkte sie in einem Quintett von Haydn mit.

Große Bedeutung für die künstlerische Karriere von Stephanie Chalupny hatte deren ältere, 1888 geborene Schwester Franziska, die ab 1903/04 am Konservatorium bei Julius Stwertka, Konzertmeister des Hofoperntheaters, Violine studierte und 1906 die Reifeprüfung mit vorzüglichem Erfolg bestand.[48] Im Sept. 1907 ist sie bereits das erste Mal ge-

---

42   Ebd. 5. Nov. 1911.

43   Trauungsmatrikel der Dekanatspfarrkirche Köflach vom 4. Nov. 1911. Für die Braut werden folgende Taufnamen angeführt: Gisela Maria Adolfine Bertha.

44   Alle folgenden Angaben basieren auf den Angaben in den *Statistischen Berichten über das Konservatorium* 1906/07 und 1907/08 sowie den *Jahresberichten der Akademie* 1908/09f.

45   *Statistischer Bericht Konservatorium* 1906/07, S. 25 und 1907/08, S. 26 sowie *Jahresbericht Akademie* 1908/09, S. 43.

46   *Jahresbericht Akademie* 1908/09, S. 169.

47   *Jahresbericht Akademie* 1909/10, S. 44. Berichtigungen und Nachträge zur *Vollzugsvorschrift* (1881/82), S. 1 (»Zwischen § 26 und 27 wird als besonderer Absatz eingefügt:«): Ad *»Hospitanten«*: *»Absolvirten Schülern der Anstalt, welche zur größeren Vervollkommnung ihrer Leistungen, oder behufs Erwerbung pädagogischer Kenntnisse die Classe ihres Lehrers noch weiter zu besuchen wünschen, kann dieses gegen Zahlung des vollen Schulgeldes gestattet werden, wenn der Lehrer diese Bewerbung unterstützt.«*

48   *Statistische Berichte über das Konservatorium* 1903/04 bis 1905/06.

meinsam mit ihrer drei Jahre jüngeren Schwester Stephanie öffentlich aufgetreten – und so sollte es auch in der weiteren Karriere der beiden Musikerinnen bleiben: Sie haben als Franzi und Steffi Chalupny, wie sie sich als Künstlerinnen nannten, bis 1935 – zwar auch allein als Solistinnen –, meistens aber gemeinsam konzertiert. Bei dem ersten Auftritt 1907 in einem Konzert im Salon des Kurhauses Pyrawarth waren sie 19 und 16 Jahre alt: In der ausführlichen, begeisterten Rezension im »Neuigkeits-Welt-Blatt« heißt es u. a.: »Frl. Steffi Chalupny, eine Schwester der Virtuosin, ist auf dem Cello eine kleine Meisterin«[49] – sie war damals erst am Beginn ihres zweiten Ausbildungsjahres. Ein Jahr später traten sie am 25. Nov. 1908 im Kleinen Musikvereinssaal in einem Konzert des Orchestervereins der Gesellschaft der Musikfreunde auf,[50] und zwar als Streichquartett mit den beiden Geigerinnen Irmengild und Steffi Schachner (eigentlich Irma und Stephanie), die mehr als zehn Jahre älter waren und ihr Studium bei dem Konzertmeister des Hofopernorchesters Carl Prill am Konservatorium der Gesellschaft der Musikfreunde bereits in den Jahren 1900 bzw. 1902 abgeschlossen hatten.[51] Die vier Musikerinnen absolvierten 1909 und 1910 in Wien, aber auch beispielsweise in Schlesien einige erfolgreiche Konzerte.[52] 1911 veranstalteten die Violin- und Violoncellovirtuosinnen Franzi und Steffi Chalupny u. a. im Kleinen Musikvereinssaal zwei eigene Abende (einen weiteren 1914)[53] und konzertierten bis 1914 in den verschiedensten Lokalitäten in Wien, aber auch in Brünn und Karlsbad. Nach dem Ende des Ersten Weltkriegs bezeichnet »Die Neue Zeitung« in der Ankündigung eines neuerlichen Konzerts im Kleinen Musikvereinssaal am 5. Nov. 1921 Franzi und Steffi als »die in musikalischen Kreisen bestens bekannten Schwestern Chalupny«[54], das heißt, sie dürften sich in Wien wohl eines gewissen Bekanntheitsgrades erfreut haben. Von 1924 bis 1935 traten die beiden Schwestern vor allem als Solistinnen in Konzerten des Wiener Frauen-Symphonie-Orchesters unter der Leitung von Julius Lehnert[55] auf, der 1903 von Gustav Mahler an die Wiener Hofoper

---

[49] Neuigkeits-Welt-Blatt [Wien] 7. Sept. 1907.

[50] Neue Freie Presse 20. Nov. 1908 (Ankündigung) und Neues Wiener Tagblatt 30. Nov. 1908.

[51] Siehe die *Statistischen Berichte Konservatorium* 1897/98ff.

[52] Beispielsweise am 26. Juli 1909 in Gräfenberg, einem berühmten Badeort in Schlesien. Siehe Mährisch-Schlesische Presse 7. Aug. 1909, S. 5: »*Das internationale Gräfenberger Kurpublikum hatte am 26. Juli Gelegenheit, das Damenquartett Schachner-Chalupny aus Wien kennen zu lernen, und es hatte das wahrlich nicht zu bereuen, denn die vier jungen Damen erwiesen sich sowohl im Quartett als auch im Duett und im Solo durchweg als echte Künstlerinnen. […] Als Cellistin erfreute Stefanie Chalupny durch vollsten, wohlklingendsten Ton und die drei Geigerinnen errangen sich insbesondere durch feines musikalisches Verständnis außerordentlich reichen Beifall*«. Vgl. auch den Bericht im Neuigkeits-Welt-Blatt [Wien] 5. Aug. 1909.

[53] 14. Jan. und 8. Dez. 1911 sowie am 25. Jan. 1914 laut Ankündigung in diversen Tageszeitungen.

[54] Die Neue Zeitung [Wien] 30. Okt. 1921. Auf dem Programm standen neben Bach und Reger auch Uraufführungen zeitgenössischer Komponisten. In der Rezension der »Reichspost« vom 9. Nov. 1921 liest man: »*Franzi Chalupny ist eine Violinistin mit großem und glanzvollem Ton, ihre Bogenführung ist schön und ergiebig, die Technik besonders in Virtuosenstücken blendend und zuverlässig. Ihre Schwester Steffi zeigte in der Regersuite für Cello allein ihr geschultes Stilgefühl und feine Musikalität. Auch ihr Ton quillt mit Kraft und Süße*«.

[55] Alexander Rausch u. Monika Kornberger, Art. »*Lehnert, Julius*«, in: *Oesterreichisches Musiklexi-*

berufen worden war und dort bis 1923 als Ballettdirigent wirkte. Von 1921 bis 1938 leitete er das von ihm mitbegründete Wiener Frauen-Symphonie-Orchester und von 1923 bis 1938 außerdem den Orchesterverein der Gesellschaft der Musikfreunde. In dessen Konzert am 28. Jan. 1933 im Großen Musikvereinssaal spielten Franzi und Steffi Chalupny die Soloparts in Brahms' *Doppelkonzert*.[56] Erwähnt sei ferner, dass beide Musikerinnen wiederholt auch als Interpretinnen zeitgenössischer Musik u. a. im Wiener Konzerthaus aufgetreten sind. Stephanie Chalupny ist 1964 und Franziska Chalupny 1976 verstorben; beide sind auf dem Wiener Zentralfriedhof begraben.[57]

Ab dem Schuljahr 1907/08 studierte eine zweite Studentin bei Friedrich Buxbaum am Konservatorium der Gesellschaft der Musikfreunde: Marie Lazansky (eigentlich Lažansky), geboren am 5. Juli 1888 in Agram (heute Zagreb).[58] Nur für dieses eine Studienjahr 1907/08 haben sich – offenbar zufällig – im Archiv der Gesellschaft der Musikfreunde die Aufnahmeprotokolle[59] erhalten, die für Marie Lazansky von besonderem Interesse sind: Erstens wird dort ihr Vater genannt – es handelt sich um den Arzt Dr. Alexander Lažansky –, und zweitens gibt es zu ihr dort die Beurteilung des von ihr gewünschten Lehrers Buxbaum: Er notierte auf dem Prüfungsbefund *»sehr talentiert«*, während der eine der zwei anderen (männlichen) Bewerber in die Vorbildung versetzt, der andere mit dem Hinweis *»Kontrolle«* aufgenommen wurde. Marie Lazansky, die im Gegensatz zu Stephanie Chalupny bei ihrem Studienantritt wie Gisela Dürnberger bereits 19 Jahre alt war, wurde im ersten Studienjahr mit *»vorzüglich«*, im zweiten mit *»gut«*[60] benotet, im dritten Jahrgang, bereits an der Akademie für Musik, finden sich in den Jahresberichten keine Noten mehr. Marie Lazansky verfügte bei ihrem Eintritt in das Konservatorium sicherlich bereits über eine fundierte Ausbildung, die sie wohl in ihrer Heimatstadt Agram erworben hatte, wo sie im Frühjahr 1905 in einem Konzert des dortigen Damenclubs mit Solovorträgen aufgetreten war und die »Agramer Zeitung« der damals 16-Jährigen *»große musikalische Begabung«*[61] attestierte. Wie man den Jahresberichten der Akademie entnehmen kann, hat Marie Lazansky das zweite Ausbildungsjahr 1908/09 offensichtlich wiederholt, da sie 1909/10 abermals auf Stufe II der Ausbildung geführt wird.[62]

kon online, https://www.musiklexikon.ac.at/ml/musik_L/Lehnert_Julius.xml, Zugriff am 30. Sept. 2019.

56 Siehe Orchesterverein der Gesellschaft der Musikfreunde in Wien, Konzerte, http://orchesterverein.at/konzert/konzert-1810-vom-27-1-1933/, Zugriff am 30. Sept. 2019.

57 Verzeichnis Friedhöfe Wien, Einträge: Chalupny, Stefanie und Chalupny, Franziska, https://www.friedhoefewien.at/grabsuche_de, Zugriff am 30. Sept. 2019.

58 *Statistischer Bericht Konservatorium* 1907/08, S. 56.

59 Archiv der Gesellschaft der Musikfreunde in Wien, Konservatorium, Diverse Concepte, Aufnahmsprüfung 1907/08 (Blasinstrumente, Cello, Kontrab[ass]).

60 *Jahresbericht Akademie* 1908/09, Wien 1909, S. 81. Hier wird erstmals bei den Violoncellostudentinnen Lazansky und Elisabeth Bokmayer (siehe weiter unten) das Nebenfach »Orchesterübung« angeführt, das ab diesem Jahr von Geigerinnen und Cellistinnen der Ausbildungsklassen besucht werden durfte.

61 Agramer Zeitung 3. Apr. 1905.

62 *Jahresbericht Akademie* 1909/10, S. 80.

In diesem und in ihrem nunmehr letzten Ausbildungsjahr 1910/11[63] trat sie in den Vortragsabenden des Konservatoriums auf, und zwar einerseits in ausschließlich aus weiblichen Studierenden bestehenden Streichquartett-Ensembles und andererseits mit Solovorträgen wie dem Cellokonzert von Saint-Saëns.[64] Die Primaria des Damenstreichquartetts der Vortragsabende war die 1891 in Wien geborene Paula von Bene-Jary, die seit 1907/08, also ab demselben Studienjahr wie Marie Lazansky, bei Arnold Rosé studierte und im letzten Studienjahr Lazanskys noch Hospitantin bei ihrem Lehrer war.[65] Nach Beendigung des Studiums gründete Paula von Bene-Jary das Bene-Jary-Quartett mit Marie Lazansky als Cellistin und zwei weiteren Konservatoriumsabsolventinnen, der Geigerin Anna Baradieser (geb. 1892, Schülerin von Alfred Rosé) und der Bratschistin Anna Fried (geb. 1891, Schülerin von Julius Stwertka), beide Abiturientinnen des Jahres 1911 wie Bene-Jary und Lazansky. Dieses Damenquartett trat in Wien in den folgenden Jahren verschiedentlich auf, allerdings vor allem bei Veranstaltungen von eher gesellschaftlichem Charakter. Anlässlich der Kaiserfeier in der Wasserheilanstalt Hinterbrühl (bei Wien) für »Kriegsfürsorgezwecke« am 18. Aug. 1915 schreibt das »Neue Wiener Tagblatt«: »Fräulein Marie Lazansky, eine entzückend anmutige Erscheinung, spielte mit künstlerischer Vollendung und warmem vollem Ton die Marcellosonate in C-Dur und das G-Dur-Trio von Haydn«[66].

Nach dem Ende des Ersten Weltkriegs finden wir dann die Cellistin Marie Lazansky im Dunstkreis des Vereins für musikalische Privataufführungen Arnold Schönbergs, wo sie am 30. Jan. und 11. Juni 1920 im Schubertsaal des Wiener Konzerthauses unter der Leitung von Anton Webern dessen Fünf Stücke für Orchester op. 10 (in der Bearbeitung für Violine, Viola, Violoncello, Klavier und Harmonium) spielte.[67] Am 20. Jan. 1921 wirkte sie laut Original-Programmzettel beim II. Propagandakonzert des Vereins für musikalische Privataufführungen im Kleinen Konzerthaussaal bei der 4. Symphonie von Gustav Mahler in der Bearbeitung für Kammerorchester von Erwin Stein mit. Bereits am 3. Juni 1919 war das Damenstreichquartett Bene-Jary beim zweiten »Arnold-Schönberg-Abend« im mittleren Konzerthaussaal aufgetreten, und zwar, wie das »Neue Wiener Tagblatt« vermerkt, »aus Interesse und um die Werke für eventuelle Soloaufführungen kennen zu lernen«[68]. Bedauerlicherweise können derzeit keine weiteren Belege für eine künstlerische Karriere Marie Lazanskys beigebracht werden. Sie wurde am 3. Febr. 1970 auf dem Ottakringer Friedhof in Wien begraben.[69]

---

[63] Die Verleihung des Reifezeugnisses an die Abiturientin 1910/11 wird erst im Jahresbericht der Akademie 1911/12, S. 201, angezeigt.

[64] Jahresbericht Akademie 1909/10, S. 134, 138; 1910/11, S. 138.

[65] Siehe die jeweiligen Jahresberichte der betreffenden Jahre.

[66] Neues Wiener Tagblatt, 18. Aug. 1915.

[67] Eintrag Lazansky, in: Wiener Konzerthaus, Archivdatenbank, https://konzerthaus.at/datenbanksuche, Zugriff am 30. Sept. 2019.

[68] Neues Wiener Tagblatt 28. Mai 1919.

[69] Verzeichnis Friedhöfe Wien, Eintrag: Marie Latansky, https://www.friedhoefewien.at/grabsuche, Zugriff am 30. Sept. 2019.

Im letzten Studienjahr, das noch zur Hälfte unter der Ägide des Konservatoriums der Gesellschaft der Musikfreunde stand, 1908/09, begann Elisabeth Bokmayer ihre Violoncello-Ausbildung bei dem seit 1907 in der Nachfolge von Reinhold Hummer unterrichtenden Paul Grümmer. Sie wurde am 15. Juni 1893 in Mödling (bei Wien) geboren, hatte also bei Studienbeginn gerade das damals geforderte Mindestalter von 15 Jahren erreicht.[70] Sie stammte aus einer großbürgerlichen Familie mit großen musikalischen Interessen und Beziehungen: Ihr Vater Walter Bokmayer (1853–1917) war Inhaber einer bedeutenden Fabrik für Isolierstoffe[71] und ein ambitionierter Amateur-Sänger, der fallweise öffentlich aufgetreten ist und das Musikleben Mödlings in verschiedenen Institutionen wesentlich prägte.[72] Er war ein engagierter Mäzen Hugo Wolfs, dessen Lieder er selbst gerne vortrug.[73] Im Salon des Hauses Bokmayer in Mödling wurden regelmäßig Hauskonzerte veranstaltet, bei denen viele bedeutende Musiker und Musikerinnen verkehrten.[74] Elisabeth Bokmayer hatte – ebenso wie die drei anderen Cellostudentinnen – schon vor ihrem Eintritt ins Konservatorium offenbar eine ausgezeichnete Ausbildung auf ihrem Instrument erhalten, da sie bereits im ersten Studienjahr ihr Können in den Vortragsübungen unter Beweis stellen durfte, wo sie die Cellosonate von Richard Strauss und das Cellokonzert von Saint-Saëns spielte.[75] Es wäre denkbar, dass sie bereits vor dem Konservatoriumsstudium von ihrem späteren dortigen Lehrer Paul Grümmer privat unterrichtet wurde, da ihr Vater mit Ferdinand Löwe, dem Gründer und Dirigenten des Wiener Concertvereinsorchesters, dessen erster Solocellist Grümmer seit 1905 war, gut bekannt war und sogar mit ihm gemeinsam aufgetreten ist.[76] Keine der Cellokolleginnen Elisabeth Bokmayers hat jedenfalls so früh und nur annähernd so oft in den Vortragsübungen gespielt wie sie, wo sie abgesehen von der Mitwirkung in diversen Kammermusikformationen und neben etlichen Cellokonzerten u. a. die ersten drei *Suiten für Violoncello solo* von Johann Sebastian Bach spielte.[77] 1911 bestand sie die Reifeprüfung *»mit vorzüglichem Erfolge«*[78] und erhielt ein Akademie-Prämium von 200 Kronen.

Elisabeth Bokmayer war offensichtlich außerordentlich begabt und die einzige der am Konservatorium ausgebildeten Cellistinnen, der zumindest eine Zeitlang eine Solistinnenkarriere gelang. In den zahlreichen Rezensionen werden ihre exzellente Technik und

---

[70] *Jahresbericht Akademie* 1908/09, S. 40.

[71] https://regiowiki.at/wiki/Korksteinfabrik_AG, Zugriff am 30. Sept. 2019.

[72] Siehe Christian Fastl, Art. *»Mödling«*, in: *Oesterreichisches Musiklexikon online*, https://musik lexikon.ac.at/ml/musik_M/Moedling.xml, Zugriff am 30. Sept. 2019.

[73] Siehe Hugo Wolf, *Briefe 1873–1901*, 4 Bde., vorgelegt von Leopold Spitzer, Wien 2011, in denen Walter Bokmayer immer wieder aufscheint (siehe Register).

[74] Siehe auch Werner Riemerschmid, *»Mödling, ein Bereich der Kunst«*, in: *Oesterreichische Illustrierte Zeitung* 44 (1925), S. 1147.

[75] *Jahresbericht Akademie* 1908/09, S. 140, 143.

[76] Hugo Wolf, *Briefe 1873–1901*, Bd. 4, S. 587 und Korrespondenz Bokmayer – Löwe: Anton Bruckner Institut Linz (Hrsg.), Anton Bruckner Chronologie Datenbank, http://www.abil.at/Datenbank_Scheder/Bruckner_Chronologie.php, Zugriff am 30.09.2019.

[77] Vgl. die *Jahresberichte der Akademie* 1908/09 bis 1910/11.

[78] *Jahresbericht Akademie* 1910/11, S. 171, 173.

ihre große musikalische Ausdrucksfähigkeit besonders hervorgehoben. (Im Anhang zu diesem Artikel findet sich eine Auswahl dazu.) Schon während des Studiums trat sie öffentlich auf, u. a. in einem viel beachteten Konzert des Vereins der bildenden Künstlerinnen mit Frauenkompositionen in der Wiener Sezession am 9. Dez. 1910 (siehe Anhang), und 1913 liest man, dass die als *»Violoncellovirtuosin«*[79] bezeichnete, damals jedoch erst 19-jährige Elisabeth Bokmayer in Österreich (Wien, Linz, Graz) und Deutschland (München, Stuttgart, Mannheim) schon eine Reihe von Konzerten mit glänzendem Erfolg absolviert habe. Am 7. Jan. 1914 gab sie einen Soloabend im Schubertsaal des Wiener Konzerthauses, wo sie kurz darauf auch gemeinsam mit ihrem Lehrer Paul Grümmer konzertierte. In den folgenden Jahren trat sie als Solistin in Orchesterkonzerten des Wiener Konzertvereins im Großen Konzerthaussaal[80] u. a. als Interpretin der Cellokonzerte von Luigi Boccherini und Eugen d'Albert auf sowie als Partnerin der Geigerin Erny (eigentlich Ernestine) Alberdingk[81] im *Doppelkonzert* von Johannes Brahms am 28. März und 3. Nov. 1915. Elisabeth Bokmayer hatte mit Erny Alberdingk, einer Schülerin Alfred Rosés (Reifezeugnis 1912 mit vorzüglichem Erfolg), gemeinsam am Konservatorium studiert und mit ihr in den dortigen Vortragsübungen gespielt. Die beiden Musikerinnen traten nach Beendigung des Studiums häufig gemeinsam in Konzerten auf, vor allem in dem von Erny Alberdingk gegründeten Damenstreichquartett (mit Susi [Susanne] Lachmann und Alba [Albertine] Poppy). Das angesehene Alberdingk-Quartett konzertierte nicht nur in Wien, sondern auch in anderen Städten und spielte während des Weltkriegs außerdem in Frontkonzerten an verschiedenen Orten (siehe Anhang).[82]

Von besonderem Interesse ist die Beziehung des Alberdingk-Quartetts zu dem Dichter Anton Wildgans[83], der ab Mai 1815 in Mödling wohnte und als großer Musikliebhaber jeweils am Sonntag bedeutende Interpreten zur Kammermusik in seine Wohnung einlud, bei denen der Komponist und Professor an der Wiener Musikakademie Joseph Marx eine

---

[79] Tages-Post [Linz] 18. Febr. 1913. Hier Zitat aus dem »Mannheimer Tagblatt«: *»In der Wiener Violoncello Virtuosin Frl. Elisabeth Bokmayer erblicken wir einen aufsteigenden Stern am deutschen Kunsthimmel.«*

[80] https://konzerthaus.at/datenbanksuche (Bokmayer), Zugriff am 30. Sept. 2019.

[81] Andrea Harrandt, Art. *»Alberdingk-Walter, Erny«*, in: *Oesterreichisches Musiklexikon online* https://www.musiklexikon.ac.at/ml/musik_A/Alberdingk-Walter_Erny.xml Zugriff am 30. Sept. 2019.

[82] Ursula Müksch, *»Clementine Alberdingk. Malerin und Grafikerin«* (= Bedeutende Klosterneuburger), http://www.kultur-klosterneuburg.at/Bereiche/Dokumentation/ONLINE/BEDEUTENDE_KLBGer/ALBERDINGK/Index.html, Zugriff am 30. Sept. 2019. Hier finden sich auch die Zeichnungen der Musikerinnen des Alberdingk-Quartetts von Clementine Alberdinck (signiert und datiert 1916), die im Rahmen eines Artikels über *»Das Alberdingk-Quartett an der Front«* publiziert wurden (auf der Internetseite als *»unbezeichneter Zeitungsausschnitt«* zitiert). Die Zeichnungen von Clementine Alberdingk finden sich jedoch auch – ohne Signatur und Datierung – in: Das interessante Blatt [Wien] 31. Mai 1917 (siehe Anhang); der Text ist mit jenem des oben genannten *»unbezeichneten Zeitungsausschnittes«* fast identisch und wurde auch – mit längerer Einleitung, jedoch ohne Abbildung – im »Pester Lloyd« am 10. Apr. 1917 veröffentlicht.

[83] Siehe die ausführliche Homepage der Anton-Wildgans-Gesellschaft http://www.antonwildgans.at, Zugriff am 30. Sept. 2019.

große Rolle spielte. Die aus Mödling stammende Elisabeth Bokmayer und auch ihr Lehrer Paul Grümmer waren gern gesehene Teilnehmer dieser sonntäglichen Musiktreffen. Dass Anton Wildgans die junge Cellistin besonders schätzte, bezeugt das von ihm über sie verfasste Gedicht[84]:

»Cellospielendes Mädchen

Das Spiel beginnt. Ein Wille, jäh' entbrannt,
Ist plötzlich in dem Blick des jungen Weibes
Und strafft die Muskeln dieses schmächtigen Leibes,
Der herrisch ist und herb und unerkannt.

Die Linke hält den Saitenhals umspannt,
Die Rechte züchtigt mit genauen Streichen,
Die Knie halten die erbebten Weichen
Des braunen Rumpfes bändigend gebannt.

Nur manchmal, wenn sich sein erregtes Stöhnen
Unter dem Kosen der geliebten Hand
Vergeistigt und verzückt zu süßen Tönen,

Senkt sich das Antlitz mit dem Priesterband
Und hat im liebevollen Niederneigen
Ein Lächeln, wie es jungen Müttern eigen.«

Das Gedicht wurde ca. 1918 geschrieben und 1948 zum ersten Mal veröffentlicht, versehen mit der folgenden Anmerkung von Lilly Wildgans, der Gattin des Dichters: »*Elisabeth Bokmayer zugeeignet, der jungen, hochbegabten Cellistin, die in den Jahren 1915 bis 1918 gemeinsam mit Erny Alberdingk den ›musikalischen Orgien‹ beigezogen wurde, die Joseph Marx allsonntäglich bei uns entfesselte. Das ›Priesterband‹ bezieht sich auf ein meist in Gold gehaltenes Band, das die rotblonden Haare des jungen Mädchens über der Stirne zusammenhielt*«[85]. Das Gedicht muss mit den bis dahin herrschenden Klischees, die seit dem 18. Jahrhundert bei der Beurteilung von Instrumentalistinnen, insbesondere von Cellistinnen immer wieder zu finden sind[86], in Beziehung gesetzt werden: Bis zum Ende des 19. Jahrhunderts wurde das Violoncello aufgrund der nötigen Kraftan-

---

[84] Der Text des Gedichtes sowie die zugehörigen Informationen wurden der Homepage der Anton-Wildgans-Gesellschaft http://www.antonwildgans.at (Zugriff am 30. Sept. 2019) entnommen.
[85] Friedrich Wildgans, *Sämtliche Werke. Historisch-kritische Ausgabe in 8 Bänden*, unter Mitwirkung von Otto Rommel hrsg. von Lilly Wildgans, Wien u. Salzburg 1948.
[86] Siehe vor allem die zahlreichen Arbeiten von Freia Hoffmann, insbesondere *Instrument und Körper. Die musizierende Frau in der bürgerlichen Gesellschaft*, Frankfurt a. M. u. Leipzig 1991, sowie Katharina Deserno, *Cellistinnen. Transformationen von Weiblichkeitsbildern in der Instrumentalkunst*, Köln [u. a.] 2018, bes. S. 75.

strengung sowie des klanglichen Charakters und der tiefen Tonlage als ›männliches‹ Instrument empfunden und das Violoncellospiel von Frauen mit großen Ressentiments beurteilt[87], und zwar aufgrund der aus damaliger gesellschaftlicher Perspektive nicht damenhaften Körperbewegungen sowie vor allem wegen der als unschicklich angesehenen Haltung des Instruments zwischen den Knien. Bemerkenswerterweise werden aber in diesem zu Beginn des 20. Jahrhunderts entstandenen Gedicht die zuvor aus moralischen Gründen verdrängten sexuellen Assoziationen direkt angesprochen, ja die Prämissen werden vertauscht: Die Interpretin wird zur aktiven Liebhaberin des Violoncellos, das – einen männlichen Körper symbolisierend – mit den Knieen umfangen und teils wild *»zu erregtem Stöhnen«*, teils zärtlich zum Klingen gebracht wird. Doch diesem »Liebesspiel« setzt der Dichter schließlich doch noch ein sittlich korrektes Ende, abermals basierend auf weit zurückreichenden Musikerinnen-Klischees: Die Cellistin wird *»vergeistigt und verzückt«* zur Kunst-Priesterin[88] – das von ihr getragene goldene Haarband mutiert zum »Priesterband« –, aber damit nicht genug: Es kommt auch noch die der Frau eigentlich adäquate Rolle als Mutter, neben jener als Liebhaberin, ins Spiel, indem die Musikerin das Violoncello – nunmehr ihr Kind (!) – liebevoll anlächelt.

In den Jahren des Ersten Weltkriegs dürfte Elisabeth Bokmayer auch ihren zukünftigen Ehemann kennengelernt haben, Wilhelm Grümmer, den Bruder ihres Lehrers Paul Grümmer, der 1877 in Gera geboren wurde und als Opernkapellmeister bzw. Dirigent in verschiedenen Städten wirkte.[89] 1917 hatte er, damals an der Volksoper tätig, die Opernschule am Neuen Wiener Konservatorium übernommen,[90] 1918 bis 1920 war er Leiter des musikalischen Theaters in Gera,[91] ab 1921 in gleicher Funktion in Duisburg. Elisabeth Bokmayer trat ab 1920 meist unter dem Doppelnamen Bokmayer-Grümmer auf, dürfte also nach dem Krieg geheiratet haben.[92] Am 3. Apr. 1921 dirigierte Wilhelm Grümmer im Großen Konzerthaussaal in Wien das Wiener Sinfonie-Orchester (ehemals Konzertvereinsorchester): Erny Alberdingk, Elisabeth Bokmayer und Nancy Creutzberg-Paulsen spielten Beethovens *Tripelkonzert*.[93] Nachdem am 6. Jan. 1922 ihre Tochter

[87] Siehe in diesem Zusammenhang Volker Timmermann, *»›Das Violoncello aber, dieser halbgewachsne Mann …‹ Violoncellistinnen in den 50er und 60er Jahren des 19. Jahrhunderts«*, in: *Musik und Emanzipation. Festschrift für Freia Hoffmann zum 65. Geburtstag*, hrsg. von Marion Gerards u. Rebecca Grotjahn, Oldenburg 2010, S. 111–117. In einer Rezension in der »Wiener Zeitung« aus dem Jahr 1859 über die Cellistin Rosa Suck wird das Violoncello als *»halbgewachsne[r] Mann, der fast auf eigenen Füßen steht«* bezeichnet, den *»zwei Mädchenhände nicht bändigen«* (zit. nach ebd., S. 113) können.

[88] Man denke in diesem Zusammenhang auch an die Anspielung an die ebenfalls ein Bassinstrument spielende Hl. Cäcilia, siehe Hoffmann, *Instrument und Körper,* 1991, S. 198f.

[89] Paul Frank u. Wilhelm Altmann, *Kurzgefaßtes Tonkünstler-Lexikon. Erster Teil: Neudruck der Ausgabe von 1936*, Wilhelmshaven15 1971, S. 213.

[90] Neue Freie Presse 6. Okt. 1917.

[91] http://gera-chronik.de/www/gerahistorie/chronik/index.htm?suche1=Gr%FCmmer&param=&suche2=&max=10&abj=1910&index=0, Zugriff am 30. Sept. 2019.

[92] Beispielsweise Konzertführer Berlin Brandenburg 1 (1920/21), S. 2, 4.

[93] https://konzerthaus.at/datenbanksuche (Bokmayer), Zugriff am 30. Sept. 2019. Schon am 3. März

Hedda geboren wurde[94], lassen sich kaum mehr Auftritte der Violoncellovirtuosin nachweisen.[95] Vermutlich ist sie bereits 1921 mit ihrem Gatten nach Duisburg übersiedelt, wo Wilhelm Grümmer am 10. Aug. 1934 gestorben ist. Über den weiteren Lebensweg Elisabeth Bokmayers ist nichts bekannt.

Versuchen wir nun abschließend ein Resümee aus den Beobachtungen zum Studium in den Ausbildungsklassen und dem weiteren Leben der vier ersten Violoncello-Studentinnen in den letzten Jahren des Konservatoriums der Gesellschaft der Musikfreunde in Wien zu ziehen. Zunächst muss jedoch auf die Frühgeschichte des Violoncellostudiums am Konservatorium hingewiesen werden, das für weibliche Studierende bis 1879 nur in der Vorbildungsklasse möglich und von 1880 bis 1900 gar nicht gestattet war. Über die Ursachen, warum in diesen 20 Jahren keine Frauen mehr Violoncello studieren durften, kann man nur spekulieren: Ein Grund dürfte in der sich nach 1879 verändernden politischen und damit gesellschaftlichen Situation zu finden sein, als die Liberale Partei die Stimmenmehrheit im Parlament verlor und konservative sowie deutschnationale Parteien an die Macht kamen. Während in anderen Städten Europas an den Konservatorien bzw. Hochschulen schon wesentlich früher als in Wien, und zwar ab der Mitte des 19. Jahrhunderts, Frauen Violoncello im Hinblick auf eine musikalische Karriere studieren konnten, waren am Wiener Konservatorium erst im 20. Jahrhundert, ab dem Studienjahr 1901/02, Studentinnen für Violoncello in Ausbildungsklassen zugelassen. Am Pariser Conservatoire wurden dagegen bereits in den 50er Jahren des 19. Jahrhunderts Cellistinnen zu professionellen Interpretinnen ausgebildet[96] (z. B. Cécile Clauss und Herminie Gatineau), am Konservatorium in Brüssel seit den 60er Jahren (z. B. Elisa de Try und Hélène de Katow), und an der Königlichen Hochschule in Berlin ab den 70er Jahren, wie z. B. Margarete Quidde oder Lucy Campell, die

---

1921 hatte sie im Großen Musikvereinssaal das Beethovensche *Tripelkonzert* (mit Robert Pollak und Leo Sirota) unter der Leitung ihres Mannes Wilhelm Grümmer gespielt (Ankündigung: Neues Wiener Tagblatt 27. Febr. 1921).

[94] Diese Angabe findet sich unter ihrem Namen in einer in den 1950er Jahren angelegten handschriftlichen Kartei zu ehemaligen Studierenden im Archiv der Universität für Musik und darstellende Kunst in Wien (nochmaliger Dank an die dortigen Kollegen), wo sich auch der Name ihres Ehemannes Wilhelm Grümmer findet. Auf dieser Karteikarte ist auch – mit Bleistift offenbar später notiert und mit Fragezeichen versehen – das Todesdatum von Elisabeth Bokmayer mit »1938« angeführt, das jedoch nicht verifiziert werden konnte.

[95] O. R., in: *Reichspost* [Wien] 16. Nov. 1928, berichtet von einem Auftritt Elisabeth Bokmayer-Grümmers als Verstärkung des Prix-Quartetts in einem Wiener Konzert.

[96] Die Angaben basieren auf den jeweiligen biographischen Artikeln des Lexikons »Europäische Instrumentalistinnen des 18. und 19. Jahrhunderts« des Sophie Drinker Instituts https://www.sophie-drinker-institut.de/lexikon, sowie dem Musikerinnen-Lexikon von MUGI. Musik und Gender im Internet https://mugi.hfmt-hamburg.de/, Zugriff jeweils Jan. 2020. Siehe ferner Hoffmann, *Instrument und Körper*, 1991, S. 254, Deserno, *Cellistinnen*, 2018, S. 262, 402–409, und Katharina Deserno, *»Cellistinnen und ihre Lehrer im 19. Jahrhundert. Transformation der polarisierten Geschlechtergrenzen in der künstlerischen Ausbildung am Beispiel der Violoncellistinnen aus der belgischen Celloschule von Adrien-François Servais«*, in: *Musikerinnen und ihre Netzwerke im 19. Jahrhundert*, hrsg. von Annkatrin Babbe u. Volker Timmermann, Oldenburg 2016 (= Schriftenreihe des Sophie Drinker Instituts 12), S. 91–111.

1887 im ersten und 1894 im zweiten Damenstreichquartett der Österreicherin Marie Soldat den Cellopart übernahm. Aber auch an der Royal Academy of Music in London und diversen Konservatorien in Deutschland (z. B. Leipzig, Hamburg, München, Würzburg, Köln) fanden Cellistinnen Aufnahme. Das Konservatorium der Gesellschaft der Musikfreunde konnte sich nach der Jahrhundertwende dem allgemeinen Trend, auch Cellistinnen für eine künstlerische Laufbahn auszubilden, wohl nicht mehr verschließen.

Vergleicht man nun den Studien- und weiteren Lebensweg der ersten vier Wiener Cellostudentinnen in den Ausbildungsklassen des Konservatoriums, dann ergeben sich gewisse Gemeinsamkeiten, die durchaus der damals gängigen sozialen Stellung von Musikerinnen im Allgemeinen und Cellistinnen im Besonderen entsprechen, allerdings im Lauf der ersten zehn Jahre des 20. Jahrhunderts eine leichte Aufwärtstendenz im Hinblick auf die berufliche und gesellschaftliche Anerkennung zeigen. Die erste Studentin Gisela Dürnberger, die ihr Studium nicht abschloss, trat nur sehr bescheiden an die Öffentlichkeit, wirkte in den Vortragsübungen des Konservatoriums nicht mit, wechselte zu dem ›weiblicheren‹ Instrument Klavier, heiratete und wirkte als Privatlehrerin. Erst fünf Jahre später finden wir die nächste Violoncello-Studentin Stephanie Chalupny, und dann jeweils im Abstand von einem Jahr eine weitere, Marie Lazansky und Elisabeth Bokmayer. Stephanie Chalupny und Marie Lazansky blieben unverheiratet, während Elisabeth Bokmayer einen Musiker ehelichte. Da den Musikerinnen eine Anstellung in einem Orchester nicht möglich war, strebten sie eine Solistenkarriere an, die ihnen bis zu einem gewissen Grad auch gelungen ist.

Für alle drei Cellistinnen war das Auftreten mit Violinvirtuosinnen bzw. deren Damenstreichquartetten von außerordentlich großer Bedeutung, die sich damals – wohl auch animiert durch die Erfolge des Soldat-Röger-Quartetts – zunehmender Beliebtheit, aber auch wachsender künstlerischer Anerkennung erfreuten. Während Stephanie Chalupny mit ihrer Schwester Franziska zwar zunächst mit zwei Violinistinnen im Quartett, bald aber nur zu zweit als Solistinnen in Kammermusikkonzerten und vor allem gemeinsam mit dem Wiener Frauen-Symphonie-Orchester auftrat, vereinte sich Marie Lazansky mit der Geigerin Paula von Bene-Jary und wirkte als Cellistin des von dieser gegründeten Bene-Jary-Quartetts, das zunächst allerdings vorwiegend im kleineren Rahmen gehobener Gesellschaftskreise konzertierte. Nach dem Weltkrieg betätigte sich Lazansky aber auch als Kammermusikerin in der Neuen Wiener Schule nahestehenden Konzerten mit zeitgenössischer Musik.

Ab 1908/09, als Kammermusik und Orchesterübungen auch für Geigerinnen und Cellistinnen am Konservatorium zugänglich waren[97], finden wir eine immense Steigerung der Mitwirkung von Marie Lazansky, aber vor allem von Elisabeth Bokmayer an den kammermusikalischen Aufführungen in den Vortragsübungen, und zwar auch in geschlechtlich gemischten Besetzungen, während Stephanie Chalupny ein Jahr zuvor nur in einem Damenquartett hatte mitwirken dürfen. Mit der Übergabe des Konservatoriums in staatliche

---

[97] Siehe auch den aufschlussreichen Beitrag von Volker Timmermann, *»›Ein fruchtbares, social wichtiges Thema‹ – Eduard Hanslick und die Wiener Geigerinnen des späten 19. Jahrhunderts«*, in: *Musikerinnen und ihre Netzwerke*, hrsg. von Babbe u. Timmermann, Oldenburg 2016 (= Schriftenreihe des Sophie Drinker Instituts 12), S. 113–129.

Führung 1909 und unter dem von auswärts kommenden Lehrer Paul Grümmer wehte wohl auch in der Celloausbildung ein neuer Wind, der Elisabeth Bokmayer zugutekam. Die aus großbürgerlichen, musikaffinen Verhältnissen stammende, hervorragende Cellistin verfügte aber auch über den nötigen finanziellen wie gesellschaftlichen Rückhalt, um eine Karriere als Solistin zu wagen, die ihr zu Beginn auch gelungen ist. Trotzdem suchte auch sie sich eine Konzertpartnerin und fand diese in der aus einer vergleichbaren sozialen Schicht stammenden, ausgezeichneten Geigerin Erny Alberdingk, die ebenfalls ein Damenstreichquartett, das Alberdingk-Quartett, gründete, mit dem Bokmayer neben ihren solistischen Auftritten immer wieder erfolgreich konzertierte, obwohl die Konzerttätigkeit ganz allgemein während des Ersten Weltkriegs stark beeinträchtigt war. Ihre Karriere als überaus angesehene und geschätzte Cellistin ging jedenfalls nach ihrer Heirat mit dem Kapellmeister Wilhelm Grümmer offenbar zu Ende, da sich in den späteren 20er-Jahren kaum Nachweise einer künstlerischen Betätigung mehr finden – ein Schicksal, das im 19. Jahrhundert die meisten konzertierenden Cellistinnen getroffen hatte. Dass sich im 20. Jahrhundert die Situation jedoch schließlich langsam zum Besseren wandte, beweisen die Namen etlicher erfolgreicher, wenn auch großteils außerhalb Österreichs, nämlich in England, Frankreich und Deutschland ausgebildeter und wirkender Solistinnen dieses Instruments.

Literatur

Agramer Zeitung 3. Apr. 1905.

Anton-Wildgans-Gesellschaft, http://www.antonwildgans.at, Zugriff am 30. Sept. 2019.

Annkatrin Babbe, Art. »Epstein, Rudolfine«, in: Lexikon »Europäische Instrumentalistinnen des 18. und 19. Jahrhunderts«, hrsg. von Freia Hoffmann, https://www.sophie-drinker-institut.de/epstein-rudolfine, Zugriff am 2. Februar 2020.

Anton Bruckner Institut Linz (Hrsg.), Anton Bruckner Chronologie Datenbank, http://www.abil.at/Datenbank_Scheder/Bruckner_Chronologie.php, Zugriff am 30.09.2019.

Katharina Deserno, »Cellistinnen und ihre Lehrer im 19. Jahrhundert. Transformation der polarisierten Geschlechtergrenzen in der künstlerischen Ausbildung am Beispiel der Violoncellistinnen aus der belgischen Celloschule von Adrien-François Servais«, in: Musikerinnen und ihre Netzwerke im 19. Jahrhundert, hrsg. von Annkatrin Babbe u. Volker Timmermann, Oldenburg 2016 (= Schriftenreihe des Sophie Drinker Instituts 12), S. 91–111.

Dies., Cellistinnen. Transformationen von Weiblichkeitsbildern in der Instrumentalkunst, Köln [u. a.] 2018.

Christian Fastl, Art. »Mödling«, in: Oesterreichisches Musiklexikon online, https://musiklexikon.ac.at/ml/musik_M/Moedling.xml, Zugriff am 30. Sept. 2019.

Forum Ahnenforschung, https://forum.ahnenforschung.net/show-thread.php?t=170518, Zugriff am 24. Jan. 2020.

Paul Frank u. Wilhelm Altmann, Kurzgefaßtes Tonkünstler-Lexikon. Erster Teil: Neudruck der Ausgabe von 1936, Wilhelmshaven[15] 1971.

Gera Chronik, http://gera-chronik.de/www/gerahistorie/chronik/index.htm?suche1=Gr%FCmmer&param=&suche2=&max=10&abj=1910&index=0, Zugriff am 30. Sept. 2019.

Grazer Tagblatt 15. Juli 1906, 5. Nov. 1911.

Grazer Volksblatt 20. Juni 1908.

Grundverfassungs-Statut des Konservatoriums der Gesellschaft der Musikfreunde in Wien und Vollzugsvorschrift zum Grundverfassungs-Statute, Wien 1869.

Handschriftliche Kartei zu ehemaligen Studierenden, Archiv der Universität für Musik und darstellende Kunst in Wien.

Andrea Harrandt, Art. *»Alberdingk-Walter, Erny",* in: *Oesterreichisches Musiklexikon online* https://www.musiklexikon.ac.at/ml/musik_A/Alberdingk-Walter_Erny.xml, Zugriff am 30. Sept. 2019.

Freia Hoffmann, Art. *»Lederer, Erna«,* in: *Lexikon »Europäische Instrumentalistinnen des 18. und 19. Jahrhunderts,* hrsg. von ders., https://www.sophie-drinker-institut.de/lederer-erna, Zugriff am 2. Februar 2020.

Dies., *Instrument und Körper. Die musizierende Frau in der bürgerlichen Gesellschaft,* Frankfurt a. M. u. Leipzig 1991.

Das interessante Blatt [Wien] 31. Mai 1917.

Jahresberichte des Konservatoriums der Gesellschaft der Musikfreunde 1860/61–1907/08.

Jahresberichte der K.K. Akademie für Musik und darstellende Kunst 1908/09–1911/12

Mährisch-Schlesische Presse 7. Aug. 1909.

Knihy familiantů v jiných fondech Archiv ŽMP, ŽNO Prostějov b.č.Kniha familiantů 1857, S. 117, http://www.badatelna.eu/fond/2098/reprodukce/?zaznamId=401745&reproId=595 499, Zugriff am 8. Okt. 2020.

Konservatorium, Diverse Concepte, Aufnahmsprüfung 1907/08 (Blasinstrumente, Cello, Kontrab[ass]), Archiv der Gesellschaft der Musikfreunde in Wien.

Matrikel des Konservatoriums: Gisela Dürnberger, Rudolfine Epstein, Gabriele Fiorentini und Ernestine Lederer, Archiv der Gesellschaft der Musikfreunde in Wien.

Ursula Müksch, »Clementine Alberdingk. Malerin und Grafikerin« (= Bedeutende Klosterneuburger), http://www.kultur-klosterneuburg.at/Bereiche/Dokumentation/ONLINE/BE DEUTENDE_KLBGer/ALBERDINGK/Index.html, Zugriff am 30. Sept. 2019.

MUGI. Musik und Gender im Internet, hrsg. von Beatrix Borchard und Nina Noeske, https://mugi.hfmt-hamburg.de/, Zugriff am 30. Sept. 2019.

Neue Freie Presse 1. März 1881, 20. Nov. 1908, 6. Okt. 1917.

Neue Zeitung [Wien] 30. Okt. 1921.

Neues Wiener Tagblatt 30. Nov. 1908, 18. Aug. 1915, 28. Mai 1919, 27. Febr. 1921.

Neuigkeits-Welt-Blatt [Wien] 7. Sept. 1907, 5. Aug. 1909.

Orchesterverein der Gesellschaft der Musikfreunde in Wien, Konzerte, http://orchesterverein.at/konzert/konzert-1810-vom-27-1-1933/, Zugriff am 30. Sept. 2019.

Pester Lloyd 10. Apr. 1917.

Carl Ferdinand Pohl, *Die Gesellschaft der Musikfreunde des österreichischen Kaiserstaates und ihr Conservatorium,* Wien 1871.

Die Presse 28. Febr. 1881, 1. März 1881.

Alexander Rausch u. Monika Kornberger, Art. *»Lehnert, Julius«,* in: *Oesterreichisches Musiklexikon online,* https://www.musiklexikon.ac.at/ml/musik_L/Lehnert_Julius.xml, Zugriff am 30. Sept. 2019.

Reichspost [Wien] 9. Nov. 1921, 16. Nov. 1928.

Werner Riemerschmid, *»Mödling, ein Bereich der Kunst«*, in: *Oesterreichische Illustrierte Zeitung* 44 (1925), S. 1147.

Franz Samohyl, *»Die Wiener Streicherschule«*, in: *Österreichische Musikzeitschrift* 24 (1969), S. 705.

Schul-Statut des Conservatoriums für Musik und darstellende Kunst der Gesellschaft der Musikfreunde in Wien, Wien 1900, Wien 1901.

Schul-Statut und Unterrichts-Ordnung des Konservatoriums für Musik und darstellende Kunst, Wien 1908.

Markéta Štědronská (Hrsg.), *August Wilhelm Ambros. Musikaufsätze und -rezensionen 1872–1876*, 2 Bde., Bd. 1, Wien 2019.

Tages-Post [Linz] 18. Febr. 1913.

Volker Timmermann, Art. *»Epstein, Eugenie«*, in: *Lexikon »Europäische Instrumentalistinnen des 18. und 19. Jahrhunderts«*, hrsg. von Freia Hoffmann, https://www.sophie-drinker-institut.de/epstein-eugenie, Zugriff am 2. Februar 2020.

Ders., *»›Das Violoncello aber, dieser halbgewachsne Mann ...‹ Violoncellistinnen in den 50er und 60er Jahren des 19. Jahrhunderts«*, in: *Musik und Emanzipation. Festschrift für Freia Hoffmann zum 65. Geburtstag*, hrsg. von Marion Gerards u. Rebecca Grotjahn, Oldenburg 2010, S. 111–117.

Ders., *»›Ein fruchtbares, social wichtiges Thema‹ – Eduard Hanslick und die Wiener Geigerinnen des späten 19. Jahrhunderts«*, in: *Musikerinnen und ihre Netzwerke*, hrsg. von Annkatrin Babbe u. Volker Timmermann, Oldenburg 2016 (= Schriftenreihe des Sophie Drinker Instituts 12), S. 113–129.

Trauungsmatrikel der Dekanatspfarrkirche Köflach vom 4. Nov. 1911.

Verzeichnis Friedhöfe Wien, https://www.friedhoefewien.at/grabsuche, Zugriff am 30. Sept. 2019.

Verzeichniß und Classification der Schüler des Conservatoriums der Musik in Wien, 1840/41–1859/60.

Vollzugvorschrift zum Statute der Grundverfassung des Conservatoriums für Musik und darstellende Kunst der Gesellschaft der Musikfreunde in Wien, Wien 1878, dazu Nachträge und Berichtigungen (erlassen 1879.)

Vollzugsvorschrift zum Statute der Grundverfassung des Conservatoriums für Musik und darstellende Kunst der Gesellschaft der Musikfreunde in Wien, Wien 1880, dazu Berichtigungen und Nachträge (1881/82).

Jannis Wichmann, Art. *»Reitzer, Antonie«*, in: *Lexikon »Europäische Instrumentalistinnen des 18. und 19. Jahrhunderts«*, hrsg. von Freia Hoffmann, https://www.sophie-drinker-institut.de/reitzer-antonie, Zugriff am 23. Januar 2020.

Wiener Abendpost 7. Jan. 1874.

Wiener Konzerthaus, Archivdatenbank, https://konzerthaus.at/datenbanksuche, Zugriff am 30. Sept. 2019.

Friedrich Wildgans, *Sämtliche Werke. Historisch-kritische Ausgabe in 8 Bänden*, unter Mitwirkung von Otto Rommel hrsg. von Lilly Wildgans, Wien u. Salzburg 1948.

Hugo Wolf, *Briefe 1873–1901*, 4 Bde., vorgelegt von Leopold Spitzer, Wien 2011.

Anhang

H. H., »*Mödling (Haydnfeier.)*«, in: *Badener Zeitung* 12. Juni 1906:

»[D]as Spiel der jugendlichen Cellistin Frl. Elisabeth Bokmayer [war] auf diesem zur Seele sprechenden Instrumente ein Labsal. Da gab es keine Pose, keine Effekthascherei und selbst das Auge konnte die künstlerisch vollendete und doch so bescheiden gebotene Leistung mit voller Befriedigung verfolgen.«

[Anonym,] »*Frauenmusik. Kompositionskonzert der Vereinigung bildender Künstlerinnen Oesterreichs in der Sezession*«, in: *Neues Wiener Tagblatt* 10. Dez. 1910:

»Man kennt das Dichterwort von der tönenden Malerei und der malenden Musik – es vermöchte das Frauenkompositionskonzert, das gestern im Rahmen der Frauengemäldeausstellung in der Sezession stattfand, zu rechtfertigen, wenngleich das flinke Erfassen der günstigen Konjunktur, die die künstlerische Produktivität des Weibes in zwei förmlich ineinandergeschobenen Gebieten zeigen mußte, etwas überraschend anmutet. Allerdings ist es eben diesmal nicht die Kunst allein, die ringt, sondern das Geschlecht in der Kunst, und das mußte eben die Mittel heiligen. Eines aber sei gleich vorweg konstatiert: die Damen malen im allgemeinen viel besser, als sie komponieren. In der Musik ist die Frau als schaffender Künstler bis jetzt noch sehr einseitig: manchmal recht fein, zart, graziöse kleine Einfälle, aber kein Muskel, keine Kraft, wenig Persönlichkeit. So herrschten denn in den gestrigen Darbietungen nahezu ausschließlich diese weiblichen Akzente vor. Wenn man von Klara Schumann und Fanni Mendelssohn absieht, die so durchaus im Banne ihrer berühmten Namensgeber standen, so bleibt an gefestigteren Begabungen noch Kitty v. Escherich, die Gemahlin des Mathematikers, deren bereits bekannten ›Psalm‹ man gestern vom Mandyczewskichor gesungen zu hören bekam, und die leider so jung gestorbene Baronin Marie Luise Weckbecker, die in zwei interessanten Stimmungsliedern nach Gemälden von Böcklin Bild und Ton wirklich anmutig ineinander verwebt. Sie wurden, gleich einer lieblichen kleinen Romanze der Marie Antoinette, von Virginie Fournier gesungen. Sechs Menuette für Streichquartett von der jungen Wienerin Elsa Welllner haben Ansätze zu Esprit und graziöser Laune. Sie wurden bildhaft hübsch und sehr tapfer von den Geigerinnen Margarete Kolbe und Ernestine Alberdingk, von Fräulein Anka Baradieser (Viola) und Elisabeth Bokmayer gespielt, ein Mädchenquartett, das sich auch an der Wand in Oel und Pastell herzig ausgenommen hätte. Ueberdies bekam man noch drei sauber gearbeitete kleine Klavierpiecen von der tüchtigen Pianistin Emma v. Fischer, ein Dell Acqua-Menuett für Chor, ein Lied von Erna Jonas, einen Sonatensatz für Violine von Margarete Melville zu hören, der gleichfalls von Fräulein Kolbe gespielt wurde. Als liebenswürdige Interpretin begrüßte man noch Frau Rita Kury auf dem Podium.

Also Frauen als schaffende, Frauen als reproduzierende Künstlerinnen und Frauen als Hörerschaft – fast lauter Frauen. Nur die Maler der Sezession bildeten eine kleine – ob sehr nachsichtige? – Herreninsel. Und ringsum von den Wänden sahen feine, blasse Frauenbildnisse, von Frauen gemalt, auf ihre kämpfenden Schwestern von heute nieder – somit für unsere etwas krankhafte Lust am Spezialisieren der rechte, immerhin interessante »Spezialitätenabend«. Man hat dafür sein Urteil so alles beisammen und bewundert zum

M. S., in: *Reichspost* (Wien) 3. Jan. 1918:

Mehr als jedes andere Musizieren stellt die Kammermusik an die Ausführenden die höchsten künstlerische Anforderungen. [...] Sehen wir von den unvergleichlichen Darbietungen des Rosé-Quartetts [...] zunächst ab, so tritt immer augenscheinlicher und mit wachsender künstlerischer Bedeutung das Alberdingk-Quartett in den Vordergrund. Mit zäher Energie und unermüdlichem Fleiße hat es sich in kürzester Zeit einen Platz an der Sonne erobert. [...] [Es gab] erst unlängst seinen ersten Abend und bot der Kritik die gewiß angenehme Veranlassung, das technische und künstlerische Wachstum der jungen und jugendlichen Vereinigung zu konstatieren. [...] Elisabeth Bokmayer, die vorzügliche Cellistin, ist, wie schon immer, Künstlerin von der Fußsohle bis zum Scheitel. [...] Mit Haydns Streichquartett op. 76 D-Dur spielten sich die Künstlerinnen ein, um in Beethovens Streichquartett C-Dur (op. 59 Nr. 3) die Höhe ihrer Kunst zu erklimmen. An Kraft und Tiefe des Ausdrucks, Wärme des Zusammenspieles und Reinheit der Intonation standen sie hiebei keinem Männerquartett nach.«

KARL TRAUGOTT GOLDBACH

Louis Spohrs Kasseler Schüler –
Herkunft, Finanzierung des Studiums, Karriere

Spohr (1784–1859) berichtet in seinen »Lebenserinnerungen« über die Reaktion seiner Familie, als er seinen Berufswunsch *»Musiker«* äußerte: *»Der Vater, der mich früher für das Studium der Medizin bestimmt hatte, ging bei seiner Vorliebe für die Musik bald darauf ein, hatte aber einen harten Kampf deshalb mit meinem Großvater, der sich unter einem Musiker nur einen Bierfiedler, der zum Tanze spielt, denken konnte«*[1]. Viele Familien haben Bedenken, wenn ihre hoffnungsvollen Sprösslinge einen künstlerischen Beruf ergreifen wollen. Vielleicht tragen heute formale Abschlüsse zur Akzeptanz bei. Doch dieses akademische Ausbildungssystem entstand im deutschsprachigen Raum während Spohrs Karriere erst allmählich: Zwei Jahre bevor Spohr 1799 seine erste Stelle als Mitglied der Braunschweiger Hofkapelle antrat, rief Franz Joseph Fröhlich 1797 sein Collegium musicum academicum ins Leben, aus dem die heutige Hochschule für Musik Würzburg hervorging. Das Konservatorium in Prag, dessen angebotenes Direktorat Spohr 1843 ausschlug[2], eröffnete 1811. Das Wiener Konservatorium wurde 1817 gegründet, zwei Jahre nachdem Spohr seine Konzertmeisterstelle am Theater an der Wien niedergelegt hatte. An der Errichtung des Leipziger Konservatoriums 1843 waren die Spohr-Schüler Moritz Hauptmann und Ferdinand David beteiligt, die noch als Privatschüler bei Spohr gelernt hatten. Wie sich Spohr eine Ausbildung für einen Berufsmusiker vorstellte, erläuterte er in einem Brief an Johann Gottlob Hauptmann, den Vater von Moritz Hauptmann:

>»Zuvörderst erlauben Sie mir aber einige Erinnerungen über seinen zu nehmenden Unterricht. Der Unterricht im Violinspiel ist für jezt [sic] die Hauptsache und ihm muß er seine meiste Zeit widmen. Ich rechne ihm wöchentlich 4 Stunden zu geben, womit er eine eigene tägliche Uebung von 6 bis 7 Stunden verbinden muß. Nach diesem ist ihm nichts wichtiger als die Komposition. Ein Virtuose der im Stande ist sich seine Solosachen selbst zu schreiben, hat einen unendlichen Vortheil vor solchen, die es nicht können und lauter bekannte Sachen spielen müssen. Hierzu gehört nun eben nicht viel. [...] Dem Komponisten ist ferner fertiges Clavierspiel fast unentbehrlich, – ich rechne daher 2 Stunden wöchentlich Clavierunterricht den man hier gut und wohlfeil bekommen kann.
>
>Was aber das Studium der alten Sprachen anbetrift [sic], so bin ich mein verehrter Br[uder] darin nicht Ihrer Meinung. Was soll dem Künstler, der fast die Hälfte seiner Lebenszeit dem Studium des Mechanischen seiner Kunst widmen muß, dem Musiker beson-

---

[1] Louis Spohr, *Lebenserinnerungen*, hrsg. von Folker Göthel, 2 Bde., Bd. 1, Tutzing 1968, S. 2.
[2] Siehe Leo von Thun an Louis Spohr, 29. März 1843, in: *Spohr-Briefe*, hrsg. von Karl Traugott Goldbach, Kassel 2016ff., www.spohr-briefe.de/briefe-einzelansicht?m=1843032943, Zugriff am 30. Juli 2019.

ders, der im Theoretischen wie im Practischen exceliren will, wozu er einen enormen Aufwand von Zeit gebraucht, was soll diesem das Studium der alten Sprachen, und wo will er die Zeit dazu herbekommen?«[3]

Als Spohr seine zeitlich offensichtlich umfangreichere Stellung als Hofkapellmeister in Kassel annahm, delegierte er den Theorieunterricht, in den ersten 20 Jahren seiner Kasseler Tätigkeit übrigens an Moritz Hauptmann.[4] Aus dem Brief an den Vater Hauptmanns gehen ebenfalls die Kosten für den Unterricht hervor:

»Für meinen Unterricht
im Violinspiel 4 Stunden wöchentlich 104 Rth.[5]
in der Komposition 1 ″   ″   26 Rth.
im Clavierspiel   2 ″   ″   20 Rth.
Für Wohnung (ich selbst werde ihm in meinem Hause eine große geräumige und helle Stube mit einem Bette und den nöthigen Moeublen [sic] geben können) und Aufwartung – eine Vergütung für die Magd nicht gerechnet . . . 36 Rth.
Für Mittagstisch in einem Speisehause, wo auch meine übrigen Schüler essen, wo allso eine anständige und gesittete Gesellschaft ist, durch die Bank jeden Tag 4 Sgr.[6]. 60 Rth. 20 Sgr.
Dazu müssen wir nun noch rechnen für Frühstück und Abendessen, Wäsche und dergleichen, wenigstens 50 Rth.
macht in Summa 296 Rth. 20 Sgr.«[7].

Die Berechnung gilt offensichtlich für ein halbes Jahr Unterricht. Der »wohlfeile Clavierunterricht« liegt demnach bei deutlich unter der Hälfte dessen, was Spohr verlangt. Spohr berechnet einschließlich Kost und Logis für ein halbes Jahr Unterricht seines Schülers etwas über 296 Rth. Spohrs eigenes Jahresgehalt betrug 1805 zu seinem Amtsantritt in Gotha 289 Rth. 21 Sgr., allerdings zuzüglich Naturalien und abzüglich 16 Rth. jährlich für die Witwenkasse. Als Spohr 1812 seine Stelle in Gotha aufgab, hatte sich sein Jahresgehalt auf 500 Rth. erhöht.[8] Selbst dieses höhere Gehalt berücksichtigt, berechnet Spohr für Vater Hauptmann also für die musikalische (Berufs-)Ausbildung seines Sohns etwas mehr als den Betrag, den der Leiter der Gothaer Hofkapelle in seiner offiziellen Stelle in der gleichen Zeit verdiente. Später, in seiner Kasseler Zeit, unterrichtete Spohr seine Schüler nur noch zwei[9],

---

[3] Louis Spohr an Johann Gottlieb Hauptmann, 15. Apr. 1811, in: *Spohr-Briefe*, www.spohr-briefe. de/briefe-einzelansicht?m=1811041503, Zugriff am 30. Juli 2019.

[4] Siehe Eberhard Wolff von Gudenberg, *Beiträge zur Musikgeschichte der Stadt Kassel unter den letzten beiden Kurfürsten (1822–1866)*, Diss., Göttingen 1958, S. 333f.

[5] Abkürzung für Reichsthaler.

[6] Abkürzung für Silbergroschen.

[7] Spohr an J. G. Hauptmann, 15. Apr. 1811, in: *Spohr-Briefe,* www.spohr-briefe.de/briefe-einzel ansicht?m=1811041503, Zugriff am 30. Juli 2019.

[8] Siehe Elisabeth Dobritzsch, *»Herr Spohr kann alles...«. Ein ergänzender Bericht zu L. Spohrs Gothaer Zeit,* in: *Gothaisches Museums-Jahrbuch* (2006), S. 141–182, hier S. 155.

[9] Siehe Spohr an Heinrich Harras, 3. Mai 1832, in: *Spohr-Briefe*, www.spohr-briefe.de/briefe-einzel ansicht?m=1832050310, Zugriff am 30. Juli 2019.

höchstens drei[10] Mal wöchentlich. Die Honorarkosten jedoch blieben bis wenigstens 1829 gleich, weitere Kosten setzte Spohr zu dieser Zeit allerdings niedriger an: »*Der Preis einer Unterrichtsstunde bey mir ist 1 Rth. Meine übrigen auswärtigen Schüler wohnen zum Theil bey meinem Bruder, theils bey andern Mitgliedern der Hofkapelle und bezahlen für Wohnung, Heitzung Kost den ganzen Tag, Wäsche u.s.w. 14 bis 15 Rth. monathlich*«[11]. Für ein halbes Jahr Unterricht bei Spohr in Kassel fielen in den 1820er Jahren also ungefähr an: wenigstens 32 Rth. für den Violinunterricht und 96–101 Rth. für Kost und Logis, zuzüglich Kosten für Klavier- und Theorieunterricht, für deren Höhe keine Angaben vorliegen, also wohl deutlich über 130 Rth. Um 1858 bekam ein Handwerksgeselle in Kassel für Kost und Logis bei seinem Meister etwa 8 Rth. vom Lohn abgezogen, ein Arbeiter musste für Verpflegung und Wohnung monatlich etwas über 6 Rth. aufbringen; 1847 rechnete der Landwirtschaftsverein für die Kasseler Umlandgemeinden mit einem Existenzminimum von 31–47 Rth. jährlich für Nahrung, Bekleidung, Miete und Feuerung.[12] In Weimar bekamen die einfachen Hofmusiker um 1804 ein Gehalt zwischen 190 und 275 Rth. jährlich[13], um 1821 zwischen 150 und 350 Rth.[14] In Kassel lagen die Gehälter in der in diesem Text betrachteten Zeit zwischen 200 und 400 Rth., die Musiker hatten jedoch keine Pensionsansprüche.[15] Die Einkommen von Stadtmusikern waren vermutlich niedriger, wobei Musiker in größeren Städten vielleicht besser durch Mucken, Unterricht und den Verkauf von Kompositionen zuverdienen konnten als jene an kleinen Höfen. Die Kosten eines Studiums bei Spohr entsprechen also etwa dem Einkommen eines Berufsmusikers dieser Zeit.

»Verzeichniss der Schüler von Louis Spohr«

1859, kurz vor Spohrs Tod, erschien eine mit »*Minden C.B.*« unterzeichnete Liste seiner Schüler. Die Initialen deuten auf den Spohr-Schüler Carl Bargheer, der zu den zwölf Schülern der Liste gehört, die der Herausgeber mit Kommentaren zu Lebensdaten be-

---

[10] Siehe Spohr an David Götze, 11. März 1829, in: ebd., www.spohr-briefe.de/briefe-einzelansicht?m=1829032910, Zugriff am 30. Juli 2019.

[11] Ebd. Zu den Unterrichtskosten siehe auch Spohr an Carl Preysing, 18. Juli 1829, in: *Spohr-Briefe*, www.spohr-briefe.de/briefe-einzelansicht?m=1829071800, Zugriff am 30. Juli 2019; Louis Pacius an Dorette Spohr, 16. Sept. 1825, in: ebd., www.spohr-briefe.de/briefe-einzelansicht?m=1825091640, Zugriff am 30. Juli 2019.

[12] Rudolf Summa, *Kasseler Unterschichten im Zeitalter der Industrialisierung. Ein Beitrag zur Sozialgeschichte der Stadt Kassel von der Mitte des 19. Jahrhunderts bis zum Beginn des Ersten Weltkriegs* (= Quellen und Forschungen zur hessischen Geschichte 34), Darmstadt u. Marburg 1978, S. 129.

[13] Christian Ahrens, *Die Weimarer Hofkapelle 1683–1851. Personelle Ressourcen, Organisatorische Strukturen, Künstlerische Leistungen* (= Schriften der Academia Musicalis Thuringiae 1), Sinzig 2015, S. 563f.

[14] Ebd., S. 565f.

[15] Gudenberg, *Beiträge*, 1958, S. 74.

denkt, in diesem Fall »*Bargheer aus Bückeburg*«[16], »*13) Mitglied der Hofcapelle zu Detmold*«[17]. Gegen diese Identifikation spricht die Ortsangabe »*Minden*«; dafür, dass vier weitere Schüler in den Anmerkungen entweder mit Bargheers Herkunftsort Bückeburg oder Wirkungsort Detmold in Verbindung stehen oder ihm persönlich bekannt waren: »*3) Lübke, Sohn des vor etwa acht Jahren zu Bückeburg verstorbenen Concertmeisters. 4) Schmidt, Simon Georg, geboren den 24. März 1801 zu Detmold* [...] *6) Gerke, Otto,* [...] *lebt zu Paderborn*[18]. *Er sagte mir, dass er zwei Mal bei Spohr gewesen* [...] *10) Kiel, Aug.* [...] *Hof-Capellmeister in Detmold*«[19]. Entstehung und Überlieferung der angeblichen »*Copie des Original-Verzeichnisses von L. Spohr*«[20] sind unklar. Der Herausgeber weist auf falsche Namensschreibungen einzelner Schüler hin: Wizmann statt richtig Witzemann, Mühlenbrink statt Mühlenbruch.[21] Die angegebenen Jahreszahlen für Unterrichtsbeginn oder Unterrichtsdauer erweisen sich im Vergleich mit weiteren Quellen oft als zuverlässig.[22] Allerdings fehlen sie für viele Schüler, sodass hier die Reihenfolge der Liste bestenfalls eine relative Datierung erlaubt.

Ferner enthält die Liste Lücken. Beispielsweise widmete Spohr seine Violinduos op. 9 seinen Schülern Witzemann, Hildebrandt, Franz, Lampert und Krall[23], wobei die Liste nur die ersten vier Namen gibt.[24] Mag Krall fehlen, weil er später nicht mehr musikalisch hervortrat, hielt Spohr seine einzige derzeit bekannte Schülerin Elisabeth Filipowicz für so wichtig, dass er sie ausführlich in seinen »Lebenserinnerungen« erwähnt.[25]

Spohrs Schüler Alexander Malibran hängte an die Biographie über seinen Lehrer eine Schülerliste an,[26] bei der nicht klar ist, ob er sie aus der »Niederrheinischen Musikzei-

---

[16] C.B., »*Verzeichniss der Schüler Louis Spohrs*«, in: *Niederrheinische Musik-Zeitung* 7 (1859), S. 150–152, hier S. 151.

[17] Ebd., S. 152.

[18] Gerke lebte zwischenzeitlich auch in Detmold, siehe z. B. Otto Gerke an Louis Spohr, 12. Nov. 1847, in: *Spohr-Briefe*, www.spohr-briefe.de/briefe-einzelansicht?m=1847111240, Zugriff am 30. Juli 2019.

[19] C.B., »*Verzeichniss*«, 1859, S. 151.

[20] Ebd.

[21] Ebd., S. 150 und 152.

[22] Allerdings ist mindestens die Unterrichtszeit für »*Burgmüller aus Düsseldorf, †, 1827–1829*« (ebd., S. 150) falsch angegeben. Briefe belegen die Ankunft Burgmüllers im Herbst 1826, der sich wohl nicht länger als bis zum Jahresanfang 1828 in Kassel aufhielt (siehe Klaus Martin Kopitz, *Der Düsseldorfer Komponist Norbert Burgmüller. Ein Leben zwischen Beethoven – Spohr – Mendelssohn*, Kleve 1998, S. 142–149).

[23] Louis Spohr, *Deux Duos Concertans pour deux Violons composés et dediés MMs Wizemann, Hildebrandt, Franz, Lambert et Krall*, Leipzig [1807]; siehe Karl Traugott Goldbach, »*Es waren Duos für zwei Violinen«. Quellenprobleme zu den Funktionen von Spohrs Violinduos*«, in: *Spohr Jahrbuch* 3 (2019), S. 19–36.

[24] Vgl. C.B., »*Verzeichniss*«, 1859, S. 150.

[25] Louis Spohr, *Lebenserinnerungen*, hrsg. von Folker Göthel, Tutzing 1968, 2 Bde., Bd. 2, S. 85f. Zu Filipowicz siehe Volker Timmermann, »*... wie ein Mann mit dem Kochlöffel*«. *Geigerinnen um 1800* (= Schriftenreihe des Sophie Drinker Instituts 14), Oldenburg 2017, S. 180–223.

[26] Alexander Malibran, *Louis Spohr. Sein Leben und Wirken* [...] *Nebst einem Verzeichnisse seiner Schüler vom Jahre 1805 bis 1856*, Frankfurt a. M. 1860, S. 240–247.

tung« übernahm oder auf die gleiche Vorlage zurückgriff. Auf jeden Fall interpolierte er nicht nur fehlende Jahreszahlen, sondern auch fehlende Herkunftsorte.[27]

Eingrenzung des Untersuchungsmaterials

Die folgenden Erörterungen behandeln die Schüler, die zwischen 1822 und 1825 den Unterricht bei Spohr begannen. Diese Auswahl erfolgt wegen der für diesen Zeitraum guten Quellen- und Forschungslage. Jahreszahlen ohne Klammern und Herkunftsorte sind der Schülerliste entnommen, eingeklammerte Jahreszahlen nach dem Briefwechsel ergänzt. Die Berufe der Väter werden im Folgenden nachgewiesen; der Beruf des Vaters des Schülers Fischer ist derzeit spekulativ.

Unterrichtsbeginn	Name	Herkunftsort	Beruf des Vaters
1822	Leopold Lindenau	Hamburg	Tapetenfabrikant
1822	August Ochernal	Bremen	städt. Musikdirektor
1822	Otto Gerke	Lüneburg	Stadtmusiker
1822	August Pott	Northeim (Hannover)	Stadtmusiker
1822	Johann Hermann Kufferath	Mühlheim (Ruhr)	Uhrmacher
1822	Heinrich Mühlenbruch	Altona	Rittergutsbesitzer
1823	Hubert Ries	Bonn	Hofmusiker
1823	Ferdinand David	Hamburg	Textilhändler
1823	Fredrik Pacius	Hamburg	Weinhändler
(1824)	Carl Theodor Hom	Aschaffenburg	pens. Hofmusiker
	Georg Radelfahr	Hamburg	Warenmakler
(1825)	Franz Hartmann	Koblenz	Stadtmusiker
(1825)	Gottfried Herrmann	Nordhausen	Stadtmusiker
(1825)	Johann Heinrich Seyfarth	Hamburg	Papierhändler (Beruf des Bruders)
	A. oder F. Fischer	Ballenstedt	Hofmusiker (?)

Wir finden mit Lindenau, Kufferath, Mühlenbruch, David, Pacius, Radelfahr und vermutlich Seyfarth Söhne eines Fabrikanten, eines Uhrmachers, eines Gutsbesitzers und vor allem von Kaufleuten. Diese Väter konnten den teuren Unterricht bei Spohr bezahlen.

---

[27] Beispielsweise bekommt Spohrs Schüler Hans Michael Schletterer, der aus Ansbach stammte und nach einer Tätigkeit als Volksschullehrer in Kaiserslautern zu Spohr nach Kassel kam, den Herkunftsort *»Grimmen bei Stralsund«* des vor ihm in der Liste stehenden Johann Range zugeordnet (siehe ebd., S. 245).

Aber wie ist es mit Ochernal, Gerke, Pott, Hartmann und Herrmann, die Söhne von Stadt-musikern waren, sowie den Hofmusiker-Söhnen Ries, Hom und vielleicht Fischer? Ich beginne mit den bekannten Informationen über die Musikersöhne. Für die Kaufmanns-söhne stellt sich die Frage: Rentierten sich die Investitionen ihrer Väter? Die Reihenfolge der Schüler entspricht hier nicht der Tabelle, sondern systematischen Gesichtspunkten.

Musikersöhne

Carl Theodor Hom wurde am 29. März 1805 in Aschaffenburg geboren. Sein Vater Georg Albert wurde dort 1814 bei der Auflösung der Hofkapelle als königlich bayerischer Konzertmeister pensioniert, allerdings mit weiterer Verpflichtung am Theater und als Stiftsmusikdirektor. Carl Theodor nahm nach einer nicht näher dokumentierten Ausbil-dung in Aschaffenburg ab Herbst oder Winter 1823 bis Sommer 1824 Unterricht bei An-ton Dittmaier in Würzburg und lehrte daneben bereits selbst als Lehrer am Collegium mu-sicum academicum. Es folgte von Sept. 1824 bis Okt. 1825 das Studium bei Spohr und Hauptmann und dann wahrscheinlich nach einem Aufenthalt in seinem Heimatort Aschaf-fenburg noch ein zweites Mal bis mindestens Sept. 1825. Spätestens ab 1827 wirkte er bis zu seiner Pensionierung 1863 als Hofmusiker in München. Daneben unterrichtete er 1836–1838 als Violinlehrer an der neu gegründeten musikalischen Lehranstalt, 1844–1849 am Blindeninstitut und 1852–1872 an der Königlich Bayerischen Pagerie in Mün-chen. Hom starb am 22. Nov. 1872 in München.[28]

Wie für den Unterricht in Würzburg erhielt Carl Theodor Hom auch für den abschlie-ßenden Unterricht bei Spohr ein staatliches Stipendium:

»Gerade einen so liebevollen, uneigennützigen und edeldenkenden Mann mußte mein Sohn finden, um sein Kunsttalent, das ihm der Himmel schenkte bei dem größten aller deutschen Meister auszubilden und zur Vollendung zu bringen. Warum bin ich aber so un-glücklich solches Opfer nicht nach Verdienst belohnen zu können? [...] Um die näheren Hilfsmittel zu meines Sohnes Unterstützung Eurer Wohlgeboren bekannt zu machen, muß ich die Ehre haben, Ihnen anzuzeigen, daß er von der K.B. Regierung auf das gute Zeugnis seines Meisters ein jährliches Stipendium von 150 fl. aus der fonds Kasse dahier erhält, welches er im vorigen Jahre schon auf das Attestat seines Lehrers H Konzertmeis-ter Dittmaier in Würzburg gezogen hat. Da aber dieses zu seiner Sustentation nicht hin-reicht, so habe ich mich deshalb bittlich an unsern König gewendet, der ja viele angehende Künstler zu unterstützen pflegt«[29].

---

28 Siehe Erich Staab, »Hom (Hohm, Homm) (Familie)«, in: Musik und Musiker am Mittelrhein 2 | Online, hrsg. von Axel Beer, Mainz 2018ff., http://www.mmm2.mugemir.de/doku.php?id=hom, Zugriff am 2. Juli 2021.

29 Georg Albert Hom an Louis Spohr, 25. Aug. 1824, bearb. von Erich Staab, in: Spohr-Briefe, www.spohr-briefe.de/briefe-einzelansicht?m=1824082540, Zugriff am 30. Juli 2019.

Die 150 Gulden (fl.) entsprechen 100 Talern, einem Betrag, der sehr knapp für ein Jahr Lebensunterhalt in Kassel reichte. Geld für den Unterricht bei Spohr war also nicht darin enthalten. Karl Theodor Hom bemerkte in einem in Stipendiumsangelegenheiten an das kgl. Kabinetts-Sekretariat gerichteten Gesuch vom 15. Sept. 1826: *»Durch besondere Empfehlung nahm mich zwar der große Künstler Kappelmeister [sic] Spohr in Heßen Kassel unentgeltlich zum Unterrichte auf«*[30].

Franz Hartmann erhielt kein staatliches, sondern ein privates Stipendium, wie aus dem Protokoll des Musikinstituts in Koblenz vom 11. Okt. 1825 hervorgeht: *»Kapellmeister Spohr aus Cassel der ihn bei seiner Durchreise dahier gehört hat, hat so viel Ausgezeichnetes in seinem Spiel gefunden, daß er ihm, was er sonst nicht leicht thut, unentgeldlich Unterricht gegeben, und ihn in das Höhere der Kunst einweihen will. Dieser junge Mensch wird daher mit Hülfe der Unterstützung von Seiten der hiesigen Musikfreunde nächstens nach Cassel abgehen«*[31]. Hartmann wurde am 29. Juli 1809 in Ehrenbreitstein geboren.[32] Sein Vater war vermutlich der Koblenzer Stadtmusiker Anton Hartmann.[33] Er wirkte vor allem an der Oper in Köln als Chordirektor und Orchestergeiger, wo er bis zum Konzertmeister aufstieg. Daneben war er der erste Violinlehrer der Rheinischen Musikschule. Er starb 1855 in Köln.

Von den hier betrachteten Schülern erlebte August Pott den größten sozialen Aufstieg. Er wurde am 7. Nov. 1806 als Sohn des Stadtmusikers Johann Ferdinand Pott in Northeim bei Göttingen geboren.[34] Mit 13 Jahren schickte ihn sein Vater 1819 mit einem Stipendium des britischen Generalstatthalters Adolph Friedrich nach Hannover, wo er bei Christoph Gottfried Carl Kiesewetter Unterricht erhielt.[35] Obwohl bereits 1822 Mitglied der Hofkapelle, ergänzte er noch im gleichen Jahr bis 1824 seine Ausbildung bei Spohr und Hauptmann in Kassel. 1832 erhielt er eine Anstellung als Hofkapellmeister in Oldenburg,[36] wo er gleichzeitig am Lehrerseminar unterrichtete.[37] Aus gesundheitlichen

---

[30] Staatsarchiv Würzburg (D-WÜst), Stiftungsamt Aschaffenburg IV, Unterstützungen 99, hier zit. nach ebd., Anm. 1.

[31] Landeshauptarchiv Koblenz, Signatur 441/25889, zit. nach Hans Schmidt, *Musik-Institut Koblenz*, Koblenz 1983, S. 115.

[32] Sofern nicht anders angegeben, sind die biographischen Daten zu Hartmann entnommen aus: Ludwig Bischoff, *»Nachruf an Franz Hartmann«*, in: *Niederrheinische Musik-Zeitung* 3 (1855), S. 113–115.

[33] Siehe Paul Schuh, *Joseph Andreas Anschuez (1772–1855). Der Gründer des Koblenzer Musikinstituts* (= Beiträge zur Rheinischen Musikgeschichte 25), Köln 1958, S. 64f.

[34] Gustav Schilling, *Das musikalische Europa oder Sammlung von durchgehends authentischen Lebens-Nachrichten über jetzt in Europa lebende ausgezeichnete Tonkünstler, Musikgelehrte, Componisten, Virtuosen, Sänger &c. &c.*, Speyer 1842, S. 271f.; vgl. Kadja Grönke, *»August Pott (1806–1883) und die großherzogliche Hofkapelle in Oldenburg«*, in: *Oldenburger Jahrbuch* 108 (2008), S. 95–115, hier S. 97.

[35] Siehe Schilling, *Das musikalische Europa*, 1842, S. 272; Grönke, *»August Pott«*, 2008, S. 98.

[36] Siehe Grönke, *»August Pott«*, 2008, S. 101–115.

[37] *»Oldenburg, den 10ten December 1835«*, in: *Allgemeine musikalische Zeitung* 36 (1834), Sp. 57–59, hier Sp. 58.

Gründen ließ er sich 1861 mit einem Ruhegehalt von 800 Rth. pensionieren. Er verbrachte seinen Lebensabend in Graz, wo er am 27. Aug. 1883 starb.[38]

Nicht ganz so erfolgreich war die Karriere von August Ochernal (1805–1858). Während sein Vater Carl Friedrich von 1815 bis zu seinem Tod 1832 städtischer Musikdirektor war,[39] führt das *Bremische Adressbuch* August Ochernal 1828–1832 als *»erster Violinist des hiesigen Theater- und Concert-Orchesters«*[40], 1833–1858 jedoch nur noch als *»Musiklehrer«*[41]. Er hatte also einen geringeren sozialen Status als sein Vater. Dabei hatte dieser als Musikdirektor nur ein Jahresgehalt von 100 Rth., das er zum Lebensunterhalt seiner Familie mit Privatstunden ergänzen musste.[42] Dessen Bitte an Spohr, den Kauf eines Bogens zu vermitteln, den einer der Gönner seinem Sohn versprochen habe,[43] dürfte ein Hinweis auf Stipendiengeber sein.

Gottfried Herrmann kam am 15. Mai 1808 in Sondershausen zur Welt. Als Herrmann 1826 zu Spohr nach Kassel ging, war sein Vater Stadtmusiker in Nordhausen, wo er vor allem in Naturalien (Roggen und Brennholz) bezahlt wurde. Während die Gegenwert an Brennholz etwa 48 Rth. betragen haben könnte, ergab die jährliche Sammlung beim Neujahrsblasen 170–180 Rth., hinzu kamen besondere Vergütungen für Turmblasen und festtägliche Kirchenmusik, sicherlich auch wieder Einnahmen durch Privatunterricht sowie Lehrgeld der Lehrlinge.[44] Angeblich unterrichtete Spohr Herrmann unentgeltlich[45], allerdings scheinen die detaillierten und nicht näher belegten Angaben zu Herrmanns Kasseler Aufenthalt auf persönliche Mitteilungen seiner hochbetagten Töchter in den frühen 1930er Jahren zurückzugehen.[46] Nach einem Engagement als Orchestermusiker am Stadttheater in Frankfurt am Main war Herrmann 1832–1844 städtischer Musikdirektor in Lübeck; auf diese Stelle kehrte er auch nach einem Intermezzo als Hofkapellmeister in Sondershausen 1844–1852 wieder zurück und bekleidete sie bis zu seinem Tod am 6. Juni 1878.[47]

Otto Gerke war der Sohn des Lüneburger Stadtmusikers Georg Heinrich Gerke.[48] Am 13. Juli 1807 geboren, begann er 1822 seinen Unterricht in Kassel. Nach Reisetätigkeiten

---

[38] Georg Linnemann, *Musikgeschichte der Stadt Oldenburg*, Oldenburg 1956, S. 220.

[39] Klaus Blum, *Musikfreunde und Musici. Musikleben in Bremen seit der Aufklärung*, Tutzing 1975, S. 92.

[40] *Bremisches Adress-Buch* 1828, S. 173; ebd. 1832, S. 178.

[41] Ebd. 1833, S. 181; *Adreß-Buch der freien Hansestadt Bremen* 1858, S. 105.

[42] Friedrich Wellmann, *»Der bremische Domkantor Dr. Wilhelm Christian Müller. Ein Beitrag zur Musikgeschichte und Kulturgeschichte Bremens«*, in: *Bremisches Jahrbuch* 25 (1914), S. 1–137, hier S. 90f.

[43] Carl Friedrich Ochernal an Louis Spohr, 11. Dez. 1824, bearb. von Wolfram Boder, in: *Spohr-Briefe*, www.spohr-briefe.de/briefe-einzelansicht?m=1824121140, Zugriff am 30. Juli 2019.

[44] Wilhelm Stahl, *Gottfried Herrmann* (= Sammlung musikwissenschaftlicher Einzeldarstellungen 17), Leipzig 1939, S. 9.

[45] Ebd., S. 11.

[46] Siehe ebd., S. 5.

[47] Ebd., S. 12–53.

[48] Carola Schormann, *Studien zur Musikgeschichte der Stadt Lüneburg im ausgehenden 18. und 19. Jahrhundert* (= Kölner Beiträge zur Musikforschung 121), Regensburg 1982, S. 52–55.

war er 1832–1837 Direktor des Paderborner Musikvereins[49] und 1837–1846 Kapellmeister des Gouverneurs von Penson in Russland, worauf er einige Zeit in Detmold lebte und 1851 nach Paderborn zurückkehrte, wo er offensichtlich freischaffend tätig war und am 28. Juni 1878 starb.[50] Dass sich der Hamburger Musiker Johann Friedrich Schwencke in einem Brief an Spohr in einem Zusammenhang nach seinen Schülern *»Gerke, Mühlenbruch und Lindenau«*[51] erkundigte, belegt, dass Gerke in Hamburg bekannt war, vielleicht ist dies sogar ein Hinweis darauf, dass ihn Hamburger Kaufleute unterstützten.

Hubert Ries bekam seine Ausbildung bei Spohr von seinem Bruder, dem damals bekannten Komponisten und Pianisten Ferdinand Ries bezahlt, der in London offensichtlich gut verdiente und auch seinen Vater, den ehemaligen Bonner Hofmusiker Franz Ries, und die übrigen Geschwister unterstützte. Aus Ferdinands Brief an Spohr, in dem er den Aufenthalt seines Bruders regelte, geht jedoch nicht hervor, ob die für Hubert angewiesenen Gelder auch Honorar für den Unterricht bei Spohr einschließen.[52] Hubert Ries wirkte den größten Teil seiner Karriere als Konzertmeister an der Hofoper in Berlin.

Zum Schüler Fischer liegen kaum Hinweise vor. Vermutlich waren er und der für 1835 als *»Fischer II. aus Ballenstädt«*[53] erwähnte Schüler die späteren Ballenstedter Hofmusiker A. und F. Fischer.[54]

Kaufmannssöhne

Von den Musikersöhnen im betrachteten Sample studierten mindestens Hom und Hartmann mit Stipendien bei Spohr, nur bei Ries scheint dies unwahrscheinlich. Für die Schüler, die ich hier der Einfachheit halber als ›Kaufmannssöhne‹ zusammenfasse, kamen wohl die Familien für die Kosten auf.

Hier fällt Johann Hermann Kufferath als Sohn eines Uhrmachers aus der Reihe. Geboren am 12. Mai 1797, war er das älteste von 12 Kindern; seine sechs Brüder wurden ebenfalls Berufsmusiker. Von ihnen nahm Hermann, später Solocellist in der Hofkapelle Oldenburg, Privatunterricht bei Bernhard Romberg und Ludwig bei Friedrich Schneider; beide Lehrer dürften nicht viel billiger als Spohr gewesen sein. Hubert Ferdinand

---

[49] Maria E. Brockhoff, *Musikgeschichte der Stadt Paderborn* (= Studien und Quellen zur westfälischen Geschichte 20), Paderborn 1982, S. 327.

[50] *»Personalnachrichten«*, in: *Neue Zeitschrift für Musik* 74 (1878), S. 307.

[51] Johann Friedrich Schwencke an Louis Spohr, 19. März 1823, bearb. von Wolfram Boder, in: *Spohr-Briefe*, www.spohr-briefe.de/briefe-einzelansicht?m=1823031944, Zugriff am 30. Juli 2019.

[52] Ferdinand Ries an Spohr, 14. Febr. 1823, in: ebd., www.spohr-briefe.de/briefe-einzelansicht?m=1823021443, Zugriff am 30. Juli 2019.

[53] C.B., *»Verzeichniss«*, 1859, S. 151.

[54] Siehe *»Ballenstedt, den 10. November 1845«*, in: *Allgemeine musikalische Zeitung* 47 (1845), Sp. 877f., hier Sp. 878.

studierte 1839 noch vor Gründung des Konservatoriums in Leipzig bei Ferdinand David, Moritz Hauptmann und Felix Mendelssohn Bartholdy.[55]

Johann Hermann Kufferath war mit 25 Jahren im Vergleich zu den anderen hier betrachteten Schülern schon ziemlich alt, als er mit einem Empfehlungsschreiben des Düsseldorfer Musikdirektors August Burgmüller zu Spohr kam:

»Ueberbringer dieser Schrift ist ein braver, talentvoller Künstler aus unserer Nachbarschaft, welcher, so oft er nur Ihren Nahmen nennen hört, von so hoher Gluth entflammt und in höhere Regionen der Kunst geleitet wird, so daß er keine Ruhe mehr hat, bis er Ihnen dies selbst ausdrücken kann. Um dieses nun ganz in seiner hohen Würde zu vermögen, hegt er den kühnen heißen Wunsch daß Sie die große Güte haben mögten, ihn durch einigen Unterricht auf die Bahn zu leiten, wie Sie die himmlischen Tonreihen vorgetragen haben wollen, damit er fähig werde, durch jeden Ton der ganzen Welt zuzurufen: ,So hat es der große Spohr gewollt‹«[56].

Dieser Brief gibt keinen Hinweis auf eine Finanzierung durch Dritte. 1823–1830 wirkte Kufferath als Musikdirektor in Bielefeld, 1830–1862 in Utrecht. Er starb am 28. Juli 1864 in Wiesbaden.[57]

In Burgmüllers Empfehlungsschreiben klingt bereits die Begeisterung für Spohr an, die sich noch deutlicher in einem Brief von Heinrich Mühlenbruch äußert:

»Mein Vater verließ damals Altona um auf's Land zu ziehen, und ich sollte mich entweder zur Musik oder zur Landwirtschaft bestimmen. Ich war 16 Jahre alt, und hatte leider! noch nie das väterliche Haus verlaßen, weshalb einzig und allein ich mich vor einer zu großen Entfernung von meinen Eltern bei meiner ersten Ausflucht fürchtete; ich widmete mich daher meines Vaters Wunsche zuwider, der Landwirtschaft [...]. Wenn ich länger bei der Oeconomie bliebe, so würden sich auch meine Geschäfte um ein bedeutendes vermehren und ich hätte alsdann die Aussicht, binnen einem Jahre mein Violinspiel vielleicht ganz aufgeben zu müssen; das Leben würde aber nicht viel Reiz mehr für mich haben, wenn ich meine Neigung zur Musik unterdrücken müßte. Ich habe also den festen, unveränderlichen Entschluß gefaßt, mich der Musik zu widmen, wo zu ich auch, unter der Bedingung daß Sie, Hochgeschätzter Herr Kapellmeister, mein Lehrer und Vorbild werden, meines Vaters Einwilligung habe«[58].

Ein Brief von Mühlenbruchs Vater relativiert die Darstellung, Mühlenbruch habe sich seines »Vaters Wunsche zuwider, der Landwirtschaft« gewidmet:

---

[55] Siehe Geerten Jan van Dijk, *Johann Hermann Kufferath (1797–1864). Muziekdirecteur te Utrecht*, Masterarbeit, Universität Utrecht 2008, S. 13–15.

[56] Siehe August Burgmüller an Spohr, 5. Juli 1822, in: *Spohr-Briefe*, www.spohr-briefe.de/briefe-einzelansicht?m=1822070540, Zugriff am 30. Juli 2019.

[57] Dijk, *Kufferath*, 2008, S. 24–107; C. A. J. Bastiaenen, »De familie Kufferath, een muzikaal geslacht van Europees formaat«, in: *Spiegel der Historie* 2 (1967), S. 613–622, hier S. 613–617.

[58] Heinrich Mühlenbruch an Spohr, 13. Juli 1822, bearb. von Wolfram Boder, in: *Spohr-Briefe*, www.spohr-briefe.de/briefe-einzelansicht?m=1822071340, Zugriff am 30. Juli 2019.

»Es war mir sehr unerwartet wie ich vor einiger Zeit meines Sohnes Erklärung erhielt, daß er nur mit dem größten Widerwillen bey der Landwirthschaft bleiben würde, und sich ganz der Musik zu widmen wünschte«[59]. Während der Sohn seinen Wunsch, Berufsmusiker zu werden, mit der sonst fehlenden Zeit begründet, hält sein Vater fest: *»Ich wußte zwar daß er sich viel, und mehr mit der Musik beschäftigte wie ein gewöhnlicher Dilettant, welches mir um so mehr Freude machte, da bey dem Landmann sich so manche müßige Stunden finden, die er gewiß nicht besser verrichten konnte, und seine Berufsgeschäfte durchaus dabei nicht vernachläßigt wurden«*[60].

Zur Finanzierung des Studiums merkt er an: *»Nach meinen besten Kräften werde ich meinen Sohn so lange unterstützen bis seine Ausbildung so weit vollendet ist daß er solcher nicht mehr bedarf, und ich habe das feste Vertrauen daß er bey angestrengtem Fleiße unter Ihrer Leitung bald dahin kommen wird«*[61].

Mühlenbruch wurde am 13. Okt. 1803 in der dänischen Kolonie St. Thomas geboren (gehört heute zu den amerikanischen Jungferninseln). Nach Engagements im Königstädter Theater in Berlin (1824), der Hofkapelle Braunschweig (1829) und als Konzertmeister am Stadttheater in Bremen (1832) erhielt er 1841 den Ruf als Musikdirektor am Hoftheater in Schwerin, wo er bis 1856 blieb. Anschließend privatisierte er bis zu seinem Tod am 11. Juli 1887.[62]

Die Quellen zu Leopold Lindenau wirken etwas nüchterner. Sein Vater, der Tapetenfabrikant Siegmund Lindenau[63], schreibt: *»Es kann dem Vaterherz nichts tröstender sein, als die Beruhigung, sein Kind in den Händen eines solchen Mannes zu wissen«*[64]. Anschließend fragt er, wie er die Unterrichtsgebühr überweisen soll. In einem späteren Brief formuliert er die Sorge um eine möglichst große Effizienz des Unterrichts:

»Meine Frau äußert öfters den Wunsch ihren Sohn, nach einer jährlichen Trennung auf einige Wochen wieder zu besizen, wozu ich jedoch nur dann meine Zustimmung geben würde, wenn Ew. Wohlgeb., als meine einzige competente Behörde, mir die Versicherung geben, daß eine Unterbrechung der Art ihn nicht zu sehr zurücksezen, u. in diesem Fall wie lange Sie ihm gestatten würden auszubleiben, wie wohl ich im Voraus überzeugt bin daß er eilen wird zu seinem geliebten Lehrer zurückzukehren«[65].

---

[59] Caspar Friedrich Mühlenbruch an Spohr, 17. Aug. 1822, in: ebd., www.spohr-briefe.de/briefe-einzelansicht?m=1822081740, Zugriff am 30. Juli 2019.

[60] Ebd.

[61] Ebd.

[62] Siehe C.B., *»Verzeichniss«*, 1859, S. 150; Helene Tank-Mirow, *»Geschichte des Schweriner Hoftheaters 1836-1855«*, in: *Jahrbücher des Vereins für mecklenburgische Geschichte und Altertumskunde* 87 (1923), S. 71–106, hier S. 101f.

[63] Siehe *Hamburgisches Adress-Buch* 1822, S. 218.

[64] Siegmund Lindenau an Spohr, 18. Mai 1822, in: *Spohr-Briefe,* www.spohr-briefe.de/briefe-einzelansicht?m=1822051840, Zugriff am 30. Juli 2019.

[65] Siegmund Lindenau an Spohr, 26. Nov. 1822, in: ebd., www.spohr-briefe.de/briefe-einzelansicht?m=1822112640, Zugriff am 30. Juli 2019.

Leopold Lindenau wirkte 1832 bis zu seinem Tod 1859 als Konzertmeister der Philharmonischen Gesellschaft in Hamburg.[66]

Der am 19. Jan. 1810 in Hamburg geborene Ferdinand David war nicht nur ab 1835 Konzertmeister des Gewandhausorchesters, sondern auch ab 1842 der erste Violinprofessor des Leipziger Konservatoriums. Hierauf bezieht sich auch sein Biograph Julius Eckardt, wenn er die Ausbildung bei Spohr damit begründet, dass *»für Anwohner der Nordsee«*[67] die Konservatorien in Prag, Wien und Paris unerreichbar waren. Für Davids Studium in Kassel liegen keine Briefe vor, weshalb auch Angaben zur Finanzierung fehlen. Bemerkenswert ist allerdings Eckardts Anmerkung, dass die napoleonische Kontinentalsperre die Hamburger Wirtschaft beschädigt hatte, Davids Vater jedoch trotz großer und unerwarteter Verluste in der Lage war, *»seinen Kindern eine sorgfältige Erziehung zu ertheilen«*[68]. Daraus darf sicherlich nicht geschlossen werden, dass Salomon David zur Zeit der künstlerischen Ausbildung seiner Kinder privatisierte: Dem *Hamburgischen Adressbuch* zufolge handelte er mit *»Seide und Stickereien«*[69].

Fredrik Pacius' Vater Louis hatte sich sein Vermögen zunächst als Stoff-, später als Weinhändler erworben.[70] Nach der Ausbildung bei Spohr war Pacius zunächst als Violinist in der Hofkapelle in Stockholm tätig, 1835 übernahm er die deutlich besser bezahlte Stelle eines Musikdirektors an der Universität Helsinki.[71] Auch wenn er heute als Mitbegründer des finnischen Musiklebens gilt, entsprach diese Tätigkeit in der europäischen Peripherie sicherlich nicht den Karriere-Hoffnungen des jungen Musikers.

Noch eingeschränkter war Georg Radelfahrs Karriere. Vermutlich war er Sohn des 1822 im *Hamburgischen Adressbuch* genannten Warenmaklers Johann Rudolph Radelfahr.[72] Dafür spricht, dass der Spohr-Schüler dort 1840 erstmals als Musiklehrer unter der gleichen Adresse wie der Warenmakler geführt ist.[73] Letztmals erscheint er dort 1856 – immer noch als Musiklehrer.[74]

Johann Heinrich Seyfarth bekam seinen Unterricht bei Spohr von seinem Bruder bezahlt, dem Kaufmann John Leopold Seyfarth.[75] Eine musikalische Tätigkeit ist derzeit

---

[66] Siehe Josef Sittard, *Geschichte des Musik- und Concertwesens in Hamburg vom 14. Jahrhundert bis auf die Gegenwart*, Altona u. Leipzig 1890, S. 175, 256 und 338.

[67] Julius Eckardt, *Ferdinand David und die Familie Mendelssohn-Bartholdy*, Leipzig 1888, S. 3.

[68] Ebd., S. 2.

[69] *Hamburgisches Adress-Buch* 1822, S. 69.

[70] Siehe Tomi Mäkelä, *Friedrich Pacius. Ein deutscher Komponist in Finnland*, Hildesheim 2014, S. 76.

[71] Siehe Fredrik Pacius an Spohr, 8. Aug. 1835, in: *Spohr-Briefe*, www.spohr-briefe.de/briefe-einzelansicht?m=1835080840, Zugriff am 30. Juli 2019.

[72] Siehe *Hamburgisches Adress-Buch* 1822, S. 291; 1829, S. 346.

[73] Siehe ebd. 1840, S. 256.

[74] Siehe ebd. 1856, S. 284.

[75] John Leopold Seyfarth an Spohr, 26. Juni 1825, in: *Spohr-Briefe*, www.spohr-briefe.de/briefe-einzelansicht?m=1825062640, Zugriff am 30. Juli 2019; Johann Heinrich Seyfahrth an Spohr, 5. Okt. 1825, in: ebd., www.spohr-briefe.de/briefe-einzelansicht?m=1825100540, Zugriff am 30. Juli 2019.

nicht nachgewiesen, dafür aber eine Beschwerde Moritz Hauptmanns: »*Was Hr. Seifert*[76] *hier treibt weiss ich eigentlich nicht, er hat sich über 3 Monathe weder bei Spohr noch bei mir sehen lassen*«[77]. Ab 1830 firmiert ein »*Seyffert, Joh. Heinr. unt. d. Firma C. Rübke et Seyffert*«[78]. 1831 trennt sich Seyfahrth geschäftlich von Rübke.[79] Ab spätestens 1832 handelt er mit »*Engl. u. Deutsche*[n] *Manfacturw.*«[80].

Zusammenfassung

Vor dem Hintergrund der Stipendien ist verständlich, dass Musiker ein großes Interesse hatten, ihre Söhne bei Spohr unterrichten zu lassen. Im Idealfall konnten sie sozial aufsteigen. Während der Vater Carl Theodor Homs im provinziellen Aschaffenburg wirkte, war sein Sohn Konzertmeister in der Hauptstadt München. Während Franz Hartmanns Vater einfacher Stadtmusiker in Koblenz war, beendete sein Sohn seine Karriere als Konzertmeister der Kölner Oper und Violinlehrer am Konservatorium. Der Stadtmusikersohn Herrmann wurde städtischer Musikdirektor in Lübeck, Pott sogar Hofkapellmeister in Oldenburg. Auch wenn Gerke und Ochernal keine gut dotierte Lebensstellung erreichten, war für ihre Väter der Unterricht risikolos, falls sie mit Stipendien studierten. Falls Fischer Musikersohn war, hielt er den Status seines Vaters. Nur Hubert Ries fällt hier heraus, weil er seine Ausbildung von seinem anscheinend in London zu Vermögen gelangten Bruder finanziert bekam.

Soweit lässt sich dies in den theoretischen Rahmen der Humankapitaltheorie einordnen, die davon ausgeht, dass Individuen so lange in ihre Bildung investieren, wie sie davon ausgehen können, dass die Kosten einem wenigstens gleichen Nutzen gegenüberstehen.[81] Für kühl rechnende Kaufleute müssten sich Gedanken an eine musikalische Berufsausbildung ihrer Söhne eigentlich verboten haben. Selbst wenn sie durch den Unterricht Karriere machten, erreichten sie in den wenigsten Fällen die Einkommen ihrer Väter. Ökonomisch betrachtet war der Wechsel vom Kaufmanns- zum Musikerberuf ein Abstieg.

Seyfarths Lebenslauf zeigt, dass der Rückweg in den Kaufmannsberuf möglich war. Dass Mühlenbruch nach seiner Pensionierung noch jahrelang privatisierte, könnte ein

---

[76] Eine alternative Schreibung des Namens als Seiffert findet sich auch für Seyfarths Bruder im *Hamburgischen Adress-Buch* 1825, das für »*John Leopold Seyfarth*« auf den Firmeneintrag »*J.L. Seiffert*« (S. 361) verweist.

[77] Moritz Hauptmann an Fredrik Pacius, 2. Juli 1827, in: Otto Andersson, »*Ur Pacius' brefsamling. Bref til Fredrik Pacius och hans far Louis Pacius från Louis Spohr och Moritz Hauptmann*«, in: *Finsk Musikrevy* 1 (1905), S. 169–174 und 243–249, hier S. 174.

[78] Hamburgisches Adress-Buch 1830, S. 357.

[79] *Staats- und Gelehrte Zeitung des Hamburgischen unpartheyischen Correspondenten* 2. Aug. 1831, Beilage.

[80] *Hamburgisches Adress-Buch* 1832, S. 249.

[81] Siehe Theodor W. Schultz, »*Investment in Human Capital*«, in: *American Economic Review* 51 (1961), S. 1–17, hier S. 7–13.

Hinweis sein, dass er auf vorhandenes Vermögen zurückgreifen konnte. Offensichtlich war Mühlenbruch auch nicht der einzige Sohn seines Vaters: Sein Bruder Louis übernahm das väterliche Gut.[82] Möglicherweise war die musikalische Berufswahl bei einem nachgeborenen Sohn unproblematischer, indem er so ausgezahlt und damit eine Erbteilung des väterlichen Betriebs vermieden wurde. Dagegen spricht jedoch, dass es – zumindest den Adressbüchern zufolge – keinen Nachfolger für die Radelfahr'sche Handlung und die Lindenausche Fabrik gab. Die Weinhandlung Pacius führte kein Sohn, sondern die Witwe fort.[83]

Bei den hier gezogenen Schlüssen könnte ein Stichprobenfehler vorliegen. Von den 15 betrachteten Schülern kamen immerhin Lindenau, David, Pacius und Radelfahr aus Hamburg, Mühlenbruch hatte eine Zeitlang im benachbarten Altona gelebt. Auch der Lüneburger Gerke könnte von Hamburger Kaufleuten unterstützt worden sein. Die in diesem Sample gefundene Aufteilung der Schüler in Musiker- und Kaufmannssöhne verdeckt den Blick, dass unter Spohrs Schülern auch Söhne einfacher Handwerker waren: Franz Götze war Sohn eines Schönfärbers[84], Hans Michael Schletterer eines Schneiders[85]. Die hier skizzierte Untersuchung müsste also sowohl auf die weiteren Spohr-Schüler als auch auf ähnliche Quellen wie Listen der Student*innen von Konservatorien ausgedehnt werden.

Vermutlich lässt sich dort die hier getroffene Unterscheidung zwischen gut bemittelten Schülern, die sich eine teure Ausbildung leisten konnten, und Schülern, die auf Stipendien angewiesen waren, ebenfalls treffen. Dabei bleibt die Frage, wer aus welchen Gründen im 19. Jahrhundert den Musikerberuf ergriff: Welche Gründe gibt es, große Geldbeträge in eine Ausbildung zu investieren, die sich voraussichtlich nicht rentieren wird? Und welchen Stellenwert hatte Musik im Leben des Bürgertums des 19. Jahrhunderts? Wie änderte sich die soziale Akzeptanz des Musikerberufs?

Literatur

Christian Ahrens, *Die Weimarer Hofkapelle 1683–1851. Personelle Ressourcen, Organisatorische Strukturen, Künstlerische Leistungen* (= Schriften der Academia Musicalis Thuringiae 1), Sinzig 2015.

Otto Andersson, »*Ur Pacius' brefsamling. Bref til Fredrik Pacius och hans far Louis Pacius från Louis Spohr och Moritz Hauptmann*«, in: *Finsk Musikrevy* 1 (1905), S. 169–174 und 243–249.

C.B., »*Verzeichniss der Schüler Louis Spohrs*«, in: *Niederrheinische Musik-Zeitung* 7 (1859), S. 150–152.

---

[82] *Regierungsblatt für das Großherzogthum Mecklenburg-Schwerin* 1850, S. 123.

[83] Siehe *Hamburgisches Adress-Buch* 1840, S. 243.

[84] Siehe Spohr an David Götze, 11. März 1829, in: *Spohr-Briefe*, www.spohr-briefe.de/briefe-einzel ansicht?m=1829032910, Zugriff am 30. Juli 2019.

[85] Siehe Johann Kaspar Schletterer an Spohr, 25. Sept. 1844, in: ebd., www.spohr-briefe.de/briefe-einzelansicht?m=1844092540, Zugriff am 30. Juli 2019.

C. A. J. Bastiaenen, »*De familie Kufferath, een muzikaal geslacht van Europees formaat*«, in: *Spiegel der Historie* 2 (1967), S. 613–622.

Ludwig Bischoff, »*Nachruf an Franz Hartmann*«, in: *Niederrheinische Musik-Zeitung* 3 (1855), S. 113–115.

Klaus Blum, *Musikfreunde und Musici. Musikleben in Bremen seit der Aufklärung*, Tutzing 1975.

Maria E. Brockhoff, *Musikgeschichte der Stadt Paderborn* (= Studien und Quellen zur westfälischen Geschichte 20), Paderborn 1982.

Geerten Jan van Dijk, *Johann Hermann Kufferath (1797–1864). Muziekdirecteur te Utrecht*, Masterarbeit, Universität Utrecht 2008.

Elisabeth Dobritzsch, »*Herr Spohr kann alles...*«. *Ein ergänzender Bericht zu L. Spohrs Gothaer Zeit*, in: *Gothaisches Museums-Jahrbuch* (2006), S. 141–182.

Julius Eckardt, *Ferdinand David und die Familie Mendelssohn-Bartholdy*, Leipzig 1888.

Karl Traugott Goldbach, »›*Es waren Duos für zwei Violinen‹. Quellenprobleme zu den Funktionen von Spohrs Violinduos*«, in: *Spohr Jahrbuch* 3 (2019), S. 19–36.

Kadja Grönke, »*August Pott (1806–1883) und die großherzogliche Hofkapelle in Oldenburg*«, in: *Oldenburger Jahrbuch* 108 (2008), S. 95–115.

Klaus Martin Kopitz, *Der Düsseldorfer Komponist Norbert Burgmüller. Ein Leben zwischen Beethoven – Spohr – Mendelssohn*, Kleve 1998.

Georg Linnemann, *Musikgeschichte der Stadt Oldenburg*, Oldenburg 1956.

Tomi Mäkelä, *Friedrich Pacius. Ein deutscher Komponist in Finnland*, Hildesheim 2014.

Alexander Malibran, *Louis Spohr. Sein Leben und Wirken [...] Nebst einem Verzeichnisse seiner Schüler vom Jahre 1805 bis 1856*, Frankfurt a. M. 1860.

Gustav Schilling, *Das musikalische Europa oder Sammlung von durchgehends authentischen Lebens-Nachrichten über jetzt in Europa lebende ausgezeichnete Tonkünstler, Musikgelehrte, Componisten, Virtuosen, Sänger &c. &c.*, Speyer 1842.

Hans Schmidt, *Musik-Institut Koblenz*, Koblenz 1983.

Carola Schormann, *Studien zur Musikgeschichte der Stadt Lüneburg im ausgehenden 18. und 19. Jahrhundert* (= Kölner Beiträge zur Musikforschung 121), Regensburg 1982.

Paul Schuh, *Joseph Andreas Anschuez (1772–1855). Der Gründer des Koblenzer Musikinstituts* (= Beiträge zur Rheinischen Musikgeschichte 25), Köln 1958.

Theodor W. Schultz, »*Investment in Human Capital*«, in: *American Economic Review* 51 (1961), S. 1–17.

Josef Sittard, *Geschichte des Musik- und Concertwesens in Hamburg vom 14. Jahrhundert bis auf die Gegenwart*, Altona und Leipzig 1890.

Louis Spohr, *Deux Duos Concertans pour deux Violons composés et dediés MMs Wizemann, Hildebrandt, Franz, Lambert et Krall*, Leipzig [1807].

Ders., *Lebenserinnerungen*, hrsg. von Folker Göthel, 2 Bde., Tutzing 1968.

Ders., *Spohr-Briefe*, hrsg. von Karl Traugott Goldbach, Kassel 2016ff., http://www.spohr-briefe.de.

Wilhelm Stahl, *Gottfried Herrmann* (= Sammlung musikwissenschaftlicher Einzeldarstellungen 17), Leipzig 1939.

Rudolf Summa, *Kasseler Unterschichten im Zeitalter der Industrialisierung. Ein Beitrag zur Sozialgeschichte der Stadt Kassel von der Mitte des 19. Jahrhunderts bis zum Beginn des*

Ersten Weltkriegs (= Quellen und Forschungen zur hessischen Geschichte 34), Darmstadt u. Marburg 1978.

Helene Tank-Mirow, *»Geschichte des Schweriner Hoftheaters 1836–1855«*, in: *Jahrbücher des Vereins für mecklenburgische Geschichte und Altertumskunde* 87 (1923), S. 71–106.

Volker Timmermann, *»... wie ein Mann mit dem Kochlöffel«. Geigerinnen um 1800* (= Schriftenreihe des Sophie Drinker Instituts 14), Oldenburg 2017.

Friedrich Wellmann, *»Der bremische Domkantor Dr. Wilhelm Christian Müller. Ein Beitrag zur Musikgeschichte und Kulturgeschichte Bremens«*, in: *Bremisches Jahrbuch* 25 (1914), S. 1–137.

Eberhard Wolff von Gudenberg, *Beiträge zur Musikgeschichte der Stadt Kassel unter den letzten beiden Kurfürsten (1822-1866)*, Dissertation, Göttingen 1958.

Autor*innen

Annkatrin Babbe, M.A., studierte Musik, Germanistik (M.Ed.) und Angewandte Musikwissenschaften (M.A.) an der Carl von Ossietzky Universität Oldenburg. Seit 2014 arbeitet sie als Wissenschaftliche Mitarbeiterin am Sophie Drinker Institut Bremen. Bis 2019 war sie nebenher freiberuflich als Musikjournalistin und Musikpädagogin tätig. In ihrem Dissertationsprojekt befasst sie sich mit der Geigenausbildung bei Josef Hellmesberger d. Ä. am Konservatorium der Gesellschaft der Musikfreunde in Wien. Ihre Forschungsschwerpunkte liegen im Bereich musikwissenschaftlicher Genderforschung und historischer Instrumentalpädagogik.

Prof. Dr. Dr. h. c. Otto Biba, studierte an der Universität Wien. Er war bis 2021 Direktor von Archiv, Bibliothek und Sammlungen der Gesellschaft der Musikfreunde in Wien. Von 1973 bis 2002 war er Lehrbeauftragter an der Universität sowie der Universität für Musik und darstellende Kunst Wien. Er ist Mitglied internationaler wissenschaftlicher Gremien. Zahlreiche Publikation liegen vor, vornehmlich zur österreichischen bzw. altösterreichischen Musikgeschichte des 17. bis 20. Jahrhunderts, außerdem Editionen von Werken verschiedener Komponisten des 18. und 19. Jahrhunderts. Otto Biba ist zudem Kurator zahlreicher musikalischer Ausstellungsprojekte.

Prof. Dr. Bernd Clausen, Professor für Musikpädagogik an der Universität Siegen, studierte zunächst in Göttingen Musikwissenschaft, später Schulmusik und Germanistik an der Hochschule für Musik und Theater Hannover. Er promovierte mit einer historischen Arbeit zur Interkulturellen Musikpädagogik und wurde mit einer komparativen Studie 2008 habilitiert. Forschungsschwerpunkte liegen nicht nur in der komparativen Musikpädagogik, sondern in den letzten Jahren auch in der historischen musikpädagogischen Forschung, wobei die Schwerpunkte vor allem auf institutionsgeschichtlichen sowie regionalen Fragestellungen, etwa vor dem Hintergrund raumwissenschaftlicher Theorierahmungen, liegen.

Prof. Dr. Ingrid Fuchs studierte Musikwissenschaft und Kunstgeschichte an der Universität Wien (Promotion 1981) und das Konzertfach Violoncello an der Universität für Musik und darstellende Kunst Wien. Von 1981 bis 1999 war sie Wissenschaftliche Mitarbeiterin der Kommission für Musikforschung der Österreichischen Akademie der Wissenschaften und war von 1999 bis 2021 Stellvertretende Direktorin von Archiv, Bibliothek und Sammlungen der Gesellschaft der Musikfreunde in Wien. 2017 erfolgte die Verleihung des Berufstitels Professor. Zahlreiche Publikationen zur österreichischen Musikgeschichte des 18. bis 20. Jahrhunderts liegen vor.

Prof. Dr. Marion Gerards, Musikwissenschaftlerin und Diplom-Sozialpädagogin. Sie besitzt mehrjährige Berufserfahrung als Sozialpädagogin; studierte Musikwissenschaft,

Soziologie und Pädagogik an der Universität zu Köln (M.A.). Bis 2010 war sie Wissenschaftliche Mitarbeiterin am Sophie Drinker Institut Bremen und Lehrbeauftragte an diversen Hochschulen (Aachen, Frankfurt, Köln, Oldenburg). Nach ihrer Promotion an der Carl von Ossietzky Universität hatte sie von 2010 bis 2013 eine Professur für Soziale Arbeit und Musik an der Hochschule für Angewandte Wissenschaften Hamburg inne, seit 2013 ist sie Professorin an der KatHO NRW, Abteilung Aachen.

Matthias Goebel, M.A., studierte Schulmusik und Geschichte an der Hochschule für Musik und Darstellende Kunst Frankfurt und der Goethe-Universität Frankfurt a. M. Seit 2017 ist er Wissenschaftlicher Mitarbeiter im Fach Musikpädagogik an der Frankfurter Musikhochschule. Im Rahmen seines Dissertationsprojekts befasst er sich mit der Geschichte des Privatmusikunterrichts in Frankfurt in der ersten Hälfte des 20. Jahrhunderts. Matthias Goebel ist außerdem als Kirchenmusiker im Bistum Limburg tätig.

Dr. Karl Traugott Goldbach studierte Komposition und elektroakustische Komposition und promovierte in Musikwissenschaft (Nebenfächer Neuere deutsche Literaturwissenschaft und Kirchengeschichte) an der Hochschule für Musik Franz Liszt in Weimar. Außerdem hat er ein Studium der Bibliotheks- und Informationswissenschaften an der Humboldt-Universität zu Berlin abgeschlossen. Seit 2008 ist er Leiter des Spohr-Museums in Kassel, wo er unter anderem die Online-Edition der Korrespondenz von Louis Spohr unter http://www.spohr-briefe.de herausgibt.

Prof. Dr. Freia Hoffmann legte nach einem künstlerischen Studium an der Musikhochschule Freiburg (Flöte) beide Staatsprüfungen für das Lehramt an der Universität Freiburg ab, wo sie auch promovierte. Sie war als Musiklehrerin und Rundfunkautorin tätig, von 1980 bis 1988 als Assistentin an der Universität Oldenburg, anschließend folgte eine Lehrtätigkeit an der Universität Hildesheim. 1988 habilitierte sie sich mit *Instrument und Körper. Die musizierende Frau in der bürgerlichen Kultur* (Frankfurt a. M. 1991). Von 1992 bis 2010 war sie Professorin für Musikpädagogik an der Universität Oldenburg. Seit 2001 ist sie Leiterin des Sophie Drinker Instituts in Bremen.

Dr. Christine Hoppe studierte Germanistik und Musikwissenschaft an der Universität Rostock und der Sorbonne IV Paris. Zwischen 2002 und 2008 war sie journalistisch tätig. Von 2003 bis 2004 war sie wissenschaftliche Hilfskraft am Institut für Musikwissenschaft der Universität Rostock und von 2006 bis 2008 Lehrbeauftragte für Deutsch/Kommunikation bei der DAA Dresden. Seit 2008 ist sie Wissenschaftliche Mitarbeiterin am Lehrstuhl für Historische Musikwissenschaft der Georg-August-Universität Göttingen. Ihre Dissertation – *Der Schatten Paganinis. Virtuosität in Kompositionen Heinrich Wilhelm Ernsts (1814–1865)* – wurde 2014 mit dem Preis des Stiftungsrats der Georg-August-Universität Göttingen) ausgezeichnet.

Verena Liu, M.A., studierte von 2007 bis 2012 Musikwissenschaft, Romanistik und Geschlechterstudien in Weimar, Jena, Hannover und Göttingen. Von 2013 bis 2015 war sie als Stipendiatin der Robert Bosch Stiftung in China tätig. Seit 2015 promoviert sie bei

Melanie Unseld über von Frauen geleitete Musikschulen während der Kaiserreichzeit. Publikationen liegen vor zur historischen Musikpädagogik sowie zur Kabarettgeschichte.

Dr. Severin Matiasovits studierte Geschichte an der Universität Wien, Doktorat ebenda. Er war in verschiedenen Archiven und geschichtswissenschaftlichen Projekten tätig, seit 2017 im Archiv der mdw – Universität für Musik und darstellende Kunst Wien. Seit 2020 ist er Leiter desselben. Zusammen mit Erwin Strouhal wirkte er unter anderem bei dem Oral History-Projekt *Bilderwelten/Gedächtnisort* und der Gestaltung einer Ausstellung anlässlich des 200-Jahr-Jubiläums der mdw im Jahr 2017 mit.

Dr. habil. Anna-Christine Rhode-Jüchtern, Musikwissenschaftlerin und Musikpädagogin. Von 1972 bis 1976 war sie Wissenschaftliche Mitarbeiterin am Johann-Sebastian-Bach-Institut in Göttingen und vertrat von 1980 bis 2008 am Oberstufen-Kolleg an der Universität Bielefeld das Fach Musikwissenschaft. Schwerpunkte ihrer Veröffentlichungen sind die Musik in der NS-Zeit, Komponistinnen im 20. Jahrhundert und die Geschichte außerschulischer Musikerziehung ab dem 19. Jahrhundert; z. Zt. arbeitet sie an einer Publikation über die Seminarleiterin und Reformpädagogin Maria Leo (1873–1942).

Dr. Dietmar Schenk, Archivar und Historiker, studierte Geschichte, Mathematik und Philosophie überwiegend in Münster/Westf. und besuchte nach der Promotion in Neuerer Geschichte und einer Tätigkeit als Wissenschaftlicher Mitarbeiter an der Universität Gießen die Archivschule Marburg. Seit 1991 leitet Dietmar Schenk das Archiv der Universität der Künste Berlin, das er in seiner heutigen Form aufbaute. Im Rahmen der Tätigkeit als Archivar betreute er zahlreiche Projekte an der Schnittstelle von Forschung und Archivarbeit.

Dr. Ralf-Olivier Schwarz studierte Schulmusik, Klavier und Musikwissenschaft sowie Geschichte in Frankfurt/M. und Paris. Er war Forschungsstipendiat am Deutschen Historischen Institut Paris. Nach der Promotion im Jahr 2007 trat er in den hessischen Schuldienst ein. Seit 2015 ist er als Studienrat an die Hochschule für Musik und Darstellende Kunst abgeordnet.

Prof. Martin Skamletz erwarb nach Studien in Wien und Brüssel (Musiktheorie, Querflöte und Traversflöte) seine erste Unterrichtserfahrung im Rahmen der Berufsausbildung des Schweizerischen Musikpädagogischen Verbandes SMPV an der Freien Musikschule Basel (1997–2007). Noch bis 2015 war er Mitglied der Kommission, die die Ausgliederung der SMPV-Berufsausbildung in der Schweizer Akademie für Musik und Musikpädagogik SAMP und ihre aktuelle institutionelle Verankerung in der Kalaidos Fachhochschule begleitete. Nach Lehraufträgen in Trossingen und Feldkirch lehrt er seit 2007 an der Hochschule der Künste Bern, wo er das Forschungsinstitut Interpretation leitet.

Erwin Strouhal ist seit 1994 als Archivar an der mdw – Universität für Musik und darstellende Kunst Wien tätig. Er hat an zahlreichen Publikationen und Projekten des Archivs bzw. des Instituts für Musikwissenschaft und Interpretationsforschung mitgewirkt. Zusammen mit Severin Matiasovits wirkte er unter anderem bei dem Oral History-Projekt *Bilderwelten/Gedächtnisort* und der Gestaltung einer Ausstellung anlässlich des 200-Jahr-Jubiläums der mdw im Jahr 2017 mit.

Dr. Volker Timmermann studierte Viola in Bremen sowie Musik, Geschichte, Politikwissenschaft und Pädagogik in Oldenburg. Seine Dissertation thematisiert die Geschichte der Violinistinnen im deutschsprachigen Raum um 1800 (veröffentlicht 2017). An der Universität Oldenburg war Volker Timmermann als Lehrbeauftragter und nebenher musikjournalistisch tätig. Diverse Veröffentlichungen thematisieren insbesondere die Geschichte der Instrumentalistinnen im 18. und 19. Jahrhundert. Seit 2007 ist er Wissenschaftlicher Mitarbeiter am Sophie Drinker Institut, seit 2017 hier geschäftsführend tätig.